A FILOSOFIA NARRADA

Ugo Perone

A FILOSOFIA NARRADA

Breve história da filosofia

Tradução:
Enio Paulo Giachini

Edições Loyola

Título original:
Il racconto della filosofia – Breve storia della filosofia
© 2016 by Editrice Queriniana, Brescia
Via E. Ferri, 75, 25123, Brescia (Italy)
ISBN 978-88-399-2882-5

Dados Internacionais de Catalogação na Publicação (CIP)
(Câmara Brasileira do Livro, SP, Brasil)

Perone, Ugo
    A filosofia narrada : breve história da filosofia / Ugo Perone ; tradução de Enio Paulo Giachini. -- São Paulo : Edições Loyola, 2023. -- (História da filosofia)

    Título original: Il racconto della filosofia : breve storia della filosofia
    ISBN 978-65-5504-311-2

    1. Filosofia - História I. Título. II. Série.

23-176147   CDD-109

Índices para catálogo sistemático:
1. Filosofia : História   109

Cibele Maria Dias - Bibliotecária - CRB-8/9427

Capa: Ronaldo Hideo Inoue
    Composição a partir de detalhe da ilustração de © matiasdelcarmine sobre imagem (gerada por IA) de © lagano e textura de © pyty. © Adobe Stock.
Diagramação: Telma Custódio

Edições Loyola Jesuítas
Rua 1822 nº 341 – Ipiranga
04216-000 São Paulo, SP
T 55 11 3385 8500/8501, 2063 4275
editorial@loyola.com.br
vendas@loyola.com.br
www.loyola.com.br

Todos os direitos reservados. Nenhuma parte desta obra pode ser reproduzida ou transmitida por qualquer forma e/ou quaisquer meios (eletrônico ou mecânico, incluindo fotocópia e gravação) ou arquivada em qualquer sistema ou banco de dados sem permissão escrita da Editora.

ISBN 978-65-5504-311-2

© EDIÇÕES LOYOLA, São Paulo, Brasil, 2023

Sumário

Narrativa e história 9

A filosofia se define 13
    1. Os primórdios 13
    2. A filosofia no espaço da cidade 16
    3. Platão. A morte de Sócrates 20
    4. Platão. A virtude pode ser ensinada? O conhecimento como memória ... 22
    5. Platão. A cidade ideal 25
    6. Platão. A filosofia como saber mais elevado: a questão da verdade ... 26
    7. Platão. Mito e *lógos*, palavra e escrita 29
    8. Platão. A unidade como problema 30

A filosofia como enciclopédia do saber 33
    1. Aristóteles. O dicionário da filosofia 33
    2. Aristóteles. A arquitetura do saber 34
    3. Aristóteles. A ciência primeira 36
    4. Aristóteles. A substância 39
    5. Aristóteles. A ética 40
    6. Aristóteles. A lógica como *órganon* 43

Indivíduo e cosmo 47
    1. Cidadãos do mundo 47
    2. Epicuro. A busca de um equilíbrio: o prazer 48
    3. O Pórtico estoico 50
    4. Os céticos 54
    5. Mundo romano e cosmo grego 55

Vertigem da razão 57
    1. Plotino. A culminação da tradição grega 57
    2. Plotino. Unidade e multiplicidade 59
    3. Plotino. A procissão do Uno e para o Uno 60
    4. Plotino. Amor e tempo 62
    5. Plotino. Interioridade e liberdade 63

Diante do Deus cristão 65
    1. A novidade cristã. Agostinho 65

- 2. Agostinho. Biografia de uma alma 67
- 3. Agostinho. A memória 68
- 4. Agostinho. Tempo e criação 69
- 5. Agostinho. Mal, não ser, vontade 71
- 6. Agostinho. A mistura entre a cidade de Deus e a cidade do homem 72

A inteligência da fé 75
- 1. A alta Idade Média e Anselmo de Aosta 75
- 2. A virada do século XIII 77

Unidade teológica do saber 81
- 1. Tomás. A teologia como *summa* 81
- 2. Tomás. Metafísica do ser e analogia 82
- 3. Tomás. A filosofia diante da existência de Deus: as cinco vias 84
- 4. Tomás. Ética e antropologia 87

Radicalizações 89
- 1. Paixão argumentativa 89
- 2. Duns Scotus. Filosofia e teologia 90
- 3. Duns Scotus. Univocidade do ser e insondabilidade da essência: a infinitude de Deus e a individualidade do particular 92
- 4. Duns Scotus. Liberdade, vontade, contingência 93
- 5. Guilherme de Ockham. A simplicidade da experiência 94
- 6. Guilherme de Ockham. Teologia e política 96

O moderno na forma do antigo 99
- 1. Renascimento e Reforma Protestante 99
- 2. O homem do Renascimento 101
- 3. O cristão da Reforma 105
- 4. Resultados dialéticos 108

O moderno na forma do moderno 111
- 1. Os materiais do moderno 111
- 2. Descartes. Prudência e temeridade 114
- 3. Descartes. Biografia e método 115
- 4. Descartes. As *Meditações metafísicas*: os seis dias de uma nova criação 118
- 5. Descartes. O infinito de Deus 120
- 6. Descartes. O mundo 122

Qual razão? 127
- 1. Razão e racionalismos 127
- 2. Hobbes. A razão calculadora 127
- 3. Pascal. A razão do homem 129
- 4. Pascal. Razão e coração 131
- 5. Pascal. Contradição do homem e paradoxo cristão 132
- 6. Espinosa. A razão necessária 133
- 7. Espinosa. A substância infinita 134
- 8. Espinosa. O conhecimento adequado 136
- 9. Espinosa. O amor intelectual de Deus 137
- 10. Espinosa. Mapeamento do real 138
- 11. Leibniz. A razão suficiente 139

12. Leibniz. A mônada: virtualidade e representação 141
13. Leibniz. Unidade como harmonia preestabelecida 143
14. Vico. A razão invertida 144
15. Vico. *Verum et factum* 146
16. Vico. A ciência nova 147
17. Vico. Mito e sabedoria poética 148

Qual experiência? 151
1. Locke. Crítica da razão 151
2. Locke. O empirismo como uso liberal da razão 155
3. Berkeley. *Esse est percipi* 157
4. Hume. As duas faces do empirismo 159
5. Hume. A crítica 160
6. Hume. Instinto e sentimentos 162

A era do Iluminismo 165
1. Nascimento da modernidade 165
2. A maioridade da razão 167
3. Rousseau. A natureza como espontaneidade perdida 170
4. Rousseau. O contrato social 171
5. Rousseau. A educação 173
6. O Iluminismo depois da Revolução 174

A razão como juiz universal 177
1. Kant. Unidade de orientação, pluralidade de resultados 177
2. Kant. A *Dissertação* de 1770 179
3. Kant. A *Crítica da razão pura* 181
4. Kant. A dialética transcendental 184
5. Kant. A *Crítica da razão prática* 186
6. Kant. Liberdade, imortalidade, Deus 189
7. Kant. A *Crítica do juízo* 191

Infinito e adjacentes: romantismo e idealismo 197
1. A Antiguidade perdida e o ideal como nova tarefa 197
2. O infinito da razão: o idealismo 201
3. O debate religioso e Schleiermacher 203
4. O absoluto na natureza e na arte: Schelling 205

A filosofia como saber da conciliação 207
1. Hegel. A dialética: consciência das divisões e o gerar conciliação 207
2. Hegel. A fenomenologia 209
3. Hegel. A lógica como dialética 213
4. Hegel. História e sociedade 216
5. Hegel. Filosofia e religião 220
6. A pena do professor Krug e a coruja do professor Hegel 221

O sistema hegeliano entre realizações e ruptura 223
1. A realidade 223
2. Schelling. A filosofia positiva 224
3. Feuerbach. Verdade e falsidade da religião 225
4. Marx. A força revolucionária da realidade 229
5. Kierkegaard. O indivíduo contra o sistema 233

A era do positivo 239
    1. Ordem e progresso 239
    2. A classificação das ciências 240
    3. Sociologia, antropologia, evolucionismo 242
    4. O positivismo inglês 244

A outra história. Nietzsche 245
    1. De Hegel a Nietzsche 245
    2. Nietzsche. Desmascaramentos 247
    3. Nietzsche. Fidelidade à terra 251

Superar a crise 253
    1. Um leque de alternativas 253
    2. O positivismo inverso: Bergson 253
    3. Bergson. A evolução como duração 256
    4. Husserl. Consciência e coisa 258
    5. Husserl. O fenômeno 260
    6. O significado das experiências: o pragmatismo 261
    7. Historicismos 264

O marxismo à prova dos avanços da história 269
    1. História e consciência de classe: Lukács 269
    2. O princípio esperança: Bloch 271
    3. A teoria crítica da sociedade: Horkheimer, Adorno 272
    4. Uma outra filosofia da história. Benjamin 275

Para além da crise: a linguagem como horizonte 279
    1. Esclarecer plenamente a si e ao próprio tempo 279
    2. Wittgenstein. O *Tractatus* 280
    3. Wittgenstein. As *Investigações* 282

Para além da crise: o horizonte da existência 285
    1. Existencialismos e filosofia da existência 285
    2. Heidegger. Fenomenologia e existencialismo 288
    3. Heidegger. Temporalidade e finitude do *Dasein* 289
    4. Heidegger e o nazismo 290
    5. Heidegger. Ser e verdade 291

Direções e temas da filosofia contemporânea 295
    1. Um mapeamento 295
    2. O rigor argumentativo da filosofia analítica 296
    3. A fenomenologia francesa: heresia e inversão 300
    4. A hermenêutica como filosofia 305
    5. A questão das diferenças 313

Índice onomástico 317

Narrativa e história

◇

Há mais de quarenta anos — ao contar esse fato eu mesmo fico impressionado —, junto com Claudio Ciancio, Giovanni Ferretti, Annamaria Pastore, implementamos um projeto de história da filosofia para os alunos do ensino médio que foi um sucesso, sendo aceito ainda hoje. Para nós, então ainda muito jovens, foi uma entusiasmante experiência de pesquisa em equipe e de amizade. Agora, por um pedido cortês do editor, fui convencido a fazer uma apresentação simplificada e essencial do pensamento filosófico ocidental.

Sirvo-me de tudo que produzimos juntos há algum tempo, que vou atualizando pouco a pouco, e lanço mão igualmente dos conselhos dos amigos daquela primeira empreitada (por isso quero exprimir a eles, aqui, minha gratidão e meu reconhecimento). Mas a intenção deste volume é outra, e isso implica profundas consequências. Se na época o objetivo do trabalho era determinado (produzir um manual de consulta) e o público visado era circunscrito (a escola), aqui temos um quadro radicalmente diferente.

Como reunir uma história milenar em pouco mais de 300 páginas, atendendo a um pedido editorial? Só se voltando ao essencial e fazendo escolhas, motivadas historicamente, mas que são fruto de um gesto de liberdade.

E escrever para quem? A resposta que dei surpreendeu, de certo modo, a mim mesmo. E foi esta: "para todos". Depois de tantos anos de trabalho filosófico, parece um desafio estimulante tentar considerar em forma de narrativa histórica aquilo que, em primeiro lugar para mim, foi essencial nesta longa experiência do espírito. E, além disso, para aqueles que já se encontraram com a filosofia, seria agradável reencontrá-la numa roupagem estimulante e mais simpática que as apresentações precedentes. Mas isso se aplica também àqueles que jamais se defrontaram com ela e buscam uma introdução à filosofia. Enfim, também para os próprios estudantes e professores, que não deverão buscar aqui todos os dados de que normalmente necessitam num aprendizado, mas que poderão, tanto especialistas quanto leigos, encontrar aqui uma chave de leitura que jamais imaginaram e que poderá ser útil.

Como se pode ver, o projeto é ao mesmo tempo humilde, porque ciente dos limites implícitos nesta empreitada, e ambicioso, por causa da amplidão do público ao qual se dirige e da liberdade a que apela. Em todo caso, escrever essa obra significou para mim satisfação e diversão. Espero que isso possa prenunciar uma reação semelhante da parte dos leitores.

Quero fazer uma última consideração antes de começar o fluxo das narrativas. Conforme me fizeram perceber[1], o título e o subtítulo deste trabalho parecem conter uma tensão imanente e subentendida. A narrativa parece apontar numa direção que coloca em evidência a dimensão pessoal, se não subjetiva, do narrar. A referência explícita a uma história da filosofia destaca um legado quase que objetivo, a herança de uma tradição. Procurei trabalhar justo em cima dessa tensão e fazê-la produzir frutos.

Entretanto, a filosofia narrada não denuncia apenas que aquilo que se expõe é o *meu* relato da filosofia, como a compreendi e como busco transmiti-la, mas também sugere que a própria filosofia é narrativa. Não porque ela seja fábula ou poema, mas porque, nas inúmeras formas que ela adotou — do diálogo ao tratado, do diário ao ensaio, das meditações à forma do sistema, do poema à argumentação rigorosamente lógica, e o elenco poderia prosseguir quase que indefinidamente —, sua intenção sempre foi dar vida a um mundo do pensamento (ainda que com certa originalidade quanto à linguagem) que dê fundamentação ao mundo da realidade. Vou tentar dizê-lo de novo e de forma mais simples. Tendo-se em conta a variedade de formas que assumiu, e que poderiam ser inovadas posteriormente, a filosofia jamais confiou sua própria definição a uma forma expositiva particular. Mas sempre procurou ser um modo complexo de aventar razões da realidade circundante em forma de pensamento (recorrendo, portanto, à argumentação, mas sem restringir-se a ela). Para tanto, ela edificou um mundo, o seu mundo; adquiriu uma linguagem, a sua linguagem; escolheu a forma expositiva congênere ao próprio mundo intelectual de referência. Assim, ela se transformou em

---

1. Aqui, quero expressar minha gratidão a Gianni Rosa, um amigo, amante e estudioso da filosofia, a quem devo esta observação. Ele leu pacientemente o manuscrito, servindo-me de auxílio e estímulo para levar a cabo a intenção acima indicada de produzir um texto que, apesar de seu interesse próprio, possa envolver a todos, mesmo quem não dispõe de um conhecimento prévio e aprofundado sobre filosofia.

narrativa: narração do mundo recorrendo ao mundo do pensamento e às leis que aos poucos reconheceu serem obrigatórias ao pensamento.

Tudo isso não tira a verdade da filosofia, não a transforma numa bela fábula — "a bela fábula que nos iludia ontem e que hoje iludirá mim" (para apresentar uma versão um pouco modificada de D'Annunzio) —, mas a apresenta como a resposta pessoal, endereçada a todos, às questões apresentadas pelo mundo, às dúvidas que ele suscita em nós, à maravilha que ele incita e à dor que ele gera.

Se for assim, então a filosofia precisa ser contada sempre de novo, mas contada com uma entonação que envolve o sujeito e se dirige a sujeitos. Antes de tudo, a narrativa histórica é um gênero oral, como era a filosofia desde o início e como continua sendo na forma indispensável de ensino. Por isso, é um gênero exposto à variabilidade, uma vez que o relato da narrativa lhe atribui sempre de novo uma forma nova e inesperada. É só assim que a palavra antiga e venerável pode abrir caminho hoje. Neste segundo sentido, então, essa filosofia narrada é, e não poderia deixar de sê-lo, também a *minha*.

Mas é próprio da filosofia enfrentar o desafio de algo que tem sua "objetividade" própria; emprego esse termo, aqui, no sentido mais amplo possível. Como a narrativa histórica de qualquer filosofia quer ser a restituição em forma essencial e profunda daquele mundo ao qual se aplica, assim a narrativa da história da filosofia encontra seu vínculo próprio na objetividade daquilo que cada autor pensou e escreveu.

Recontar essa história é assumir o desafio, medir-se com a objetividade daquilo que foi dito, mas dar-lhe uma nova formulação, segundo o único modo que permite a compreensão (a forma pessoal) e que assim se apresenta à escuta, não menos pessoal, do leitor.

O fascínio e a dificuldade, ou seja, a prova que se busca como sempre na filosofia, é encontrar a palavra "certa", a palavra que não distorce a coisa a respeito da qual se fala, mas que tampouco distorce quem a pronuncia e quem a recebe.

A filosofia se define

1. Os primórdios

O primeiro livro da *Metafísica* de Aristóteles delineia uma breve história da filosofia, conservando os vestígios do pensamento dos primeiros filósofos. Esses antigos eram sábios, e em seu pensamento os conteúdos vindos da religião, da poesia e da ciência encontraram uma formulação. Pelo fato de ter se tornado parcialmente independente da tradição, essa formulação pode ser tomada como o momento inicial da filosofia. Segundo a perspectiva de Aristóteles, a contribuição decisiva nesse sentido foi a de ter dado início a um saber voltado à busca da causa primeira da realidade. Esse caráter radical e exigente qualifica desde o início o saber filosófico, que busca ser um saber capaz de identificar por si o princípio primeiro de explicação não deste ou daquele fenômeno particular, mas da realidade como um todo, em sua complexidade. Assim, a filosofia é marcada desde os seus primórdios por dois elementos de destaque: a reivindicação do pensamento de ser capaz de identificar esse princípio primeiro, independentemente de outras fontes do saber, como por exemplo, a tradição e os mitos; e a afirmação de que, com tal princípio, seria possível adquirir uma compreensão de toda a realidade.

Aqui não é o lugar para seguir em detalhes as hipóteses propostas passo a passo por esses primeiros sábios. Em sua aparente simplicidade e às vezes em sua materialidade, essas hipóteses já trazem a pretensão de ter definido um princípio de explicação geral e adequado. Foi o que ocorreu sobretudo com aqueles primeiros pensadores (séculos VII-VI a.C.) da escola de Mileto (cidade da Cária, na Ásia Menor), que foram chamados de físicos ou naturalistas, pela tendência de identificar essa *archế* (princípio) como uma matéria física vivente: a água, para Tales; o ar, para Anaxímenes; ou o indeterminado (*ápeiron*), para Anaximandro, com uma determinação que teve grande influência em muitas filosofias sucessivas até os dias atuais. Um primeiro plano de onde todos os seres, diferenciando-se, se originam, para depois sofrerem as consequências desse surgimento com sua própria destruição, pela ousadia de terem violado a indeterminação originária.

A escola pitagórica, que sucedeu a de Mileto, cujo representante mais conhecido foi o matemático Pitágoras, originário da ilha de Samos, foi provavelmente a primeira a usar o nome de filosofia. Ela teve um grande florescimento, pelo menos até o século IV, e se caracterizou pela tese de que o número constitui a substância do universo. Por trás dessas reflexões, percebe-se um aprofundamento de tudo que continham as teses de Anaximandro e Anaxímenes, que lançaram mão do princípio do ar justamente para tentar sair da indeterminação do *ápeiron*. Mas, neles, já se podia ver apresentada uma questão fundamental para a filosofia, a saber, a questão sobre a determinação do indeterminado. E o número parece poder fornecer uma solução. Enquanto medida, esse é por si uma determinação, e assim uma determinação quantitativa, mas também é a base a partir da qual se edifica uma série não determinada e potencialmente infinita como é, pois, a série dos números, que são, assim, uma representação perfeita da realidade em sua complexidade. As propriedades dos números (que aqui são concebidos não apenas em sentido aritmético mas também geométrico, isto é, possuem uma figura e uma extensão) representam as relações entre as coisas e permitem ver a harmonia global que regula o universo. A harmonia e a relação estabelecida entre as coisas/números possibilitam imaginar uma compreensão rigorosa e objetiva da realidade, que fornece a sensação excitante de possuir as chaves do segredo da natureza. Disso provém o concomitante caráter científico, filosófico e religioso da escola pitagórica.

Os maiores filósofos dos primórdios foram, porém, sem sombra de dúvidas, Heráclito (nascido em Éfeso, na Ásia Menor, que viveu entre o século VI e o V a.C.) e Parmênides (seu contemporâneo, nascido em Eleia, na Magna Grécia, a atual Campânia, Itália). Na história, Heráclito sempre aparece associado ao tema da contínua mutação de todas as coisas. A tradição lhe atribuiu um pensamento caricato — que na verdade não se encontra nos fragmentos que herdamos — que diz que "tudo corre" (*pánta rhêi*). Para Heráclito, cada coisa se transforma em seu contrário: "As coisas frias se aquecem, o calor se esfria, o úmido se seca, o que é árido se umedece". A noite se torna dia, o dia se torna noite. E em cada coisa está contido também o seu contrário.

Podemos dizer que Heráclito *constata a mutação presente em todas as coisas*. Segundo uma opinião atribuída a Sócrates, ele se abisma como um mergulhador delíaco até o mais profundo desse devir e descobre ali a ordem, a lei, a regra racional que o guia, ou, usando uma expressão sua, o *lógos*. O devir é a lei de si mesmo: é isso que o ser humano se nega a ver porque se detém na mera opinião (pela primeira vez a opinião aparece no discurso como um conhecimento inadequado). Se o ser humano compreendesse a lógica profunda do devir, descobriria a belíssima harmonia que mantém unidas a concórdia e a discórdia.

Por fim, a mutação possui seu *lógos*, e o trabalho do filósofo é elevar-se até esse *lógos* e ser capaz de olhar profundamente a si mesmo para além da simples opinião.

Como se vê, em Heráclito a visão da filosofia consiste em penetrar na realidade e descobrir, para além dos contrários de que ela se constitui, encontrar a lógica da harmonia que regula incessantemente toda mutação. O objeto da filosofia não é a constatação daquilo que vemos, mas a compreensão da lei que o governa. *O objeto da filosofia não é idêntico à realidade empírica sobre a qual é exercida.*

Parmênides dá um passo além e bastante decisivo. Segundo a expressão de Platão, o "venerando e terrível Parmênides" não se limita a determinar a estrutura racional da realidade, mas afirma diretamente a *pertença recíproca entre pensamento e realidade*. Ele escreve que pensar e pensar o que é são a mesma coisa. Isso significa que não existe o pensamento do nada — visto que o pensamento sempre recebe o ser — e que o que é, enquanto é, é sempre também racionalidade — uma vez que é pensável. Ser e não ser são incompatíveis reciprocamente e, no entanto, não se podem atribuir ao ser senão aquelas características que excluem toda e qualquer mudança (de onde surge a tradicional apresentação da oposição entre Heráclito e Parmênides, uma contradição que é, antes, consequência de um aprofundamento da parte de Parmênides). Assim, o ser é não gerado, imóvel, imutável, único, finito (porque, segundo uma tradição de origem pitagórica dominante na grecidade, só o finito, enquanto delimitado, pode ser suficiente a si mesmo).

O *ser* e o ser assim concebido como eterno, necessário, esférico (segundo uma imagem que Parmênides emprega em seu poema em versos) *torna-se objeto próprio da filosofia*. Com isso, estão postas as bases para o grande florescimento platônico e depois aristotélico para a determinação de um objeto próprio da filosofia. Daqui, surgem duas consequências. Uma afirmação luminosa da racionalidade fundamental de tudo o que é. É nisso que reside a verdade do pensamento; mas também o abandono ao reino da pura aparência (*dóxa*) de tudo aquilo que não é perfeitamente adequado a essa imutabilidade. A mutação e a multiplicidade atestadas pela experiência, o nascimento e a morte de todas as coisas, são o fruto de um conhecimento inadequado e assim embotado pelas aparências. Primeiramente, Parmênides impõe um princípio de não contradição (o ser não pode ser intercambiado com o não ser; o que é não pode ser não ser) e assim, adquire uma regra lógica fundamental, uma lei do pensamento, mas ao preço de apagar a consistência múltipla e mutável da realidade, coisa que Platão busca evitar[1].

2. A filosofia no espaço da cidade

No século V a.C., o poder de Atenas cresceu consideravelmente entre as cidades gregas. Sob a direção iluminada de Péricles (cuja morte de peste se deu no ano de 429 a.C.) assiste-se sobretudo a um grandioso desenvolvimento cultural que concentra na cidade as melhores energias intelectuais. Fídias edifica o Partenon, Policleto se destaca na escultura, Sófocles representa suas tragédias, Tucídides inaugura a escrita histórica, Hipócrates de Quios fixa os elementos fundamentais da geometria.

Como escreve Tucídides, atribuindo estas palavras a Péricles: "Não só os contemporâneos, mas inclusive os pósteros irão se admirar de autores de uma potência que deixou traços profundos no mundo e ricas testemunhas". Nesse fermento, que se tornou possível através de uma experiência singular de liberdade democrática, que, dentro dos limites próprios do tempo, se nutre de uma viva participação dos cidadãos nas decisões da assembleia, a filosofia se volta progressivamente a um novo objeto, na verdade distante daquele buscado até então pelas pesquisas ilustradas: o homem e a cidade, ou talvez fosse melhor dizer, o homem na cidade.

---

1. Não avançamos aqui com outros desdobramentos da filosofia pré-socrática; basta recordarmos que Zenão de Eleia tentará defender a doutrina de Parmênides sobre uma base lógica (por meio de aporias que desmentem como absurdas as hipóteses fundadas na multiplicidade); e Empédocles de Agrigento e Anaxágoras de Clazômenas, também chamados de físicos posteriores, irão retomar os princípios parmenidianos, tentando torná-los compatíveis com os elementos de mutação e de multiplicidade atestados pela experiência sensível. Por seu turno, Demócrito de Abdera, cujo pensamento só foi redescoberto a partir de Aristóteles, formulou a tese de que o átomo, ou seja, como diz o nome, um elemento não passível de mais divisões, seria o último elemento constituinte do universo.

Os primeiros a se confrontarem com esse desafio foram os sofistas. Entre esses destaca-se a figura de Protágoras (486-411 a.C.), que foi também colaborador de Péricles. Agudo e brilhante, ele atraía os filhos da burguesia ateniense, a quem transmitia um ensinamento novo e particularmente congenial ao espírito do tempo: "O homem é a medida de todas as coisas — escrevia ele —: das que são, por aquilo que são, das que não são, por aquilo que não são". Nesse princípio está implícita a reivindicação explícita do fato de que tudo aquilo que é recebe seu significado e valor próprio a partir da relação com o homem. Não é difícil perceber uma clara mudança de paradigma, que coloca o homem no centro da filosofia; o homem não em seu isolamento, mas sim em sua relação com os outros seres humanos, que habitam a cidade com ele.

Daqui surgiu um termo novo (*téchnē*), que em nossas línguas deu origem aos termos ligados à técnica, mas que em grego possui um significado amplo. A *téchnē* é uma capacidade que pode ser ensinada, um saber prático em grau de intervir na situação e produzir resultados. Para Protágoras, a mais elevada de todas as *téchnai* é a *téchnē política*, ou seja, a capacidade de "se saber conduzir com sentido tanto nas questões domésticas, de modo a administrar a própria casa do melhor modo possível, quanto nas questões públicas, de modo a ser perfeitamente apto a abordar e discutir as questões relativas à cidade. A arte política é minha arte e me proponho a formar bons cidadãos". Diferentemente das técnicas particulares, que se fundamentam em capacidades diversamente distribuídas entre os seres humanos, de modo que um é médico, o outro oleiro, o terceiro é atleta, a arte política, como explica Protágoras recorrendo ao mito de Prometeu e Epimeteu, é um dom que Zeus deu a todos os seres humanos em igual medida, para tornar possível a convivência pacífica na cidade. Justiça e modéstia são as condições, ou o discernimento na regulamentação das relações entre os seres humanos (justiça) e a capacidade de se escandalizar por causa das desigualdades (modéstia).

Como se vê, o horizonte da cidade é decisivo, e o instrumento da *téchnē* política é o modo de intervir ativamente nela, fazendo-a progredir rumo ao melhor. Mas o melhor não é um princípio absoluto, nem imodificável. É fruto da capacidade de confrontar razão e soluções, orientando-as, como se disse, para a justiça, que quer dizer também igualdade tendencial, e para a modéstia, que quer dizer também prudência e senso de limite.

O sofista é aquele que, lançando mão de sua sabedoria, ajuda ativamente nesse sentido. A assembleia na qual os cidadãos afrontam as diferenças opcionais através do debate público constitui o horizonte decisivo para essas filosofias. A filosofia é uma técnica do ser humano e tem seu lugar privilegiado no espaço público da assembleia.

Nessa perspectiva se compreende a importância sempre maior que assume a linguagem, mas também se pode facilmente compreender como o impulso originário de Protágoras possa ter se transformado em outros sofistas, como por exemplo Górgias (nascido em Leontinos por volta de 485-480, mas embaixador em Atenas no ano de 427 a.C. e falecido no ano de 391 a.C.), numa direção claramente relativista e niilista. Em Protágoras, o homem é a medida de todas as coisas, mas aplicando o princípio político de uma cidade como horizonte dessa medida; em Górgias, o homem como medida implica a ausência de uma medida absoluta válida por si. Essa não existe. Em todo caso, mesmo que existisse, não seria compreensível ao ser humano; e, mesmo que fosse compreensível, não seria possível comunicá-la aos demais. Então não sobra mais que uma capacidade retórica de convencimento, uma arte da qual o político tem necessidade absoluta para prevalecer nas assembleias, mas também não tem nenhum vínculo com a verdade. Verdade e aparência não podem ser distintas, e a função da retórica não é atingir o verdadeiro, mas sim persuadir para obter o consenso necessário à decisão política. Os sofistas moram na cidade e cobram retribuição de seu ensino, ensinando aos cidadãos o modo como, por meio da palavra, obter os resultados desejados. A filosofia se torna um saber prático e instrumental.

Também Sócrates (Atenas 469-399 a.C.) mora na cidade de Atenas, da qual praticamente jamais saiu. Também ele se serve da arte da disputa, tão cara aos sofistas, e também como eles tem em vista as pessoas da cidade, de modo a interrogar incessantemente seus interlocutores sobre as razões mais profundas que regulam seus comportamentos. Mas, diferente dos sofistas, ele não pensa já saber o que é o verdadeiro, como acreditava no fundo Protágoras, quando elevava o homem como a medida de todas as coisas; ele tampouco nega, do modo como sustentava Górgias, que o verdadeiro exista. Ao contrário, ele confessa candidamente *saber que nada sabe*.

Com isso, a filosofia sofre um redirecionamento inesperado. Não é a sabedoria das respostas, mas *a sabedoria das perguntas*. O método de que ela se serve não é o recurso retórico da persuasão, mas o método maiêutico do diálogo. Segundo Sócrates, trata-se de alcançar o conhecimento de si mesmos, segundo o preceito do oráculo de Delfos; isso acontece não através de um processo de interiorização, mas sim antes no confronto com os outros, no *diálogo*, num espelhamento que se torna possível pela interlocução. O filósofo pergunta sem saber, mas para saber, e recebe do interlocutor uma resposta que é uma certeza de vida, mas privada de fundamentação adequada; então ele "desmonta" a presunção, mediante a *ironia*, ou seja, mostra que naquela resposta não se encontra a verdade buscada. Desse modo, ele é conduzido e perguntar novamente e de modo mais correto. A falsa presunção do interlocutor redireciona a pergunta e reconduz o filósofo a conhecer sempre melhor também a si mesmo, num procedimento especular. Para ver-se de fato, é necessário espelhar-se (num outro ser humano). Mas isso significa que a verdade, que posso encontrar em mim mesmo, é algo que não me pertence como posse, é algo que eu não posso criar, mas no máximo encontrar. Todo o processo é como o trabalho do nascimento, e por isso Sócrates, filho de uma parteira, reconduz o próprio procedimento dialógico à *maiôutica*, a arte da obstetrícia.

O filósofo não tem nada a ensinar; por isso, sua arte não pode exigir retribuição. Ele mora na cidade e a incita incessantemente a se perguntar de modo sempre mais rigoroso o que é verdadeiramente justo. Ele a leva a se interrogar o que é a virtude (uma *aretē*, que se contrapõe à *téchnē* sofista) e cria empecilhos ao desenvolvimento usual dos afazeres políticos. Ainda tolerado sob os Trinta Tiranos, um governo filo-espartano que sucedeu a morte de Péricles, Sócrates é condenado à morte justo na época da restauração democrática, que não tolerava nenhum impasse ao próprio funcionamento, acusando-o de ter querido introduzir em Atenas novas divindades e de corromper os jovens.

No máximo, Sócrates obrigava a retornar aos princípios de verdade anteriores aos sofistas, visto que apregoava um saber que não se funda no si mesmo do homem, mas que tem seu ponto central noutro lugar, no oráculo do deus que obriga a ir até o fundo de si mesmo para alcançar o verdadeiro. Na belíssima *Apologia* escrita por Platão para homenagear o mestre amado, que surge assim como o verdadeiro e próprio fundador da filosofia, sem ter deixado nada de escrito, temos o documento mais longo relativo ao ensinamento de Sócrates. Diante da cidade reunida no tribunal, Sócrates defende seu comportamento, mas aceita ao mesmo tempo uma eventual condenação, mesmo injusta. Nesse momento público inusual de Sócrates, que privilegia antes o diálogo feito num círculo limitado de participantes, como mostram os escritos platônicos, temos uma confissão dupla, preciosa. Ele afirma de fato em primeiro lugar que o *daimon* que o fez agir desse modo o impediria de mudar seu próprio comportamento. Esse *daimon* é a cifra de sua consciência e lhe ensina não um conteúdo de verdade, mas sim uma verdade ainda mais decisiva, ou seja, que o homem não é a medida de todas as coisas, nem pode possuir o verdadeiro, mas apenas procurá-lo. Em segundo lugar, ele não só acentua a obediência à cidade e às decisões democraticamente tomadas pelos seus cidadãos, mas enuncia também ao mesmo tempo a impossibilidade de viver fora da cidade, num estilo que privaria sua busca de significado.

Se "uma vida sem busca não é digna de ser vivida", como afirma ele, tampouco é digna uma vida vivida fora da comunidade. Também para ele o tema principal fica sendo o homem na cidade, mesmo por meio de uma completa inversão da perspectiva dos contemporâneos sofistas. O que sobra de central entre ambos é a democracia e a função pública da filosofia; mas para os sofistas a filosofia ensina fundamentalmente um método, uma técnica de convivência; para Sócrates, ela se dirige antes a um conteúdo, a virtude, o qual pode ser alcançado apenas através do diálogo e não vale para ninguém como sendo uma posse.

3. Platão. A morte de Sócrates

A morte de Sócrates foi um evento determinante na biografia de Platão (nascido em 428-427 de uma família aristocrática e falecido em 348-347 a.C.)[2]. Para ele, que havia sido por aproximadamente dez anos discípulo de Sócrates e havia compartilhado com ele seus ensinamentos muito de perto, tornava-se imprescindível compreender como poderia acontecer de o próprio Sócrates, o homem justo por excelência, aquele que melhor encarnava a sabedoria filosófica e a virtude política, ser submetido à morte. Como sempre acontece com os grandes, o evento pessoal torna-se ocasião para um repen-

---

2. O verdadeiro nome de Platão foi muito provavelmente Arístocles, modificado para Platão talvez por causa de sua ampla (*platýs*) constituição. Em 399, depois da morte de Sócrates, deixa Atenas e empreende uma longa viagem (aparentemente teria ido ao Egito). Em 387, em Atenas, funda a própria escola, a Academia, voltando de Siracusa, onde com o amigo Dione tentou realizar uma reforma política — que não deu certo — do Estado, regido pelo tirano Dionísio, o Velho. Irá retornar a Siracusa no ano de 367 e em 361 a.C. para tentar levar a cabo o projeto, também dessa vez sem lograr êxito; em vez disso, isso implicou questões que colocaram em perigo a vida do filósofo, que conseguiu afortunadamente retornar a Atenas, onde veio a falecer. Dentre os seus diálogos, recordem-se: *Apologia, Protágoras, Mênon, Fédon, Banquete, República, Parmênides, Sofista, Leis*.

Advertimos que muitas vezes, para os filósofos gregos, costuma-se apontar um número duplo para indicar uma data. Isso deve-se ao fato de que, no mundo grego, a virada dos anos se determinava a partir das olimpíadas.

sar global que, dando prosseguimento à inspiração socrática, alcança uma definição da filosofia que permaneceu paradigmática para toda a tradição subsequente. Como escreveu Karl Jaspers, um grande filósofo alemão do século passado, "Platão é o fundador daquilo que só a partir dele passou a ser chamado de filosofia em sentido pleno".

Como era possível que o fascínio que exercera sobre ele aquele homem feio como um sileno, mas capaz, como uma arraia elétrica, de dar um choque decisivo na vida de seus interlocutores, não tivesse sido aceito na cidade, nem sequer na cidade de Atenas, a melhor das cidades gregas? Como pode ter-se dado ouvidos aos sofistas, sem escandalizar-se de suas teses inusuais, resistindo a Sócrates, que proclamava querer obedecer apenas ao oráculo de Delfos, segundo o qual era necessário aprender a conhecer a si mesmo?

Toda a filosofia de Platão se constitui num esforço de encontrar uma resposta a essas perguntas, na trilha daquilo que ele aprendera de Sócrates. Também para ele, o ser humano e a cidade ocupam o centro do pensamento, assim como a arte do diálogo (que ele transfere com habilidade do diálogo falado para o diálogo escrito, numa primeira infidelidade fiel ao mestre). Também para ele a filosofia é amor à busca, segundo uma marca que pertence intimamente ao nome de filosofia (amor ao saber).

Mas é preciso prosseguir de dois modos, com uma radicalidade que era desconhecida a Sócrates. Antes de tudo, ultrapassando o socrático puro saber que não se sabe e transformando-o num saber de algo que não se possui atualmente, mas o qual se atinge continuamente. Desse modo, como se verá melhor, a filosofia recebe *um objeto próprio e seu, o mundo das ideias*. Mas, em segundo lugar, a mesma reflexão sobre a cidade toma uma nova direção e assume características especificamente políticas e não apenas éticas. Não se trata mais de agir na cidade assim como ela se apresenta, mas de construir a cidade como ela deve ser, sem temor algum de ser acusados de ser simples "cumpridores de palavras". Essa *cidade ideal*, exatamente como todas as demais ideias, será, de fato, o modelo que servirá para mensurar a realidade.

Esses dois movimentos estratégicos, que serão seguidos por outros nos desdobramentos platônicos posteriores, trazem consigo sempre a ferida da morte de Sócrates. Uma ferida que de certo modo envolve também a própria relação com o mestre. A *fidelidade* ao seu ensinamento conduz Platão inclusive na direção da *traição*, uma vez que a arte maiêutica, exercida por Platão na esteira do mestre, produz aqui uma fecundidade que atribui à filosofia uma função que ultrapassa a crítica direcionando-a à determinação do verdadeiro, enquanto Sócrates se mantém fiel à tradição, herdada da mãe, que impunha que a arte de parteira fosse reservada às mulheres que já não estivessem em idade fecunda. No *Fédon*, o diálogo que recorda o último dia de Sócrates antes da morte, Platão, sabendo talvez do fato de estar colocando na boca de seu mestre palavras que ultrapassavam seu próprio ensino, afirma que, naquele dia decisivo, ele próprio, doente, não participara daquele grupo restrito de discípulos reunidos em torno de Sócrates. Também aqui se vê um segundo traço de traição ou simplesmente a admissão daquela condição dramática que pertence ao discípulo, que por fidelidade é chamado de certo modo a superar o mestre.

Mas também num segundo sentido esses desdobramentos platônicos conservam uma marca desse detalhe doloroso. Eles lançam, de fato, a filosofia ao encalço daquilo que não existe, ou pelo menos não existe de imediato, mas que existe no sentido mais pleno e verdadeiro da palavra. Assim como Platão está separado do mestre, a experiência do filósofo é igualmente aquela de uma contínua *tensão rumo a algo que se encontra para além, além da experiência imediata*. O fascínio, mesmo literário, de Platão reside precisamente nessa tensão que jamais pode ser completamente resolvida, mas que tem a capacidade de abrir um outro mundo, o mundo verdadeiro, do qual viemos e ao qual somos atraídos de modo irresistível. No famoso afresco *A escola de Atenas*, Rafael retratou Platão com um dedo apontando para o alto, figurando, assim, como Platão teria sido interpretado por toda a tradição: um filósofo tomado por uma tensão incansável rumo ao além.

4. Platão. A virtude pode ser ensinada? O conhecimento como memória

Os primeiros diálogos platônicos, além de refletirem sobre a figura de Sócrates e de testemunharem a respeito de seu modo de agir, apresentam uma questão central para a época e que nos permite também ter algum elemento de conhecimento das doutrinas sofistas. Como já mostramos, os sofistas afirmavam dispor de uma técnica capaz de ensinar qualquer coisa a qualquer um e também de poderem ser mestres de virtude, especialmente da virtude política; Sócrates, ao contrário, só afirmava saber que nada sabia. Platão, porém, pôde constatar como a pretensão sofística tinha como consequência um tal relativismo difuso, e Górgias havia demonstrado isso muito claramente, pelo qual o ensino não nos permite aprender nem comunicar nada, mas apenas comprovar um virtuosismo argumentativo que se presta para qualquer tipo de êxito. Dizendo que nada sabia, porém, Sócrates acabou morrendo para não trair a própria missão. Então, era junto a ele que se deveria procurar o que é justo, inclusive seguindo seus passos, que buscavam alcançar a resposta justa através do diálogo.

Como foi dito, a filosofia é a arte das questões e não das respostas. Sobretudo os primeiros diálogos de Platão, os que são chamados de "socráticos", testemunham isso e constituem para nós o único documento escrito do ensino de Sócrates, que só se confiava, como se sabe, à palavra falada. Mas como se poderão fazer as perguntas corretas se não se sabe nada, e como se poderá dizer que uma resposta não é adequada se, de novo, nada se sabe? Talvez Górgias tenha razão. Mas, conforme atestado pela experiência, no diálogo algo se ilumina, as presunções são desmanteladas, e somos direcionados para um melhor conhecimento daquilo que se procura e também de nós mesmos. No *Mênon*, Platão demonstra claramente que, guiado pelas questões pertinentes, um escravo ignorante em geometria é capaz de resolver por si problemas de geometria. Não há nenhum modo de explicar o fenômeno do aprendizado a não ser levantando uma hipótese corajosa e, de certo modo, inesperada. Aquele que aprende atinge um saber que não sabia ter, mas que na realidade tem. A mesma coisa se dá com quem pergunta e, desse modo, alcança a pergunta pertinente. De modo sintético, podemos dizer que *aprender é recordar*, ou atingir algo que já está em nossa alma, sem que tenhamos a consciência atual disso.

A experiência pode confirmar essa verdade. Quando mostramos a uma criança dois objetos diferentes e lhe perguntamos se são iguais, sem hesitar responderá que não são iguais. Mas, ao contrário, se lhe mostrarmos dois copos com a mesma forma, ela dirá que são iguais. E nos dois casos temos de supor que a criança possui uma noção de igualdade, o que ela não encontra verdadeiramente na experiência, mas da qual ela deduz sua própria resposta.

A essa noção, Platão chama de *ideia*, usando uma palavra ligada com a raiz *id-*, de ver, que sugere que o conhecimento de uma ideia seria a capacidade de ver seu significado e extensão, não a partir da reunião de dados tirados da experiência, mas com os olhos da mente. A *ideia* é bem mais do que compreendemos quando, na linguagem comum, falamos de ideias; ela não é a representação mental de um objeto físico (qual seria, pois, o objeto físico que representa a ideia de igualdade, de justiça etc.?), mas é uma realidade que é objeto de um *conhecimento suprassensível*. Assim, a ideia *assume* uma *função du-*

pla: gnosiológica e ontológica. De fato, ela é isso graças ao que conhecemos, mas também a causa pela qual as coisas que existem são o que são. É atingindo a ideia suprassensível de beleza que se considera bela uma estátua, mas é pela participação da ideia de beleza que aquela estátua é bela. Assim, podemos inclusive acrescentar que as ideias se encontram numa relação dinâmica entre si mesmas, uma dinâmica que as direciona todas a uma ideia suprema que as unifica e rumo à qual todas tendem. Essa ideia se chama *o Bem*. Desse modo, hierarquizadas na direção do Bem, para a realidade sensível que participa delas, as ideias constituem também a causa final ou o fim (de plenitude) ao qual aspira toda a realidade. A ideia é aquele "todo conjuntural", que é ao mesmo tempo causa, fim e modelo, sobre o qual se baseiam a realidade e o nosso conhecimento.

Como se pode ver, Platão leva Sócrates, por assim dizer, a ultrapassar a si mesmo, porque não se restringe a descrever como se desenvolve um verdadeiro diálogo filosófico, mas busca o objeto próprio da filosofia. Ele o identifica num mundo suprassensível, que o coloca no hiperurânio [supra-celeste], onde se encontram as ideias, as quais, segundo uma representação mitológica, foram vistas antes do nascimento, mas depois foram esquecidas no ato de ter vindo ao mundo.

Como faz explicitamente Platão, podemos concluir que *conhecer é recordar*. É no livro já citado, *Fédon*, que Platão trata com mais amplidão do processo da *reminiscência*, à qual ele liga também a afirmação explícita da imortalidade da alma, que enquanto realidade espiritual precede o corpo ("prisão da alma") e não se finda com este. Talvez não seja supérfluo incluir o tema da *memória* propriamente dito no contexto dramático desse diálogo. Ele se inicia, de fato, no desejo de recordar as últimas palavras do mestre e se desdobra assim no sinal imanente da morte. A execução da condenação foi ordenada em vista da cerimônia religiosa que acompanhava a comemoração das gestas de Teseu, que libertara os meninos e as meninas destinadas ao sacrifício como vítimas do Minotauro cretense. O processo da memória se enquadra, assim, no tempo retardado da execução, entre a celebração das vidas salvas e o cumprimento efetivo da condenação à morte. E a memória figura, de fato, como essa ponte, esse limiar que interliga o passado, no qual a alma vê as ideias, o presente, que com a experiência dá ocasião à recordação, e o caminho futuro, que se desdobra a partir daqui num processo de elevação rumo àquilo que não é imediatamente visível, mas que é a verdadeira razão por que aquilo que é visível pode ser visto.

Desse modo, toda a realidade encontra um princípio seguro de unificação, e a filosofia determina seu objeto próprio. Mas a natureza ideal desse objeto não aplaca a tensão dessa busca, porque a realidade e o mundo que nos circunda jamais coincidem com o mundo ideal perfeito. Dele participam e a ele tendem, mas sem jamais alcançar uma adequação plena.

5. Platão. A cidade ideal

Assim, estabelecem-se as premissas para repensar a política de maneira mais abrangente. Dentre todas as virtudes, a *justiça* é a que melhor se adapta a essa passagem. Como observa Platão, fica mais fácil responder à questão acerca da justiça quando se alarga o campo, passando dos indivíduos para a comunidade. É como se, para beneficiar o míope, fossem aumentadas as letras a serem decifradas. Platão tem plena consciência de que, desse modo, está expondo um ponto vulnerável de sua própria biografia, visto ter sido a própria cidade quem condenou Sócrates e o fez com procedimentos formalmente democráticos. Passa, assim, a descrever um estado ideal. Diante da objeção de uma expressa irrealidade feita por Glauco, Sócrates, o interlocutor principal de *A República*, afirma sem hesitar: "Talvez no céu exista um modelo para quem quiser vê-lo e, com essa visão, formar sua própria personalidade. De resto, não tem a menor importância que esse Estado exista hoje ou no futuro em algum lugar, porque o homem de que se fala aqui irá desenvolver sua atividade política nele e em nenhum outro"[3].

O Estado ideal é, pois, como uma ideia. Por quanto irrealizado e talvez até mesmo irrealizável, ele é a norma com a qual mensurar-se, e somente nele [o estado ideal] o homem, para o qual tendemos, ou seja, o homem justo, que mantém em equilíbrio os diferentes componentes da sua alma (o racional, o irascível, que diz respeito às moções da alma como os desejos e os sentimentos, e o concupiscível, que governa as moções do corpo).

Fundada na exigência de satisfazer necessidades essenciais que comportam uma organização social, a cidade se organiza em *classes*, que reproduzem a divisão da própria alma: a classe dos regentes, que, dotados de sabedoria

---

3. Platão retoma o tema político em outros escritos, como em *O político* e *As leis*. Nos dois ele corrige parcialmente o radicalismo presente na *República*. Em *O político*, a arte do político se assemelha à do tecelão e lhe é atribuída a função de encontrar a justa medida. Em *As leis*, como confessa no *Timeu*, ele transfere para a realidade aquela cidade que anteriormente descrevera como uma fábula da mente.

racional, governam; a classe dos guardas, capazes de padronizar os sentimentos próprios e em particular vencer o medo, transformando-o em coragem, que cuidam da defesa; a classe dos artesãos, que, valendo-se de dons físicos, fabricam os bens materiais úteis para a cidade. O funcionamento da cidade implica que cada um exerça sua função própria, numa tal ordenação que — como foi observado por um filósofo do século passado, Karl Popper — gera uma "sociedade fechada", bem afastada dos princípios modernos do liberalismo e de uma possibilidade de mobilidade social. Platão assevera esse modelo orgânico de sociedade, sustentando em três abordagens sucessivas teses que mostram toda a sua radicalidade: em primeiro lugar, a tese da igualdade de educação, de responsabilidades e de funções entre homens e mulheres; depois, para as primeiras duas classes, a comunhão de mulheres e bens, e também de filhos, para evitar qualquer interesse privado no exercício da atividade pública; a terceira, por fim, que atribui ao filósofo e só a ele a responsabilidade suprema de governar.

Sócrates observa que a justiça não reside em nenhuma das classes que constituem a cidade, nem tampouco em alguma das partes da alma tomada em si. Cada uma possui sua virtude própria (a sabedoria, para a alma racional e para a primeira classe; a coragem, para a alma irascível e a classe dos guardas; a temperança, como capacidade de fazer prevalecer o melhor, para a alma concupiscível e para os artesãos). *A justiça reside no equilíbrio do conjunto*, e o próprio equilíbrio do indivíduo singular só se torna possível dentro de uma cidade bem ordenada. Como se pode notar, Platão conseguiu reunir unitariamente três temas: a questão ética, a questão política e a questão ontológica. O ser da cidade, aquilo que a define essencialmente, é uma realidade ideal, como são também as ideias (dimensão ontológica), e em sua organização política para cada um são colocadas as condições para um efetivo exercício da virtude (dimensão ética). O filósofo preside essa unidade complexa e articulada. Assim, acabou amadurecendo a condição para reivindicar para a filosofia a própria função de guia também dentro da política.

6. Platão. A filosofia como saber mais elevado: a questão da verdade

No tempo de Platão, diversas formas culturais pleiteavam essa função global de unificação. Existiam as formas mais antigas, como o saber presente nos mitos e nas formas de sabedoria religiosa; junto com esse saber vinha também a poesia, que sobretudo com os escritos de Homero, parecia conter uma *summa* a ser atingida pela educação. Mais modernamente surgiram modelos de saber científico, de tipo matemático-geométrico (basta pensar em Pitágoras, mas depois também em Eudoxo), ou de tipo médico (para o que é preciso lembrar de Hipócrates de Cós), ou baseados na capacidade de lançar mão da linguagem, como na retórica sofística de Górgias ou no ensino de Isócrates, que considerava o bom uso da linguagem a verdadeira função do sábio para o bem da pátria. Platão não hesita em entrar em conflito com essas formas de saber, nas quais às vezes busca inclusive inspiração (como no caso da matemática e da arte médica), sobretudo para lhes negar o primado e subordiná-las à filosofia num itinerário educativo.

A filosofia tem a função de organizar todo o saber, de modo a alcançar uma condenação explícita da arte (que é, aqui, sobretudo a arte poética, inclusive o amado Homero), pois, na dedicação excessiva a esses modelos, Platão entrevê um perigo para a questão central, que compete apenas à filosofia e que essa exerce em referência a todas as dimensões da existência: a questão da verdade. Pode-se perfeitamente afirmar que Platão define a filosofia de modo paradigmático para todos os séculos vindouros. Recorrendo a uma expressão um pouco audaciosa, pode-se acrescentar que ele "inventa" a questão da verdade e faz da filosofia o saber que se ocupa dela. Na verdade, é só a filosofia que está em condições de apresentar a questão da verdade, voltando-se ainda à correspondência entre os fatos, correspondência que pode ser verificada empiricamente (como quando se diz que o boi é um animal de quatro patas). Só a filosofia se coloca a questão de qual virtude, como capacidade de se comportar de certa maneira, seja também a virtude justa, isto é, adequada ao ser humano que dela lança mão e à cidade na qual ele vive. É só a filosofia, enfim, que não se contenta com as certezas simples ou de pura habilidade, mas suscita a questão essencial sobre aquilo que as torna verdadeiras e justas.

Como se sabe, a verdade está perfeitamente representada pelas ideias, que são formas completas dotadas de plena realidade, mas que só podem ser atingidas com os olhos da mente. As ideias são o verdadeiro. Mas como atingi-las? Como se viu, antes de mais nada através de um processo rememorativo, mas que é suscitado por uma experiência sensível e concreta. O Amor (*Érōs*), que é filho da Pobreza (*Penía*) e da Riqueza (*Póros*), apresenta um modelo estupendo para descrever esse processo. Num célebre diálogo chamado *O Banquete*, Platão revisa diversas concepções de amor, daquela que distingue diversas formas de amor — bonito ou feio, sadio ou doente, ou como tentativa de alcançar uma posição mais elevada, ou como nostalgia de uma unidade perdida (o mito diz que certa vez os humanos eram uma unidade de dois, nas três formas possíveis: machos e fêmeas unidos num só corpo, ou machos e machos, ou fêmeas e fêmeas) — para dar a palavra conclusiva a uma sacerdotisa estrangeira, Diotima.

Como em outras passagens importantes de sua filosofia (basta pensar, na obra *Parmênides*, no estrangeiro de Eleia, que desenvolve a crítica do parmenidismo), não é Sócrates quem pronuncia as palavras decisivas. Como mostra o discurso subsequente de Alcibíades, ele só namora, suscita as condições para compreender o que seja o amor. É, pois, apenas uma sacerdotisa estrangeira, famosa em Atenas por ter sabido manter a peste afastada da cidade, quem fornece a mais elevada caracterização do amor. Nós nos enamoramos, afirma ela, atraídos pela beleza de um corpo, mas na realidade essa beleza implica uma beleza mais geral, a beleza do corpo enquanto tal, e depois a beleza do espírito manifesta naquele corpo, e depois ainda a beleza do espírito enquanto tal, num processo que vai se elevando cada vez mais, rumo àquela "beleza eterna, que não nasce e não morre, não cresce nem diminui, que não é bela por um lado e feia pelo outro, não é ora sim e ora não, não é bela ou feia conforme certas relações, nem bela aqui e lá feia". Essa beleza, que não é uma mera conotação estética, é a ideia, e essa beleza é a verdadeira beleza. A ligação que Diotima intui entre amor, que é "a tendência a gerar no belo", e beleza serve para sublinhar a natureza intermediária do amor, o seu ser algo que se nutre daquilo que é (o belo que vejo), mas que prossegue incessantemente rumo a uma plenitude mais elevada. Mais uma vez nos defrontamos aqui com um tema que constitui um traço predominante da filosofia platônica: o desejo é acionado por aquilo que se manifesta, mas tende a uma manifestação plena. Ademais, as ideias são recordadas através da experiência, mas recordam uma plenitude que não se dá na experiência.

A filosofia é amor pela sabedoria e mais precisamente é *amor pela verdade*. É um amor que não nasce de uma posse, mas se desenvolve através de um processo ascendente, nascido de uma constante tensão erótica. Um grande psicanalista do século passado, Jacques Lacan, comentando precisamente *O Banquete*, observou justamente que em Platão o amor consiste em dar algo que não se tem a quem não sabe. O amor, por ser um amor fecundo, que quer "procriar e dar à luz o belo", não tem por si mesmo aquilo a que aspira e justo por isso o deseja. Por outro lado, também a pessoa a quem se dá o amor ignora em que consista propriamente o amor, a não ser depois de ter feito a experiência, e também aqui sem jamais poder exaurir a experiência. Talvez aqui esteja a marca da proposta platônica. O amor, que para Platão é antes de tudo amor ao verdadeiro, não é só a tensão rumo ao verdadeiro, mas uma forma específica, porque especificamente filosófica, de fazer a experiência da verdade e da sabedoria. Não é apenas um amor à sabedoria, mas uma sabedoria que tem o caráter de amor.

7. Platão. Mito e *lógos*, palavra e escrita

Como se sabe, Sócrates nada deixou de escrito. Talvez ciente dos limites da escrita que, como ilustra o mito de Thoth, arrisca acentuar uma presunção de saber ilusória e puramente mecânica, Platão afasta-se dessa proibição e confia sua filosofia ao escrito, mesmo que em forma de diálogo. O ritmo dado pela palavra, no qual de repente, entre amigos sem inveja dedicados à busca, se acende de súbito uma luz, como observa a *Carta VII*, representa perfeitamente a natureza da verdade, uma verdade que acontece e se manifesta sem poder jamais transformar-se numa posse estável. Uma verdade que não é produzida por quem está falando, mas é descoberta. Não por acaso, como se viu logo acima, quem pronuncia a palavra decisiva em *O Banquete* é uma sacerdotisa estrangeira, Diotima. Isso explica por que Platão, feita a passagem para a escrita, não só mantém de modo estável a forma aberta de diálogo, mas, inclusive nos momentos mais decisivos, recorre a mitos ou produz ele próprio relatos de caráter mítico. *Justo por sua pertença a um mundo ideal, a verdade não pode ser vista diretamente e exposta argumentativamente.*

Isso vem sublinhado pelo célebre mito da caverna presente em *A República*, observando que os prisioneiros (ou seja, todos nós), habituados a viver presos em correntes no fundo da caverna, uma vez libertos, não estão em condições de olhar diretamente para a fonte da luz e do calor, o sol, mas devem ir se acostumando à luz pouco a pouco e de forma indireta. O mito é como o fogo central do sol; contém de forma quase explosiva uma verdade, à qual o filósofo atinge progressivamente, mas que não consegue dominar inteiramente as formas do discurso. Assim, nas passagens mais decisivas de sua filosofia, Platão deixa os blocos erráticos de um mito como fonte a que é preciso recorrer para proceder argumentativamente na busca.

Seria interessante revisitar aqui esses mitos, coisa que o limite deste trabalho não nos permite. Podemos apenas aventar como exemplo dois desses mitos, talvez os mais conhecidos. Primeiro de tudo, aquele da caverna, ao qual já acenamos e que ilustra plasticamente os graus do conhecimento e da realidade, definindo a função do filósofo. Um prisioneiro nascido preso e acorrentado, junto com seus companheiros numa caverna, é libertado e forçado a voltar seu olhar, antes voltado para o fundo da caverna, agora na direção de sua abertura. Começa, assim, uma subida difícil que o leva para fora de seu lugar de prisão, para ter contato direto com a natureza. Nessa alegoria, é fácil de ver a distinção entre um conhecimento aparente, como a do prisioneiro acorrentado que confunde as sombras projetadas no fundo da caverna com os objetos reais, e um conhecimento direto da realidade, que só pode ser adquirido gradualmente. Mas também é interessante observar como a liberdade recebida inesperadamente seja difícil no início e como uma eventual volta do escravo à caverna seria acompanhada da zombaria e inclusive, pensando em Sócrates, de um risco de vida. Nessas poucas páginas, retomadas em variações infinitas pela filosofia e pela literatura subsequente, não temos apenas uma apresentação sintética da concepção global da filosofia de Platão, mas também uma reivindicação — que se repete em muitas outras passagens — da peculiaridade da função própria do filósofo, destinado a não ser compreendido, apesar de ser o único a conhecer adequadamente a verdade.

Não menos conhecido é o mito da parelha alada, no qual dois corcéis de natureza oposta são dirigidos com dificuldade por um auriga numa viagem entre as ideias, que influencia em diversos graus de conhecimento de cada alma. Um modo não só de explicar a diferença de capacidade das pessoas singulares, mas também de mostrar como a alma do ser humano é atravessada dualisticamente por pulsões opostas, que é necessário dirigir, simbolizadas aqui pelos dois cavalos, um negro e o outro branco.

8. Platão. A unidade como problema

Pouco a pouco, a figura de Sócrates vai desaparecendo como interlocutor principal dos diálogos de Platão. Um sinal, entre outros, da ciência que tinha Platão de estar se movendo já num terreno diferente daquele do antigo mestre venerado. Isso ocorre sobretudo no *Parmênides*, no *Teeteto* e no *Sofista* e provavelmente, pelo que se sabe, nas chamadas doutrinas não escritas, as que se dedicavam ao ensino oral, dentro da Academia, a escola fundada por Platão. No centro de todas essas buscas está o problema da unidade. Ora, segundo Parmênides, cujo "parricídio" parece ser cada vez mais imprescindível a Platão, se diz simplesmente que o ser é e o não ser não é, então não só o movimento mas também a multiplicidade se mostram como reduzidos a mera aparência. De forma mais geral, toda a experiência sensível, isto é, toda a experiência humana em sua globalidade, não passa de ilusão.

Platão entende os riscos desse posicionamento e adverte, inclusive, como mostra a expressão "parricídio" por ele empregada, que esses riscos dizem respeito a seu próprio pensamento enquanto filho e herdeiro dessa perspectiva. Como sublinhamos, é bem verdade que também em Platão a realidade plena é própria do mundo ideal e que nosso mundo mostra ser apenas sombra e caverna em relação àquele outro. E é igualmente nesse sentido que Platão não hesita em colocar na boca de Sócrates, no *Fédon*, na vigília de sua própria morte, uma saudação final que soa como certeza de estar indo rumo a uma convalescência da vida (por isso, segundo as palavras de Sócrates, será preciso sacrificar um galo a Asclépio, deus da medicina) e rumo a uma condição melhor. No mais, o *Fédon*, um diálogo muito querido aos filósofos cristãos sucedâneos, como já antecipamos, desenvolve um intenso diálogo centrado na tese da imortalidade da alma, que, como realidade simples e não composta, jamais poderá deixar de existir. Todos esses elementos mostram que, para Platão, a plenitude de uma vida ideal tem uma realidade, e até mesmo uma realidade superior àquela da vida cotidiana. De certo modo, estamos, pois, na linha parmediana, mesmo que com outros destaques. E, no entanto, é também verdade que Platão sempre procurou se opor a um dualismo radical que divide o mundo entre o modo verdadeiro e o modo aparente, uma vez que a realidade física existe por sua participação na realidade ideal.

Nesse caso, trata-se de dar um passo ulterior, mostrando que no mesmo mundo das ideias se infiltra, por assim dizer, o não ser. De um lado, porque existe a ideia de todos os tipos de coisas, mesmo para as mais triviais, e não só para as mais nobres, e depois porque toda ideia que é não é por isso outra ideia ou uma ideia diferente de si. *O ser não tem, pois, o caráter de unicidade, mas compreende, ou melhor, requer também a diversidade e a multiplicidade.* Talvez não seja por acaso que justo num diálogo chamado de *Sofista*, Platão desenvolva mais detalhadamente num sentido positivo e não apenas crítico sua própria posição, como se quisesse mostrar também através do título que inclusive a posição dos sofistas, mesmo sendo equivocada, se move dentro de uma variação da verdade. Bem distantes da esfera compacta de Parmênides, o ser é definido, então, como "qualquer coisa que se encontra na posse de qualquer potência de agir ou de sofrer por parte de qualquer outra coisa, mesmo insignificante, uma ação, mesmo que mínima e mesmo que por uma só vez".

Assim definido, o ser já não se opõe de modo absoluto ao não ser e possibilita uma visão da filosofia como esforço de evidenciar as relações e a diversidade, como esforço não só de habitar o mundo das ideias e de contemplá-las, mas de ver a imbricação entre o ideal e o real, que é, portanto, o modo no qual vivemos. Não é por acaso que também o filósofo não deixa de ser um habitante da caverna, como qualquer outro ser humano. Só que ele soube explorar verdades que podem iluminá-la de outra maneira.

A última filosofia de Platão e aquela confiada ao ensino oral, por quanto nos seja possível reconstruí-la por meio de alusões cuja crítica recente dedicou uma atenção particular, caminham em uma direção que confirma a permanente inspiração socrática, embora seja articulada de maneira muito complexa. No fundo desse reconhecimento, à luz do qual não se pode negar o ser inclusive ao não ser, e na construção complexa matematizante das doutrinas não escritas, as quais se reúnem em torno dos temas do Uno e da Díade, pode-se pressentir uma retomada tardia de Sócrates. Todo o seu ensino apoiava-se, de fato, sobre um liame indissolúvel (e não sobre uma oposição absoluta) entre saber e não saber. Talvez o que caracterize o filósofo seja mesmo o saber desse liame, e é a isso que se dedicam as obras abrangentes e tardias de Platão, todas votadas a pensar a unidade e a diversidade não na forma de uma oposição rígida.

A filosofia como enciclopédia do saber

1. Aristóteles. O dicionário da filosofia

Conheço poucas pessoas que se apaixonam pela leitura de um dicionário ou de uma enciclopédia. Com certeza, são bem menos que as que se deixam fascinar por um romance ou por uma poesia. À primeira vista, Aristóteles parece ser grandioso, com um destino semelhante ao dos dicionários. Parece não ter a força fascinante de um Platão, com seus temas tanto filosóficos quanto poéticos e religiosos. E seus escritos, que nos foram legados apenas como apontamentos de suas lições, não têm uma elegância estilística semelhante aos de Platão. Todavia, Aristóteles influenciou como ninguém a história do pensamento ocidental. No quadro já mencionado *A escola de Atenas*, Rafael o estilizou com a mão direcionada para a terra, como que se contrapondo a Platão. E, na tradição, os dois maiores filósofos da Antiguidade permaneceram como uma alternativa clássica de perspectiva filosófica: para Platão uma transcendência quase religiosa, para Aristóteles uma imanência quase científica.

Mas por longo tempo Platão foi o mestre de Aristóteles. E a escola de Aristóteles, o Liceu, que no lugar ateniense onde Aristóteles costumava ensinar passeando se chamava de escola peripatética, tem todas as características de um desafio lançado à Academia platônica, que terminou nas mãos de discípulos que não estavam à altura do mestre. Mas, enquanto o mestre de Platão (Sócrates) estava morto, e através de uma morte violenta e por condenação, o mestre de Aristóteles, Platão, não morreria senão bem mais tarde, de velhice. A relação entre esses foi bem diferente: não o mestre ausente, que se mantém como um ideal normativo, mas um mestre vivo, que deve ser superado, buscando novos caminhos e ultrapassando aporias não resolvidas.

Assim começa a filosofia de Aristóteles[1]. E assim se inicia para todos nós uma outra aventura do pensamento, que fixará para sempre a geografia da filosofia, estabelecendo como em um dicionário ideal os nomes das disciplinas e dos conceitos principais, nomes que estão em uso até os dias atuais. Como antecipamos, Aristóteles constitui uma espécie de enciclopédia universal "daqueles que sabem", para retomar uma expressão de Dante, um vocabulário universal que se deve sempre de novo alcançar.

Platão, ao contrário, dissera que a filosofia nasce da admiração e também que as descobertas da filosofia, como num crescendo, geram nova admiração conduzindo até as alturas das ideias puras. Também Aristóteles retoma esse pensamento, ao observar que, "tanto nos primórdios quanto agora, os homens tomaram a admiração como ponto de partida para filosofar, pois desde o começo ficavam maravilhados com os fenômenos mais simples, e dos quais não conseguiam perceber, e depois, avançando pouco a pouco, se defrontaram com problemas mais complexos, como os fenômenos que dizem respeito à lua, ao sol, às estrelas e à origem do universo". A admiração não surgiu tanto da interrogação e da surpresa gerada pelo objeto indagado, mas mais da natureza singular e especificamente filosófica dessa. Na realidade, a *filosofia* é um *conhecimento* que não se preocupa com as vantagens que ela poderia trazer, mas é um *fim em si mesma*. É algo propriamente divino, acessível, porém aos seres humanos. De modo que, "dentre todas as demais ciências — conclui ele —, chamamos de livre apenas a filosofia: somente ela é na realidade fim em si mesma", e, mesmo que "todas as demais ciências fossem mais necessárias do que ela, nenhuma delas lhe seria superior".

2. Aristóteles. A arquitetura do saber

Uma primeira contribuição de Aristóteles consiste na estruturação sistemática das diversas disciplinas da filosofia. Com Platão, a filosofia não só

---

1. Aristóteles nasce em Estagira, uma colônia jônica nos confins com a Macedônia, no ano de 384-383 a.C. No ano de 366 a.C., chegou a Atenas, onde permaneceu até a morte de Platão. No ano de 343, deixou Metilene, para onde se transferira, e foi chamado à Macedônia para se ocupar com a educação de Alexandre, filho de Filipe II. Por ocasião da morte deste último, no ano 336 a.C., retornou a Atenas, onde fundou o Liceu. Com a morte de Alexandre, no ano de 323, foi obrigado a deixar a cidade logo que o partido antimacedônio tomou o poder. Retirou-se para Cálcis, onde morreu no ano de 322 a.C. Entre seus escritos, o *Organon* reúne as obras lógicas, a *Metafísica* aquelas sobre a filosofia primeira; dentre as demais obras, recordemos a *Ética a Nicômaco*, *Política* e *Retórica*.

chegou a uma definição de si mesma, que continua sendo paradigmática, mas também vencera o confronto com outros tipos de saber, afirmando-se como a forma mais geral do próprio saber. Agora, prosseguindo o mestre, tratava-se de organizar as diversas articulações da filosofia. Aristóteles irá fazer isso, antes de tudo, distinguindo entre ciências especulativas, práticas e poiéticas.

Como deixava entrever a parte precedente, o primado cabe às *ciências especulativas*, ou teóricas, ou àquelas formas de saber contemplativo, que não têm nenhuma finalidade fora do próprio saber. Essas ciências são a matemática, a física (que inclui também a psicologia como estudo da alma) e a metafísica ou filosofia primeira (que inclui também a teologia). Trata-se de ciências que buscam compreender respectivamente a natureza dos números, das substâncias móveis animadas e inanimadas, e por fim do ser enquanto tal.

As ciências práticas, que são ciências segundas ou derivadas, e que não podem e não devem ambicionar o mesmo rigor, são a ética, que diz respeito à vida dos indivíduos, e a política, que concerne à vida do Estado.

As ciências poiéticas ou produtivas buscam, por fim, um saber em vista da produção de objetos particulares. Essas são a retórica e a poética.

Aristóteles, que desenvolve também a pesquisa de ciências naturais, completa essa arquitetura do saber com um poderoso instrumento (*órganon*) aplicável a qualquer tipo de pensamento. É a *lógica*, que estuda a forma que deve ter toda e qualquer argumentação para que se possa alcançar validamente a base de um saber.

Parecem ser oportunos aqui dois esclarecimentos. O plano aristotélico continua mantendo sua validade até hoje, mesmo na variação considerável da definição das disciplinas particulares. Sobretudo a articulação no plano teórico, prático e produtivo continua sendo largamente utilizado, mesmo quando as diversas disciplinas, consideradas aqui ainda como partes de um saber filosófico único, foram se tornando autônomas com o passar do tempo. Em segundo lugar, é oportuno sublinhar como a sistematização aristotélica, mesmo delineando uma hierarquia de saberes, admita uma multiplicidade de modos de alcançar esse saber (e também diversos graus de rigor, que é legítimo esperar de cada um). A mão de Aristóteles voltada para a terra indica que ele quer compreender a vida em todas as suas formas. Ele sabe que, para fazer isso, é preciso lançar mão de instrumentos maleáveis. O saber que quer alcançar o essencial daquilo que pensa deve levar em conta a multiplicidade e a mutabilidade de seus objetos, adaptando-se para compreendê-los adequadamente.

Por razões de espaço, não é possível seguir aqui em detalhes toda a estrutura aristotélica, que é tão rica quanto analítica. Assim, vamos nos limitar a apresentar três das disciplinas que foram lembradas aqui: a metafísica, a ética e a lógica.

3. Aristóteles. A ciência primeira

O nome de *metafísica*, com o qual se costuma designar essa parte da filosofia de Aristóteles, deriva do fato de que Andrônico de Rodes, ordenando as obras de Aristóteles, colocou esses escritos, sem título específico depois dos trabalhos sobre física (*metá* significa "depois"). Essa indicação assim banal foi bem-sucedida na medida em que *metá* pode indicar também "além", e as obras de metafísica de fato estão em busca de algo que está além da percepção física imediata. Ademais, o caráter contemplativo da física já estava habituado à procura de princípios, que, referidos a entes em movimento, formam uma explicação que ultrapassa aquilo que se pode perceber com os sentidos.

Ora, com um nível de abstração ainda mais elevado, a atenção se dirige para o ser, ou seja, para aquele elemento que é comum a toda e qualquer coisa existente. Em certo sentido, a questão já era bem conhecida — basta pensar em Parmênides e em Platão —, mas a abordagem aristotélica é inovadora. Ele não pensa em deter-se nas soluções precedentes, pois elas, como mostra a sua crítica aos amigos das formas, isto é, aos platônicos, dão conta, sim, de *pensar o ser*, porém separando-o da realidade sensível. Por outro lado, essa operação apresenta outros problemas novos e insuperáveis. De fato, se o ser do homem encontra sua própria realidade plena na ideia de homem, deve-se explicar, então, como pode acontecer que um homem concreto, por exemplo Sócrates, participe da ideia, perfeita e imutável, de homem, da qual deveria, de fato, derivar. Assim, o homem concreto, Sócrates, como qualquer ente finito, tem as características da caducidade e da mutabilidade, ou seja, características bem distintas daquelas das ideias, que são imutáveis e eternas. Assim, entre a ideia homem e o homem Sócrates, parece tornar-se necessária, então, uma terceira série de princípios de explicação ou, como diz ironicamente Aristóteles, um terceiro homem para explicar os primeiros dois. Mas, considerando bem, também essa mediação pressupõe infinitamente novas mediações para reduzir a distância entre o ideal e o real, visto que seriam necessárias a cada vez ideias intermediárias entre cada uma das séries que são criadas. Em suma, a via platônica se defronta com problemas sempre mais numerosos do que se podem resolver: o verdadeiro eterno e ideal parece estar separado da realidade como ela se nos apresenta. O mundo das ideias é como um céu de estrelas fixas que desenham de forma esplêndida o firmamento, mas não consegue dizer nada a respeito da realidade da vida.

Em vez disso, é olhando diretamente para a realidade e nela aplicando com ações sucessivas um procedimento de *abstração* dos elementos contingentes e mutáveis, que conseguiremos conhecer a essência daquilo que queremos conhecer.

Nós nos encaminhamos, pois, na direção dessa operação muito arriscada e que deve ser realizada com grande prudência, sabendo que *"o ser se diz de muitos modos"*. Não devemos pretender saber, pois, em que consiste a essência de uma coisa, mas devemos exercitar-nos em seu aprendizado gradual, de modo a alcançar por diversas vias convergentes aquilo que constitui a unidade essencial de uma coisa determinada, ou seja, aquela unidade sem a qual aquela coisa não mais subsistiria (e não seria simplesmente distinta de como é agora). O Sócrates jovem é diferente do Sócrates adulto, mas tanto em um quanto no outro, através de uma abstração intelectual, pode ser identificada aquela essência sem a qual Sócrates não seria mais ele próprio.

O primeiro caminho para determinar a natureza essencial de uma coisa é procurar a *causa* que a produziu. A causa é a origem e, por isso, já contém também um princípio de explicação. Para Aristóteles, são quatro os tipos de causas: a causa *material*, ou seja, a matéria da qual uma coisa é feita (para uma estátua, é o bronze, o mármore ou a pedra); a causa *formal*, ou seja, a forma que aquela matéria assume (representando esta ou aquela divindade); a causa *eficiente*, ou seja, quem produziu aquela coisa (no caso da estátua, o artista); e, enfim, a causa *final*, ou seja, em vista de que finalidade (o objetivo pelo qual aquela coisa foi produzida).

Note-se que através da identificação dessas causas ainda não esclarecemos a natureza última do objeto que estamos examinando, mas conseguimos delimitá-lo de modo a compreender sua gênese. De fato, a vida é um movimento contínuo que se desenvolve pautado em algo de essencial, que permanece quando das transformações. Como se vê, já estamos além do eleatismo de Parmênides, mas estamos além dele, porque aqui não se dá a identificação do ser com o pensar, mesmo que nos sirvamos do pensamento para acolher o ser, que é fundamentalmente *vida*.

Um grande instrumento conceitual para tornar compreensível esse movimento é constituído pela distinção aristotélica, que depois se tornou indispensável, entre *ser em potência* e *ser em ato*. O devir, que é um fato evidente para Aristóteles, pode tornar-se pensável sem desembocar em aporias, das quais falara Zenão. A contradição diminui quando, em vez de fazer uso de conceitos de ser e de não ser, concebidos como absolutos e absolutamente opostos, se faz a distinção entre ato e potência. Um pedaço de madeira contém em si a potencialidade de tornar-se estátua, assim como um menino tem a potencialidade de tornar-se homem. O ser não vem do nada, mas do ser em potência. No entanto, aquilo que vem antes na ordem do devir (a potência) é posterior na ordem do ser. De fato, uma coisa não está em potência para qualquer coisa, mas apenas para aquilo a que se destina. O ato é aquilo graças ao qual conseguimos conceber a potência: é só pensando no homem adulto que prefiguramos o recém-nascido como ser humano ou, como se torna ainda mais evidente, é só a partir da borboleta que conseguimos compreender como a crisálida seja a potência. Ainda mais radicalmente, o ato é aquilo de onde provém o ser em potência, como ademais a vida se encarrega de nos mostrar: são os homens em ato que geram os homens em potência, e são os artistas em ato que usam a potencialidade da madeira para fazer uma estátua.

Antes de abordar mais de perto a questão — perceba-se o processo lento, prudente, semelhante a quem, numa caça, antes de tudo busca delimitar e circunscrever o terreno —, parece importante estabelecer uma última distinção. O que estamos buscando é algo que define nosso objeto não de modo acidental, como que por acaso, uma vez sim e outra não, mas essencialmente. Se repararmos nos diversos modos em que o ser é dito, existe um que parece ser determinante, aquele no qual tentamos definir a substância. Vamos tomar um exemplo clássico: podemos citar uma qualidade de Sócrates (que é filósofo), uma quantidade (a sua idade), a relação (que é marido de Xântipe), o agir (que dialoga), o sofrer (a condenação), o lugar (se encontra em Atenas), o quando (vive no século V a.C.). Essas sete categorias (às quais se acrescentam o jazer e o ter, ademais, pouco abordadas) são formas de qualificar Sócrates, ou seja, modos nos quais se atribuem a um sujeito determinados predicados, afirmando que aquele sujeito é descrito por aqueles predicados. Podemos dizer que são *acidentes*, ou seja, elementos que, mesmo que tenham validade permanente, devem ser atribuídos ao sujeito de que falamos, mas, mesmo faltando um, nem por isso desaparece o sujeito Sócrates. A categoria mais importante, aquela que jamais pode faltar, e na qual se apoiam todas as demais em seu esforço de melhor definir a natureza de Sócrates, é a *categoria da substância*, aquela pela qual se diz que Sócrates é um homem.

Devemos voltar-nos, portanto, à substância para tentar dizer a palavra decisiva sobre o ser. Nela, de fato, o ser não é descrito por suas qualidades ou quantidades ou relações etc., mas enquanto tal. Na substância estamos diante do *ser enquanto ser*. E esse é o mais alto grau a que se aplica o saber metafísico.

4. Aristóteles. A substância

Também aqui o procedimento é lento e se desenvolve através de acumulações. Em primeiro lugar, substância é o substrato (*hypokéimenon*) material do qual se faz alguma coisa. Isso se aplica pelo menos a todas as substâncias sensíveis, inimagináveis sem uma matéria.

Mas a substância é, por outro lado, a *forma* que aquela matéria vai assumir. Aqui é possível perceber o eco das distinções aristotélicas sobre os diversos tipos de causa, mas também a distinção entre potência e ato já mencionada. A matéria é, então, pura potencialidade indeterminada, que é levada ao ato através da forma (a qual constitui uma determinação mais significativa que a substância).

Por fim, a substância é o composto, a unidade individual (*sínolo*) daquela matéria com aquela forma. Com essa última determinação, atingimos a noção essencial da busca aristotélica, aquela que evidencia como a substância vivente é sempre *individual* e *concreta*. E o essencial da substância é definido por Aristóteles com uma expressão que não é possível reproduzir a não ser através de uma paráfrase: *tò tí ên êinai*, traduzido pelos latinos como *quod quid erat esse*, onde se pode notar que o verbo "ser" aparece duas vezes, uma no infinitivo e a outra no imperfeito. Assim, podemos dizer que a essência da substância é aquele ser que tem o caráter de permanência (o imperfeito alude, pois, à duração, à permanência). Se a substância diminui, também a coisa a que ela se refere deixa de ser o que era.

Como tentamos mostrar, Aristóteles vai afunilando o próprio objeto e chega a identificá-lo com a *substância individual*, ou melhor, com aquilo que, mesmo com as sucessivas modificações, resta de um ser individual. O resultado conduz para uma direção bem diferente daquela de Platão, pois lhe permite olhar para a realidade assim como essa se apresenta em suas próprias formas variegadas, numa perspectiva que não é simplesmente empírica, mas metafísica.

Mas também isso não está privado de problemas. Se o indivíduo é realmente um composto de matéria e forma, está implícita a possibilidade de penetrar, com o pensamento, a sua individualidade. Por sua absoluta indeterminação, a matéria não é cognoscível intelectualmente, e, por sua universalidade, a forma permanece algo abstrato. Quando digo que Sócrates é um homem, enquanto sua determinação formal e substancial, eu não digo nada que pertence propriamente à individualidade Sócrates, a qual é mais bem definida pelos outros atributos (filósofo, nascido em Atenas, marido de Xântipe e assim por diante), mas que não são categorias substanciais. Enfim, a substância, que deveria acolher precisamente a individualidade, corre o risco de não atingir plenamente sua função, detendo-se ainda numa definição abstrata. Ademais, Aristóteles tem plena consciência de que o pensamento, enquanto instrumento, não é plenamente homogêneo com aquilo a que se aplica: a vida. Daqui surge um de seus limites insuperáveis.

Além disso, a metafísica aristotélica contém também elementos próprios de uma teologia, que serão retomados pela medievalidade cristã e vão encontrar ecos na poesia de Dante. Deus, ou como escreve Dante, "o amor que move o sol e outras estrelas", é para Aristóteles um motor imóvel, um ato puro, desprovido de qualquer potência, eterna substância incorpórea que atrai a si todo o universo e o movimento sem ser ele próprio movido. Deus é vida perenemente eterna e é pensamento que pensa a si mesmo.

5. Aristóteles. A ética

A ética aristotélica é um exemplo grandioso de como o filósofo se posiciona diante da vida. Inscrita na própria vida, há uma tendência para o bem, uma vez que cada ser busca levar a cabo suas próprias potencialidades. O bem não é, pois, um ideal ou um dever ser ou um fim transcendente, mas a realização plena de finalidades já presentes na própria vida. Ora, todas as pessoas, tanto as comuns quanto aquelas de certo nível, concordam em dizer que a finalidade de uma vida bem-sucedida é a *felicidade*. Esta deve ser considerada o bem ao qual tendemos. Mas a experiência nos mostra que existem diversos modos de compreendê-la. Para alguns, a felicidade consiste no prazer, para outros ela estaria na riqueza ou na saúde ou na fama. Como avaliar esses fins diferentes? O critério aristotélico distingue entre fins em si e fins queridos como meios em vista de outros fins superiores. É evidente, por exemplo, que nem a saúde nem o dinheiro podem ser considerados como fins em si mesmos, pois eles são buscados em vista de outra coisa. Segue-se que, mesmo sendo um bem, não podem ser considerados como o bem supremo.

Nem sequer o prazer consiste nisso. É bem verdade que o prazer é buscado por si mesmo, e, no entanto, aqueles que sustentam que ele deva ser evitado se equivocam; o que se pode dizer é que mesmo os prazeres mais elevados e mais dignos da natureza do ser humano (como, por exemplo, o prazer da contemplação) têm um caráter apenas pontual. *A felicidade, ao contrário, é a plenitude da vida.* Essa plenitude está disponível apenas para os seres humanos, e não para os animais, que, porém, experimentam prazer. É só ao homem que se pode falar de uma felicidade como um fim que lhe pode ser proposto. Uma vida feliz é aquela em que os diversos prazeres são harmonizados e equilibrados numa medida justa, e não aquela em que se vive em vista de um único prazer, mesmo sendo nobre.

É bem característico na ética de Aristóteles não percebermos um conflito entre bem e mal, mas encontrarmos graus crescentes de bem. Ademais, a felicidade nada mais é que o exercício daquela atividade para a qual fomos feitos. Em certa medida, ela está inscrita na própria natureza do humano e vem acompanhada do exercício daquela atividade que é a mais própria do ser humano, ou seja, o uso correto da razão, acompanhado de condições favoráveis (a ausência de grandes dores, a alegria dos amigos, a boa saúde, a disponibilidade justa de dinheiro etc.). Para podermos ser felizes, é preciso que todas essas circunstâncias se deem, e, portanto, é só no final da vida que se poderá ter ciência disso com certeza. Felicidade é, portanto, o exercício daquela atividade que nos é própria (uma criança é feliz quando brinca, um artista quando cria, um homem, em geral, quando se conduz guiado pela razão).

No momento em que identifica o bem com a felicidade, a ética aristotélica é chamada de *eudemonística* e se opõe às morais fundamentadas na obediência ao dever. Mas, para compreender mais profundamente a posição aristotélica, é preciso aprofundar o significado. Cada ser encontra sua felicidade no exercício da atividade que lhe é própria. Ao desenvolvê-la, ele também estará fazendo aquilo que lhe agrada e, então, será feliz. Ou, vice-versa, fazer aquilo que nos agrada é a condição para fazê-lo bem e, portanto, para conseguir a felicidade. Como se vê, em todas essas formulações se imiscuiu o prazer, de modo que se poderia concluir que o prazer é, pois, a felicidade. Mas, como observamos, o prazer tem um limite estrutural: o de estar circunscrito ao momento em que é fruído, de ser uma ação, mas não uma atividade duradoura. Uma vida devotada ao prazer não passaria de um movimento de passar de um prazer a outro, mas sem jamais alcançar unidade, tornando-se, assim, escrava dos prazeres, que deve sempre de novo procurar para preencher aquilo que, de outro modo, estaria vazio. Então, para Aristóteles, se torna decisivo compreender qual é verdadeiramente a atividade própria do ser humano, aquela na qual ele é e está livre, segundo sua própria natureza. E, uma vez que o ser humano tem uma corporeidade guiada pela razão (Aristóteles o define como um animal racional), essa atividade, por cujo exercício ele é feliz, é orientar sua vida de um modo conforme à razão.

Não se trata, porém, de uma atividade puramente espontânea; ela requer exercício e experiência. A ética nos ensina a tornar cada vez mais fácil aquilo que pertence à nossa natureza, mas que deve ser aprendido. A virtude é a *disposição* (adquirida progressivamente, mas que aos poucos se vai tornando habitual) de escolher agir segundo a razão, em relação com nossa situação, e assim do modo que agiria um homem sábio.

Não existe, pois, uma definição derradeira da virtude. Ela está sempre em relação com a nossa situação e consiste em evitar excessos e faltas, estabelecendo aquela mediania que é o justo equilíbrio. A virtude da coragem, por exemplo, é uma mediania entre a covardia, que sucumbe ao medo, e a temeridade, que excede em ousadia. Mas essa mediania não é um meio exato matemático (como seria o número 6 entre 2 e 10), mas uma correção segundo a razão das inclinações que se precipitam a um ou outro extremo. A virtude é uma espécie de vértice em relação ao qual o excesso e a falta mostram ser um desvio, uma perda de equilíbrio. E a virtude não se identifica com uma única ação justa. Em relação a isso, Aristóteles cita um provérbio usado ainda nos dias atuais: "Uma andorinha sozinha não faz verão", ou seja, não é a ação singular que torna o ser humano virtuoso, mas a aquisição da disposição habitual a escolher sempre de acordo com o justo meio. Por outro lado, a virtude não é um hábito, ou um comportamento feito repetitivamente e quase que inconscientemente; antes, é fruto de uma deliberação ciente e racional. Em todo caso, *a virtude é sempre a medida justa*: a coragem está entre a temeridade e a covardia, a temperança está entre a intemperança e a insensibilidade, a generosidade está entre a prodigalidade e a avareza, a mansidão está entre a iracúndia e a impassibilidade, a magnanimidade está entre a soberba e a mesquinhez.

Nas análises de Aristóteles, a *justiça* desempenha uma função especial; para Platão, ela reúne em si todas as demais virtudes, pois preside aquele equilíbrio que é a regra áurea das virtudes. Mas, em sentido específico, a justiça diz respeito à repartição dos bens segundo os méritos (justiça distributiva) e de modo a equilibrar as relações do dar e ter nos contratos (justiça comutativa).

A rica casuística relativa à avaliação da voluntariedade ou involuntariedade de um ato é um exemplo de como Aristóteles, atento às situações particulares, enfrenta a experiência moral. Não é por acaso que ela foi retomada e desenvolvida num âmbito jurídico para distinguir o grau de intencionalidade e, portanto, de responsabilidade de uma ação.

Causa-nos certa surpresa vermos como a ética aristotélica não se limita às *virtudes morais*, mas também dedique espaço às virtudes que ele chama de *dianoéticas ou racionais*. Ademais, a palavra grega *areté* indica em geral uma capacidade e uma excelência. Por isso, ele enumera cinco excelências próprias da alma racional, a saber, a *téchnē*, isto é, a arte de produzir objetos segundo a razão; a *epistémē*, ou seja a ciência que sustenta as demonstrações de verdades necessárias; o *nûs*, isto é, a inteligência na apreensão dos princípios primeiros de todas as ciências; a *sophía*, ou seja, a sabedoria acerca das coisas mais elevadas e universais, alcançada através do uso da *epistémē* e do *nûs*; e, por fim, a *phrónēsis*, ou seja, a esperteza nas deliberações em relação aos meios necessários para alcançar os fins morais.

Não menos surpreendente para nós, mas digno de nota, é que os dois últimos livros da *Ética* sejam dedicados à *amizade*, considerando-a em seu valor moral: um sinal característico da humanidade profunda e equilibrada de Aristóteles, que pensa a ética não como uma ascese das paixões, mas como o desenvolvimento, mesmo no contexto das relações de amizade, das potencialidades mais preciosas e equilibradas de todo ser humano.

6. Aristóteles. A lógica como *órganon*

O erro mais grave, mas também mais frequente que se pode cometer, é considerar a lógica aristotélica um instrumento formal que se presta para qualquer uso e independentemente de qualquer referência à realidade. Esse erro tem, é verdade, certa justificação no próprio Aristóteles, o qual afirma que a lógica estuda a estrutura ou forma que deve ter todo e qualquer procedimento do pensamento e consequentemente qualquer método demonstrativo. Assim, parece que a lógica se restrinja apenas aos aspectos de estrutura ou de forma do raciocínio. Mas, nessa herança das tradições parmenidianas, para Aristóteles as formas válidas do raciocínio são tais porque correspondem perfeitamente às formas da realidade. Nessa perspectiva, um raciocínio é verdadeiro porque diz, em termos de discurso, como se encontram as coisas no plano da realidade. Parte da filosofia moderna abandonou essa convicção e se limita, assim, a indagar sobre a correção formal de um raciocínio, sem que nisso esteja implícita a menor referência à realidade.

Em certo sentido, o primeiro passo nessa direção se cumpre já através da concentração exclusiva na linguagem e nas regras da mesma. Segundo uma tradição hoje praticamente abandonada, quando nas escolas se estudava análise lógica, aplicavam-se as categorias aristotélicas na análise dos diversos elementos da linguagem (sujeito, predicado etc.). Concentrando-se nas regras da linguagem, deixava-se de lado a correspondência das regras da linguagem com as regras da realidade. Mas, ao mesmo tempo, isso era feito numa convicção implícita e difusa de que a língua fosse o modo de trazer a realidade à fala. Ensinando análise lógica, também se estava ensinando filosofia, ou melhor, metafísica. Isso, porém, só implicitamente, sem levar em consideração um posicionamento direto. Hoje, ao contrário, a análise da linguagem é via de regra programaticamente separada da análise da realidade, à qual a linguagem deveria fazer referência. Mas é comum as línguas conservarem um traço considerável disso. Basta recordar, entre os mais extraordinários exemplos, a língua espanhola, que se preocupa em distinguir o uso do verbo *ser*, como ser, compreendido como uma cópula que liga o sujeito a um predicado substancial ou permanente, e *estar*, que também significa ser, mas dá ao sujeito predicados apenas acidentais (de onde, em regiões italianas de longo domínio espanhol, vem o uso frequente de *estar* no lugar de *ser*).

Um princípio fundamental que se aplica a Aristóteles, tanto no plano lógico quanto no metafísico — e que nos confirma não só seu caráter lógico mas também seu caráter ontológico —, é o chamado *princípio da não contradição*, que ele formula assim: "É impossível que a mesma coisa, ao mesmo tempo e sob a mesma perspectiva, pertença e não pertença ao mesmo objeto". Essa impossibilidade, sancionada metafisicamente no IV livro da *Metafísica*, é antes de mais nada uma impossibilidade ontológica: uma flor não pode, ao mesmo tempo e sob a mesma perspectiva, ser uma árvore. Mas é também uma regra fundamental do discurso, uma vez que esse, se quiser ser verdadeiro, não pode violar as leis da realidade. Aliás, o princípio da contradição não pode ser demonstrado. No máximo, se poderá demonstrar a quem queira negá-lo (sem refugiar-se no silêncio e ser, como diz Aristóteles, simplesmente "semelhantes a uma árvore") que também ele necessariamente o está pressupondo. Justo porque exprime uma propriedade suprema do ser e do pensamento, esse princípio não pode depender de nenhum outro.

O núcleo da lógica aristotélica é a teoria do *silogismo*, considerado a estrutura básica do raciocínio demonstrativo. Segundo a tradição (mas os exemplos apresentados por Aristóteles lançam mão exclusivamente de letras), um exemplo clássico seria o seguinte:

Todos os homens são mortais.
Sócrates é homem.
Logo, Sócrates é mortal.

É composto de três proposições. As primeiras duas são as premissas (a primeira, a premissa maior; a segunda, a premissa menor). A última é a conclusão. O raciocínio é válido se a conclusão deriva necessariamente das premissas (o mesmo aconteceria também se se deduzisse da premissa que todos os homens são imortais, premissa que necessariamente levaria à conclusão de que Sócrates é imortal). E é *verdadeiro* quando, além de ser *válido*, se depreende de premissas verdadeiras. A conclusividade do silogismo depende do termo médio, aquele que liga as duas premissas, mas não se faz presente na conclusão (em nosso caso, "homem"). É precisamente o termo médio que torna possível aquele elo argumentativo que constitui a força do silogismo.

O caso que apresentamos é o mais simples. E Aristóteles, e depois dele a Escolástica, estudam detidamente os diversos esquemas (ou figuras) possíveis de silogismo. Como já observamos, a primeira figura vê o termo médio uma vez como sujeito e outra vez como predicado. Na segunda figura, o termo médio é sempre predicado nas premissas. Por exemplo:

Nenhum animal selvagem pode ser virtuoso.
Todos os homens podem ser virtuosos.
Logo, nenhum homem é um animal selvagem.

Como se vê nesse exemplo, é também possível, e isso se aplica a toda e qualquer figura, que as premissas não sejam do mesmo tipo. Aqui a premissa maior é universal negativa (no caso precedente era universal afirmativa), e a menor é universal afirmativa (no caso precedente, ao contrário, era particular afirmativa). Mas também poderia ser o caso de uma premissa particular negativa. Quando uma das premissas é negativa, como vimos, a conclusão só poderá ser negativa. Quando as duas premissas são afirmativas, como já vimos, a conclusão só poderá ser afirmativa. Do mesmo modo, se uma das premissas é particular, a conclusão só poderá ser particular, como também já vimos e retomaremos no próximo exemplo.

Na terceira figura, enfim, o termo médio é sujeito das duas premissas. Por exemplo:

Todos os filósofos são sábios.
Algum filósofo é italiano.
Logo, algum italiano é sábio.

Vimos como a verdade de um silogismo depende da verdade das premissas. Resta perguntar como se adquire o conhecimento de premissas verdadeiras. Poder-se-ia dizer que, colocando na base de silogismos sucessivos as conclusões de silogismos verdadeiros, se dispõe de certo número de premissas utilizáveis (mesmo que não se possa proceder ao infinito nessa direção). Mas como ter certeza das premissas para tais silogismos? Para Aristóteles, há dois modos de se saber isso. A primeira é a *intuição* e a segunda a *indução*.

Pela *intuição* temos certeza imediata de princípios primeiros, como o princípio da não contradição ou o princípio da identidade (A = A), ou o princípio do terceiro excluído (*tertium non datur*: um dia ou é feriado ou é útil). Também os axiomas da matemática e da geometria têm essa mesma característica, fornecendo, portanto, uma base sólida para a construção de silogismos.

Mas a maior parte de nossos conhecimentos se funda num procedimento indutivo. A *indução* pode ser fruto de uma enumeração de casos, mas nessa hipótese não podemos ultrapassar o nível de uma certeza provável, como quando dizemos que os não fumantes adoecem de câncer nos pulmões mais raramente do que os fumantes. Via de regra, isso é verdadeiro e confirmado estatisticamente, mas não produz um saber necessário. Diferente é a indução, que me permite construir um procedimento de abstração, igual ao que realizo no momento em que vou à procura da substância. Se de fato — e isso é novamente uma argumentação metafísica, que depende de nossa capacidade de ir além do simples conhecimento sensível — através da abstração intelectual confirmamos que é próprio da substância homem ser mortal, ou que a mortalidade é um elemento essencial da humanidade, então com justiça será possível formular a premissa maior do primeiro silogismo (todos os homens são mortais) e deduzir dali um saber necessário.

Indivíduo e cosmo

1. Cidadãos do mundo

Não existe melhor modo de compreender o desenvolvimento que teve o mundo grego no breve período de alguns decênios do que deter-nos sobre a figura de Alexandre Magno. Deve-se a ele, de fato, antes de mais nada, uma progressiva unificação das cidades gregas, as quais, pela imposição da lei de Corinto, pouco a pouco vão perdendo sua autonomia, e também uma considerável expansão em prejuízo do império persa, que na Ásia irá levá-lo até a Índia e na África até o Egito. Com Alexandre, termina a fragmentação política das cidades gregas e nasce um império de enorme extensão. Com ele, a cultura grega (não esqueçamos que ele tivera como educador o próprio Aristóteles) assume uma relevância inédita, permeando toda uma civilização. A democracia aristocrática das cidades tem um fim — aristocrática na medida em que reservada a um número limitado de cidadãos —, e se instaura um império de mãos firmes de um único soberano, benevolente com os vencidos que se submetem, impiedoso com os que se lhe opõem. Atenas conserva uma importância cultural considerável, mas na nova cidade de Alexandria do Egito (que recebeu seu nome de Alexandre, seu fundador) percebe-se o caráter diferente de uma cultura que mistura povos e tradições, mas reservando ao grego um papel predominante.

Não é de surpreender, então, que os paradigmas culturais se modifiquem profundamente. Na época clássica, a filosofia assumira uma função global de unificação do saber e, sob a base metafísica, adquirira um horizonte reconhecido de universalidade, de tal modo que compensava um contexto politicamente fragmentado. Na época helenística, inaugurada por Alexandre Magno, os papéis praticamente se invertem. A política, graças ao poder exercido por um único governante e num amplo território, cria automaticamente cidadãos cosmopolitas, e a filosofia acaba se concentrando prevalentemente nos problemas que dizem respeito à vida individual. Enquanto para Platão, e também para Aristóteles, o indivíduo não poderia se imaginar fora da cidade, o que criava uma relação orgânica entre problemas éticos, políticos e a busca racional, na era helenista difunde-se um duplo sentimento contrastante. Por um lado, como cidadãos de um cosmo maior e unificado, se impõe uma liberdade nova do saber e se faz a experiência inesperada de conjugar matrizes culturais diferentes; por outro, percebe-se uma insegurança do indivíduo, que deriva de uma posição não mais integrada organicamente num território. Daqui surge a necessidade de uma nova concentração em si mesmo, sobre temas da conduta ética da vida, e mais em geral do tema que foi chamado por Michel Foucault (um filósofo francês do século passado) de cuidado de si.

2. Epicuro. A busca de um equilíbrio: o prazer

Como vimos, a ética aristotélica, voltada à busca da felicidade, excluíra a possibilidade de identificá-la com o prazer. Como pode ser que, depois de poucos decênios, a nova escola epicurista, chamada de o Jardim, também essa atuante em Atenas, se concentre no tema do prazer, como se desconhecesse as argumentações aristotélicas[1]? Só é possível compreender isso à luz das considerações introdutórias acima expostas. Falta por completo uma perspectiva segura e unitária que nos permita confrontar a questão da natureza do homem e consequentemente de seus fins e de um posicionamento estável do mesmo dentro da sociedade. A felicidade perde, pois, aquele caráter ativo e permanente, aquela conotação global que lhe fora atribuída por Aristóteles, para se restringir a uma forma de vida serena e privada de temores e de dores.

O *quadrifármaco* de Epicuro tem o escopo de afastar da vida dos seres humanos antes de tudo e fundamentalmente o medo, seja ele o temor dos deuses, que não se interessam pelos seres humanos, ou da morte, que, enquanto fim da vida corpórea, jamais poderia ser para nós uma experiência da vida:

---

1. A escola epicurista traz o nome de seu fundador Epicuro, nascido em Samos em 341 a.C. e falecido em 270 a.C., cujo pensamento não sofreu modificações dentro da escola, que permaneceu viva até o século IV d.C. De suas obras, herdamos três cartas e uma coletânea de sentenças. Entre seus discípulos, recordemos Filodemo (século I a.C.) e Diógenes de Enoanda (século II d.C.). Mas foi sobretudo Tito Lucrécio Caro (96-55 a.C.) quem nos legou uma ampla exposição da doutrina epicurista em seu poema *De rerum natura*.

de fato, enquanto nós somos, a morte não é, e, quando a morte é, nós já não somos. Mas afasta-se também o temor da dor, visto que as dores, mesmo que intensas, são breves. O prazer, ao contrário, é uma oportunidade próxima de todos. Não é o prazer dissoluto e sensual, ou o prazer intenso e desordenado, mas aquele *prazer calmo e estável* (*catastemático*) que brota de uma vida vivida no privado, não maior que o círculo dos amigos pessoais, satisfazendo os desejos que correspondem a necessidades necessárias e naturais. Sabedoria é orientar-se entre os prazeres, lançando mão da racionalidade para distinguir quais dentre esses não contêm desvantagens para o corpo e para a alma, e privilegiando, pois, os prazeres que levam à serenidade, capazes de satisfazer antes de tudo àquele ideal de *imperturbabilidade* da alma que orienta toda a filosofia epicurista.

Diversamente do modo como o epicurismo foi descrito na tradição, não nos encontramos aqui defronte a uma teoria voltada à procura indiscriminada pelo prazer (como talvez tenha sido a dos cireneus, contemporâneos de Sócrates), mas a uma ética do equilíbrio dos prazeres voltada a alcançar a serenidade; uma unidade que não busca a satisfação indiscriminada dos desejos, mas antes sopesando-os e calculando sua utilidade.

Há três aspectos que merecem um destaque particular. Como já se terá intuído, *a serenidade da vida é alcançada através de uma vida distanciada dos afazeres da vida pública*. O grande cosmo público do império configura uma dimensão de estranhamento, em relação ao qual a vida individual sente a necessidade de procurar um refúgio privado que nos restaure de perturbações. O sábio, diferentemente do filósofo de matriz platônica, vive oculto ("*láthe biósas*", segundo a expressão de Epicuro), fora da esfera pública. *A liberdade consiste no bastar-se a si mesmo*, não no participar na construção da cidade.

Em segundo lugar, como mostram a física e a teoria do conhecimento de Epicuro, abandona-se a pretensão de conseguir com a razão verdades universais e necessárias. Também aqui se rompe o horizonte, e *o fundamento da verdade se torna a evidência imediata*. Com uma força que só foi retomada muitos séculos mais tarde pelo empirismo, a escola epicurista sustenta que existe uma maneira imediata e verdadeira pela qual a realidade se apresenta ao ser humano: na sensação consegue-se uma evidência imediata que não necessita de confirmações ulteriores e tampouco pode ser desmentida. A obra da razão se demora nessa experiência e em seguida, através de experiências repetidas, está em condições de formular *conceitos*, que nada mais são que *antecipações* (*prolepse*), *que podem nos orientar na experiência*. O critério epicurista da verdade se identifica com as perspectivas éticas. Se realmente não existe verdade mais certa do que a da evidência imediata adquirida pela sensação, não surpreende que o critério moral de referência seja então a imediaticidade e a pontualidade do prazer.

Ademais, toda a *física*, que remonta amplamente a Demócrito, tem uma estrutura de tipo materialista, que explica o comportamento dos entes físicos com base numa concepção atomista e mecanicista. Os átomos, muito embora formados de grandeza e formas diversas, são os últimos constituintes indivisíveis dos corpos, pois se se lhe admitisse uma decomposição infinita, acabar-se-ia anulando a corporeidade. O movimento dos átomos por causas puramente mecânicas e excluindo todo finalismo, como mostra poeticamente o *De rerum natura*, de Lucrécio, provoca a formação e a decomposição dos corpos. Também aqui a objetividade perfeita da natureza, que se subtrai a qualquer finalismo, corresponde perfeitamente ao plano geral de um pensamento que olha com desencanto para a realidade circundante, tanto física e material, quanto política e espiritual. É precisamente essa objetividade que sugere ao sábio retirar-se para cuidar de si mesmo, que nas questões públicas se limita a calcular o que é mais oportuno em certa circunstância, considerando as próprias leis do direito como convencionais e, portanto, mutáveis.

A mesma perspectiva se aplica também à visão religiosa. Em Epicuro, há a consciência do mal ligado à vida — e, de resto, a busca pelo prazer é muito mais uma fuga da dor marcada pela melancolia do que uma exuberância da alegria —, e isso o leva a concluir que a divindade não se preocupa com as questões do mundo. Não querendo negar Deus, por causa do mal, com um argumento que em fases sucessivas da filosofia será direcionado nesse sentido, tampouco podendo crer numa fraqueza de Deus, e incapaz de encontrar um remédio para o mal, Epicuro escolhe o caminho de considerar a vida divina "dulcíssima e beatíssima", mas estranha à sorte do mundo, a qual permanece assim inteiramente sob a responsabilidade do ser humano.

3. O Pórtico estoico

A poucos anos de distância da fundação do Jardim de Epicuro, no ano de 300 a.C., surgiu em Atenas, por obra de Zenão, natural de Chipre, a escola estoica, que traz o próprio nome do lugar onde se desenvolviam as lições:

Stoà poikílē, pórtico colorido². Na época, a ética estoica teve grande difusão e se podem encontrar vestígios em todo o espectro da cultura ocidental, principalmente na filosofia romana, depois nas cartas de Paulo, e por fim em toda a história da filosofia misturada com outras perspectivas. A razão dessa influência duradoura reside muito provavelmente no fato de que, em certos aspectos, ela constitui um aumento do rigor da ética aristotélica, e em outros, uma doutrina que pode ser adotada prescindindo de qualquer plano metafísico. Vamos esclarecer o que isso significa.

Em Aristóteles já se encontram aspectos que são um prelúdio do ideal estoico do sábio, mas ali são balizados por um plano bastante maleável, onde a definição das virtudes, como vimos, parece uma elaboração complexa à qual só se chega através de aproximações sucessivas, chegando, assim, a uma determinação certa daquilo que é o agir justo, para conseguir o fim da felicidade que todos aspiram. Concorrem também elementos externos para o alcance dessa felicidade, como as circunstâncias relacionadas com a saúde e a sorte na vida. A solução estoica parece ser mais simples e mais rigorosa. *O fim último do ser humano não é a felicidade, mas sim "viver segundo a natureza", que, para o ser humano, significa viver segundo a razão, visto que ele é um ser racional.* Nessa perspectiva, a ética estoica mostra ser ao mesmo tempo mais determinada, mais rigorosa e compromissada do que a de Aristóteles. E é no duplo sentido de rigorosa e rigorista que antes falamos de aumento de rigor.

Ao mesmo tempo, ela prescinde de uma remissão metafísica, como poderiam evidenciar sobretudo a lógica e a física. Aqui, a natureza não é uma essência ou uma substância, no sentido de Aristóteles, nem sequer é uma ideia, no sentido de Platão. É a ordem cósmica de que fazemos parte e à qual nos devemos conformar.

Esse apelo forte à natureza nasceu do convencimento de que *a ordem cósmica seria perfeitamente racional* e de que dela participar representa para o ser humano a realização plena de si mesmo e o bem máximo. A virtude é conformar-se, não apenas através das ações, mas também mediante uma adesão plena da alma, a essa racionalidade universal, que serve como lei em

---

2. É uma tarefa difícil a reconstrução do pensamento de Zenão (335-264 a.C.), do qual nos restam bem poucos fragmentos, mesmo porque a escola estoica conheceu controvérsias e evoluções diversas, e os testemunhos que herdamos trazem o pensamento sem distinguir entre os diversos autores. Entre os representantes da escola, recordemos Crísipo de Solos na Cilícia (280-205 a.C.) e Diógenes da Selêucia, que foi embaixador em Roma no ano de 156-155. Com ele começa o contato da filosofia grega com o mundo romano, contato que gerou uma transformação de toda a cultura filosófica.

condições de impor obrigações e deveres. O sábio é quem consegue alcançar perfeitamente essa conformação, e de tal modo a agir sempre virtuosamente, ou seja, sempre determinado pelo dever indicado pela razão e sempre livre do envolvimento das paixões, consideradas pelos estoicos como negativas. O sábio possui a imperturbabilidade (*ataraxía*) e está livre de paixões (*apátheia*). Assim, nada poderá perturbá-lo. Mesmo sob as piores condições exteriores, ele permanece firme, visto que o exercício da virtude visa tornar o homem autossuficiente, ou seja, livre de condicionamentos que não são os da própria racionalidade.

É nisso que reside a verdadeira *liberdade*, uma liberdade que nada poderá diminuir, nem sequer as mais adversas condições externas, porque estará sempre no poder da pessoa dar ou negar o próprio consentimento (e, em caso extremo, reagir às imposições externas com o suicídio, compreendido como extremo ato de liberdade). *Em última instância, a liberdade consiste no aderir livremente, mediante o consentimento — que é uma forma de autodeterminação — àquela ordem necessária do mundo que é seu princípio ordenador racional.*

As consequências que podem derivar dessa formulação são numerosas. No plano político, em plena correspondência com o espírito geral do helenismo, o estoico é um cidadão do mundo. O *cosmopolitismo* estoico se apoia numa concepção da lei que, ao contrário do convencionalismo epicurista, se baseia na existência de um direito natural de validade universal. O sábio estoico refere-se antes de tudo a essa lei, dotada de uma autoridade maior do que aquela das legislações particulares. Como observa Diógenes Laércio, o sábio é de pronto, também, rei, porque dispõe de uma autoridade que excede a autoridade das leis historicamente formuladas num Estado particular, uma vez que ele se refere diretamente a uma lei natural que é igual para todos os seres humanos, em todo o mundo e sempre.

Nesse mundo, os estoicos aparecem como sujeitos de uma igualdade radical de princípio entre todos os seres humanos, o que encontra, porém, certa contradição no fato de que, entre os sábios e os estultos, se introduz uma clara divisão, atenuada apenas pela consciência de que a condição do sábio, em si totalmente oposta à dos estultos que se submetem desordenadamente às paixões, é difícil de ser alcançada.

A *ética* estoica parece ser tomada por uma tensão quase insuperável. Por um lado, a estilização do sábio e da virtude em forma assim extrema e rigorosa aparenta ser uma ética quase inumana, que excede as possibilidades de qualquer um. Por outro, ela contém elementos que frutificaram também em contextos distintos. Basta pensar, por exemplo, na determinação das quatro virtudes cardeais — prudência, temperança, fortaleza e justiça — que será retomada na ética cristã, ou na distinção, que suaviza o rigorismo de princípio, entre aquilo que deve ser feito por dever e aquilo que, enquanto suscetível de usos bons ou maus, pode ser considerado em si mesmo como indiferente. É precisamente a definição de coisas indiferentes (*adiáphora*) o que permite o surgimento, pela primeira vez, de um termo como o de *valor*, que logo alcança grande difusão. Ele se presta para indicar entre as coisas indiferentes aquilo que é preferível, e, ligando a escolha ao sujeito, atenua o rigor de um dever pelo dever, que é, ademais, uma marca conhecida da ética estoica.

A *física* estoica é uma descrição do universo concebido como a única força vivente, semelhante a um grande animal, regulada por um princípio ativo, que é a razão, deus, o fogo, e por um princípio passivo, a matéria. No cosmo tudo surge conforme a necessidade, sustentado por uma lei férrea que é ao mesmo tempo fato e providência, porque ordena os acontecimentos, mesmo os negativos, a um fim, que é o bem. O mundo que surgiu do fogo chega à consumação com uma conflagração universal da qual surgirá um novo ciclo, idêntico ao precedente, no qual cada coisa irá se repetir sempre de forma igual num eterno retorno, o que irá servir de inspiração, no século XIX, para a filosofia de Nietzsche.

Mais original é a *lógica*, que, claramente distinta da lógica de Aristóteles, serve de prelúdio para muitas noções que serão retomadas no nominalismo medieval e na época moderna. Para os estoicos, a lógica não transcreve as leis do ser, ou seja, *não tem caráter ontológico*, mas contém simplesmente as leis do discurso. A lógica não se ocupa, pois, das coisas ou dos fatos, que são conhecidos a partir de uma sensação à qual o sujeito cognoscente, reconhecendo sua força, dá seu consentimento (chamada de representação catalética, porque tomada, apropriada, mediante o consentimento). Nós nos movemos aqui, como se pode ver, num plano empírico, não muito distinto daquele dos epicuristas, de modo a falar como eles dos conceitos racionais como sendo *prolepse*, ou de elementos capazes de antecipar experiências futuras. A lógica, sobretudo na parte chamada de dialética, diz respeito exclusivamente aos significados e a suas relações. Esses significados, que são extraídos das sensações, passam a fazer parte do discurso. Ora, a lógica se ocupa precisamente de como, no discurso, os significados são conectados.

Ora, admitindo a existência de raciocínios demonstrativos, sobre os quais se baseiam, para os estoicos, as verdades mais gerais da ética e da metafísica, que contêm uma exigência racional que não deriva da experiência, o interesse primordial da *lógica estoica se volta à pura forma do raciocínio*, ou seja, àqueles aspectos pelos quais a inferência expressa do raciocínio é válida, sem relação alguma com a verdade. São inferências desse tipo as que são expressas na seguinte caracterização: "Se é dia, há luz; ora, é dia, logo há luz". A verdade desse raciocínio depende das premissas ou do fato de que seja efetivamente dia e haja luz, mas o interesse lógico reside exclusivamente na forma da ligação instituída entre essas proposições, ou na coerência e validade da concatenação (se... ora... logo).

Na perspectiva estoica, a desvinculação da lógica da metafísica não impede uma referência segura à verdade, visto que os dados apresentados pela experiência e depois os significados expressos são todos sustentados por uma racionalidade de fundo, que é a mesma à qual adere o ser humano com sua razão. Tudo é *lógos*, e a razão individual é parte desse *lógos*. Não obstante, o abandono da perspectiva metafísica aristotélica antecipa, como se disse, desdobramentos mais límpidos da filosofia medieval e moderna, em cuja problemática irá mostrar-se a impossibilidade de reconhecer o caráter racional e necessário daquilo que se nos apresenta na experiência pontual.

4. Os céticos

Os céticos também são expressão do clima cultural do helenismo. Mesmo não tendo formado uma escola, estabelecendo-se no âmbito da Academia platônica, acabam fazendo surgir uma conspícua tradição, que se prolonga até o período romano, como fez também o epicurismo e, com vigor especial, o estoicismo. Antes o mais célebre entre os autores do ceticismo, Sexto Empírico, atua entre o século II e III d.C.[3].

Considerado globalmente, o ceticismo não se afasta da orientação moral prevalente nesse período, mas, através de formulações que são bastante diferenciadas entre os vários autores, busca predominantemente um fim prático, buscando também garantir autossuficiência e felicidade a seus seguidores.

---

3. O ceticismo, cujo fundador foi Pirro de Élis (365-275 a.C.), não constituiu uma escola verdadeira e própria, mas uma tendência filosófica presente em diversas escolas. Na tradição italiana, um nome ficou paradigmaticamente célebre. Trata-se daquele cético do período antigo, Carnéades (214-129 a.C.). Alessandro Manzoni, em *Os noivos*, cita-o na boca de Dom Abbondio, o qual, sendo imbatível em seu nome, se pergunta a respeito: "Carnéades, quem foi esse camarada?" A partir de então, quando se quer dizer em italiano que alguém é desconhecido, se diz que ele é um *carneade* ("carnéades").

Para fazer isso, retomando inicialmente o ensino socrático da filosofia como busca, acaba se ligando progressivamente a resultados cada vez mais céticos a respeito da possibilidade de alcançar a verdade. *Sképsis*, nome do qual surge a escola, significa, ademais, *procura*, mas também *dúvida*. A primeira conquista dos céticos é precisamente colocar criticamente em dúvida as verdades consideradas como certas, inclusive as que procedem da experiência, visto que "não existe nenhuma representação verdadeira que não possa tornar-se falsa". É prudente, portanto, exercer uma suspensão do juízo (*epoché*) que se abstenha de pronunciar juízos de verdade (o termo *epoché* será retomado no século XX pela fenomenologia).

Sexto Empírico, chamado assim por causa de sua proximidade com a escola médica empírica, além de constituir nossa maior fonte de informação a respeito do ceticismo precedente, nos oferece alguns desenvolvimentos interessantes, aplicando esses princípios metodológicos também ao conhecimento científico. Aqui, o ceticismo se transforma primordialmente num método que pode orientar criticamente o conhecimento e que evita cuidadosamente a absolutização de si mesmo, expondo-se a formas facilmente refutáveis, como seria se quisesse começar a afirmar que não existe nenhuma verdade. Nesse caso, por exemplo, se tomasse essa proposição como verdadeira, cairia imediatamente em contradição consigo mesmo. O ceticismo trabalha sistematicamente contra qualquer dogmatismo e se confia aos resultados provisórios que podem ser ofertados por um conhecimento que adere aos fenômenos, mas sabendo que também esses podem ser corrigidos e modificados.

Uma feliz observação de Sexto Empírico, que irá encontrar eco e desenvolvimento no filósofo iluminista inglês David Hume, é a *crítica do princípio da causalidade*. Causa e efeito são na realidade termos de uma relação que não nos permite considerar os dois separadamente, um sem o outro. Para ser considerado causa de B, A já deve ser pensado em relação com B. Ele afirma que é, pois, oportuno substituir o princípio da causalidade por aquele da relação entre os fenômenos, um princípio mais aderente à experiência, que não absolutiza dogmaticamente nenhum termo.

5. Mundo romano e cosmo grego

Com a conquista romana da Macedônia, que se deu em 168 a.C., toda a Grécia e depois todo o edifício político helenista cai sob o domínio romano. Isso não significou o fim do helenismo, mas seu enxerto num império dotado também ele de uma universalidade análoga àquela fundada por Alexandre Magno. A primeira embaixada filosófica grega em Roma, dirigida por Carnéades no ano de 155 a.C., terminou com a caçada aos filósofos gregos, uma vez que Carnéades queria demonstrar, em duas conferências sucessivas, primeiramente a existência da justiça e depois a sua inexistência. Tudo isso parecia estranho aos costumes éticos tradicionais romanos. Mas na sequência a filosofia foi abrindo caminho, às vezes atingindo de modo eclético diversas escolas filosóficas, como mostra Cícero, mesmo que paulatinamente o estoicismo vá assumindo uma função prevalente (entre outros, com Sêneca e Marco Aurélio), mas não sem congregar elementos que lhe eram originariamente estranhos, como o apelo à consciência, à interioridade e ao divino, presente no homem, características essas que acabarão confluindo de modo amplo na tradição cristã.

O que interessa mostrar aqui é que o helenismo, embora represente a expansão e também a universalização da cultura grega, que acaba se tornando a cultura dominante dentro do Império Romano, pelo menos para as classes intelectuais, é também a época do fim da organização política grega. O mundo grego, enquanto mundo político, desaparece, primeiramente beneficiando o grande império de Alexandre e, depois, o Império Romano. Assim, a grecidade acaba se tornando um cosmo, ou melhor, um horizonte cultural. Desse modo, a Grécia se enxerta definitivamente na tradição que, através da organização política do Império Romano, chega até nós, apesar dos relevantes terremotos políticos que ela terá de suplantar.

Vertigem da razão

1. Plotino. A culminação da tradição grega

Com Plotino[1], alcançamos o vértice da filosofia grega. Seu ensino, por muito tempo pautado socraticamente apenas na forma oral, foi progressivamente tomando uma formulação escrita, que chegou até nós através do discípulo Porfírio, que recolheu suas obras agrupando-as em seus livros, compostos de nove tratados cada, de onde provém o título de *Enéadas* dado à coleção. Dando plena continuação ao espírito das grandes escolas gregas, Plotino ensinava comentando os grandes autores que o precederam, em especial Platão, mas também Aristóteles, e também fazia frequentes referências às filosofias helenistas. "As nossas teorias não são novas nem são de hoje, mas foram pensadas já há muito tempo atrás, mesmo que não de modo explícito, e nossos raciocínios são a interpretação dos antigos". Os exemplos mais brilhantes desses raciocínios, como observa Plotino na sequência da citação, foram conservados em Platão e antes ainda em Parmênides. Daqui provém a tradição, da qual Plotino não se afasta, de chamar seu pensamento como forma de neoplatonismo.

Fica identificada, assim, uma linha clara de referência que, por certos aspectos, parece não considerar os êxitos dominantes no helenismo, aos quais se faz referência — mas sobretudo para tomar distância — e que se entrega, antes, direta e explicitamente aos grandes momentos da metafísica grega clássica. Se Platão se afastara da sabedoria poética dos antigos para reivin-

---

1. Plotino nasceu em Licópolis, no Egito, no ano de 203-204 d.C. e fez seus estudos na cidade de Alexandria, centro cultural primordial do helenismo. Em seguida se transferiu para Roma, onde abriu uma escola. Morreu na Campânia, Itália, no ano de 269-270.

dicar à filosofia uma superioridade com relação às demais formas de saber, Plotino dá um passo além. Mantém rigorosamente o primado da filosofia, mas leva-o ao ponto de absorver em si também o espírito religioso mais puro do paganismo. A filosofia é racionalidade que alcança até os limites de si mesma e mostra a necessidade de um Primeiro, que não pode ser inscrito nas formas da simples racionalidade. Consequentemente, ela é bem mais do que ética, pois não se limita a determinar e prescrever as normas do agir, mas leva a uma profunda espiritualidade centrada na ascese e na separação do mundo sensível.

Desse modo, dentro da filosofia Plotino unifica a totalidade da experiência espiritual humana, inclusive o impulso para o divino. Justo essa posição, que radicaliza os grandes sistemas da antiguidade clássica, faz com que ele se sinta desatualizado diante de seus contemporâneos, um tipo de bloco errático de profundidade vertiginosa, mas de certo modo desarmado em face do espírito da época. Nisso o cristianismo começava a difundir-se e reivindicar, por sua vez, aquele papel que Plotino atribuía à filosofia clássica e pagã. Nasce um confronto corpo a corpo que pode ser visto nas formulações de Agostinho. Era justamente o espírito intimamente religioso da filosofia plotiniana que constituía um perigo preocupante aos olhos cristãos. Apesar de uma possível afinidade, tratava-se, porém, de reivindicar a novidade gerada pela mensagem do cristianismo. É aqui que nasce a tendência, intermediada justamente pelas doutrinas de Plotino, de considerar a tradição pagã grega como um corpo único, prevalente e quase indistinguivelmente platônico-neoplatônico, e o esforço de inverter o abraço entre filosofia e religião como o pensara Plotino. Não a religião como tonalidade interna da filosofia, mas, ao contrário, a verdadeira religião como medida para a verdadeira filosofia.

Como se pode ver, nessa questão, Plotino se torna quase que a vítima de um duplo forçamento. O primeiro, que o equipara com a tradição clássica; o segundo, de matriz claramente cristã, que o combate justo para subtrair-se às próprias afinidades. Assim, parece que Plotino quase não faça parte de sua própria época, a não ser para ser relegado a uma questão cultural, a da antiguidade clássica, que mesmo historicamente se encaminhava para seu fim. Não obstante, esse isolamento foi extremamente fecundo para a filosofia subsequente: o neoplatonismo frutificou nas teologias negativas medievais e pós-medievais, ali onde os atributos de Deus são pensados pela via da negação e Deus se encontra para além de qualquer atribuição finita; teve grande difusão no Renascimento e fortaleceu sua espiritualidade, que procurava o divino presente no mundo; encontrou uma nova formulação moderna em Espinosa; teve uma retomada vigorosa no romantismo alemão, inspirando subliminarmente filosofias contemporâneas como a hermenêutica.

2. Plotino. Unidade e multiplicidade

É uma tarefa difícil resumir os 54 tratados de Plotino em poucas páginas. Assim, nas próximas partes, vamos nos concentrar em alguns dos temas por eles abordados, na esperança de poder fornecer uma perspectiva que ajude a compreender essa filosofia grandiosa e difícil.

Já em Platão notamos uma busca pela unidade cada vez mais acentuada: o múltiplo, físico ou não, encontra sua unidade na ideia, e as ideias, por seu lado, compõem uma estrutura piramidal que tem seu vértice na ideia do Bem. Em Plotino essa exigência é acentuada de modo radical. Cada coisa deve sua existência à unidade que a constitui. Se não houvesse unidade, mas apenas multiplicidade, nos encontraríamos diante da pura dispersão. Não se poderia conhecer nem haveria qualquer consistência na realidade. É a unidade o que constitui o real, e também se pode dizer que "aquilo que tem mais unidade tem mais ser". É certamente verdade que a unidade não é percebida de imediato; também se pode dizer que quanto mais determinante for a unidade, tanto menos irá se mostrar: um corpo sadio toma consciência de sua unidade quando essa é ameaçada, quando uma parte singular do corpo se torna presente na sua identidade separada através da dor. Em condições normais, a unidade global tem um caráter quase que de indistinção (pelo menos para quem não tem a capacidade de uma visão contemplativa adequada). De fato, nós falamos do Uno, mas a partir das coisas posteriores a ele. Todavia, logo que a multiplicidade se manifesta, torna-se patente o perigo de desagregação por ela introduzido.

A unidade é, portanto, aquilo que constitui a realidade daquilo que é. Mas nada podemos dizer sobre ela, a não ser de modo negativo. A unidade é a negação da multiplicidade, e só é percebida enquanto tal. Ademais, no instante em que o uno é pensado, já nos achamos fora da unidade: nós nos encontramos de fato diante do uno em si e diante do uno enquanto objeto de pensamento. A unidade se reduplica e apresenta de imediato duas faces: a face que podemos chamar de unidade primeira, que permanece impenetrável para nós, como a outra metade da lua, e a unidade que é objeto do pensamento, aquela que é pensada, e é como a segunda face da lua, aquela que nos contempla.

Mas assim já não é o Uno em si, que se subtrai à reduplicação a que a visão o submete, mas apenas uma imagem visível ao intelecto e vista pelo Uno.

Com essas considerações, através de um único movimento de pensamento, Plotino resolve o problema que já preocupara a Platão: o problema da relação entre unidade e multiplicidade, e faz isso mediante um retorno consciente a Parmênides, após o parricídio perpetrado por Platão. Como ele, reivindica a identidade entre ser e pensamento, entre unidade e multiplicidade, mas, diferente dele, identifica no *Uno um princípio que está além daquela identidade e justo por isso está em condições de fundamentá-lo.* E, enquanto Platão falara da participação como forma através da qual o múltiplo deriva o próprio ser da unidade da ideia, mas ao mesmo tempo presumira a possibilidade e a legitimidade de uma visão direta da ideia na sua inteireza e unidade, Plotino abandona essa convicção no que diz respeito ao Uno. É bem verdade que tudo que existe, existe enquanto participa do Uno, mas o Uno é inacessível como acontece com o excesso de luz que ofusca quem quiser contemplá-la diretamente. Assim, o Uno está além do ser, mas também além da inteligência que o pensa. O Uno está por todo lugar, pois tudo que é o é por participação no Uno, e tudo que é o é enquanto é imagem do Uno. Mas o Uno não está em parte alguma, porque aquilo que podemos encontrar tem sempre, de algum modo, a conotação do não Uno, do múltiplo.

Podemos dizer que o Uno é o Bem ou também a Beleza (todos temas de matriz platônica), mas supondo que se acrescente que o Uno está além tanto do Bem quanto da Beleza. Apesar de serem bom e belo, *o bem e a beleza não são mais que um vestígio daquela simplicidade do Uno, que para nós é inefável,* por mais que nosso pensamento se volte para ela.

3. Plotino. A procissão do Uno e para o Uno

Plotino escreve que "o Uno governa de seu trono e se assenta acima da Inteligência (*nûs*), como que acima de um belo pedestal nele suspenso. Se deve avançar solenemente, deve fazê-lo sobre algo que não é inanimado, mas sobre a alma, e deve fazê-lo não de modo direto. Mas esse pedestal não pode não ter uma imensa beleza diante dele, assim como diante de um grande rei, na corte, precedem antes de tudo os personagens menos importantes e depois, em seguida, os mais importantes, e depois desses, os dignitários mais importantes e os que, sendo mais próximos ao rei, são num certo sentido mais régios, e por fim os que o rei honra: depois de todos esses, aparece inesperadamente, o próprio rei em sua majestade. Os presentes, os que ainda não partiram satisfeitos com o cortejo do rei, o verão e se ajoelharão diante dele".

Essa bela citação contém os elementos principais da arquitetura filosófica de Plotino. Vimos como, aqui, o predomínio é dado à unidade, mas junto com essa visão temos consciência de que a unidade não só é pensada, mas também reduplicada numa imagem de si mesma que contém a pluralização da unidade. O *nûs*, a inteligência que pensa o Uno, não pensa o Uno em sua unidade puríssima, mas gera uma imagem do mesmo, duplicando, assim, inteligência e ser. Nesse cortejo real, sob o Uno encontramos logo sua imagem enquanto pensada pelo pensamento. É daqui que se deduz o mundo do conhecimento.

Mas o próprio pensamento, de um lado, contempla e de outro age; é de fato pensamento e vida. Pela inteligência, gera-se assim descendentemente também a alma (*psyché*), aquilo que fortalece e dá vida ao múltiplo sensível, à esfera do mundo sensível. E depois, avançando sempre na via descendente, alcançam-se os entes materiais, e como ponto extremo encontra-se a matéria informe, pura passividade, que não tem grandeza nem sequer possui a imagem do inteligível. O cortejo assim descrito prevê *três hipóstases*, três maneiras fundamentais de subsistência: o *Uno*, o *Nûs* ou intelecto e a *Psyché* ou alma.

Nessa descida até o limite inferior do real, encontra-se também o mal, que não é uma realidade por si mesma, mas uma consequência necessária da multiplicação do Uno, que dispersa no sensível sua própria potência. E, assim, aquilo que como no cortejo do rei, visto a partir da figura do soberano — aqui, sem metáfora, figura do Uno —, parece ser uma procissão que em cada passagem vai perdendo em dignidade, observado com um olhar filosófico autêntico pode ser tomado, ao contrário, como o ponto de partida para uma ascese decisiva. Quem, pois, não se satisfaz olhando para o esplendor dos dignitários, mas volta seu olhar para aquele de quem se origina esse esplendor, de repente e elevando-se acima do particular e olhando também para além o conjunto imagético do cortejo, poderá ver o rei em pessoa, o Uno, que é mais que inteligência, vida, ser, Bem e beleza, porque é antes o princípio e a fonte de tudo isso. O Uno, de fato, não é o conjunto do cortejo, nem sequer é o todo, pois do contrário seria alguma coisa e não aquilo do qual todas as coisas têm sua origem.

Então, como num coral de cantores, trata-se de olhar não para o exterior mas sim para o mestre do coro; é preciso ousar olhar diretamente, afastando-se das coisas daqui de baixo e, ultrapassando todas as coisas, ter finalmente um contato, como que místico, com o Uno em si, e alcançar, como se conta ter acontecido quatro vezes com Plotino, um êxtase, que consiste num afastamento da corporeidade, alcançando uma união íntima com o divino.

4. Plotino. Amor e tempo

Se para articular concretamente o *descenso* e a *ascensão*, como descrevemos de forma abstrata, Plotino não tivesse recorrido ao tema do *éros* e à definição platônica de tempo, então ele não seria um discípulo de Platão.

O *amor* é o sentimento de um parentesco irracional da alma com o belo, um desejo ainda vago e indefinido, filho tanto da Riqueza, que atrai ao mais elevado, quanto da Pobreza, que nos faz perceber a falta daquela. Isso explica a razão por que o amor é um desejo erótico que procura a própria satisfação no sensível (o que Plotino chama de Afrodite terrena), mas também como a beleza corpórea, que seduz, atrai, porque é um vestígio de uma beleza mais elevada (a Afrodite celeste). Por isso, o *éros* é "um ser semelhante e afim à matéria", mas é igualmente "um demônio nascido da alma enquanto esta carece do bem e o deseja". O amor é uma paixão que nasce da visão: quando se detém na aparência que se vê, enreda-se na corporeidade; quando na aparência acolhe o traço que remete àquilo que nela se anuncia, eleva-se rumo a uma contemplação espiritual.

No amor, evidencia-se de modo particular a mistura entre plenitude e carência, entre materialidade e espiritualidade. Acontece algo de parecido quando se pensa o *tempo* a partir da definição platônica, que fala como que de "uma imagem móvel do eterno". Também aqui, de fato, fica evidente que o modo usual de acesso ao eterno é, pois, a experiência do tempo. De fato, como ele disse, "se irá conhecer o que significa estar no tempo e na eternidade, quando se tiver descoberto o tempo. Por isso, é necessário que desçamos da eternidade para interrogar sobre o tempo e no tempo". Antecipando considerações que serão desenvolvidas de maneira mais ampla por Agostinho, Plotino liga o tempo com a alma, com aquela inquietação que toma conta da vida, sempre na busca de novas experiências. Enquanto a eternidade é quietude e identidade, querendo imitar o Uno que não possui, a vida busca a si mesma e a própria identidade e não se contenta com o presente, mas num tempo sempre novo e diferente se afasta do presente, tornando-o passado, ou se projeta rumo ao futuro. Desse modo, a alma gera o tempo, sua dispersão mutável, mas faz isso porque, nas condições da multiplicidade, procura reproduzir uma imagem daquele eterno que ela está procurando. Assim, o tempo é a imagem da eternidade. E nisso, como já nos mostrou *éros*, encontramos a imbricação indissolúvel de multiplicidade e unidade, materialidade e espiritualidade, mundo sensível e mundo inteligível. Por um lado, então, aos olhos de Plotino a unidade primeira do mundo que nos cerca decaiu da unidade puríssima daquilo que é o Primeiro, e, por outro, ela é como o brotar superabundante da sua força inexaurível.

5. Plotino. Interioridade e liberdade

Depois de Plotino, há dois aspectos de sua filosofia que foram muito fecundos. Dizem respeito à liberdade e à interioridade, e evidenciam uma grande proximidade com temas que vão encontrar desdobramentos nas filosofias cristãs posteriores. Mas comprovam ao mesmo tempo uma orientação especulativa decisivamente alternativa às mesmas. Vimos como o neoplatonismo foi perpassado de um fortíssimo impulso religioso. Nisso nos deparamos como que diante de uma vertigem da razão, que consegue afluir em algo, como o Uno, que é mais que ser, mais que Inteligência, mais que Bem, Beleza e Vida. A razão, sem nunca renunciar a si mesma, conduz a uma fonte que a supera. De fronte a essa luz ofuscante, da qual fala Plotino com acentos místicos, distanciar-se dos bens exteriores, daquilo que ele chama de "as coisas daqui de baixo", parece ser a verdadeira vocação do sábio: abandonar a busca das coisas exteriores e voltar-se para o essencial, o espiritual, o interior. Na esteira do ensinamento socrático, em Plotino o caminho rumo à *interioridade* ganha importância, um caminho que será retomado decisivamente em Agostinho. E, no entanto, a interioridade neoplatônica, embora sendo plenamente espiritual, está muito distante daquilo que compreenderão os cristãos e também a nossa cultura. Ela não se volta para o indivíduo singular senão acidentalmente; não diz respeito à consciência do indivíduo que se relaciona com aquilo que é diferente de si mesmo; é antes *uma espécie de movimento cósmico*, semelhante à sístole e à diástole do coração. O Uno se dispersa e se multiplica na realidade sensível, e assim se manifesta; mas o movimento rumo à interioridade, ao contrário, leva ao distanciar-se do que é múltiplo e ao recolher-se na quietude do eterno.

Esse movimento cósmico incessante, no qual tudo acontece, pois procede do Uno (mas que também pode retornar a ele) não é uma questão histórica. Na verdade, o *Uno* não cria, como na tradição judaico-cristã, fazendo algo a partir do nada, mas é *a origem de uma liberdade que nada coloca a não ser a si mesma*, e, portanto, também aquilo que vem depois dela. Em outras palavras, seria como dizer que a fonte luminosa gera a luz. Deve-se dizer antes que a fonte é a luz e que a luz não existe se não enquanto existe a fonte. Mas essa não é "criada", pois não é outra coisa do que a luz expandindo-se. Colocando-se a si mesma — e nesse ato mostra que o ser da existência não é outra coisa que liberdade —, ela dá origem a tudo aquilo que dela surge e que vai se constituindo por sucessivas gradações. Para distinguir esse movimento e não confundi-lo com criação, ele foi chamado de *emanação*. Mas o que há ali de decisivo e que o diferencia das formulações cristãs é a intenção obsessiva de subtrair-se a qualquer forma de dualismo. Daqui surgiram suas polêmicas contra os gnósticos, mas também uma visão na qual os termos extremos (o eterno e o tempo, o Uno e o múltiplo) jamais constituem uma oposição pura, mas no máximo transcorrem um no outro. Ademais, se há algo a que Plotino queria se subtrair é a exigência, uma exigência propriamente cristã, de encontrar um lugar de mediação entre o homem e a outra ordem.

O mundo de Plotino é pleno e superabundante do divino, mas o deus que lhe dá ordenamento é um demiurgo, não um criador. Ele representa uma liberdade, visto que nada lhe determinou a origem, cuja implementação não poderia ser outra coisa daquilo que é. Mesmo porque, para evitar qualquer dualismo, não há nada que seja própria e absolutamente estranho a tal origem.

Diante do Deus cristão

1. A novidade cristã. Agostinho

Os primeiros quatro séculos da tradição cristã, que assistem aos Padres da Igreja[1] empenhados na tentativa de tornar aceita culturalmente a novidade da mensagem evangélica e de demonstrar a possível continuidade com a melhor tradição pagã (sobretudo a platônica), encontram em Agostinho[2] uma vertente especulativa que irá marcar por séculos as formulações teológicas e filosóficas sucessivas e que conserva uma extraordinária vitalidade e frescor até os dias de hoje.

Agostinho poderá ser compreendido adequadamente a partir do confronto incessante que ele mesmo manteve com a filosofia grega clássica, ou pelo

---

1. As acusações de ignorância, fanatismo, a refutação da pretensão, considerada inaceitável, de universalismo, motivadas pela cultura romana contra o cristianismo, suscitaram uma reação votada a mostrar sua validade filosófica. Os Padres da Igreja — assim eram chamados — repensaram a novidade da tradição judaico-cristã a partir de um confronto com a filosofia grega, utilizada num primeiro momento em função apologética, como antecipação da verdade cristã (Clemente, 145-212, e Orígenes, 185-255, ambos de Alexandria), e em seguida como patrimônio a ser atingido. E não foi só isso; com os Padres Capadócios (Basílio, 331-379, Gregório Nazianzeno, 330-389, Gregório de Nissa, 335-394), o cristianismo se apresentou como legítimo herdeiro da tradição grega.

2. Aurélio Agostinho nasceu em Tagaste, na Numídia, no ano de 354. Estudou gramática e retórica, que irá ensinar depois em Cartagena e em seguida em Roma, numa escola que ele mesmo fundou. No ano de 384, encontra-se em Milão, onde ficara vacante uma cátedra de retórica. Aqui ele encontra o bispo Ambrósio, que o conduz a um melhor entendimento do texto sagrado, considerado por ele nos anos de formação juvenil como indigno de ser comparado com a arte de Cícero. No ano de 386, converte-se e retorna a Tagaste, onde funda uma espécie de monastério. Ordenado sacerdote a pedido dos fiéis, torna-se bispo em Hipona no ano de 396. Foi ali que faleceu no ano de 430, três meses depois da tomada da cidade por parte dos vândalos de Genserico. Dentre as suas numerosas obras, que compreendem escritos polêmicos, filosóficos e teológicos, recordamos *Sobre a verdadeira religião* (389-391), *Sobre a graça e o livre-arbítrio* (426-429), a *Cidade de Deus* (415-426). Sua obra mais importante e mais famosa são as *Confissões* (400).

menos o tanto que o ensino neoplatônico intermediou esse acesso. Enquanto aquela reivindicava o primado da filosofia, incluindo nesse primado uma profunda sensibilidade para com o divino, chegando até a prefigurar uma autossuperação do intelecto, capaz de um êxtase que o conduz para além de si mesmo, Agostinho escolhe um itinerário completamente inverso. Como ele escreve explicitamente no *De vera religione*, não é a verdadeira filosofia que contém a verdadeira religião, mas é a verdadeira religião, o cristianismo, que é a verdadeira filosofia. Dito assim, essa inversão parece ser uma simples asserção de uma vitória cultural do cristianismo, que começara a permear a sociedade do Império Romano já em declínio. Na verdade, essa inversão permite inovações consistentes para a própria instrumentalização conceitual da filosofia, que a partir de então se torna cristã, no sentido de ser nutrida em seu íntimo de conteúdos que ela retirou de uma fonte diferente daquela da tradição clássica. Esse enxerto se aplica a toda a tradição posterior, mesmo para aquela que irá se desenvolver na forma de uma negação ateia daqueles conteúdos. O mundo greco-romano, robustamente utilizado na cultura retórica de Agostinho, é transformado, pela primeira vez a partir desse momento e depois de modo perene, num tesouro clássico: um patrimônio venerável a ser utilizado, mas ao qual já não se faz parte.

Adolf von Harnack, um célebre historiador protestante do século passado, foi preciso quando atribuiu a Agostinho a capacidade singular de convencer, vendo em seu pensamento uma rígida concepção da estrutura institucional da Igreja com uma sensibilidade acentuada para aquilo que diz respeito à vida pessoal, para o pecado e a graça, numa palavra, a capacidade de conjugar, com reflexos que irão permanecer na visão católica da Igreja, uma pertença rigorosa à instituição e uma biografia pessoal de fé do crente.

Com Agostinho a filosofia se encontra com temas novos e ainda impensados dessa forma: a interioridade, já presente em Sócrates e Plotino, se transforma em biografia de uma alma que é ao mesmo tempo busca de Deus e fuga obstinada dele; a filosofia não é um tratado impessoal, mas confissão biográfica de uma vida inteira; o tempo não é uma imagem móvel da eternidade, fluir silente do imutável nas formas do sensível, mas sim obra da alma do homem que retém com a memória aquilo que, de outro modo, seria pura dispersão; o mal não é mais um limite último e inevitável da realidade, mas expressão de um não ser que é fruto da vontade; a história, enfim, não é um processo exclusivamente imante, mas lugar de um incessante emaranhado de obra humana e providência divina.

O belo edifício da antiguidade clássica, que levou o homem Agostinho inclusive a subtrair-se dos riscos de um materialismo raso e o abriu para uma espiritualidade vasta e rica, acabou sofrendo uma transformação profunda através de seu pensamento. A dramaticidade de um divino que chegou ao ponto de se encarnar, mas que acabou também sendo refutado pelo mundo, até a condenação numa cruz, faz surgir uma sensibilidade inteiramente nova, na qual a finitude do homem já não é pensada como um horizonte natural da existência, mas como o lugar de um encontro possível e inquietante com Deus, que, na qualidade de Deus cristão, é um infinito que se fez carne.

2. Agostinho. Biografia de uma alma

Como ele escreve, "eu desejo conhecer a Deus e a alma. Mas nada mais que isso? Absolutamente nada mais". Essa perspectiva, segundo o testemunho do próprio Agostinho, contém toda a sua filosofia. Mas esse espectro delineia um itinerário espiritual inédito, no qual Deus não aparece como o cume de um percurso especulativo, mas aparece desde o início como a referência contínua, apesar de oculta ou até impedida, de uma alma. Mas, ao mesmo tempo, a alma aparece no centro onde se desenrola essa questão decisiva de um confronto com o próprio Criador. O homem, o homem Agostinho, como ademais qualquer um de nós, em sua singularidade irredutível, assume uma relevância até então desconhecida. A sua biografia — da qual as *Confissões* são um modelo exemplar — é objeto de uma indagação minuciosa e em certo sentido impiedosa. Todos os momentos da vida, inclusive os episódios aparentemente insignificantes, são sondados profundamente, porque, relidos à luz desse espectro que conjuga a criatura com seu Criador, surgem ocasionalmente para medir a distância entre o homem e Deus e igualmente a proximidade de Deus com o homem. Também a fuga do amor de Deus, ou seja, a indiferença, a culpa, o pecado se transformam em degraus para a confissão que finalmente acontece. Um reconhecimento que chega tarde: "Tarde te amei, beleza tão antiga e tão nova", mas que desde sempre Deus sustentou com a fidelidade imperturbável daquele que ama.

Todas as vias percorridas pelo homem Agostinho, passando da malvadeza infantil que o levou a roubar apenas para sentir o gosto da transgressão, até a paixão sensual, que o fez escravo do prazer, parecem ser caminhos de fuga, marcados por uma inquietação e uma busca angustiante de felicidade que não encontra satisfação. Também o orgulho intelectual, que o torna um mestre de retórica apreciado e, encantado pela filosofia através da leitura do *Hortênsio*, de Cícero, o leva a procurar uma espiritualidade cada vez mais pura e a libertar-se de concepções materialistas e da superstição do maniqueísmo[3], parece ser uma espécie de tentação do espírito em sua incapacidade de ultrapassar um saber puramente racional e de dar forma a uma vida completa.

Quando se deu a conversão — muito esperada pela mãe, Mônica, já cristã —, foram vencidas todas as resistências e as barreiras do homem Agostinho, para colocá-lo diante do milagre de um divino que modifica a vida do crente. É o Deus que liga o crente numa relação indissolúvel, porque Deus, conforme o exórdio do livro X das *Confissões*, é aquele graças ao qual é possível conhecer-se: o homem chega até Deus depois de ter-se perdido na procura de si mesmo, e, quando o encontra, não encontra apenas Deus, mas encontra também o si mesmo verdadeiro.

Por isso, Agostinho pode afirmar que *"a verdade habita na interioridade do homem"*. É nessa interioridade que ele encontra Deus e a própria alma, num único movimento, que não é mais apenas reconhecimento intelectual, mas também confissão de Deus e diante de Deus, sendo, portanto, conversão. Sem intimismo, a interioridade humana se torna, depois de Agostinho, um lugar decisivo da verdade. A biografia não é apenas a crônica de uma vida, mas a narrativa de um corpo a corpo com a verdade, que atravessa e dá forma a toda uma existência. É pela primeira vez que, com tamanha clareza e ultrapassando a pura meditação privada (como em Marco Aurélio), a subjetividade de quem busca assume um caráter filosófico: a primeira pessoa do singular entra na filosofia.

3. Agostinho. A memória

Ao final de um percurso biográfico que desemboca na conversão, Agostinho dedica dois livros das *Confissões* a uma reflexão explicitamente teórica. Talvez não seja por acaso que se aborda nesse ponto um tema clássico do platonismo como é o caso da memória, mas com variantes significativas. Trata-se não mais de resolver o enigma do conhecimento (platonicamente, memória do mundo ideal), mas sim de responder à questão que de repente se tornou capital sobre quem sou eu. No eu do homem, capaz do mal e inclinado à dispersão, está implícito um poder enorme. "A faculdade da memória

---

3. O maniqueísmo, fundado por Mani no século III d.C. defende a existência de dois princípios fundamentais, o princípio do Mal, chamado também de *Hýle*, "matéria", e o princípio espiritual do Bem, ambos em conflito perene entre si.

— escreve Agostinho — é grandiosa. Sua complexidade infinita e profunda, meu Deus, inspira quase um senso de terror. E isso é o espírito, e isso sou eu mesmo. Que coisa sou eu, portanto, meu Deus? Qual é a minha natureza? Uma vida variegada, multiforme, de uma imensidade poderosa".

A análise cuidadosa a que Agostinho submete a faculdade da *memória* mostra que no imenso poder dela está contido um movimento exemplar, que implica toda a existência do ser humano. Na verdade, a memória não só consegue reter as experiências passadas, ameaçadas pelo esquecimento, mas alcança de certo modo também aquilo que se esqueceu, porque, como confirma a palavra evangélica da moeda perdida, está pelo menos em condições de recordar que se esqueceu. A alma do ser humano retém e extravia, mas também quando extravia sabe que algo foi extraviado. Na memória, a alma de certo modo vai além de si mesma, além daquilo que ela é enquanto momento. Ela guarda traços de um esquecimento, que é a origem de onde a memória retira a própria capacidade de reter o fluir disperso das coisas. É uma espécie de faculdade criativa na segunda potência, que, apesar de não estar em condições de produzir a realidade, consegue reter a dispersão. Esse *movimento duplo, de dispersão e retenção, que atravessa a alma transforma-a num lugar privilegiado de encontro com Deus*. Esse encontro não acontece na alma, pois essa não pode ser considerada um lugar de Deus, mas acontece além dela transcendendo-a, num processo ascendente que nos direciona para Deus. Mas esse encontro ocorre *no tempo da alma*, como confirma o texto agostiniano com um acúmulo de advérbios de tempo. É na história da alma, em sua biografia profunda, em seu desdobramento temporal que retém a caducidade, que a existência do homem se cruza com a experiência do divino, uma experiência que implica todos os sentidos humanos: "Tu me chamaste, e o teu grito rompeu a minha surdez; brilhaste, e o teu esplendor dissipou a minha cegueira; difundiste a tua fragrância, e respirei e desejei-te; saboreei e tenho fome e sede; tu me tocaste, e ardi de desejo pela tua paz".

4. Agostinho. Tempo e criação

A questão do tempo, que se segue logo após a abordagem da memória, está apresentada assim em seu contexto próprio e é uma questão totalmente nova com relação ao pensamento clássico, ou seja, está dentro do tema da criação.

O tempo é a marca da realidade criada. Agostinho divide em três momentos sua busca atormentada, que se desdobra em formulações sempre novas e aprofundamentos acompanhados do recorrente advérbio revelador *tamen* ("porém", "todavia"). Em primeiro lugar, e como já havíamos visto nos antigos, a partir de Aristóteles, o tempo é uma forma de medição. O tempo é o modo pelo qual medimos o movimento daquilo que nos circunda, instituindo também comparações entre os movimentos — tempos longos e tempos breves. Ele mede uma realidade que, por causa de sua natureza finita e imperfeita, está em contínuo devir.

Mas, diferente do que haviam pensado os antigos, não se trata de uma medida objetiva, mas algo como um distender-se da alma. E é precisamente esse o segundo movimento de Agostinho. Se o tempo fosse algo em si e por si, então o passado existiria, enquanto sabemos muito bem que ele é algo que já não é. E assim também o futuro existiria, enquanto sabemos que é aquilo que ainda não é. Ao presente não cabe nenhuma sorte melhor que essa, que visto de perto também ele se mostra inconsistente, nada mais que um instante, algo de quase inapreensível e destinado a esvair-se. O *tempo* não tem consistência própria, pois ele é *o distender-se de uma alma que retém o passado como memória, o presente como atenção e o futuro como expectativa*. O tempo é a medição do criado através da alma da criatura, que recorda, se concentra, espera.

Mas assim — e estamos no terceiro movimento decisivo — a criatura não é o Criador: ela tem o poder de distender-se e de se concentrar, de ir de uma coisa para a outra e de se recolher para a unidade, mas não tem o poder de ultrapassar a finitude. Salva no tempo a multiplicidade das experiências, ordena-as em forma de passado, presente e futuro, mas não pode salvar o tempo em seu conjunto de desdobrar-se na dispersão absoluta, num transcorrer infinito e insensato. No tempo alguma coisa pode ser salva graças à alma, mas o tempo como tal não parece ser diferente de uma consumação insensata. E seria assim, portanto, se o poder da alma não fosse um vestígio do próprio poder de Deus, o qual, ele também, retém em si o tempo que o homem salvou da dispersão. O movimento de sístole e diástole do homem encontra na misericórdia superior de Deus um ponto derradeiro de retenção. A finitude do homem é concomitantemente afirmada e suspensa, assim como seu papel dentro do criado.

O espectro que une os temas de Deus e da alma é assim confirmado. Antes de tudo, nós fazemos experiência da alma e de seus modos de salvar o real, mas nessa experiência há traços de uma transcendência através da qual se torna possível compreender o criado e a nós mesmos. Por isso, Agostinho não hesita em afirmar que, em última instância, toda verdade é uma verdade religiosa (como já vimos, a verdadeira religião é ao mesmo tempo a verdadeira filosofia). A verdadeira sabedoria é, na verdade, um transcender da ciência como simples conhecimento racional. Transcendendo a si mesmos e à própria alma racional, chega-se ali "onde se acende a luz da razão" e se alcança aquela iluminação que é o fundamento transcendente (e assim religioso) de todo conhecer verdadeiro. E assim surge um saber que não é ciência, abstrata e limitada às coisas temporais, mas sabedoria das coisas eternas, encontro com elas e gosto por elas.

5. Agostinho. Mal, não ser, vontade

Para Agostinho, o mal é antes de qualquer outra coisa e fundamentalmente o pecado. Isso provém de uma longa convivência com os maniqueus, que se orientavam segundo um dualismo radical que opunha dois princípios, a luz e as trevas. Agostinho se empenha em evitar uma concepção que atribua ao mal uma substancialidade própria. O mal é carência de ser, é não ser. Ademais, se o mal fosse ser, visto que ele é antes de tudo pecado, dever-se-ia ver no homem que o introduziu no mundo uma potência criadora não inferior àquela do próprio Deus. Mas o mal é também algo que toca as fibras mais íntimas da pessoa e que encontramos na forma do medo da morte, na ausência de verdade e mais em geral na possibilidade de que o bem se deteriore e se transforme em nada. No fundo, parece que ele teria uma extensão que o faz ultrapassar a culpa e o pecado, ameaçando a própria consciência do criado.

Foi dito que o mal não é. Mas como negar que ele exista e seja algo de ameaçador? Como explicá-lo então? Com um movimento análogo ao que constatamos na abordagem do tempo, Agostinho se afasta de uma concepção objetivista do mal, da busca exclusivamente ontológica do mal (que não nos levaria além da constatação de sua inconsistência), para se perguntar antes pelo *modo através do qual ele surge* (e é aqui que o tema do pecado retoma sua centralidade). *O mal é fruto de uma escolha*, aquela que antepõe a perfeição menor à maior. É uma inversão da ordem da realidade, operada pela vontade que escolhe o bem menor. Na verdade, ninguém quer o nada, uma vez que todos querem alguma coisa. Só que, uma vez que se privilegia o pouco em detrimento do muito, o que caiu em detrimento do que é permanente, cria-se aquela contrafação do bem, que é precisamente o mal. *Assim, o mal não é buscado na coisa escolhida, mas no ato pelo qual a escolha foi feita.*

É aqui que se dimensiona toda a distância que separa a antropologia cristã de Agostinho da antropologia pagã. Muito além de hipóteses que buscam definir bem e mal em termos de objetividade ou que identifiquem a virtude com o saber e o vício com a ignorância (como acontecera a partir de Sócrates), Agostinho esclarece a complexidade e contradição da natureza humana. O homem escolhe com um ato livre da vontade, mas a vontade é dupla; existe um querer, e um querer querer, no qual o espírito experimenta uma não coincidência incompreensível do querer: "Qual é a origem desse absurdo? E qual é a causa? O espírito dá ordem ao corpo e imediatamente este lhe presta obediência; o espírito dá ordens a si mesmo e encontra resistência. O espírito ordena à mão que ela se mova, e o movimento acontece tão facilmente que quase não se consegue distinguir o comando da execução, embora o espírito seja espírito e a mão seja corpo. O espírito ordena ao espírito querer, não se trata de outro espírito, e, no entanto, não o consegue. Qual é a origem desse absurdo? E qual é a causa? Digo que o espírito ordena querer, não ordenaria se não quisesse, e, não obstante, não executa sua própria ordem. Na verdade, não quer totalmente, portanto não comanda totalmente. Ordena para aquilo que quer, e a ordem não é seguida na medida em que não quer, pois a vontade ordena querer, não a outros, mas a si mesma: e visto que não ordena totalmente, não ocorre aquilo que ordena. De fato, se fosse total, não ordenaria a si de ser, pois já seria. Não é, pois, um absurdo querer em parte e em parte não querer; é antes uma doença do espírito, elevado pela verdade, mas não totalmente endireitado por estar curvado pelo peso do hábito. E há duas vontades, pois nenhuma está completa, e o que falta em uma está presente na outra".

Há no homem uma inquietação que é concomitantemente desejo do bem e resistência contra o bem, vontade de confiança e busca de autoafirmação. O debater-se humano permanece imbricado nessa contradição, até que confesse a Deus, ou seja, até que não abandone as próprias pretensões, colocando-se diante daquele Deus que procurou pelo homem até o limite de morrer por ele, e tome parte da viagem sem declínio que esse encontro promete.

6. Agostinho. A mistura entre a cidade de Deus e a cidade do homem

Também na história as coisas não são diferentes. "Dois amores — escreve Agostinho — construíram duas cidades: o amor de si mesmo levado até o desprezo de Deus construiu a *cidade terrena*, o amor de Deus levado até o desprezo de si mesmo construiu *a cidade celeste*". Mas esse esquema, de oposição radical, só se aplica ao plano dos princípios; na história concreta as duas cidades estão constantemente se misturando. Agostinho escreve o monumental *De civitate Dei* a partir de uma preocupação apologética. A tomada de Roma por obra de Alarico constituía um sinal premonitório da iminente queda do Império Romano. De um lado, a culpa da queda poderia, como de fato aconteceu, ser atribuída pelos pagãos à prevalência da nova religião; do outro, os próprios cristãos tinham necessidade de uma garantia que não os entregasse ao declínio iminente do Império. Daqui surge aquela oposição clara de princípio de que se falou: na história, aquilo que é obra humana acaba se deteriorando. Mas há uma outra história, sob a atenção de Deus, que não está sujeita às decadências mundanas.

No entanto, como já se antecipou, no concreto da abordagem, Agostinho reconhece que também a cidade do homem, com seus ordenamentos estáveis, em sua procura pela paz, constitui um baluarte que possibilita ver a própria presença da cidade de Deus. Cidade do homem e cidade de Deus aparecem, assim, *misturadas*, coimbricadas, como ademais, no plano da finitude, sempre se dá entre o bem e o mal. Um mal é um bem desvirtuado e subvertido na ordem das prioridades, mas contém algum bem, que de outro modo sequer existiria. A milenar história do Império votada ao declínio será completamente superada com a realização final e supra-histórica do reino de Deus. É nela também que se lê uma presença providencial de Deus. Cidade de Deus e cidade do homem, opostas absolutamente no plano do princípio, na realidade coexistem. E a negação das pretensões humanas, presente também no projeto da cidade de Deus, assume, assim, por fim, a forma de um resgate em vez de ter a forma de um desenvolvimento. O que é dissolvido é só a pretensão autorreferente do homem, não aquilo que ela realizou, mesmo que a partir de uma perspectiva distorcida.

A inteligência da fé

1. A alta Idade Média e Anselmo de Aosta

Nos primeiros quatro séculos da era cristã, vamos assistir ao surgimento de dois movimentos de relevância histórica. Consagrando-se para a posteridade em forma clássica, com Plotino se encerra a palavra dita pela filosofia grega; com Agostinho, um século e meio depois, inaugura-se uma concepção completamente nova da filosofia que, não se negando a acolher temas e moções da antiguidade clássica, os trata dentro de um horizonte cultural novo, orientado globalmente a partir da mensagem religiosa do cristianismo.

Agostinho continuará sendo dominante por grande parte do pensamento medieval que se segue, inclusive pela variedade dos temas, dentro das coordenadas colocadas por sua filosofia. Como escreveu Étienne Gilson, um dos historiadores da filosofia medieval mais respeitados no século passado, buscando sintetizar numa fórmula a especificidade da filosofia medieval: "O espírito da filosofia medieval é o espírito cristão, que penetra a tradição grega, elabora-a a partir de dentro, gerando dali uma visão de mundo, uma *Weltanschauung*, especificamente cristã". É isso que se encontra precisamente em Agostinho. Segundo as teses gerais de Gilson, talvez ele o tenha feito introduzindo elementos de descontinuidade maiores do que os que está disposto a reconhecer, em todo caso vivificando uma tradição de pensamento extremamente rica. Nela destacam-se autores como João Escoto Erígena (que viveu no século IX), o qual, num grandioso afresco global (*De divisione naturae*), tenta ler como teofania as diversas formas da natureza criada, ou então Pedro Abelardo (1079-

1142)[1], que reivindica o papel da razão humana tanto para os problemas da lógica, quanto para os da teologia e da moral.

São muitas as escolas, como a de Chartres, que no século XII perseguem uma síntese de interesses humanísticos e científicos, e também muito vivas são as disputas entre os que defendem o caráter real (realismo) ou convencional (nominalismo) dos predicados universais, ou seja, daqueles predicados que podem ser aplicados a diversos sujeitos. Os gêneros e as espécies — é essa a questão subjacente — são um puro nome aplicado a sujeitos por si heterogêneos (nominalismo) ou correspondem a ideias reais (realismo) que nos sujeitos singulares se especificam e que constituem, como sustenta o exemplarismo, até Boaventura, o modelo pelo qual o próprio Deus orientou a própria criação? A questão, que surgiu no plano lógico, não tardou a ter consequências mais gerais, pois que, enquanto o realismo, prevalentemente seguido pela tradição, parecia ser facilmente compatível com uma visão metafísica e teológica, o nominalismo, sobretudo em suas formas extremas, fazia entrar em crise convicções gnosiológicas estabelecidas, e consequentemente o edifício metafísico-teológico apoiado sobre as mesmas.

Destaca-se principalmente aqui a personalidade de Anselmo de Aosta, lugar onde nasceu (no ano de 1033), ou de Cantuária, para a função de arcebispo primaz da Igreja da Inglaterra, onde morreu (no ano de 1109). É particularmente muito célebre a prova *a priori* da existência de Deus, usualmente denominada depois por Kant como prova ontológica, desenvolvida no *Proslogion*. Essa tese defende que a existência de Deus não pode ser negada com base numa reflexão *a priori*, que parte do próprio conceito de Deus. Se Deus é realmente aquilo do qual não se pode pensar nada maior, como reconhece também o estulto, então ele também deve necessariamente existir. Poder-se-ia pensar de modo diverso, contra o assunto de partida, num outro ente tendo as mesmas qualidades que se atribuem àquele, tendo além do mais também existência. Em outros termos, a essência perfeita de Deus inclui *a priori* a existência como sua propriedade.

---

1. É bastante conhecida a história da paixão de Abelardo por Heloísa, desposada secretamente a fim de que o matrimônio não prejudicasse sua atividade de professor (era costume que os intelectuais não se casassem), e a questão da subsequente vingança (a emasculação) feita por seu tio, o monge Fulberto. Dos respectivos conventos onde haviam se refugiado, começaram uma correspondência epistolar que chegou até nossos dias (mesmo não sendo segura sua autenticidade), na qual emerge a figura de Heloísa: culta, apaixonada e tenaz. Essas *Cartas*, que são concomitantemente história de um amor de uma época, merecem uma leitura, mas quiçá seguindo a orientação do comentário esplêndido feito por Gilson.

A história da prova ontológica é quase tão extensa quando a história da filosofia. Aqueles que a criticam (por exemplo Kant) negam que se possa considerar a existência como atributo de uma ideia, sendo a existência um dado de experiência e não um conteúdo do conceito (no exemplo de Kant: cem táleres reais valem o mesmo que cem táleres ideais, mas é só o recurso à experiência que poderá nos assegurar sua existência). Aqueles que defendem sua validade valorizam também a segunda parte da prova anselmiana, a que sustenta que Deus é maior de tudo quanto se possa pensar. O argumento de Anselmo, por fim, não tem em mente convencer quem não tem experiência de Deus (ademais, surgiu por solicitação dos monges do convento de Bec, onde era abade, e foi dedicado a eles), mas busca deixar transparente à razão o que se compreende quando se pensa Deus. Nesse sentido, a prova conduz até os limites extremos da racionalidade, pois aponta para um conteúdo que é maior que nossa capacidade de pensamento, mas que contém, no entanto, uma constringência íntima, e demonstra que faz parte da natureza de nossa razão pensar a perfeição como correspondência de essência e existência. Pode-se dizer que esse pensamento que inclui o existir na ideia de perfeição não pode não ser pensado, mas ao mesmo tempo não é passível de demonstração, visto que isso só seria possível admitindo, bem ao contrário do que se busca demonstrar aqui, um exceder de nossa mente com relação à ideia de Deus (e não de Deus em relação à nossa mente finita, como busca sustentar a prova).

2. A virada do século XIII

A transformação original da herança clássica feita por Agostinho marcou o pensamento filosófico por toda a alta Idade Média, também para além de 1100, convencionalmente considerado como o início da baixa Idade Média. Na realidade, a partir desse momento nos defrontamos com mudanças que inauguram um novo tempo. No plano histórico, entre os séculos XII e o XIII acontecem mudanças que vão produzir transformações profundas: a passagem do feudo para a comuna assinala um novo estágio econômico e político, o nascimento das universidades favorece um vivaz florescimento cultural, a instituição das ordens mendicantes dos franciscanos e dos dominicanos renova profundamente e a partir de baixo a vida da Igreja, as cruzadas e o nascimento do Império Latino do Oriente acentuam as relações com o vizinho Oriente. No plano estritamente filosófico, a novidade se dá pela *ir-*

rupção, inicialmente contrariada mas pouco a pouco sempre mais aceita, *da filosofia de Aristóteles*. Primeiramente conhecido quase que exclusivamente por suas obras lógicas, através da mediação de Severino Boécio (que viveu entre o século V e o VI), Aristóteles começa a ser traduzido cada vez mais e tomado como ponto de referência. Isso se dá, em grande parte, através dos impulsos provenientes de fontes aristotélicas difundidas pela cultura árabe e pelos comentários que os enriquecem (de tal modo que houve quem falasse de uma cultura árabe-grega). Avicena (980-1037) e Averróis (1126-1198) e, para o mundo hebraico, Avicebron (1020-1070) e Maimônides (1135-1204) forneceram ao Ocidente o material filosófico, mas também já uma primeira mediação com suas respectivas crenças religiosas, a ser alcançado através de uma posterior reelaboração cultural própria.

Observou-se que a aceitação do aristotelismo encontrou certa resistência. Havia, de fato, diversos pontos em que a filosofia de Aristóteles, tão enxuta e distanciada do impulso religioso de Platão e do neoplatonismo, parecia apresentar obstáculos a uma assimilação cristã. Sobretudo algumas ideias centrais cristãs, como a de criação ou de providência, pareciam distante do aristotelismo; mas também temas como a distinção clara entre alma e corpo e a crença, com ela conexa, da imortalidade da alma, parecem ser bem pouco defensáveis sob os auspícios daquela filosofia. Também é verdade que a própria mediação árabe já antecipara a identificação de soluções que compatibilizassem a fé religiosa com uma doutrina filosófica pagã, como a de Aristóteles, mas os elementos de irredutibilidade pareciam justificar amplamente aqueles pensadores, como por exemplo Boaventura (1217-1274), que preferiam confiar na tradição consolidada platônico-neoplatônica para acompanhar uma experiência cristão feita pelo pensamento (*Itinerarium mentis in Deum*).

Mas, paradoxalmente, foi o próprio desafio representado pela estrutura global do pensamento de Aristóteles à cristandade que constituiu a base de seu destino. Depois de um milênio de *societas christiana*, podia-se sentir perfeitamente um confronto explícito com um pensamento amadurecido internamente fora dessa experiência religiosa. Havia dois fulcros que se tinha de enfrentar, estreitamente conexos entre si: o de uma razão filosófica, por assim dizer, pura, isto é, considerada fora de qualquer dimensão de fé, e o de uma realidade física e natural examinada em si mesma, antes de qualquer orientação religiosa. Para reunificar as duas questões, pode-se dizer que em ambas se apresenta o problema da natureza, a natureza do homem e da razão, e a natureza do cosmo e de suas leis. Em ambos os casos a natureza parece conter em si, independentemente de qualquer referência ao Deus transcendente, a própria razão de ser.

Como se vê, encontramo-nos diante de uma inversão completa em relação à tradição agostiniana, que identificara toda e qualquer verdade (mesmo a filosófica) com uma verdade religiosa. Ora, a razão parece poder ter em si uma verdade, mesmo a razão não cristã encarnada exemplarmente por Aristóteles. O desafio, então, é ver como poderia haver compatibilidade entre essa razão e a natureza, da qual ela é expressão, e a fé cristã. É a esse desafio que irá se dedicar a gigantesca obra de Tomás de Aquino, marcando uma outra fase decisiva da Idade Média.

Unidade teológica do saber

1. Tomás. A teologia como *summa*

A irrupção do pensamento de Aristóteles, de que fizemos referência no capítulo precedente, inaugura um contexto totalmente novo. O que se iniciou na alta Idade Média como um esforço de penetração racional da fé quase que inadvertidamente se vê confrontado não mais com o estulto do salmo bíblico, ao que se referira Anselmo, isto é, uma figura interna da comunidade religiosa, como é o caso da figura dos monges, mas uma razão humana que não conheceu a revelação. É com ela que se deve confrontar aqui, evitando ademais o atalho proposto por Averróis com a distinção dos diversos níveis de verdade. Essa doutrina, que com certa impropriedade fora chamada de doutrina da verdade dupla (a verdade dos simples e a verdade dos sábios), se não culminava numa admissão de verdades opostas e contraditórias, acabava, porém, repropondo uma hierarquia na qual a palavra decisiva era dada aos sábios, ou seja, à filosofia.

Mas não é isso que busca a filosofia cristã medieval, mantendo-se fiel a Agostinho nesse particular. E justo por isso é preciso enfrentar o pensamento não cristão de Aristóteles, reformando-o a partir de sua raiz metafísica. A operação, porém, e essa é a grandeza da filosofia de Tomás, não pode dar-se a não ser sobre a base de argumentações que se confrontam com a filosofia aristotélica no próprio terreno da racionalidade.

Razão e fé, e consequentemente filosofia e teologia, *são dois modos distintos de conhecer*. Recorrendo a um exemplo do próprio Tomás, poderíamos acrescentar que, mesmo quando têm o mesmo objeto, consideram-no a partir de um ponto de vista distinto, como acontece com o físico e o astrônomo, que observam a terra e a abordam com instrumentos distintos. A razão e a filosofia se fundamentam na evidência intrínseca da verdade; a fé e a teologia na autoridade da revelação. Mas as duas ordens da verdade não produzem uma doutrina dupla da verdade, pois elas não podem estar em contradição. É claro que existem verdades que não podem ser plenamente conhecidas pela simples razão, mas também essas podem ser reconhecidas por uma razão tirada da fé. Como escreve Tomás: "Muito embora a verdade da fé supere a capacidade da razão, os princípios naturais da razão não podem estar em contradição com tal verdade". Surge, assim, um edifício unitário do saber, que possui seu vértice na teologia, de modo que Tomás poderá falar da filosofia como *ancilla theologiae*. Mas, por outro lado, isso implica admitir a racionalidade intrínseca das próprias verdades da fé. O horizonte tomista reconhece, por um lado, a legitimidade daquilo que é constituído pela natureza humana (e, portanto, também por sua racionalidade autônoma), mas reivindica para o sobrenatural, para tudo aquilo que diz respeito à graça divina e consequentemente a fé nela, a capacidade de exaltar e cumprir a ordem natural. Na icônica fórmula de origem tomasiana, que acabou se tornando patrimônio prevalente da teologia católica, *"gratia supponit et perficit naturam"*, a graça pressupõe a natureza e a leva à perfeição.

Mas como justificar de modo propriamente filosófico esse assunto, atingindo aquilo que, pela via puramente natural e racional, já fora elaborado por Aristóteles? É nesse ponto que se posiciona o desafio de Tomás, o qual requer consequentemente um repensar original dos fundamentos aristotélicos da filosofia primeira ou metafísica.

2. Tomás. Metafísica do ser e analogia

Como já recordamos, a filosofia aristotélica atribuíra à filosofia primeira o papel de esclarecer o que seria o ser enquanto ser. É justo nesse ponto que engata Tomás[1], para empreender um repensar de Aristóteles. Na visão de Tomás, o filósofo grego se limitara a enunciar os muitos modos em que se

---

1. Nascido em Roccasecca provavelmente no ano de 1225, Tomás dos condes de Aquino estudou em Nápoles, e com vinte anos entrou na ordem dominicana a contragosto de sua família (os irmãos chegaram a sequestrá-lo para fazê-lo desistir de seu propósito). Depois, formou-se em Colônia, na escola de Alberto Magno, que o iniciou no aristotelismo, foi depois para Paris e depois voltou à Itália, antes de retornar a Paris para o ensino. Sua existência se concluiu no ano de 1274, no caminho de Nápoles, onde voltara a ensinar, para Lion, onde se daria o concílio ecumênico. São muitos os escritos de Tomás, compreendendo comentários à Escritura e à metafísica e à ética de Aristóteles. Suas obras principais são a *Summa contra gentiles* e a *Summa theologie*.

podia dizer o ser enquanto ser: o ser como matéria, como forma, e enfim e decisivamente, como substância ou como forma que, na individualidade do singular, leva à perfeição a matéria. Nesse conjunto panorâmico dos modos de ser do ser, não se preocupou em revelar o caráter decisivo do ser, aquele pelo qual é reconhecido como "a máxima perfeição".

Baseados nessa consideração, já nos encontramos muito além de qualquer formulação platônica, que via a perfeição na essência de uma coisa, representada, pois, pela ideia, tendo como consequência uma inclinação perigosa à desvalorização das realidades sensíveis (também acentuada no neoplatonismo, que situava, aliás, o Uno para além do ser). Mas também se vai além do aristotelismo, que identifica a perfeição máxima na forma, que leva ao ato a potência da matéria. Tomás acentua que aquilo que constitui a verdadeira perfeição não é simplesmente a forma, mas *a forma que é*. Do contrário, estaríamos ainda presos numa forma de platonismo, no qual a perfeição da forma é pensada independentemente do ato concreto no qual ela está. Em vez disso, se deve concluir que o ser em sua concretude, ou seja, *o ato de ser* (*actus essendi*), como prefere dizer Tomás, é a mais íntima perfeição de uma coisa: o ato através do qual uma essência existe realmente é sua perfeição. Esse é o seu ser.

Ademais, se poderá encontrar uma confirmação disso na expressão do *Êxodo*, que diz que Deus é aquele que é. Deus é o ser em sua plenitude máxima. Já não é mais suficiente dividir-se entre essência e existência, como já fizera Avicena na tentativa de distinguir entre Criador e criatura, atribuindo a Deus uma essência que se identifica necessariamente com sua existência, diferentemente das criaturas, nas quais essa união seria apenas contingente. Deus e as criaturas, quando são (em sua existência factual) e enquanto são (na forma em que se constitui essa existência), participam do mesmo ser. Brota disso uma enorme revalorização da natureza, que é, por assim dizer, congênere ao divino. As realidades naturais não participam apenas de uma forma, de uma ideia, como acreditava Platão, mas participam daquela plenitude de ser que tem sua perfeição em Deus. É claro que isso não coloca num mesmo plano o Criador e as criaturas, visto que estas últimas não têm o ser *per se*, mas enquanto o ser lhes foi dado por Deus. Aquilo que lhes foi doado por Deus não é, por isso, uma cópia desbotada da perfeição, mas uma perfeição de ser verdadeira e própria.

A relação entre o ser das criaturas e o ser de Deus pode ser compreendida, segundo Tomás, recorrendo-se ao *princípio da analogia*. É bem verdade que não estamos em condições de nos representar o ser sobrenatural, ele afirma, penetrando sua natureza com o intelecto. Nosso conhecimento sempre parte do sensível e avança abstraindo-se deste, como nos vão confirmar as provas da existência de Deus. E, no entanto, é justo do sensível que podemos tirar uma indicação que se pode aplicar também ao terreno da verdade suprassensível. Entre uma imagem e o objeto da qual ela é imagem não existe identidade nem estranheza (o termo técnico é *equivocidade*). A imagem é imagem de alguma coisa, e essa coisa está na origem da imagem. Entre a coisa e a imagem, nosso juízo consegue determinar uma analogia, que mostra como a imagem está em relação de dependência para com a coisa. Essa mesma relação de dependência podemos inferir na relação entre o ser finito do homem (que pode ser experimentado sensivelmente) e o ser de Deus (ao qual podemos nos elevar através do intelecto). A analogia não nos permite afirmar a natureza de Deus, mas atesta a relação que existe entre o humano e o divino, o natural e o sobrenatural. Desse modo, pode-se estabelecer uma relação de proporcionalidade, que mostra como entre o ser de Deus e o ser das criaturas vige a mesma relação que há entre quem cria e aquilo que é criado.

Desse modo, Tomás julga poder estabelecer no plano substancial a unidade estreita entre Deus e homem, entre graça e natureza enquanto ambas as ordens devem sua perfeição ao ser, mantendo, porém, uma proporcionalidade hierárquica entre os diversos entes, culminando, assim, na realidade de Deus subsistente em si e, por isso, absolutamente perfeita.

Por um lado, daqui se pode compreender a grande liberalidade e abertura do sistema tomasiano, que reconhece a positividade estrutural de tudo que é, mas também a unidade hierárquica que ele consegue reconhecer no criado, culminando, assim, como mostra a *Summa theologiae*, num primado do saber teológico suscetível de ordenar sistematicamente os diversos graus do saber.

3. Tomás. A filosofia diante da existência de Deus: as cinco vias

O modo pelo qual Tomás aborda a questão da existência de Deus tem um valor paradigmático para nos fazer compreender o nexo que ele tentou estabelecer entre saber humano e revelação. Como se sabe, ele negou a contraposição, mas não a distinção, entre razão e fé. Ele reconhece, de fato, que as verdades representadas pela autoridade da revelação nem sempre puderam ser alcançadas pela razão, mas também sustentou, justo sobre a base da não contraposição entre razão e fé, que a razão, iluminada pelo dado da revelação, está em condições de decifrar a racionalidade íntima das verdades da revelação.

Um dos temas centrais da teologia é justamente demonstrar a existência de Deus. Ciente das provas que a filosofia havia elaborado em outros tempos, dedica-se a abordar esse ponto aplicando como de costume o esquema expositivo e argumentativo que, justo na época da Escolástica, se tornara o método universalmente utilizado, sobretudo, na universidade. Com base em textos codificados pela tradição, expunha-se antes de tudo o problema que se buscava abordar (*quaestio*), para depois entabular uma discussão do problema, com diversos interlocutores e através de teses contrapostas (*disputatio*). Na forma escrita da *summa* tomasiana, isso se traduz em artigos subdivididos habitualmente em quatro partes. As primeiras duas expõem as teses contrapostas, que podem ser sustentadas a partir da questão proposta. A terceira contém a solução que se quer dar. A quarta, enfim, mostra como essa solução está em condições de responder às dificuldades expostas no início. Como se vê, mesmo quando se lança mão de argumentos de autoridade, que apelam para a Escritura ou para os Santos Padres, o espectro global avança com um rigor demonstrativo absoluto.

Ora, como aplicar esse método a um tema tão delicado como a questão da existência de Deus sem, contudo, tornar supérflua a revelação ou sem abandonar o percurso racional? Antes de tudo, não fugindo das dificuldades ali presentes. Essas dificuldades têm uma natureza dupla. Em primeiro lugar, deve-se reconhecer que o homem não tem nenhum acesso privilegiado e imediato a Deus. Sequer dispõe de uma clara noção de Deus. Por essa razão, a via *a priori* de Anselmo não pode ser o caminho. O homem só tem acesso a Deus *a posteriori*, isto é, apenas partindo do horizonte finito dos efeitos, dos quais ele faz experiência em sua própria existência. Em segundo lugar, é preciso reconhecer abertamente os obstáculos que, a partir da experiência, existem contra uma afirmação da existência de Deus. Esses obstáculos são tradicionalmente dois: a existência de Deus compreendida como bem infinito é desmentida pela realidade do mal; os fenômenos encontram nas causas naturais uma explicação suficiente que não exige necessariamente um recurso à causalidade divina.

São cinco as vias que Tomás propõe para a solução da questão. Tomadas da tradição, elas são sempre estruturadas segundo um mesmo processo argumentativo. Parte-se da experiência buscando saber quais são as condições que se devem admitir para tornar compreensível o fenômeno descrito. Na primeira prova, o tema é o *movimento* ao qual está sujeita toda e qualquer coisa natural. Para ser explicado, um movimento requer uma causa que o tenha motivado e, se não quisermos proceder ao infinito na argumentação, é preciso supor a existência de um primeiro motor imóvel. A segunda via observa que no mundo existe uma sequência de causas e efeitos. Mas é preciso imaginar no início da *sequência causal* uma causa não causada. A terceira constata a *contingência* de todas as coisas. Mas o contingente, visto poder não ser, deve admitir a existência de um primeiro ser necessário. A quarta via afirma que a existência de diversos *graus de perfeição* no ser criado exige a existência de algo mais perfeito, ou até de maximamente perfeito, que serve de causa para as perfeições menores. Por fim, tendo reconhecido a *ordem* que concatena os fenômenos do mundo, a quinta remete a um princípio ordenador que governa o universo.

Em todos os argumentos, como se viu, se impõe o princípio de que não é possível um mero regresso ao infinito e que uma sequência de efeitos, como nos mostra a experiência, exige a recondução a uma causa primeira de ordem superior à dos próprios efeitos.

Desse modo, é possível chegar até Deus, mas o Deus atestado pelas provas ainda não tem as características do Deus cristão. A demonstração não torna supérflua a revelação, sem a qual não poderemos conhecer os nomes de Deus revelados a nós pela Escritura. Esta mostra que aquele ser supremo atestado pela fé não é incompatível com a busca racional, dando inclusive a esta última uma ordem e um suporte dos quais a razão por si mesma percebe a exigência.

Com isso, não se está negando o mal no mundo, mas há razões para crer que a infinita potência de Deus tenha permitido o mal para dele também extrair um bem. Nem sequer a causalidade natural torna supérfluo o recurso a Deus como causa suprema. Ele lança mão da causalidade natural justo porque ordenou a natureza de maneira providencial.

Como nos mostrou a exposição, mesmo que sumária, das provas, o universo tomasiano desemboca no reconhecimento de Deus como a condição de possibilidade de nossa experiência. Sem esse recurso, a experiência ficaria fragmentária e desordenada. A natureza e as leis da natureza, assim como a racionalidade, requerem, nesse sentido, a plenificação e o aperfeiçoamento que procede do divino. Sem penetrar inteiramente a natureza dele, elas tendem, porém, a ele e, guiadas pela fé, estão em condições de reconhecer a profunda racionalidade da verdade proposta pela revelação.

4. Tomás. Ética e antropologia

A formulação tomasiana, que visa assinalar a unidade profunda que permeia toda a ordem natural, pode ser percebida também, e de modo até mais evidente, na sua ética e na sua antropologia.

Ele toma posição clara contra a leitura aristotélica feita por Averróis e contra sua retomada no universo latino a cargo de Siger de Brabante. A concepção aristotélica que falava da alma como forma do corpo parecia caminhar contra a possibilidade de atribuir-lhe a imortalidade. Por isso, os árabes haviam proposto considerar a alma que é forma dos corpos como única para todos os homens e que essa alma seria uma entidade totalmente separada do corpo. A solução tinha como mérito salvaguardar a espiritualidade do intelecto e justificar o caráter universal e participável do saber, mas acabava negando tanto a imortalidade individual quanto, mais em geral, a individualidade específica de cada indivíduo em sua unidade de alma e corpo.

Tomás mantém a afirmação de que a alma é a forma do corpo, constituindo, assim, seu único princípio informador, mas, para não achatar a alma como simples princípio vivificante do corpo, lhe atribui, como ademais confirma sua função espiritual, uma capacidade que não esgota sua essência no sensível e encontra confirmação em sua sobrevivência à morte do corpo. A solução tomasiana imprime à individualidade um selo unitário e um caráter espiritual que torna toda a esfera do humano digna de respeito e capaz de espiritualidade. Para ele, o caráter biológico do humano não é jamais meramente corpóreo, pois que o corpo humano sequer teria vida se não fosse perpassado e vivificado pela alma.

Isso também repercute em sua doutrina ética modelada profundamente sob a concepção aristotélica. Como em Aristóteles, o homem aspira, por natureza, à felicidade, mas essa lei natural, em correspondência ao plano geral da filosofia de Tomás, é propriamente o modo pelo qual Deus nos faz partícipes de sua lei eterna. Seguir as inclinações da natureza é, em última análise, obedecer à lei de Deus. Com isso, não se está compreendendo que seria necessário seguir os impulsos sensíveis, os quais, sem o comando de nossa natureza racional, acabariam produzindo consequências não naturais. Corresponder ao dinamismo íntimo e superabundante, que tende ao bem, e que orienta a natureza é corresponder ao plano geral de Deus. Querendo esse plano, o homem sempre estará guiado pela busca do bem. Mas acontece que, às vezes, o homem dá prevalência a bens singulares em detrimento de bens mais universais. Fazendo isso, ele continua, é bem verdade, a corresponder a um plano divino, porém sem conseguir conformar-se material e inteiramente a ele. A ética educa o livre-arbítrio do homem a alcançar a liberdade plena, que é igualmente racionalidade plena e correspondência à sua natureza mais profunda.

Radicalizações

1. Paixão argumentativa

Segundo certa historiografia, a filosofia medieval, depois da síntese unitária feita por Tomás, logo iria tomar um percurso de dissolução desse equilíbrio adquirido. Mas na verdade as coisas são um tanto mais complexas, uma vez que os novos desdobramentos, em particular nas formulações de Duns Scotus, nada mais seriam, pelo menos nas intenções, do que um exercício radical daquilo que fora precisamente a intenção de Tomás. Como vimos, ele afirmava que a tradição teológica cristã alcançara uma tal consistência que poderia fazer frente a um pensamento filosófico desenvolvido fora da revelação e, assim, poder intervir nesse não pela autoridade mas sim baseado na argumentação puramente racional. O primado da teologia, e, portanto, também o primado do dado revelado, com isso jamais foi colocado em discussão, mas vigia uma convicção íntima de que, em última instância, subsistisse uma concordância entre os resultados do procedimento racional e os deduzidos da palavra revelada.

A medievalidade pós-tomasiana caminha nessa direção, exercitando a razão com extrema radicalidade e segurança. Pode-se dizer também que, se a grande tradição da metafísica clássica chegou até nós e a filosofia não se restringiu a um espaço de meditação espiritual privada, isso se deve precisamente aos pensadores medievais em seu conjunto, incluindo os filósofos judeus e árabes. Quando nos aproximamos de suas obras, vemos a liberdade e inclusive a desenvoltura com que tratam, pela via puramente racional, as questões que vão abordando pouco a pouco, sem retroceder diante de nenhum tema. Dão prova, assim, de uma sutileza lógica e argumentativa que poderia despertar a inveja inclusive dos lógicos modernos da filosofia analítica. Por outro lado, para a medievalidade latina, sua segurança provém da solidez do horizonte teológico dentro do qual operam, na esteira do ensinamento tomasiano, convencidos de não haver contradição, mas antes integração, entre os dados da fé e os da razão. E o interesse aumenta pelo fato de que as sutilezas argumentativas se dão sobre um material denso que vai desde os conteúdos dogmáticos até as expectativas pessoais de salvação.

É precisamente essa desenvoltura no uso do instrumento racional que os leva a enfrentar novos temas (como os da individualidade, da liberdade e da experiência), que na síntese de Tomás permaneceram de certo modo à margem, pois estava preocupada prevalentemente em fazer valer a força inclusiva da síntese teológica cristã.

2. Duns Scotus. Filosofia e teologia

Tomás reivindicara uma maturidade da novidade cristã de modo a fazer nascer uma teologia como saber que supera inclusive o puro saber natural da filosofia; Duns Scotus[1] tem tamanha consciência da riqueza mesmo teórica que consegue identificar *sic et simpliciter* no pensamento teológico o lugar de expressão de tal novidade. A revelação abriu ao pensamento perspectivas absolutamente novas, as quais, provenientes de Deus, estão sob a competência da teologia e não da filosofia, que realmente não conseguiu pensá-las. Deus, compreendido como liberdade e amor, e o homem, tomado em sua finitude e em sua fraqueza de pecador, são razões inalcançáveis no plano puramente filosófico, e, por isso, os antigos, embora grandiosos, não conseguiram pensar essas realidades. Só se tornaram objeto de pensamento através da via teológica. É nisso que reside o *primado* absoluto e a independência *da teologia*. Uma vez alcançadas essas realidades, abre-se também para a razão natural uma direção que não lhe é estranha, mas que lhe estava fechada por causa do pecado. Ela, de fato, está em condições de compreender, e em certo modo também de confirmar, aquilo que lhe foi aberto pela revelação, demonstran-

---

1. João Duns Scotus nasceu em 1266 (segundo alguns, em 1274) na Escócia, de onde vem seu apelido de Scotus. Estudou em Oxford, Paris e Colônia, onde morreu no ano de 1308. Chamado de *doctor subtilis*, por causa de sua excepcional capacidade dialética, pertencia à ordem franciscana, que teve um florescimento extraordinário na Inglaterra no campo filosófico, teológico e político, inaugurando uma forte tradição empirista presente até os dias de hoje. Scotus irá se tornar o filósofo e teólogo oficial da escola franciscana, e a Igreja acabou reconhecendo o valor de sua doutrina. Sua maior obra é o *Comentário às sentenças*. No ano de 1993 foi beatificado por João Paulo II.

do pela via puramente racional que aquelas noções são algo possível e que não há para ela necessidade alguma de fechar-se a elas.

Assim, a relação entre filosofia e teologia ganha uma nova estruturação. A teologia tem em si os próprios princípios, *e mesmo assim pode tocar a filosofia para mostrar por um caminho puramente natural que suas verdades são possíveis*, ou pelo menos não contradizem a razão. Mas, por outro lado, a teologia está em condições de libertar os filósofos de seus erros mais graves, como o naturalismo e o determinismo, erros que se tornam inevitáveis através da pura razão natural. Quem se apoia exclusivamente na natureza não poderá descobrir nada a não ser sequências causais necessárias. Sequer poderá perceber a presença de Deus, como no-la fez compreender a revelação (um Deus que é amor e liberdade), nem a contingência radical de tudo que é finito (que, ao contrário, é tratado como parte necessária de uma engrenagem que se repete indefinidamente como é propriamente a natureza). Por outro lado, *a teologia se distingue da filosofia também pelo fato de ser um saber prático e não teórico*. Para a teologia, de fato, o essencial não é saber, mas sim alcançar a salvação. Aquilo que ela nos dá a conhecer não se finda num conhecimento abstrato, mas na busca por nos mostrar o caminho para uma salvação efetiva e concreta.

Para ilustrar a relação entre filosofia e teologia que já delineamos, talvez seja útil citar o modo como Duns Scotus desenvolve um tema central de toda teologia: o das provas da existência de Deus. Em primeiro lugar, ele refuta a prova *a priori* de Anselmo. Para sustentá-la, deveríamos de fato ter um conhecimento natural de Deus. Não podemos superar a falta de evidência da existência de Deus senão *a posteriori*, saindo dos efeitos por ele produzidos, como sustentava Tomás. Aqui, a metafísica, vindo em nosso auxílio, nos leva argumentativamente a demonstrar que se deve admitir um ser primeiro como condição necessária para explicar a possibilidade de que exista qualquer coisa. Mas esse ser primeiro não é o Deus do qual nos fala a teologia. E, todavia, nesse ponto, o conceito de Deus, que antes não era plenamente evidente, encontra uma justificação, de modo que se torna possível retomar de modo reformulado o argumento anselmiano e mostrar que à ideia de Deus pertence, sem contradição, a possibilidade de ser pensada como aquilo de que nada de maior se pode pensar. O caminho se abriu de tal modo para esta última passagem, a propriamente teológica, que, a partir da revelação nos permite ver que a infinitude pertence a Deus e a ele somente. Com razões filosóficas necessárias, mostra-se, para retomar uma expressão de Gilson, que a verdade revelada é possível.

3. Duns Scotus. Univocidade do ser e insondabilidade da essência: a infinitude de Deus e a individualidade do particular

Poderemos retomar o desenvolvimento das provas da existência de Deus observando que só através da teologia chegaremos à essência de Deus como infinito, mesmo que com a razão natural já cheguemos a acolher seu ser. Essa formulação pode gerar perplexidade, porque fala de essência e de ser como de duas coisas distintas. E, todavia, ela é ao mesmo tempo exata, em relação a Duns Scotus, e capaz de introduzir-nos em um capítulo novo e fascinante.

Basta lembrar que, em sua reforma do aristotelismo, Tomás elaborara uma noção totalmente específica, a de ato e ser. Com ela, ele queria significar que a essência subsiste efetiva e plenamente apenas através daquele ato pelo qual ela existe. No ser está, pois, a perfeição da coisa. A necessidade de distinguir entre Criador e criatura levou-o a diferenciar entre um ser em sua plenitude, como Deus, e um ser por participação, como o das criaturas. Duns Scotus afirma que por essa via pode-se estar tomando um caminho perigoso, porque se estaria recorrendo a uma semelhança entre Criador e criaturas, que destrói a diferença radical ou torna vaga e imprecisa a relação entre ele e elas. Ele escolhe com determinação o caminho da *univocidade do ser*, ou seja, afirma que, *quando dizemos ser, estamos sempre dizendo a mesma coisa, qualquer que seja o objeto a que nos refiramos*. E é justo por essa via que se justifica e se compreende o que se disse a respeito das provas da existência de Deus.

Para evitar de incorrer numa substancial identidade entre Deus e o homem, é necessário logo esclarecer que com o termo *ser* se está fazendo referência a uma noção comum e indeterminada, que, como tal, não está em condições de nos fazer compreender o ser próprio da coisa a que ela se aplica. Ademais, como já se notou, *esse*, em latim, é um verbo e não um substantivo, nem um sujeito. O predicado do ser, quer seja singular quer seja plural, quer sensível quer inteligível, quer finito quer infinito, o *esse* não nos dirá. Ele nos conduz até este predicado, como faz regularmente a filosofia, mas nos incapacita de penetrar a essência dele.

A teologia, que aqui significa a novidade do pensamento que teve início com a revelação cristã, nos permite muito mais. Ela nos permite dizer que o modo de ser é infinito. Observe-se que com isso não se quer dizer que Deus seja um ser ao qual, como atributo, se acrescenta a infinitude. Ao contrário, foi descoberto um modo de ser totalmente específico e até então ignorado por parte da filosofia: o *infinito*.

Mas ele nos diz também alguma coisa sobre as criaturas? Ele nos diz que elas são entes particulares que não têm o caráter da necessidade. Portanto, são *contingentes*. Se o *esse* dessas individualidades, como também o *esse* de Deus, nos é perfeitamente compreensível através do princípio da univocidade, a essência da individualidade continua sendo inacessível a uma razão como a nossa, que surge após a queda do pecado original, no qual o sensível e o inteligível dão lugar a duas ordens já quase divergentes. Vemos o singular, reconhecemos que ele é o que é porque é assim como é, ou percebemos que há alguma coisa que o individua e o constitui em seu ser nesse modo específico da contingência e da individualidade, mas o íntimo da individualidade se esvai, restando uma impenetrabilidade insondável. Duns Scotus e, sobretudo, seus seguidores indicam isso com o nome de *hecceidade*, do latim *haecceitas*, que poderia ser traduzido com "estidade". Aqui não se aplica a explicação tomista, ainda muito racionalista, que atribui a individualidade à determinação material específica da coisa, portanto ao fato de que a forma homem se individua através de uma corporeidade determinada. *A individualidade é um princípio positivo* e que, como modalidade do ser, insere o indivíduo em seu conjunto.

Como deixa claro o título desta parte, à primeira vista, aliás, crítico — admito —, a univocidade do ser, contraposta à analogia tomasiana, delineia um universo ontológico bem mais homogêneo, mas exclui a possibilidade de penetrar pela pura razão na essência última de Deus e da individualidade finita. Para Deus, a teologia, nascida da revelação nos fornece a noção positiva, totalmente nova nessa forma, de infinito; quanto à individualidade, inefável em sua especificidade e contingência, resta a possibilidade de indicá-la deiticamente, chamando-a de hecceidade. O particular e o individual tornam-se, assim, um tema que foi restituído à filosofia, uma questão que contém tanto fascínio e riqueza quanto a da infinitude, com a qual a teologia assinala a individualidade de Deus. É propriamente a univocidade do ser, que parecia poder achatar as diferenças, que nos permite entrever diferenças profundíssimas, colocando a infinitude de Deus e a particularidade do indivíduo nos extremos opostos de uma linha que, porém, de qualquer modo se torna uma confirmação de uma insondabilidade essencial.

4. Duns Scotus. Liberdade, vontade, contingência

Como se vê, estamos diante de uma teologia que abre perspectivas extraordinárias para a filosofia, mas não tendo, enquanto tal, a intenção de inaugurar novas verdades filosóficas. É justo em virtude da matriz cristã, porém, que irão irromper conceitos como o de um Deus infinito e de sua liberdade de agir com uma escolha que não tem modelos pré-constituídos ou outros, como os da individualidade e da contingência do finito. É com o plano de fundo dessas novidades que se fala de voluntarismo de Duns Scotus, quase que obrigando a sustentar que não há possibilidade de reconhecer uma racionalidade do agir divino senão a partir de um ato de fé que considera o que ele defendeu como racional. O mesmo poderíamos dizer sobre as leis morais, as quais não teriam outra justificação a não ser o fato de que Deus as tenha estabelecido.

Trata-se de afirmações forçadas que não têm fundamento adequado em Duns Scotus, para o qual uma harmonia entre ordem da razão e ordem da vontade está fora de dúvida. O que ele queria defender, abrindo um caminho que será retomado diversas vezes na história da filosofia, é que à vontade (e à vontade de Deus) pertence um primado de dignidade, uma vez que a vontade é expressão da liberdade. Deus é liberdade e cria com liberdade. Se não fosse assim, o que ele criou seria necessário, como os filósofos tendem a pensar com base em uma razão puramente natural, quando, ao contrário disso, como é fácil de constatar, é contingente. *A vontade tem, pois, um primado sobre o intelecto*, pois é graças à vontade que aquilo prospectado pelo intelecto adota uma determinação específica. Se tudo fosse segundo as leis do intelecto, não sairíamos daquele *ser comum* que nos é congenial, porque é aquele ser indeterminado que é comum a tudo. É por um ato superabundante e criativo de liberdade que o *esse* adota uma determinação concreta e de certo modo insondável. Se o homem não houvesse pecado, as leis gerais do intelecto e as determinações concretas da liberdade divina nos seriam acessíveis conjuntamente. No estado de natureza decaída, elas delineiam dois percursos que podem se coligar, mas que não têm mais uma pertença comum. De um lado, a determinação comum do universal, que a filosofia consegue recolher; do outro, uma revelação elucidada pela teologia, mostrando como a liberdade de Deus foi um ato de amor criativo. Mas a unidade dos dois percursos, como também a unidade entre intelecto e vontade, já não pode ser pressuposta.

5. Guilherme de Ockham. A simplicidade da experiência

Se Tomás elaborara sua teologia em forma de uma *summa*, dando, assim, expressão à tentativa fundamental de integração que guiava seu pensamento, Ockham caminha numa direção inversa. É precisamente a estabilidade do cristianismo, já praticamente solidificada, cuja dignidade cultural ninguém mais ousa colocar em dúvida, que lhe permite uma empreitada completamente renovada. Trata-se, pois, não de reivindicar a racionalidade também dos conteúdos da revelação, mas sim, na esteira de tudo que já encaminhara Scotus, de explorar a sua especificidade. Ademais, se houvesse correspondência entre racionalidade e revelação, não se acabaria tendo de admitir que a revelação é supérflua?

Através dessa reivindicação, a via ockhamiana[2] passa por uma simplificação programática do plano teórico transmitido pela tradição escolástica. O famoso princípio de economia (a chamada *navalha de Ockham*) diz: *"Frustra fit per plura quod potest fieri per pauciora"*. Tomada livremente, essa expressão afirma que não se devem multiplicar inutilmente os termos de mediação de um processo cognitivo ou argumentativo: a solução mais simples é sempre preferível. Aplicado à multidão de questões que havia fatigado a teologia escolástica, esse simples critério tem consequências radicais. Ockham, a quem no mais devemos análises refinadíssimas no plano da lógica, vai simplificando, assim, áreas inteiras do pensamento.

Vamos dar alguns exemplos. A partir de Tomás, mas na realidade seguindo as pegadas do espectro metafísico clássico, os debates concentravam-se sobre a questão do conhecimento, introduzindo entre a percepção do fato singular e o juízo uma série de termos intermediários e diferentes nas diversas filosofias. Platão fazia referência às ideias, Aristóteles convidava para a busca da substância, Tomás, na esteira de Aristóteles, supunha uma capacidade de abstração da parte daquele que conhece. Não seria muito mais simples admitir que o *primum notum* é a realidade individual que é objeto de percepção e que isso se dá mediante um ato de conhecimento intuitivo? Desse modo, porém, entra na filosofia uma *referência decisiva à experiência como fundamento do conhecimento*. Esse empirismo, que vai marcar de modo duradouro a tradição anglo-saxã, traz consigo, de novo dentro do espírito de Scotus, a valorização do elemento individual, neste caso, porém, livre de qualquer forma de inefabilidade. A experiência, em sua individualidade, frescor, simplicidade, é concomitantemente a origem do conhecimento e o critério pelo qual se deve fazer referência ao fazer um juízo.

---

2. Guilherme, chamado de *doctor invincibilis* (1290-1348), também era inglês e franciscano. Estudou em Oxford, mas não pôde exercer a sua atividade por causa de seu pensamento político. Foi recebido como frade na Baviera, onde morreu, na corte do imperador Ludovico, o Bávaro, que via na reivindicação do caráter puramente espiritual da fé, sustentada pelos franciscanos, um vigoroso aliado da causa imperial. Dentre suas obras, recordemos *Summa totius logicae*, *Philosophia naturalis*.

Por esse caminho, desembaraçamo-nos também de outra questão, que sob o nome de disputa a respeito dos universais, era objeto de disputa dos medievais já desde havia muito. Também aqui, por que lançar mão da mediação de um universal, ou de uma espécie onde se chega partindo da experiência singular, e supor ainda que esse universal tenha em si uma realidade e seja uma forma com base na qual Deus teria criado as individualidades singulares? É claro que se deve reconhecer que necessitamos de alguma universalidade, do contrário não conseguiríamos ligar entre si as individualidades e não estaríamos em condições, por exemplo, de dizer que tanto Sócrates quanto Platão são homens e são filósofos. Mas nem por isso é necessário admitir um "homem" universal existente em si e muito menos um "filósofo" universal. Basta afirmar que, na linguagem, damos vida a termos que se prestam para dar vida a uma multiplicidade de entes. Partimos do conhecimento imediato do fenômeno singular e por *suppositio*, seguindo uma teoria lógica já anunciada por Pedro Hispano (atuante no século XIII), aplicamos um termo como sinal, para unificar uma multiplicidade. Enfim, o universal não é uma realidade, mas sim um sinal que consegue fazer as vezes (daqui o termo *suppositio*) de uma multiplicidade de individualidades singulares. O nome "homem" é usado em lugar de uma repetição de realidades individuais singulares (Sócrates, Platão, Aristóteles etc.), que se consideram unificáveis com base em determinados aspectos empíricos que lhe são comuns (nesse caso, todos parecem seres dotados de corpo e de inteligência, que nasceram e são mortais).

Pode-se discutir, e os intérpretes o fizeram, se essa posição representa um nominalismo radical, segundo o qual os universais nada mais são que um *flatus vocis*, ou seja, uma simples emissão sonora, ou um *conceitualismo*, uma doutrina, já antecipada por Abelardo, que reconhece ao universal certa realidade, mas apenas mental. O certo é que, mesmo no espírito da teoria da *suppositio*, o universal tem um caráter puramente funcional, ou seja, presta-se à argumentação, mesmo que seja apenas com o fim de simplificar-lhe o procedimento, que, do contrário, deveria ser repetido infinitas vezes, sempre referindo-se de forma exclusiva a entes individuais.

6. Guilherme de Ockham. Teologia e política

Guiados por esse fio condutor, fica mais fácil compreendermos a marca que Ockham imprime à teologia, que é considerada segundo sua dependência da revelação. Já não se tem a exigência de sublinhar a racionalidade de seus conteúdos. Esse caminho pode ser escusável para os pensadores não cristãos, que, sem a sustentação da revelação, de algum modo buscam acesso ao divino. Mas para aquele que crê, apoiado pela revelação, há um acesso mais direto e simples. Aquilo em que se crê é crido porque foi revelado. E Deus fez o que fez não obrigado por uma norma, mas pela simples razão de ter querido isso ou por uma decisão de sua liberdade e de seu amor.

O *voluntarismo* de Ockham deve ser compreendido em sentido forte. Ele contém um reconhecimento que atribui um primado absoluto à liberdade, concebida primariamente como liberdade de indiferença, ou seja, como capacidade de decidir sem nenhum vínculo externo. O que Deus quis foi o bem, e o bem é tal pelo simples motivo de que Deus o quis. Quanto ao mais, mesmo do ponto de vista moral, decisiva é a vontade. Não basta o conteúdo de um ato para determinar a bondade; o que define em última instância a bondade ou a maldade do ato é o querer. Ora, uma vontade boa, como a de Deus, quer o bem. Nem por isso ela deixa de ser livre, porque, mesmo sendo contraditório pensar que ele queira o mal, poderia não ter querido. A criação é um ato de vontade que fez o bem ser.

A partir daqui, pode-se compreender a razão por que Ockham abandona a questão clássica da demonstração da existência de Deus. Por um lado, na presença do fato da revelação, esse tema mostra ser supérfluo; por outro, não se pode deduzir do finito o infinito, visto que a criatura foi criada por Deus por um ato de liberdade, que como tal é insondável, porque tem em si e apenas em si a explicação própria. A única prova que Ockham aduz diz respeito não à criação mas sim à manutenção do ser daquilo que foi criado. Não se pode justificar, pois, que o mundo continue a existir sem uma vontade que a cada instante conserve o ser daquilo que é finito e, por isso, por definição, não tem em si a explicação do próprio ser. O caminho a ser seguido, então, não é sair de causa em causa até alcançar um primeiro motor, que continuaria podendo ser procurado no âmbito das causas finitas, mas sim mostrar que aquilo que não é livre para autodeterminar-se até o ponto de dar a si mesmo a existência depende de uma liberdade absoluta que o mantém no ser. Que esse Deus filosófico coincida com o Deus cristão, isso já é uma outra questão, visto que, como sabemos, para Ockham a razão não consegue alcançar por si só aquilo que a Escritura nos ensina sobre Deus.

Nesses posicionamentos, que foram adotados ainda dentro de uma sociedade solidamente cristã, podemos ver vislumbres que surgiram com consequências bem diferentes nos autores sucessivos. Sem a desintegração do edifício conceitual da Escolástica, não seria possível compreender de fato as posições que irá assumir a Reforma Protestante com seu acento do primado da fé ou a exigência cartesiana de encontrar um princípio novo e certo sobre o qual se deveria edificar o saber (sobre os traços da nova consciência que provêm do primado da vontade).

De tudo isso, podem-se ver também traços na doutrina política de Ockham, o qual, fiel aos princípios espirituais caros à ordem franciscana e ao seu geral, Miguel de Cesena, e em polêmica com o papado de Avignon, nega ao papa a *plenitudo potestatis* e, portanto, também a faculdade de confirmar a investidura do poder civil. Não compete à Igreja ser um poder, e assim, no terreno político, ela deve deixar o primado ao imperador. Ademais, o *Defensor pacis*, do ano de 1324, de Marsílio de Pádua, chegou a reivindicar a todo o povo, e não somente ao soberano, a função legislativa.

Aqui, junto com o conflito entre Igreja e império, começam a se agitar toda uma série de questões que terão uma influência profunda. Dentro da Igreja, a alternativa que se abriu foi entre curialistas e conciliaristas, e Ockham toma o partido do conciliarismo, ou seja, de um exercício colegial do serviço eclesial. Fora da Igreja, no plano do Estado, começam a surgir reinvindicações de igualdade dos cidadãos, sem distinguir entre clérigos e leigos e na base de uma concepção da lei desvinculada de princípios transcendentes. Junto com isso, se torna explícito um forte ideal de paz, que colocaria fim aos conflitos da época, apoiado sobre o reconhecimento dos direitos naturais invioláveis que, como dirá Ockham, pertencem a toda e qualquer pessoa humana.

O moderno na forma do antigo

1. Renascimento e Reforma Protestante

Não é pelo caminho da filosofia que se anuncia o moderno — e talvez Hegel tivesse em mente algo desse tipo quando afirmava que a filosofia se eleva e toma forma no crepúsculo, no final do dia —, mas graças a movimentos culturais e espirituais que têm seu epicentro na arte, como o Renascimento, ou na religião, como a Reforma Protestante. É só mais tarde, a partir de Descartes, que a filosofia irá tornar-se o lugar onde o moderno toma consciência da própria novidade. E, do ponto de vista dos conteúdos, essa novidade já estava presente havia muito tempo, desde a Idade Média, mas, como vimos em Duns Scotus e Ockham, ela tinha sido formulada permanecendo dentro de uma forma cultural, paradigmaticamente representada na Escolástica, que surgira com o propósito de dar unidade em forma de inclusão a todo o universo cultural de uma época. No cume desse universo estava para o Ocidente a revelação cristã.

Como já asseveramos, elementos de desintegração desse horizonte compacto se tornaram ativos através da abordagem de temas realmente novos: a individualidade, a diferença entre finitude e infinitude, o primado da vontade, a importância da liberdade como liberdade de indiferença, o recurso à experiência, a desagregação do ordenamento político vigente. Mas tudo isso acontecia dentro do esquema formal que a tradição transmitira e não significava uma vontade explícita de renegar tudo isso. Quando muito, tratava-se de dar uma radicalidade maior a elementos ali contidos.

Renascimento e Reforma procedem de maneira diversa. Fazem-no através de um deslocamento de uma perspectiva prenhe de consequências. Os novos conteúdos, prenúncios do moderno, que se mostram nesses movimentos — como por exemplo a centralidade e dignidade do homem ou a liberdade do indivíduo crente — já não aparecem como um desdobramento e radicalização do sistema cultural marcado pela tradição. Não é por acaso que o período medieval é qualificado depreciativamente como Idade Média, "idade do meio", como intervalo obscuro da história. E, no entanto, a novidade revolucionária desse desenvolvimento se exprime numa modalidade que não é, pois, aquela que irá adotar o moderno. Ela vai assumir, antes, a forma do retorno ao antigo, às origens, sejam as da antiguidade clássica, como foi para o Renascimento, ou como as da Escritura e da comunidade cristã das origens, para a Reforma.

Como se anuncia no título, estamos diante de conteúdos modernos conquistados, porém, através da forma de um retorno às fontes, ao antigo. O que se nos apresenta é, pois, um moderno que, para usar a linguagem hegeliana, não tem ciência de si ou que recorre a modelos históricos precedentes, em vez de fazer prevalecer antes de tudo a novidade e a interrupção da tradição. Ademais, não é um moderno conquistado pela via filosófica.

Essa fórmula parece poder respeitar, e inclusive justificar, as interpretações opostas que fizeram do Renascimento uma antecipação do moderno, sustentando pelo menos na formulação irônica que deu a si, de que

o Renascimento é o companheiro do individualismo, o despertar do desejo de beleza, o triunfo da mundanidade e da alegria, a conquista da realidade terrena por parte do espírito, o renascimento da alegria pagã de viver, a época na qual a personalidade conquista a consciência de si mesma e de suas relações naturais com o mundo.

Nessa citação de caráter caricatural, como se diz, Johan Huizinga retoma a tese de outro grande historiador do Renascimento, Jakob Burkhardt, para mostrar como uma tal compreensão do Renascimento o torna audaciosamente em precursor do moderno, desconsiderando quantos desses aspectos já estavam presentes na Idade Média. Sem procurar estabelecer uma conciliação simplória, pode-se observar que, quanto à Idade Média, o Renascimento introduz uma mudança de paradigma que diz respeito não apenas a conteúdos (parcialmente, mesmo que não inteiramente novos), mas também à utilização de um modelo clássico como chave para acentuar a própria descontinuidade do passado. E, quanto ao moderno, apesar da coincidência parcial de conteúdos, resta uma diferença insuperável justo no recurso à antiguidade clássica como referência normativa.

É precisamente aqui que se encontra uma analogia também com a Reforma. Não tanto porque se podem encontrar ali elementos de conteúdo comum (o que, de fato, acontece inicialmente, mas que aos poucos vai decaindo), mas porque, mesmo junto aos reformadores, as antecipações passíveis de serem adotadas no moderno foram conquistadas através de uma referência a um modelo normativo que tem seu paradigma na Escritura e no cristianismo das origens. Assim, Renascimento e Reforma antecipam, ambos, o moderno e, com base em motivações distintas, buscam diferenciar-se da Idade Média, mas fazem-no com uma forma que não é a que irá adotar o moderno.

Poderíamos acrescentar ainda que, em seu núcleo, as experiências do Renascimento e da Reforma tiveram uma duração breve, mesmo que as consequências culturais e religiosas que dali derivaram tenham relevância e atualidades permanentes, justo porque se tornaram elementos cujo conteúdo constitui aquele moderno no qual ainda nos encontramos. Os dois modelos se confrontaram por longo tempo em suas críticas, com base em esquemas opostos da continuidade ou da descontinuidade desses movimentos em relação à tradição, tornando-se, assim, como se disse, obsoletos. Ambos os aspectos se fazem ali presentes. A descontinuidade dos conteúdos ainda não é pensada na forma de uma ruptura explícita e ciente com relação a toda a tradição, mas apenas nos modelos em que havia sido adotada na Idade Média.

2. O homem do Renascimento

A célula germinal do Renascimento foi o Humanismo, um fenômeno cultural que, surgido em Florença no século XIV, teve grande difusão na Itália do século XV, mesmo que com certo retardo temporal, e se estendeu por toda a Europa. O homem, como sugere o termo *"Humanismo"*, adquire novo destaque, mostrando-se como um microcosmo onde se espelha a natureza. É a capacidade do homem de plasmar à sua imagem tanto sua própria vida quanto o próprio mundo circundante o que está no centro dos interesses da cultura humanista e, depois, do Renascimento. Consequentemente, arte, política e conhecimento da natureza vão adquirir um novo destaque.

Na arte — Florença e também Roma vão servir de exemplos admiráveis para tanto — o homem coloca à prova sua própria criatividade, abandonando os modelos medievais, dando início àquela *modalidade de uma perspectiva central*, que é característica tanto das pinturas quanto da arquitetura da época. Essa perspectiva vai servir de padrão para todo o cenário, conduzindo inevitavelmente ao abandono dos cânones medievais, nos quais, como nos confirma o gótico, o essencial da pintura e também da arquitetura está de certo modo fora da obra, é um mistério que a transcende e ao qual ela faz alusão. Em relação a isso, basta pensar no ouro, nas pinturas que aludem ao céu ou no elevar-se misterioso das colunas que indicam o movimento da penumbra à transcendência. A perspectiva central não é apenas um sinal da capacidade do homem, aqui enquanto artista, de ordenar e mensurar o mundo circundante, mas é também expressão de uma rotação profunda do sentido de religiosidade. A representação pictórica continua tendo conteúdos religiosos, mas estes, em vez de serem o ponto de partida para uma fruição simbólica ou alegórica, ou de indicar uma transcendência, colocam o espectador diante do evento representado, o implicam, transformando-o em testemunha e em certo sentido convidam-no, ele próprio, a agir. Um profundo sentido religioso perpassa o Humanismo e o Renascimento, mas o destaque se desloca de um divino transcendente e inacessível para um *divino imanente, que está no mundo e no homem*.

Leon Battista Alberti (1404-1472), arquiteto, matemático, filólogo, filósofo, seguindo o modelo polivalente de erudito exemplar da época, vai escrever que o homem "nasceu não para ficar deitado apodrecendo, mas sim para ficar em pé agindo". Esse convite a agir, a plasmar a realidade circundante, encaminha-se agora para um sentido da política, que, estimulada pelo florescimento das realidades comunais e depois na sua transformação em senhorias, coloca o cidadão no centro de uma ação que, com base em princípios que lhe são próprios, irá ser considerada, progressivamente, obra daqueles que ali participam. Do mesmo modo, a natureza e o saber a respeito da natureza recobram interesse, dando origem a um saber científico *iuxta propria principia*, no qual o interesse pela experiência assume um novo patamar.

Todos esses motivos — e outros ainda, como o amor à literatura antiga, um novo método filológico de enfrentar os clássicos, a valorização da personalidade singular do indivíduo — constituem uma fusão vivíssima de inovações, estabelecendo concretamente a base para os conteúdos dos quais, logo, o moderno se tornará conscientemente portador.

No plano filosófico, assistimos a um renascimento repentino do platonismo e do neoplatonismo, depois dos séculos nos quais Aristóteles havia se tornado o mestre dos que sabem. É à religiosidade dessas filosofias, uma religiosidade que como sabemos não é de matriz cristã, que se vai retornar, num sonho de renovação da cultura clássica, da qual se percebem traços inclusive no utópico nome de Renascimento.

Podemos considerar as palavras de Giovanni Pico della Mirandola como o manifesto filosófico desse tempo[1]. Registradas num discurso votado à dignidade do homem e escritas como preparação de um congresso de eruditos, que deveria ser expressão desses novos direcionamentos, são talvez a mais célebre e mais eficaz formulação dos ideais humanistas. Vamos mencionar aqui algumas linhas: "O Criador concebeu o homem como obra de natureza indefinida e, tendo-o colocado no coração do mundo, lhe disse assim: 'Adão, não te dei nenhum lugar determinado, nem um aspecto propriamente teu, nem uma prerrogativa, para que obtenhas e conserves aquele lugar, aquele aspecto, aquelas prerrogativas que desejares, tudo, portanto, segundo tua vontade e teu conselho. Não constrangido por nenhuma barreira, tu as determinarás segundo teu arbítrio, à cuja potestade te destinei. Postei-te no centro do mundo para que, dali, pudesses ver tudo aquilo que está no mundo. Não te fiz celeste nem terreno, nem mortal nem imortal, para que, livre e soberano, plasmasses a ti mesmo e te esculpisses na forma que previamente escolhesses. Poderás degenerar nas coisas inferiores, que são selvagens; tu poderás regenerar-te segundo teu querer nas coisas superiores, que são divinas'".

A figura filosófica mais relevante do Renascimento é a de Nicolau Krebs, chamado de Nicolau de Cusa, do nome da cidade de Cues, na Mosela, onde nascera[2]. Em originalidade, porém, ela ultrapassa os limites de uma tal inclusão. Muito embora nutrida de orientações típicas da época — como o recurso à cultura clássica e helenista, a inspiração platônica fundamental e o próprio cuidado pela centralidade do homem, assim como a percepção aguda do fim do universo científico de cunho ptolomaico —, sua filosofia contém elemen-

---

1. Giovanni Pico della Mirandola (1463-1494), cujo programa filosófico visava promover o acordo entre platonismo e aristotelismo, junto com Marsílio Ficino (1433-1499), foi membro da chamada Academia Platônica Florentina, votada a renovar a união entre filosofia e religião. Entre outras coisas, deve-se a Marsílio a tradução dos *Diálogos* de Platão e das *Enéadas* de Plotino.

2. Nicolau de Cusa (1401-1450) era formado em diversas matrizes culturais: Ockham, Alberto Magno, a tradição platônica e neoplatônica. Nele a cultura clássica, a alemã de cunho medieval e o humanismo italiano unificaram-se sobre o pano de fundo de um platonismo fundamental. Foi bispo de Bressanone e vigário-geral do Estado Pontifício; no Concílio de Basileia de 1432, defende a superioridade do concílio sobre o papa. Dentre suas obras, recorde-se *De docta ignorantia, De coniecturis, Idiota, De pace fidei*.

tos de maior complexidade que seria injusto não assinalar. Por muitos aspectos, dentre os quais a intenção sistemática, seu projeto ainda tem o caráter medieval, antes de ser humanista, e é o tema central de seu pensamento, que busca encontrar um caminho adequado para exprimir a relação entre o finito do homem e o infinito de Deus. Ao mesmo tempo que busca conciliar o salto que existe entre finito e infinito — um salto que de modo algum pode ser superado — e a implicação que não obstante subiste entre um e outro, sua solução tem um valor paradigmático, que é retomado também pela filosofia contemporânea. A *douta ignorância*, da qual ele fala, é de fato uma via gnosiológica para primar por uma metafísica, baseada numa consciência moderníssima de que os dois planos não conseguem alcançar uma correspondência plena. A ideia de Cusa é que, não obstante isso, é possível pensar a unidade através da via conjectural, com um procedimento que não elimina o abismo entre infinito e finito, mas nos permite compreender o entrelaçamento que os une no plano ontológico.

A matemática poderá nos fornecer uma ilustração disso: todos os conceitos levados a seus limites acabam coincidindo. Basta pensarmos num círculo e em seus elementos: circunferências, cordas, raios. Numa representação finita, cada elemento é distinto do outro. No finito prevalece a diferença. Mas, se se estendesse ao infinito aquele círculo e com ele também os seus elementos, tudo acabaria coincidindo. No infinito tudo coincide. Não só isso: aquele círculo infinito poderia ser considerado o maior círculo possível, mas, sendo, pois, infinito e não passível de nenhuma comparação, também seria o menor. Em suma, os próprios opostos coincidiriam. A douta ignorância é justamente esse saber que se aproxima perspectivamente de uma compreensão do infinito. Com um ganho duplo, sem poder circunscrever o infinito, obteve-se uma intuição, como no ponto em que os opostos são coimplicados e coincidem; mas se conquistou também uma perspectiva diferente sobre o finito, que, se permite legitimamente ser descrito em termos de diferença (um raio não é uma circunferência), mesmo assim pode ser compreendido mais profundamente apenas se se toma consciência de que cada realidade singular nada mais é que uma particularização ou explicação daquela única figura na qual tudo, no infinito, coincide.

Antecipando um pouco nossa abordagem, pode-se observar que no tema de Cusa da conjectura e em sua perspectiva da douta ignorância estão contidos prenúncios que irão frutificar plenamente na hermenêutica contemporânea. No momento oportuno teremos chance de retomá-los.

3. O cristão da Reforma

É evidentemente impossível seguir em detalhes aqui um movimento tão complexo e as consequências tão duradouras e amplas como a Reforma, nem adentrar nos conteúdos teológicos doutrinais e nas consequências eclesiais e culturais que dali derivam. Inscrito num relato do pensamento filosófico, o que se deve evidenciar é antes o espírito cultural que veio a se impor com a Reforma e o significado que implicou esse fato para os desdobramentos sucessivos do pensamento.

Há dois elementos que é oportuno aventar como constitutivos da Reforma luterana[3]. Em sua formulação latina, soam como *"Sola fide"* e *"sola scriptura"*. Depois disso Lutero se dedica a um trabalho espiritual intenso, no qual a insuperabilidade humana do pecado lhe parece ser um obstáculo insuperável para abrir-se à escuta de Deus. Só a meditação da passagem paulina da *Carta aos Romanos*, onde se diz que o "justo viverá pela fé", lhe abre uma nova compreensão do que pode significar ser justo do ponto de vista cristão. Sobretudo depois do pecado original, o homem não dispõe de uma justiça intrínseca e, por si só, não está em condições de cumprir ações justas, mas, sempre que ele se confia inteiramente a Deus (e é nisso que reside a fé), é justificado pela sua ação salvífica. A justiça é, assim, extrínseca e lhe é dada pela graça, e é uma experiência fundamental que ele faz na fé. Segue-se, assim, uma dupla condição singular do homem, que é sempre *simul iustus et peccator*: enquanto homem carnal, ele sempre é pecador; enquanto homem de fé, ele se torna inteiramente justo, ou seja, justificado.

Como costuma acontecer, não raro, na história, tal princípio luterano, que assume a forma de um divisor de águas entre reformados e católicos, na origem não teve esse significado divisório. Pode ser encontrado também entre teólogos e bispos católicos, sem que se perceba dimensão opositiva alguma. É, enfim, uma tese teológica entre outras. Só depois da codificação da divisão, e especialmente depois do Concílio de Trento que ela assume o sig-

---

3. Martinho Lutero (1483-1546), sacerdote da ordem dos agostinianos de Erfurt, ensinava teologia na Universidade de Wittenberg. No ano de 1517, suas 95 teses sobre a doutrina das indulgências deram início ao movimento religioso que culminou na Reforma. A ruptura oficial com a Igreja de Roma se deu no ano de 1521 na dieta de Worms. O alemão traduziu o *Novo Testamento* servindo-se do texto crítico estabelecido por Erasmo de Roterdã, e a seguir coordenou a tradução de toda a *Bíblia*. Dentre suas obras, recordemos *Comentário à Epístola aos Romanos, O cativeiro babilônico da Igreja, A liberdade do cristão*, nas quais desenvolve suas teses, que suprimem a distinção entre clérigos e leigos, reduzem os sacramentos ao batismo, penitência e eucaristia, negando a superioridade do poder espiritual sobre o temporal. O escrito *De servo arbitrio* foi redigido para polemizar com o *De libero arbitrio* de Erasmo.

nificado de uma bandeira protestante e, portanto, foi regularmente rejeitado pelos católicos, que viam nela, entre outras coisas, a recusa da importância da contribuição do homem, através das obras, no caminho da redenção.

O princípio da *sola scriptura*, que, abandonando as mediações que intervieram na tradição e pensando integralmente a função magisterial da Igreja, atribui apenas à Sagrada Escritura a função de dirimir o verdadeiro do falso em matéria religiosa, constitui o segundo baluarte doutrinal da Reforma. Enquanto o *sola fide* foi considerado o princípio material, ou a expressão de conteúdo da novidade da Reforma, o *sola scriptura* foi visto como um princípio formal, ou seja, como uma indicação de método, que diz respeito ao modo de proceder em matéria teológica e religiosa em geral. Pode-se reconhecer, na verdade, um profundo paralelismo a respeito do tema da justificação. Assim como ela é extrínseca, ou seja, vem inteiramente da alteridade de Deus, também o apelo metodológico à autoridade da Escritura depõe a decisão sobre a verdade ou a falsidade de um assunto nas mãos de uma alteridade de um texto que interpela diretamente o crente singular, sem a mediação de nenhuma interpretação eclesiástica.

Se quiséssemos considerar esses princípios como expressão de uma orientação espiritual fundamental, poderíamos talvez dizer que neles se fragmentam os esforços culturais, que perduraram por diversos séculos, de operar uma mediação entre a mensagem evangélica e sua formulação cultural. Como deixa entrever a repetição da expressão *sola*, as tentativas de uma conciliação entre revelação cristã e compreensão humana são rejeitadas, pois nelas se descobre um impedimento inútil e até perigoso à recepção correta e radical da novidade que vem do Evangelho. É preciso libertar-se de todos os grilhões que a obra humana interpôs à simplicidade e radicalidade da mensagem cristã. Só assim se poderá voltar a ser finalmente livres, ou seja, libertos, das distorções e dos comprometimentos a que a vontade de conciliar divindade e humanidade, fé e razão, nos conduziu. E consequentemente também das traições que a Igreja, enquanto instituição humana que se apresenta como mediadora necessária com o divino, acabou impondo inevitavelmente.

No plano historiográfico, poderíamos observar que, com o monge agostiniano Lutero, se desvelam os desenvolvimentos da tradição agostiniana como ela fora desenvolvida através de Duns Scotus e Ockham. A originalidade cristã é reivindicada com vigor e qualquer tentativa de encontrar uma conciliação é resolutamente rejeitada; o princípio ontológico e gnosiológico da analogia é abandonado, com acentos que carregam traços de nominalismo e de voluntarismo. As consequências práticas são conspícuas. Deixando de lado aquelas estritamente teológicas, relativas por exemplo aos sacramentos reconhecidos, o novo espírito protestante modifica radicalmente a visão de Igreja, à qual é negada a função de mediadora com o divino, e consequentemente aquela de ministro de culto, que correspondentemente nada mais é que líder da comunidade, sem uma consagração sacramental que o distinga dos leigos. Em geral, a Reforma se contrapõe àquilo que ela julga ser um excesso de sacramentalismo e de sacralização que seria próprio da Igreja Católica. Por conseguinte, o rito, embora permanecendo muito semelhante, reveste-se de maior simplicidade; a função da palavra da Escritura e da pregação aumenta, enquanto a presença sacramental na comunhão é limitada ao momento em que a comunidade se reúne (e se evita a conservação das partículas num tabernáculo); a arquitetura da Igreja e seu mobiliário evitam qualquer pompa; a vida do pastor vai se tornando cada vez mais semelhante à do leigo, e ele se torna aquele que, como alguém que ensina, guia escutando a Palavra, cuja interpretação, porém, é transferida ao crente individual.

No plano cultural, quem paga a conta é a filosofia, da qual se refuta inclusive a função de *ancilla theologiae*, como irá mostrar em seguida a evolução da educação nos países de maioria protestante, onde a filosofia irá desaparecer do ensino secundário curricular. O ceticismo sobre a capacidade de o homem alcançar por si só a verdade relega às sombras a obra da filosofia. Também sua função de representante de um saber puramente humano com o qual se pode dialogar para ali inscrever a religião cristã é observada com suspeição. Ao mesmo tempo, o empenho ético é construído a partir de uma *doutrina dos dois reinos*, que espelha a natureza do cristão como concomitantemente justo e pecador. No reino espiritual, do qual participa enquanto justo, ele é livre e não está submisso a nenhuma autoridade externa; no reino temporal, necessário para a ordem do mundo depois do pecado, ele está, ao contrário, plenamente submisso a quem exerce legitimamente a autoridade.

Como já foi observado, a tentativa medieval de conjugar natureza e graça, razão e fé, política e religião, era assim definitivamente abandonada. Emergem, assim, a partir de um terreno específico como o da experiência religiosa, pontos de partida explícitos e inovadores que irão contribuir para definir os conteúdos do moderno.

Se, como observou Ernst Troeltsch, um grande historiador protestante do século passado, se pode considerar típico do protestantismo o princípio da ruptura, em vez do princípio católico da continuidade, torna-se verdade, porém, que essa ruptura não tem o caráter absoluto, mas se presta a um retorno a um modelo já codificado, exatamente aquele que está contido nos textos sagrados e que foi vivido pela primeira comunidade cristã.

4. Resultados dialéticos

A exposição procurou evidenciar a especificidade e a radicalidade da perspectiva protestante. Muito embora com acentos diversos, ela pode também ser reencontrada na obra do francês João Calvino, o qual em Genebra criou uma comunidade reformada, que começou a se difundir não só na Suíça, mas também na França, nos Países Baixos e na Grã-Bretanha[4]. Em consonância com os princípios luteranos, mas dando maior atenção à reforma e reorganização da Igreja, Calvino centra sua teologia no tema da *exclusiva glória de Deus* (*soli Deo gloria*). Ele o faz reivindicando para Deus uma vontade ilimitada e soberana que chega à determinação livre e insondável de quem está salvo e de quem está condenado (teoria da dupla predestinação). As iniciativas e a obra do homem de nada valem, a não ser como sinal de eleição, que deve ser atribuída, porém, apenas a Deus. Desse modo, como evidenciará Max Weber fazendo referência às comunidades metodistas de cunho calvinista, o sucesso na vida política e econômica, teologicamente irrelevante para a salvação, torna-se certificação de uma eleição que é obra exclusiva de Deus, e é justo a vida moderada do bom cristão que poderá fornecer a base para o desenvolvimento de uma sociedade capitalista.

Como deixam entrever também essas considerações, hoje amplamente discutidas pela crítica, o radicalismo da Reforma em suas diferentes versões contém elementos suscetíveis de converter-se dialeticamente em seu contrário. No caso supracitado, o ascetismo de cunho ético-religioso que impõe ao crente uma vida ordenada a uma abstenção ascética dos prazeres do mundo quase que se converte em resultados opostos, uma vez que predispõe a um espírito capitalista que se nutre no apego aos bens mundanos e em sua multiplicação. Do mesmo modo, o dualismo subjacente à teologia luterana, que separa sem mediação natureza e graça, vida secular e fé, tem como efeito fazer surgir um processo de secularização que será dominante no moderno. A esfera laica, subtraída a qualquer influência religiosa, irá assumir contornos cada vez mais amplos, reivindicando uma autonomia que é precisamente o pré-requisito da dissolução do sagrado no profano, a qual a secularização nos faz experienciar.

---

[4]. O pensamento teológico de João Calvino (1509-1564) foi sistematicamente exposto na obra *Instituições da religião cristã*.

Também nos confrontos da filosofia se dá algo análogo. Considerada com desconfiança na Reforma, ela acaba recebendo, justo nos países de tradição protestante, um impulso totalmente novo, como irão mostrar particularmente na Alemanha os resultados produzidos no século XVIII e XIX. Mas trata-se ali de uma filosofia que, liberta dos vínculos teológicos e pautada na própria autonomia, irá produzir desdobramentos originalíssimos a tal ponto de permitir-lhe inscrever em seu próprio seio a tradição cristã da qual se nutre. Ademais, também a teologia protestante, em seus desdobramentos, mostra ser singularmente fecunda de propostas eminentemente filosóficas. Liberta, pois, da necessidade de um confronto com a filosofia como saber mundano, ela cria por si e para si, com originalidade, aqueles pressupostos filosóficos que lhe parecem necessários para o discurso teológico.

Algo parecido irá ocorrer também em relação ao Humanismo e ao Renascimento. Em certo sentido, não há nada mais distante da Reforma do que esses movimentos. À reivindicação da dignidade do homem, se lhe opõe uma pecaminosidade, a um difuso senso de religiosidade cósmica se opõe uma fé austera num Deus misericordioso, mas inacessível e absolutamente transcendente. A discussão sobre o tema da liberdade que se dá entre Lutero e Erasmo é um exemplo claro disso. Enquanto Erasmo, no espírito de um Humanismo cristão, sugere formas de conciliação entre as diversas partes conflitantes e reivindica com força, justo para a economia da salvação, a liberdade de determinação do homem, Lutero ridiculariza aquele arbítrio que, como dirá Calvino, lhe permite fazer com liberdade aquele mal que é aquilo que o torna escravo. Enquanto homem interior, observa Lutero, o homem é livre, mas o é enquanto foi liberto por Deus; enquanto homem exterior, ao invés, ele deve procurar de qualquer modo frear aquele arbítrio que o torna escravo do pecado.

Como se vê, há duas concepções antropológicas que se opõem radicalmente: de um lado o otimismo humanista, que atribui ao homem um lugar central, do outro o pessimismo da Reforma, que só através da fé em Deus vê a possibilidade de um resgate do homem. De resto, mesmo no plano dos costumes, um abismo separa a florescimento artístico do Renascimento, que atinge abundantemente inclusive o papado, suscitando entre outras coisas a oposição escandalosa das novas comunidades religiosas, da sobriedade um tanto severa sob a qual serão uniformizadas as Igrejas, sobretudo as calvinistas.

Também aqui, porém, podem ser percebidos elementos dialéticos, que aproximam a Reforma e o Renascimento. Tomemos, por exemplo, o tema tipicamente protestante da *sola scriptura*. Uma de suas consequências é uma enorme valorização da consciência individual do crente, a cujo exame livre se confia um papel decisivo de discernimento. Mas justamente essa função, que implica entre outras coisas um reconhecimento da liberdade como princípio fundamental da vida religiosa, implica a valorização do estudo filológico das fontes, segundo princípios e critérios típicos justo do Humanismo. E muitos humanistas, ademais, se aproximaram da Reforma, com cujas intenções de reforma de vida e da prática religiosa simpatizaram, em geral esperando uma possível conciliação entre as diversas partes em causa.

Quanto ao mais, observe-se que o que hoje nos parece um acontecimento absolutamente pronto, que rompe a unidade da Igreja cristã, conduzindo inclusive a conflitos sanguinolentos, originalmente parecia ser apenas uma disputa interna da Igreja e suscetível de entabular uma reforma geral quanto à unidade. Com o Concílio de Trento (1545-1563), a Igreja Católica responde doutrinalmente à Reforma Protestante, esclarecendo de modo exigente os pontos de separação. A partir desse momento, em todo lugar o confronto é substituído por um enrijecimento que, com o tempo, vai se tornando cada vez mais profundo, fazendo surgir costumes e mentalidades principalmente orientados pelo desejo de fazer surgir os elementos de distinção.

Na Igreja Católica, os anos em volta do Concílio de Trento e imediatamente seguintes foram fecundos de iniciativas pastorais e de um renovado ímpeto de evangelização. Nasceram inúmeras novas ordens religiosas, ativamente empenhadas no campo educativo, pastoral e social, dentre as quais a Companhia de Jesus (1540), caracterizada por uma obediência sólida ao papa. Mas a comunidade da Europa cristã ficou irrevogavelmente rompida, sem possibilidade de restaurar a unidade perdida.

Os fenômenos que delineamos esquematicamente, mesmo tendo, como é óbvio, uma validade histórica que permite serem descritos e circunscritos, possui um significado cultural bem mais amplo. Com o Humanismo, intervém em nosso horizonte cultural uma visão do homem que não se restringe àquela época, mas assume uma relevância de certo modo perene e, em todo caso, emblemática: o homem e sua dignidade evidenciam uma referência que poderá ser compreendida de maneiras diversas, mas que não pode ser desconsiderada. Com a Reforma, o fato religioso é reproposto com termos que implicam o homem moderno de maneira nova. A religião já não pode mais ser considerada como uma permanência arcaica do passado, mas se torna um dos fatores decisivos da constituição do moderno, ou seja, da época à qual nós mesmos pertencemos. O moderno não pode não se haver com ela.

O moderno
na forma do moderno

1. Os materiais do moderno

Os impulsos que vimos surgir na era do Renascimento e da Reforma geraram frutos particularmente no plano político e no plano científico. Se de fato se libera o vasto terreno do mundo, confiando-o à autônoma iniciativa do homem, torna-se natural que ciência e política acabem assumindo um papel sempre maior. No plano político, delineiam-se três direções, destinadas a ter um grande desenvolvimento nos séculos subsequentes. Com o florentino Nicolau Maquiavel[1], a *política*, desvinculada de qualquer garantia de caráter moral (*O príncipe*, 1513), *é descrita com base em seus próprios princípios*. Deriva-se dali uma descrição lúcida e em parte impiedosa dos mecanismos do poder, dando ênfase, no espírito plenamente renascentista, à capacidade do indivíduo — o que Maquiavel chama latinamente de *virtù* — de dominar as questões históricas — ou seja, a isso que ele chama de *fortuna*.

Também com relação à permanência da fraqueza desesperadora e divisão da Itália da época, pode-se encontrar ali um eco daquilo que Petrarca descrevera em *Itália minha* ("A virtude tomará armas contra o furor"), mas a belíssima prosa de Maquiavel não nos deve desviar da novidade conceitual da obra, que se apresenta como o primeiro tratado de ciência política enquanto disciplina autônoma. Mas também aqui, como em todo o Renascimento, a

---

1. Nicolau Maquiavel (1469-1527) foi secretário de chancelaria da República florentina, mas se recolheu para a vida privada com o regresso dos Médici a Florença. As suas obras principais são *O príncipe* e os *Discursos sobre a primeira década de Tito Lívio*; escreveu também comédias, a mais célebre das quais é *a Mandrágora*.

novidade reveste-se de uma coloração antiga, clássica, como confirma a carta escrita ao amigo Francesco Vettori, na qual Maquiavel descreve a própria atividade de escritor: "Quando chega a noite, retorno para casa e entro em meu escritório; e, fechada a porta, dispo aquela veste cotidiana, cheia de lodo e lama, vestindo roupas régias e curiais; e, vestido condizentemente, entro nas cortes antigas dos antigos homens, de onde, tendo sido recebido amavelmente por eles, me sacio daquele alimento que é *solum* meu e para o qual eu nasci; onde não me envergonho de falar com eles e questioná-los sobre as razões de seu agir; e eles, por sua humanidade, me respondem; e, durante quatro horas, não sinto nenhum enfado; esqueço de todo e qualquer afã, não temo a pobreza, não me perturba a morte; transfiro-me inteiramente neles. E, porque Dante disse que não se faz ciência sem reter o que compreendeu, anotei aquilo que da conversa deles julguei ser capital, e compus um opúsculo *de Principatibus*".

O mesmo acontece com a segunda direção de análise política daquele período, aquela que podemos atribuir à *utopia*, em franca oposição ao realismo de Maquiavel. Ela é representada por Thomas More (1478-1535), por Francis Bacon (1561-1626) e por Tommaso Campanella (1568-1639). Enquanto More, com sua *Utopia* (1516), lança seu projeto político numa ilha que não está localizada em parte nenhuma (u-topia), mas deriva suas propostas igualitariamente de uma análise realista das razões de desigualdade da Inglaterra de sua época, Bacon, em sua *Nova Atlântica* (escrita em 1624), confia a seus visionários um novo mundo com elevada tecnologia na reemersão da ilha mítica de Atlântida. Campanella, por fim, dependente de influências contrarreformistas, descreve uma *Cidade do sol* (1602), na qual, sob os quadros de um ordenamento teocrático, estabelece uma organização social de igualitarismo absoluto.

A terceira corrente desses anos — o *jusnaturalismo*, cujos expoentes principais são Jean Bodin (1529-1596) e Hugo Grócio (1583-1646) — é destinada a deixar traços profundos e difusos. Como já sugere o próprio nome, ela aplica ao plano do direito, tomado como base do ordenamento político, o antigo conceito de natural. Mas o direito natural ao qual se lança mão já não tem um fundamento metafísico, visto que aqui natureza não é categoria metafísica mas se identifica com razão humana. O direito natural, que define direitos inalienáveis (válidos contra a invasão do absolutismo monárquico), é o direito segundo a razão, e as normas da lei, ou seja, as normas do direito positivo, são mensuradas nele. Também aqui se dá a apropriação do tema político através de um procedimento de secularização que atribui à natureza do homem e à sua racionalidade os fundamentos do viver civil.

Deixando de lado as primeiras elaborações ainda mais diretamente ligadas ao espírito da filosofia da Renascença[2], pode-se observar que também no terreno da ciência, como já acontecia no terreno da política, o tema dominante é o reconhecimento do princípio da autonomia: método, critério de juízo, determinação do próprio objeto são fruto de um processo que conduz o saber científico a se afastar de garantias metafísicas (Aristóteles) e religiosas (como mostra o conflito de Galileu com a hierarquia da Igreja Católica). Já em Bacon, o autor da *Nova Atlântida*, a ciência recorre a uma sensata colaboração entre indagação experimental e elaboração racional. Mas nele é decisiva a afirmação segundo a qual a ciência é poder sobre a natureza, visto que, como ele afirma, "o homem pode o tanto que sabe". Mas esse poder, moderníssimo em sua intencionalidade, parece ainda estar ligado a um critério do qual não pode dispor inteiramente. Na verdade, "não se pode vencer a natureza a não ser obedecendo-a".

Muito mais desvinculada de prejulgamentos filosóficos é a obra de Galileu Galilei[3], não só por causa da predisposição acentuada de utilização controlada do experimento, mas também por sua leitura matemática da experiência com base em uma mensuração cuidadosa dos fenômenos e por sua consciência metodológica (recorrendo tanto à hipótese experimental quanto

---

2. Bernardino Telésio (1509-1588) em seu *De rerum natura iuxta propria principia* visa estudar a natureza com os princípios que lhe são próprios, sem recorrer a causas transcendentais. Mas ele se mantém dentro de uma explicação qualitativa, que utiliza também procedimentos mágicos e astrológicos.

Giordano Bruno (1548-1600), do qual recordamos *De la causa, principio et uno; De l'infinito, universo e mondi*, defende o heliocentrismo, afirmando a infinitude do universo, do qual Deus é a causa e o princípio, e em relação ao qual é tanto imanente quanto transcendente. Por essas teorias, foi condenado ao fogo como herege.

Tommaso Campanella, de quem já mencionamos as teorias políticas, em *Philosophia sensibus demonstrata*, compreende a natureza como um complexo de realidades viventes, dirigidas a um fim universal por uma alma comum do mundo.

3. Galileu Galilei (Pisa, 1564 — Arcetri, 1642) exerceu o encargo prestigioso de "matemático extraordinário do estudo de Pisa" e em Florença, do ano de 1610 a 1633, o de "filósofo" do sereníssimo duque Cosme II dos Médici. Seu empenho na defesa do sistema copernicano, testemunhado pelas *Cartas copernicanas*, por *O ensaiador* e sobretudo pela obra fundamental *Diálogo sobre os dois principais sistemas mundiais*, foi dramaticamente prejudicado pelas duas condenações eclesiásticas de 1616 e de 1633, que declararam o sistema copernicano como herético, desencorajando-o de defendê-lo (na primeira) e obrigando-o a refutá-lo (na segunda). A condenação de 1633, que lhe rendeu prisão perpétua, foi transformada em prisão de confinamento primeiramente em Pisa e depois na sua vila de Arcetri. Aqui terminou seu trabalho principal, *Discursos e demonstrações matemáticas acerca de duas novas ciências*, onde foram retomados seus estudos inovadores de estática e dinâmica.

à formulação dedutiva de leis derivadas de tais hipóteses). *Experiência sensata e demonstrações matemáticas* constituem o quadro dentro do qual Galileu articula sua proposta, que consegue conectar de forma inovadora os elementos empíricos alcançados indutivamente pela experiência e as demonstrações dedutivas tendo caráter de necessidade, apoiadas num modelo matemático de saber. Também ele, que se move no interior de um panorama global de descobertas científicas extraordinárias (basta recordar a hipótese heliocêntrica copernicana, anunciada no ano de 1543, a as descobertas astronômicas de Tycho Brahe, 1546-1601, e de Johannes Kepler, 1571-1630), apoia, porém, sua teoria científica em modelos filosóficos precedentes, como os que de cunho neopitagórico e neoplatônico. Desse modo, ele pode considerar a natureza como um livro "escrito em língua matemática, e os caracteres são triângulos, circunferências e outras figuras geométricas, sem os quais é impossível compreender humanamente qualquer coisa".

Nesse contexto, o livro da natureza se apresenta como livro da revelação divina. Além das palavras da Sagrada Escritura que, nas palavras de Galileu, nos ensinam "como se vai ao céu", existe o livro da natureza, que é necessário interrogar para saber "como é o céu". Por um lado, portanto, a distinção nítida de âmbitos e a absoluta autonomia da ciência em seu terreno próprio; por outro, ao contrário, o paralelismo dos livros da revelação, que, enquanto provenientes ambos de Deus, não podem estar em contradição.

2. Descartes. Prudência e temeridade

É justamente a prudência que por vezes sugere escolhas temerárias. René Descartes[4], o filósofo com o qual estamos acostumados a datar o início do moderno, chega à posição filosófica revolucionária depois de ter experimentado a desconfiança com os sistemas culturais que lhe foram ensinados.

---

4. René Descartes, chamado em latim de Cartesius, nasceu em La Haye, em Touraine, no ano de 1596. Depois de ter concluído seus estudos junto ao famoso colégio dos jesuítas de La Flèche, vamos encontrá-lo alistado nas fileiras da Guerra dos Trinta Anos, no séquito de Maurício de Nassau, e depois do Duque da Baviera. No ano de 1629, tendo abandonado a vida militar, viaja para a Itália, para a Bretanha, estabelecendo-se por fim na Holanda, onde se dedica primordialmente aos estudos e aos experimentos científicos e escreve suas obras principais. Entra em contato com os maiores eruditos do tempo, desde Gassendi até Hobbes e Pascal. No ano de 1649, é chamado a Estocolmo pela Rainha Cristina da Suécia, para ensinar filosofia. Morreu ali no ano de 1650, de um ataque de pneumonia. Dentre suas obras recordemos *O discurso do método*, os *Ensaios* (*Dióptrica, Meteoros, Geometria*), as *Meditações de prima filosofia*, junto com as *Objeções* às obras redigidas por inúmeros eruditos da época e às próprias *Respostas, As paixões da alma*.

Aluno no célebre colégio jesuíta de La Flèche, onde, independentemente da riqueza, era ministrado o melhor ensino da França da época, Descartes experimenta uma dupla desorientação em seus primeiros anos de vida. De certo modo desenraizado, ele perambulava pela Europa alternando vida militar e interesses científicos. Também participa de campanhas militares, mas sem propriamente tomar partido. Podemos afirmar que está à procura de si mesmo, como costuma acontecer aos jovens mais dotados. Mas, como se recusa a enquadrar-se nos costumes familiares, mesmo sem tê-los abandonado, igualmente sente dificuldade de se identificar com os ensinamentos que recebera, mesmo mostrando gratidão pela generosidade e cuidado dos padres do colégio. Não sabe, pois, em que se apoiar para encontrar um ponto firme sobre o qual orientar sua própria vida. Vai buscá-lo em si mesmo, retomando Agostinho, mesmo lançando mão de conceitos totalmente novos. Retraído e ao mesmo tempo orgulhoso, René Descartes vai fazer um gesto temerário, ditado a ele pela própria prudência que o havia tornado desconfiado de todas as soluções que a tradição lhe oferecera. Decide então que o saber tem de começar em si mesmo, e tem como condição excluir tudo quanto não possa ser privado de dúvida.

Já não se trata de abandonar uma vida para retomar uma cultura clássica mais nobre, como pensavam no fundo o Humanismo e o Renascimento, nem de recorrer a uma origem mais simples e pura, como buscava a Reforma, mas sim de colocar em questão a tradição *tout court*, e também de estabelecer como pré-requisito indispensável que tudo quanto recebemos e que, como veremos, não pode subtrair-se de maneira inconcussa à dúvida, deve ser abandonado (*dúvida metódica e hiperbólica*, ou seja, levada ao extremo).

Nasce o moderno na forma do moderno, ou seja, algo que, antes de mais nada e preliminarmente, estabelece que os próprios conteúdos, sejam quais forem, têm como condição não serem derivados de nada de prévio. Eles são novos e têm um novo fundamento, que só o sujeito pode autocertificar.

3. Descartes. Biografia e método

Não é um fato irrelevante que a primeira obra publicada de Descartes enuncie as regras fundamentais de seu método filosófico, a partir de uma revisão biográfica. De novo podemos vislumbrar ali traços reminiscentes de Agostinho, mesmo que transpostos para um plano bem diferente, onde falta totalmente a temática religiosa. Descartes chama a atenção do leitor propondo sua própria experiência pessoal com o objetivo de mostrar como de fato as verdades mais radicadas no homem não são fruto de certeza, mas de hábito. A verdadeira contribuição que vem dos estudos, confirmada pela experiência do grande livro do mundo, é um abalo dessas presumidas certezas. As inúmeras e diversas opiniões dos homens estimulam a exercitar a dúvida, fazendo surgir, assim, a exigência de encontrar um fundamento mais adequado à verdade.

O itinerário pessoal de Descartes aparece aqui como uma suspensão das verdades transmitidas pela educação. Mas como e onde encontra um apoio seguro para essa empreitada? Tendo abandonado o estudo das letras, ele se aventura nas mais variadas experiências. Como ele mesmo escreve:

E, tendo decidido não procurar outra ciência senão aquela que poderia encontrar em mim mesmo ou então no grande livro do mundo, gastei o restante de minha juventude viajando, visitando cortes e exércitos, frequentando pessoas de índoles e condições diversas, recolhendo várias experiências, colocando-me à prova nos casos que o destino me oferecia e, por tudo, refletindo sobre as coisas que se me apresentavam, de modo a tirar dali algum proveito.

Todavia, também essa imersão no mundo não traz os resultados esperados.

É bem verdade que, dedicando-me inteiramente à observação dos costumes alheios, nada encontrei que me parecesse seguro; notei ali também uma variedade quase igual àquela já constatada nas opiniões dos filósofos. E, vendo semelhantes coisas, que nos parecendo muito extravagantes e ridículas, são, no entanto, adotadas via de regra e aprovadas por grandes povos, o maior proveito que tirei dali foi o de não crer com muita certeza em nada daquilo de que me havia convencido apenas com o exemplo e com o uso; assim, pouco a pouco, libertei-me de muitos erros que podem obscurecer nosso lume natural e nos tornar menos capacitados para compreender as razões.

Daqui nasce aquele retorno a si mesmo, acima preanunciado.

Mas, depois de ter empregado alguns anos no estudo do livro do mundo e no esforço de recolher várias experiências, chegou um dia em que decidi estudar a mim próprio e aplicar todas as forças de meu engenho para escolher os caminhos que devia seguir. E isso teve melhores resultados, me parece, do que se eu jamais tivesse me afastado de meu país e de meus livros.

Assim, o início do moderno tem a característica surpreendente de não surgir de uma renovação da tradição, nem do recurso à experiência multiforme do mundo, mas da solidão e do retiro de um quarto um pouco aquecido por uma lareira. Na representação que se faz Descartes, cada um sozinho é realmente um arquiteto do mundo melhor do que se isso fosse fruto de uma colaboração confusa de muitos outros.

Eu me encontrava então na Alemanha, convocado para as guerras ainda em curso; e, voltando ao exército depois da coroação do imperador, o início do inverno me pegou numa localidade onde, não encontrando companhia para me distrair e por sorte não tendo nenhuma outra preocupação ou paixão que me perturbasse, permanecia o dia inteiro sozinho, fechado num quarto junto da lareira, e aqui tinha toda comodidade para me ocupar com meus pensamentos. Entre eles, um dos primeiros foi o de que me encontrei considerando como nas obras feitas por muitas partes e por diversos artistas não se encontra tanta perfeição quando há nas obras feitas por uma pessoa apenas. De fato, os edifícios começados e concluídos por um único arquiteto via de regra são mais belos e mais bem construídos do que aqueles que foram adaptados por diversos arquitetos, servindo-se de velhos muros construídos para outros fins. As antigas habitações, por exemplo, que de simples vilas, com o passar do tempo, se transformaram em cidades grandes, usualmente são tão desproporcionais em comparação com os espaços regulares desenhados num projeto por um engenheiro livre para seguir sua própria imaginação, que, embora em geral se encontre em alguns de seus edifícios, individualmente, a mesma quantidade de arte ou mais até do que a que se encontra nos outros, observando como estão dispostos, porém, aqui um grande, ali um pequeno, e como tornam irregulares e tortuosas as ruas, pode-se dizer que foi o acaso que assim os distribuiu e não a vontade de homens que fazem uso da razão.

Como se vê, Descartes busca uma planificação totalmente nova do mundo e está convencido de que ela possa ser realizada recorrendo à simples razão, que está ao alcance de todos, desde que tenham a coragem de se libertar das verdades incertas recebidas:

Também pensava que, visto que todos nós fomos crianças antes de sermos adultos, por muito tempo forçados a obedecer ao governo dos apetites e ao dos preceptores, que via de regra eram contrários entre si, e nenhum dos dois era capaz de conciliar-se sempre para o melhor, é quase impossível que nossos juízos sejam tão puros e tão sólidos como teria acontecido se desde o nascimento dispuséssemos do completo uso da razão e tivéssemos sido guiados sempre e apenas por ela.

Surge daqui a ideia de armar-se de um *método* adequado para testar tudo aquilo que ambiciona apresentar-se como sendo verdade. A primeira regra desse método, inspirado em suas partes sucessivas, do procedimento matemático (e assim articulado: decomposição analítica do problema, recomposição sintética e por fim recapitulação), soa: "Jamais aceitar qualquer coisa como verdadeira sem conhecê-la verdadeiramente como tal: isto é, evitar cuidadosamente a precipitação e a prevenção; e não aceitar em meu juízo nada a não ser aquilo que se apresente à minha razão de modo tão claro e distinto que não deixe ocasião alguma de dúvida".

4. Descartes. As *Meditações metafísicas*: os seis dias de uma nova criação

Aquilo que no *Discurso do método* ainda conserva o caráter de uma advertência introdutória, bem em conformidade com a função atribuída ao escrito, que foi publicado como introdução de três ensaios científicos (*Dióptrica, Meteoros, Geometria*), nas *Meditações metafísicas* irá adotar um valor bem distinto. Ao examinar a obra, com ambição e fazendo referência aos os seis dias da criação, Descartes, arquiteto de um novo mundo de certezas, delineia do modo mais completo possível o seu próprio programa metafísico definitivo.

Como nos melhores dramas barrocos, o cenário é preparado com bastante cuidado. Também aqui nos encontramos dentro de um quarto um pouco aquecido pelo fogo e confrontados com uma obra de filosofia que se inicia, surpreendentemente, com um verbo na primeira pessoa do singular. A seguir são apresentados os argumentos usuais da filosofia: os sentidos podem enganar, portanto é de bom alvitre não confiar neles como critério de verdade; é difícil distinguir o sonho da vigília, de modo que mesmo as impressões aparentemente mais indubitáveis não estão livres de serem ilusórias. Por fim, sobre as verdades matemáticas, que permanecem iguais tanto no sono quando na vigília, não podemos ter certeza de não serem fruto de um engano, em razão do mau funcionamento de nossa mente. Para hiperbolicamente levar ao extremo a dúvida, nem sequer se poderá excluir que um gênio maligno "potentíssimo, astuto, enganador... tenha colocado toda a sua indústria em me enganar".

Naquele quartinho do século XVII, toda e qualquer coisa assume um caráter sinistro. É preciso, portanto, ser prudente. Mantos e chapéus que vemos através da janela serão homens passando ou simulacros? A indistinção entre sonho e vigília gera monstros. A própria ousadia da razão segura de si, que sem garantias ulteriores se acredita capaz de estar segura, lançando mão de um método adequado, parece não estar imune de incerteza. Parece mesmo que não podemos confiar em nada. A dúvida, afiada como uma espada, e invencível em esmiuçar tudo o que alcança, como irá recordar Kierkegaard com uma imagem, produz um efeito que faz temer o colapso.

Mas, seguindo a máxima de não recuar, petrificados pelo medo, enfrentando a dúvida com peito aberto, talvez seja possível encontrar uma verdade que se subtraia à dúvida. Então, como com a alavanca de Arquimedes, se poderá erguer o mundo, ou seja, determinar aquela certeza à qual se poderá confiar a reconstrução global do saber pelo qual busca Descartes.

Como se sabe, essa verdade é o *cogito*, ou seja, aquela certeza indubitável que se experimenta no ato de pensar. Na realidade, posso também me enganar, mas tanto quando me engano quanto quando não me engano, no ato em que penso é indubitável que eu esteja realmente pensando e, assim, que eu seja "alguma coisa" que existe (*sum*) e "alguma coisa" que pensa (*res cogitans*). Como acontece com todos os princípios mais famosos da filosofia, foram gastos rios de tinta com isso (hoje seria mais atual falarmos em milhares de *bytes*). Antes de tudo, pode-se observar que a afirmação tem semelhança com o típico argumento contra os céticos que mostra como, aplicando reflexivamente o princípio da dúvida, acaba-se caindo em contradição, argumento que, como tal, aparece também em Agostinho. Mesmo quando me engano, como diria Agostinho, sou. Nesse sentido, contra o ceticismo pode-se acrescentar que mesmo aqueles que negam a verdade dependem dela, pois atribuem valor de verdade mesmo quando afirmam o princípio segundo o qual não existe nenhuma verdade.

Outros, mesmo entre os contemporâneos de Descartes, como por exemplo Gassendi, criticaram o *cogito* como um silogismo falacioso, contraditório com relação ao critério universal da dúvida. Esse critério estaria edificado sobre uma premissa geral não expressa, segundo a qual tudo aquilo que pensa existe, avançaria com a segunda premissa, que afirma que eu penso, e, a partir daí, concluiria que eu existo. Mas a premissa maior, em sua universalidade, não está livre da dúvida metódica, de modo que a conclusão não pode ser correta.

Do mesmo modo, considerar já estabelecido firmemente que quem pensa seja uma substância pensante (*res cogitans*), observa Hobbes, é tão arbitrário quanto deduzir, do fato de que estou passeando, a conclusão de que eu sou um passeio.

Mas todas essas observações não retiram a especificidade e a novidade do argumento cartesiano. Assim, vamos tentar compreender sua estrutura.

A questão que Descartes ataca não é, como nos argumentos contra o ceticismo, se existe a verdade. Essa questão está eliminada desde o começo. Quem pensa assim não pode fazer filosofia e, como ele observa explicitamente, equivale a um bobo, a alguém privado de razão. A questão é como estarmos certos da verdade. Pode parecer que, nessa formulação, o problema fosse bem menos dramático. Mas, na verdade, é bem mais dramático, pois, em vez de tratar-se de um jogo meramente intelectual que se diverte com uma questão, que no mesmo instante em que é apresentada já é resolvida (não se pode perguntar se existe a verdade se já não se pressupôs sua possibilidade), se coloca em questão aqui uma arquitetura cultural em seu todo. Ela baseava-se, de fato, na pressuposição de que a tradição (e depois a educação) constituísse a base a partir da qual, pela reflexão, se poderia conseguir e eventualmente aperfeiçoar a verdade. Os antigos, os clássicos, são autoridade, como são autoridade a Igreja e as instituições políticas. O modo de alcançar a verdade é um processo de apropriação, mas também de correção e de transformação, que se consolidou, porém, no tempo. Para Descartes, tudo isso não tem valor algum, não porque contenha necessariamente falsidades, mas porque não se pode excluir que as contenha. Daqui surge o isolamento e a concentração individual do argumento que se apoia no sujeito que pensa. A essa altura entra em jogo uma experiência complexa e pluriestratificada (não um silogismo!): a experiência de pensar, no ato em que acontece, contém, seja qual for o objeto, a indubitabilidade de ser um sujeito que é concomitantemente existente (o pensamento é uma forma de existência: qual forma, por ora, não é necessário saber) e pensante (visto que o pensamento, diversamente do passeio, é um modo de ser inseparável do sujeito: o sujeito subsiste apenas enquanto pensa, enquanto pode passear ou não, e não obstante continuar sendo sujeito).

5. Descartes. O infinito de Deus

Desse modo, conquistamos um primeiro ponto essencial firme, que supera o ceticismo radical. Há uma certeza indubitável: a do eu que pensa no ato em que pensa (*cogito ergo sum*). Essa certeza, que tem o caráter de *evidência*, segundo o que já se indicou no *Discurso do método*, se conserva livre de dúvida, constituindo uma contribuição fundamental para superar o ceticismo. Podemos presumir, assim, que toda certeza que se me apresenta com as mesmas características, ou seja, que seja tal a ponto de impor-se em virtude de sua transparência e simplicidade (clareza) e que não esteja misturada com outras ideias (distinção), deve ser considerada indubitavelmente verdadeira. O problema que se coloca a Descartes, porém, a partir desse ponto é como encontrar uma garantia da estabilidade da verdade. O que resulta evidente, no sentido acima descrito, é certamente verdadeiro e tem uma força que se impõe à mente. Mas como ter certeza de que aquilo que me parece evidente continuará a sê-lo mesmo quando a minha mente não se concentra nele? No ato com que percebo a evidência dele, torna-se indubitável. Mas quando me volto a um outro objeto, como ter certeza de que a verdade que percebi continue sendo tal? O risco, em suma, é um universo puntiforme, no qual a verdade, apesar de ser feita de evidências, indubitáveis no ato em que são percebidas como tais, não estão garantidas em sua estabilidade.

A esse ponto Descartes recorre a Deus como garantia da permanência da verdade. Por sua intrínseca perfeição, a qual exclui que possa ser um Deus enganador, é Deus quem constitui a garantia de que aquilo que se deu uma vez como evidente à razão continue a sê-lo, desde que não tenham sido modificadas as condições em que acontece. E, ademais, a existência de Deus pode ser demonstrada (Descartes irá aduzir três provas distintas, a última das quais retoma o argumento *a priori* de Anselmo), justo a partir da condição de precariedade da qual, eivado de dúvidas, o homem testemunha. O aprofundamento da condição finita do homem nos obriga a fazer duas considerações, que convergem no demonstrar a existência de Deus: a primeira é de que, se o homem possui a ideia de uma perfeição, essa ideia não poderá provir senão de um ser dotado pelo menos da mesma perfeição (e o homem, por sua finitude, não o é); a segunda é que, se quiséssemos defender que o homem é o criador de si mesmo, ficaria incompreensível o fato de que ele não se tenha dotado daquela perfeição para a qual estaria habilitado em sua condição de criador.

Nessas argumentações, o elemento central é o tema do infinito, para o qual Descartes, como irá reconhecer também um autor contemporâneo, Emmanuel Levinas, atribui um primado que remete a uma reminiscência platônica remota. O homem não poderia perceber sua própria finitude como um limite se não tivesse preliminarmente uma ideia de infinito e de perfeição. Como ele de fato escreve: "Claramente compreendo que existe mais realidade na substância infinita do que na finita e que a percepção do infinito é de certo modo anterior àquela do finito, ou seja, a percepção de Deus, àquela de mim mesmo".

A partir desse ponto de vista, o moderno Descartes se coloca sem hesitar dentro de uma tradição milenar. O que lhe é próprio, e que expressa aquela tensão imanente que é típica do moderno, é o fato de ele confiar à autocertificação do *cogito* a função de garantir a acessibilidade ao verdadeiro. Deus e o infinito, apesar de sua prioridade ontológica, se afastam para o fundo. Em certo sentido, se limitam a certificar, em termos de permanência e de continuidade, aquilo que cabe ao homem estabelecer, apesar de sua limitação e precariedade. Desse modo, a verdade tende a ser traduzida prevalentemente em termos de certeza, ou seja, a ter um caráter pontual. É nesse ponto que Deus volta a ser essencial para garantir a estabilidade e a continuidade daquilo que, nos limites da precariedade e finitude do homem, teria valor apenas no instante de sua percepção.

O ideal reconstrutivo de Descartes — não esqueçamos nunca — baseia-se na hipótese de que seria suficiente encontrar um ponto de alavancagem para erguer o mundo. Esse ponto de alavancagem é a indubitabilidade do *cogito* e o modelo de verdade como evidência que está contida ali. O verdadeiro é aquilo que, como o *cogito*, é dotado de clareza e distinção, aquilo que ao fim de um exame adequado aparece como evidente, ou seja, subtraído a qualquer possibilidade de dúvida. Mas, com a demonstração da existência de Deus, conseguimos um segundo vértice argumentativo, que nos assegura que aquilo que conquistou o processo autônomo de reconhecimento do homem, pelo qual se chega à evidência, coloca como capital não apenas uma certeza pontual, mas também uma verdade que não muda. Parece que estamos escutando antecipadamente a afirmação de Einstein, segundo o qual Deus não joga com os dados. Devemos a garantia última de que aquilo que autonomamente o homem experimenta como verdadeiro seja sempre tal à perfeição de Deus e à sua bondade, o qual não pode ser confundido com um ser enganador.

6. Descartes. O mundo

Uma vez estabelecidos esses dois pontos, resultados de uma argumentação metafísica fundamental, podemos dedicar-nos ao terceiro vértice da reflexão cartesiana, aquele que delineia a sua reflexão científica. Assegurados do fato de que, bem conduzida, a razão humana não comete erros (os quais, quando ocorrem, são fruto da precipitação da vontade, a qual está em condições de antecipar as conclusões, ainda não dispondo de todos os dados do problema) e de que Deus é a garantia de que aquilo que mostrou ser devidamente verdadeiro uma vez continue a ser verdadeiro, podemos nos voltar àquela *res extensa*, que caracteriza a realidade física do mundo.

Descartes é muito prudente na observação e tem plena consciência de que muitos aspectos da realidade física têm o caráter de mutabilidade e, assim, não permitem alcançar uma evidência plena e inabalável. Mesmo assim, existem os que podem ser perfeitamente penetrados pela mente e que, desse modo, podem ser expressos com fórmulas matemáticas. São muitas as características de um corpo material, mas a *extensão* — com a qual, como antecipamos, ele caracteriza toda e qualquer realidade física — tem a vantagem dupla de acompanhar sempre os objetos físicos (que podem ter forma, cor, sabor, peso etc., mutáveis e diversificados, mas sempre tem uma característica comum: a extensão) e de ser uma noção perfeitamente evidente à mente humana.

Sobre essa base, é possível dar vida àquela árvore do saber, da qual Descartes tanto gostava, e descrever sua estrutura científico-matemática fundamental. Três são as características típicas da ciência cartesiana: ela é exercício de razão, que se apoia também em dados da experiência, mas sem que eles sejam os fornecedores do plano de suporte do saber científico; ela tem consciência de não fornecer uma descrição analítica exaustiva daquilo que é a realidade, mas se limita a oferecer uma representação racional que está em condições de descrever suas leis com coerência; por fim, ela tem caráter mecanicista, uma vez que as relações entre os fenômenos, na medida em que é possível ligá-los à razão, se reduzem a relações de determinação mecânica de uma parte com vistas à outra, isto é, de comunicação de movimento entre causa e efeito.

Dessas considerações resulta um efeito que talvez Descartes não queria, mas que terá grande peso nos desdobramentos futuros da filosofia e da ciência. E autores contemporâneos, como o neurobiólogo António Damásio, chegaram a dedicar um livro, significativamente intitulado de *O erro de Descartes*. Esse erro seria o dualismo com que está tomado seu pensamento: de um lado, a *res cogitans*, que é racionalidade pura e evidente e na qual a vontade, selo do infinito de Deus na finitude humana, se exercita de tal modo a ultrapassar até o dado racional; do outro, a *res extensa*, que é mera extensão, pura quantidade, que rege segundo a necessidade, de modo mecanicista, a relação entre os corpos. Em suma, de um lado o espírito, do outro o corpo.

Na verdade, como vimos, a intenção cartesiana é precisamente o oposto disso. Ele pensa o corpóreo segundo a modalidade que o possa tornar acessível à razão e, fazendo assim, matematiza-o, reduzindo-o a mecanismo. Mas, como sabemos, uma coisa são as intenções, outra os resultados. No mais, o sistema cartesiano, que constitui uma pedra angular para o nascimento do moderno, não deixa de constituir um nó de problemas também para outras questões. Recordemos algumas. Por um lado, o verdadeiro é estabelecido pelo homem, ou seja, pela subjetividade humana; por outro, para garantir a estabilidade desse verdadeiro, é preciso recorrer a Deus. E ainda: toda a sua filosofia parece desenvolver-se no plano da finitude, mas ele reconhece explicitamente o primado do infinito. Ou seja, tudo é regido pela racionalidade, e, no entanto, a vontade, selo do infinito no finito, está em condições de ultrapassar o plano da finitude. E, por último, o primado da racionalidade tem como consequência confiar o mundo inteiro em seu caráter físico a leis puramente mecânicas, que são, de fato, acessíveis à racionalidade, mas parecem privadas de espiritualidade, que é uma característica da religião.

A tentativa cartesiana produz, assim, efeitos paradoxais. Isso parece ineludível, como irão mostrar as muitas filosofias que se seguem a ele, e sem chances de prosseguimento pelo menos na forma que Descartes queria lhe impingir. Todos os filósofos depois dele serão pós-cartesianos, e ninguém será simplesmente um continuador de Descartes. Os nós problemáticos deixados pelo seu pensamento devem, na verdade, ser afrouxados. Desse modo, serão eliminadas as tensões imanentes à sua filosofia, mas acabará muitas vezes também perdendo seu fascínio.

Descartes pensava recomeçar tudo do começo. Como diz uma metáfora usada por ele, uma vez que se encontra num bosque uma capela em estado de abandono, o melhor para torná-la maior e mais bonita seria derrubá-la e construí-la sobre novos fundamentos. Assim, ele, que se considerava o primeiro filósofo verdadeiramente cristão, quis criar uma metafísica realmente nova, mas muito mais sólida que aquela dos gregos. Ele queria apoiar todo o edifício num ponto: o sujeito em sua experiência de autotransparência racional. Seguiu-se um conceito de razão que exclui programaticamente aquilo que não permite ser reduzido a essa transparência. O confuso existe, sim, para Descartes, mas não é objeto da filosofia, ou melhor, a função da filosofia é, na medida do possível, torná-lo transparente e excluir ou, graças a uma razão que tem a função de controle, manter suspenso aquilo que resiste a essa transcrição. Do mesmo modo, existem os sentimentos e as paixões, e têm sua legitimidade, mas a razão tem a função de controlá-los e impedir que tomem o controle.

Descartes atribuiu à razão um papel imenso: dar razão à experiência humana como um todo e, onde isso não for possível, excluir aqueles aspectos da racionalidade, mas por prudência mantendo-os sob controle.

Mais que seu dualismo, é esse o problema que ele deixa em herança ao moderno, ou seja, a nós: um mundo que tem como intenção a evidência racional perfeita, mas se vê obrigado a trancar em recintos bem governados pelo controle geral da razão âmbitos inteiros da experiência. Não é por acaso que ele não se interessa por temas de história e no plano moral não ultrapassa o âmbito de regras prudentes de moral provisória. Mas isso não significa que, entre as dobras de seu pensamento, e em particular lá onde, sob o manto de uma linguagem rasa e desprovida de problemas, emergem as maiores tensões, não se possam encontrar elementos para o desdobramento do moderno que vão numa direção diferente daquela que nos transmitiu a tradição.

Qual razão?

1. Razão e racionalismos

O novo estágio da filosofia aberta com Descartes se move dentro de um perímetro delineado por sua filosofia. A razão cartesiana, aceita em linha de princípio, é recusada por outro lado em curvaturas inéditas, que levam também a resultados por demais distanciados, e às vezes até contraditórios, com relação aos objetivos cartesianos originais.

Hobbes, Pascal, Espinosa, Leibniz — objeto deste capítulo —, todos eles participam daquela corrente que se costuma chamar habitualmente como racionalismo. Mas, ao mesmo tempo, parece que eles queiram atribuir características e funções específicas àquela razão cuja definição, em princípio, partilham com Descartes (e nos limites dessa consideração é legítimo incluir nessa nossa exposição também Pascal). O racionalismo moderno dá lugar, assim, a um leque variegado de perspectivas, que atestam sua complexidade. Giambattista Vico — o último autor deste capítulo —, em virtude da originalidade de seu pensamento, que tem sua inspiração também em outras filosofias mais antigas, parece também poder ser inscrito nessa perspectiva geral, também pela razão de que ele, através de uma inversão explícita de Descartes, abre caminho na direção de uma razão renovada e encarnada na história, antecipando horizontes que o romantismo, mesmo sem fazer referência a ele, irá levar a cabo.

2. Hobbes. A razão calculadora

Em debate direto com Descartes, mas também levando em conta uma continuidade intencional com a tradição inglesa, inclinada ao nominalismo e ao recurso à experiência, Thomas Hobbes[1] atribui à filosofia uma função de uma realização sem encanto de certezas em graus de orientar também a existência humana em sentido prático. Como Descartes, predispõe-se a deixar de lado todas aquelas opiniões que não são demonstráveis racionalmente; como Bacon e Galileu, no exercício da ciência, solidamente ancorada em mecanismos quantitativos, ele vê um poder de previsão utilizável não apenas no plano do conhecimento, mas também no plano ético-político. A razão é, pois, uma faculdade de previsão, que se exercita através de um cálculo bem ponderado da influência recíproca dos fenômenos que se tomam em consideração. Mas isso pode ser feito quando, prosseguindo e estendendo a visão mecanicista da natureza, propugnada pela ciência e confirmada por Descartes, se considera *toda a realidade como um gigantesco mecanismo* constituído de corpos naturais (estudados pela filosofia da natureza) ou artificiais (estudados pela filosofia política). Esses corpos agem entre si seguindo um plano materialista que regula acréscimos e diminuições, que podem ser medidos pela razão e que encontram resposta na experiência.

Como se vê, estamos diante de um *materialismo mecanicista*, no qual tudo é corpo e os corpos são uma individualidade que têm entre si uma relação mecânica de atração ou repulsão. O universo ordenado hierarquicamente da Idade Média parece ali estar esmigalhado numa multiplicidade atomística de individualidades e ao mesmo tempo invertido, uma vez que já não é possível haver ordem senão como ajustamento das pulsões materiais que regulam os corpos singulares, os quais não possuem nenhuma liberdade, compreendida como determinação livre do próprio querer. Apenas a razão mostra estar privada dessa redução materialista e mantém a função, já como em Descartes, de controle. E, no entanto, esse controle racional nada mais é que uma previsão dos possíveis resultados do encontro/desencontro dos corpos entre si. Isso deixa de lado todas as especulações filosóficas de tipo metafísico e todas as proposições da teologia. Nos confrontos da religião, Hobbes professa obediência, mas de forma puramente passiva. Como ele disse, aquelas verdades são como pílulas, salutares, é claro, mas que é melhor engolir que mastigar: "Os mistérios de nossa religião são como pílulas salutares que, se forem

---

1. Na qualidade de preceptor, Thomas Hobbes (1588-1679) estava a serviço do Lord Cavendish, com quem empreendeu diversas viagens para a França e para a Itália, no curso das quais conheceu Galileu e Gassendi. Por causa de seus posicionamentos antiparlamentaristas, teve de viver exilado em Paris e só foi ser reconhecido quando da restauração monárquica dos Stuart. Suas obras principais são *De cive*, *De corpore* e *De homine*, concebidas como partes de uma trilogia, e o *Leviatã*.

engolidas inteiras, tem o poder de curar, mas que, se forem mastigadas, são rejeitadas sem nenhum efeito".

No plano político, ou seja, em relação àquele corpo artificial que é constituído pela sociedade e pela sua organização estatal, tornam-se ainda mais evidentes as consequências implícitas nessa formulação metodológica geral. Os seres humanos são uma individualidade isolada, guiados cada um por um direito natural de usar seu próprio poder para manter e estender a si mesmo. Nessa condição, o conflito de uns contra os outros, o *bellum omnium contra omnes*, é inevitável, visto que cada um busca reafirmar sua própria vontade de domínio nos confrontos com os outros indivíduos. O homem se comporta inevitavelmente como uma besta feroz. *Homo homini lupus*, disse Hobbes, repetindo Plauto. Mas a razão está em plenas condições de prever o resultado universalmente destrutivo desse estado natural. Daqui nasce um pacto social no qual cada um, em vista de assegurar a sua própria sobrevivência, renuncia a seu poder próprio em favor do Estado (um corpo artificial, denominado Leviatã, nome tirado do monstro bíblico de que fala o livro de Jó).

Como resposta às desordens políticas que afligiam a Inglaterra do século XVII, que conheceu a sua primeira revolução de Cromwell, no ano de 1649, e a restauração da monarquia dos Stuart, no ano de 1660, Hobbes, baseado numa antropologia nitidamente pessimista, se apoia no absolutismo como única garantia para a paz e condição para colocar um freio em todos os instintos naturais do homem. Em certo sentido, estamos diante de uma utopia negativa, fundada no medo mais do que na esperança, mas que é mais fácil de ser implementada. O poder absoluto de um Estado como monstro sem vínculos, a não ser o vínculo de proteção da vida e dos bens de seus súditos, e que exerce o próprio poder graças ao terror que sabe incutir, é uma figura muito conhecida pela história e que teve diversas variantes. Que isso seja uma garantia para seus cidadãos, também foi negado repetidamente. Também a visão pessimista de Hobbes, portanto, não está livre de ilusões utopistas.

3. Pascal. A razão do homem

Perdoei aos outros terem pouco conhecimento das matemáticas, mas acreditava pelo menos encontrar muitos companheiros no estudo do ser humano, e que fosse esse o verdadeiro estudo que lhe é próprio. Enganei-me: esses são ainda menos em quantidade do que os que estudam as matemáticas. Só porque se é incapaz de realizar aquele estudo, procura-se qualquer outra coisa.

Em Pascal não vamos encontrar nenhuma subvalorização da razão, e, apesar das críticas oportunamente expressas a Descartes, não existe propriamente outro modelo de razão. "No pensamento — ele escreve — está a grandeza do ser humano". Apesar de sua fragilidade, que o torna comparável a um caniço agitado pelo vento e sujeito a ser amassado pelos elementos do universo, o ser humano possui uma superioridade inigualável, aquela que provém de ele ser "um caniço pensante". Mas, ao mesmo tempo, ele tem a consciência aguda de que a razão abstrata das ciências e sua aplicação à filosofia só consegue apreender uma parte muito limitada da realidade: "Dois excessos: excluir a razão, admitir apenas a razão".

A obra mais célebre de Blaise Pascal[2], os *Pensamentos*, que permaneceu em forma de fragmentos e que talvez por isso mesmo se tenha tornado ainda mais fascinante em sua eficácia figurativa, está postada na esteira daquela tradição de moralistas franceses, desde Montaigne (1533-1592) a Pierre Charron (1541-1603), que coloca novamente o interesse da filosofia no ser humano e, como ademais o próprio Descartes, não desdenha de fazer um percurso autobiográfico. Os *Pensamentos* têm a ambição de serem uma *Apologia da religião cristã*. E na verdade o são, mas libertos de qualquer caráter artificioso de controvérsia. Antes de tudo, eles constituem uma análise penetrante do ser humano, que mostra a natureza paradoxal, onde miséria e grandeza se misturam indissoluvelmente: "A grandeza do ser humano é tão evidente que pode ser inferida de sua própria miséria". "Todas as suas misérias atestam a grandeza: são misérias de grande senhor, de rei deposto". A apologia do cristianismo surge como reconhecimento de que só nessa religião o ser humano é compreendido em sua complexidade contraditória, e Deus é revelado em sua natureza mais íntima.

Assim, a introspecção antropológica de Pascal gera consequências de relevância filosófica absoluta: permite compreender a natureza contraditória

---

2. Blaise Pascal (1623-1662) foi encaminhado aos estudos científicos por causa de suas extraordinárias aptidões para a matemática (um dos resultados práticos disso foi a invenção da calculadora). A virada religiosa, amadurecida lentamente, se deu com uma conversão, vivida como uma iluminação profunda e uma experiência de graça. Ligado ao ambiente de Port-Royal (centro de estudos e também comunidade de espiritualidade intensa), defendeu as orientações jansenistas nas *Cartas provinciais*, nas quais colocou em discussão a moral laxista e legalista dos jesuítas. Nos últimos anos de sua vida, trabalhou numa grande *Apologia do cristianismo*, da qual restaram muitos fragmentos, postumamente publicados sob o título de *Pensamentos*.

e ambígua do ser humano; abre caminho para o reconhecimento do caráter paradoxal, mas justo por isso iluminante e revelador da religião cristã, destituindo a razão cartesiana, da qual lança mão, do trono solitário no qual fora empossada.

4. Pascal. Razão e coração

"Nós conhecemos a verdade não apenas com a razão, mas também com o coração. Neste último modo conhecemos os primeiros princípios; e o raciocínio que participa disso procura em vão impugnar a certeza". Contra os céticos, chamados por Pascal de pirrônicos, ele defende que "o conhecimento dos primeiros princípios — como a existência do espaço, do tempo, dos movimentos, dos números — é tão sólido quanto aqueles que perscrutamos com o raciocínio. E a razão deve apoiar-se sobre os conhecimentos do coração e do instinto, e ali fundamentar toda a sua atividade discursiva".

Como se vê, Pascal não nega o poder da razão (e seus interesses científicos e matemáticos demonstram-no de forma adequada), mas contesta sua exclusividade. Existe, então, o que ele chama de *esprit de géometrie*, caracterizado pelo fato de dispor de "princípios tangíveis, mas distantes do modo de pensar comum, aos quais é difícil lançar um olhar, por falta de costume, mas, por pouco que a mente se volte a eles, estes são plenamente percebidos. E só uma mente realmente avariada pode raciocinar mal sobre princípios tão tangíveis, que é quase impossível que se evadam". E aquilo que ele chama de *esprit de finesse*, onde "ao contrário, os princípios são de uso comum e disponíveis a qualquer um. Não é preciso virar a cabeça nem fazer violência. Basta ter vista boa, mas boa de verdade, pois os princípios são tão tênues e tão numerosos, que é quase impossível que algum não se evada. Mas basta omitir um único princípio para cair em erro: é preciso, então, ter uma vista muito límpida para perceber a todos, e uma mente reta para não raciocinar de maneira torta sobre princípios evidentes".

O coração é um sentimento que não é oposto à razão, mas é um ver a partir de razões que são diferentes daquelas da razão: "O coração tem razões que a própria razão desconhece". Contra a objetividade neutra do procedimento geométrico, o coração dá valor à importância do sujeito que conhece. É preciso ter a vista límpida e a mente reta; o conhecimento do coração supõe uma abertura do sujeito à verdade que tem também implicações morais. Essa é a razão por que, no fim das contas, Descartes aparenta ser "inútil e incerto". Todo o seu duvidar, invertendo-se em seu contrário, nada mais produz que uma presunção de certeza soberba. Ele não vê mais que a metade do ser humano; seu caráter paradoxal se lhe permanece inacessível. A razão cartesiana, agudíssima e refinada, é cega no que se refere aos princípios verdadeiramente primordiais, aqueles aos quais aderimos antes mesmo de raciocinar. Mas com isso ele perde a realidade e em especial a realidade finita do ser humano em seu emaranhado paradoxal de contradições (que é comprovado pela relação recíproca entre miséria e grandeza). Como toda a filosofia, Descartes é alternativamente pirrônico, ou seja, cético e dogmático. Com isso fica vedada a ele a verdadeira condição do ser humano, aquela pela qual "existe em nós uma incapacidade de demonstrar que não pode ser superada nem com todo o dogmatismo... e uma ideia da verdade que não pode ser superada nem com todo o pirronismo".

5. Pascal. Contradição do homem e paradoxo cristão

Com acentos que vamos encontrar, mesmo que com intenções distintas, em Nietzsche ("o homem é uma corda estendida entre o todo e o nada"), Pascal descreve a natureza do ser humano como uma posição intermediária entre o todo e o nada. Nessa posição intermediária, o homem é "igualmente incapaz de compreender o nada de onde veio e o infinito que o sorve". Então ele é "um nada em relação ao infinito, um tudo em relação ao nada, algo de intermediário entre o tudo e o nada", continuamente em uma condição de desproporção, que o torna em última instância "um mostro incompreensível". Ele é tanto crédulo quanto incrédulo, tímido e temerário; vive constantemente fora de si, em ocupações sérias ou frívolas, que na verdade têm a função de ajudá-lo a não refletir sobre sua própria condição, e, portanto, de diverti-lo, em sentido etimológico, ou seja, de dirigir seu olhar para outro lugar. Ele nunca vive no presente, sempre ocupado na recordação do passado ou na antecipação do devir. Assim, aquela coisa fragilíssima que é a vida lhe escorre por entre as mãos. Assim, como escreve ele, "jamais vivemos, mas esperamos viver e, sempre nos preparando para sermos felizes, é inevitável que jamais cheguemos a isso".

Só a religião, e mais especificamente o cristianismo, por ele vivido de forma rigorosa segundo o círculo de Port-Royal, pode trazer remédio a essa situação do ser humano. Também porque, com a doutrina do pecado original, oferece uma chave para compreender a condição decadente do ser humano, e depois porque, na figura de Jesus, somos conduzidos a um Deus, que é "o Deus de Abraão, de Isaac e de Jacó, não dos deuses dos filósofos e doutores", como recita o memorial, um pergaminho costurado na veste perto do coração, no qual Pascal transcrevera a essência de sua própria experiência de conversão. O Deus pascaliano não é um Deus acessível à filosofia, nem depende do saber do ser humano. Ele se esconde daqueles que o tentam e se revela àqueles que o procuram, visto que os seres humanos são concomitantemente indignos de Deus e capazes de Deus: indignos por sua corrupção, capazes por sua natureza primeira. Ele é, por isso, um *Deus absconditus*, um Deus que se esconde, mas também agostinianamente um Deus que, para aquele que se coloca verdadeiramente a sua procura, desde sempre tem sido encontrado. Basta que toda a humanidade daquele que procura se empenhe e permita atuar. Não pode ser alcançado com demonstrações e provas irrefutáveis, mas só com um gesto de liberdade, aquele implícito no célebre argumento pascaliano da aposta, segundo a qual vale a pena apostar na existência de Deus colocando em jogo a natureza finita da existência mediante uma aposta que é uma vida de beatitude infinita.

Inseridas na realidade cristã, as contradições do homem finito e pecador recebem luz, mas nem por isso diminui o paradoxo de uma finitude capaz de negar a sua dependência do infinito, reivindicando justamente aquela liberdade que é um sinal de sua relação com o infinito. Com sua doutrina de um Deus morto na cruz, o cristianismo acentua ainda mais esse paradoxo: "Aqui (como foi escrito[3]) se vê claramente como, no paradoxo, a razão é ao mesmo tempo expropriada e confirmada. Expropriada porque não pode avançar diante disso, diminuindo qualquer possibilidade de mediação... Confirmada porque não só o paradoxo é tal só *para* a razão..., mas também porque os paradoxos, justo em virtude de sua estrutura racional, exigem uma solução".

6. Espinosa. A razão necessária

Numa passagem do *De intellectus emendatione*, que foi publicado presumivelmente no ano de 1656-1657, Espinosa[4] descreve com forte acento cartesia-

---

3. CIANCIO, C. *Il paradosso della verità*. Torino: Rosenberg & Sellier, 1990, p. 90.
4. Baruch Espinosa nasceu em Amsterdã no ano de 1632 de uma família de judeus espanhóis. Levou uma vida retirada, devido também aos riscos de censura e de repressão que se opunham a seu pensamento (foi expulso da sinagoga por heresia); o *Tractatus theologico-politicus*, que foi publicado como anônimo, foi condenado pelas autoridades religiosas. Morreu no ano de 1677, e todas as demais obras do autor foram publicadas após sua morte. Dentre elas, recordemos a *Ethica* e o *Tractatus de intellectus emendatione*.

no o espírito de sua busca filosófica: "Depois que a experiência me ensinou que tudo que usualmente acontece na vida é fútil e vão, e vendo que tudo aquilo que era para mim causa e objeto de temor em si nada tinha de bem nem de mal senão enquanto meu ânimo fosse perturbado por isso, decidi-me então procurar se existiria um bem verdadeiro e comunicável, ao qual, abandonando tudo o mais, o ânimo se afeiçoasse, se houvesse, enfim, um tal bem, tendo-o uma vez encontrado e adquirido, eu pudesse fruir eternamente uma alegria suprema e contínua".

Como foi antecipado, o estilo é cartesiano e cartesiano é o modelo de razão a que recorre Espinosa, assim como o é a resolução de iniciar o próprio itinerário filosófico por uma decisão tomada na primeira pessoa. Mas a intenção que está atuando nesse escrito tem objetivos bem distintos. O interesse primário é conseguir a felicidade, e o eu, de onde se parte aqui, logo cessará de ter um papel decisivo; o interesse de Espinosa tampouco será fundar um saber científico, como aconteceu com Descartes. Sua obra maior, a *Ética*, deixa isso claro já no título. É bem verdade que ela é um escrito que contém também uma teoria do conhecimento e uma metafísica, mas essas não passam de graus necessários para aquela libertação do ser humano dos modos inadequados de conhecimento e de sua dependência passiva dos afetos que representam um empecilho à felicidade.

Como Pascal, Espinosa morre ainda jovem, e como ele morre sem ter publicado sua obra mor. Ambos, pautados na razão cartesiana, representam, porém, dois extremos opostos. Pascal descreve um ser humano atormentado pelas contradições e denuncia uma razão muito superficial para compreender que o paradoxo habita a finitude; Espinosa, ao contrário, pensa a finitude como um modo do divino, descreve-a perpassada de uma capacidade incansável de perseverar no ser, transforma-a num modo de ser do divino, partícipe, portanto, de sua felicidade e de sua perfeição.

7. Espinosa. A substância infinita

O ponto de partida do percurso de Espinosa não é o eu, mas a substância. Justo querendo chegar a uma evidência indubitável, como em Descartes, deve-se partir da única ideia que tem em si mesma a própria razão de ser e que por isso fica privada de qualquer dúvida. A substância é justo "aquilo cujo conceito não tem necessidade de outra coisa da qual devesse ser formado". Pensada assim, a substância é *causa de si mesma* (mas aqui a causalidade é compreendida em sentido imanente e não, portanto, como uma origem externa à coisa); é *coincidência entre essência e existência*, uma vez que, retomando a prova *a priori*, asseverada já por Descartes e antes dele por Anselmo, sua existência é derivada da essência; é *eterna, infinita, única*, enquanto não pode ser limitada por ninguém e de modo algum. A essa substância podemos muito bem atribuir o nome de Deus.

Invertendo completamente o ponto de partida cartesiano, já não parte aqui do *cogito*, que podemos considerar a prova ontológica mínima, pelo fato de defender essa também uma espécie de coincidência entre existência (do eu) e sua essência (*res cogitans*), mas parte da prova ontológica máxima de Deus. Toda a realidade deriva de Deus, certeza indubitável, liberdade suprema, que é necessariamente assim como é, substância na qual liberdade e necessidade coincidem perfeitamente. Com um movimento que nos lembra o neoplatonismo, mas que se reveste do formalismo matemático tão em voga naquela época, tudo provém de Deus, assim como, *more geometrico*, de uma definição derivam propriedades e de um teorema derivam corolários. Deus é a causa de tudo, mas não por ter produzido, através da criação, um ente que lhe é exterior, mas porque ele é a causa imanente de todo e qualquer ser. Nesse sentido, Deus se identifica com a natureza e com os entes da natureza (*Deus sive natura*), que nada mais são que expressão necessária da sua essência, são, pois, modos de existência daquela essência.

Essa medida de Espinosa tem o mérito de resolver radicalmente um dos problemas da filosofia cartesiana, o do dualismo das substâncias. Aqui a substância é una e única. Mas, visto ser infinita, Espinosa reconhece que se lhe devem reconhecer atributos infinitos. Na definição do filósofo de Amsterdã, um *atributo* é "aquilo que o intelecto percebe da substância como elemento constitutivo de sua essência". E, uma vez que a substância é infinita, as formas pelas quais o intelecto as percebe, mesmo referidas à mesma substância, podem ser infinitas. Na dependência de Descartes, porém, Espinosa elenca apenas dois desses atributos, o pensamento e a extensão, sem fornecer, outras exemplificações, o que não se torna muito convincente. Mas permanece fundamental o fato de que em cada atributo vem expressa toda a substância, segundo uma forma particular, que é relativa ao intelecto perceptivo.

Desse modo, reconfirma-se a coincidência entre unidade (da substância) e multiplicidade (dos atributos). Mas ainda falta demonstrar o fato de que a experiência nos coloca diante de uma multiplicidade diferente, aquele pela qual existem entes finitos, aos quais não parece ser possível, ao menos à primeira vista, atribuir as características da substância ou alguma de suas transformações, mas apenas uma determinação concreta e finita da mesma. O modo singular não é, portanto, necessário, visto que deve sua existência a outro, ou seja, à substância, mas os modos enquanto tais e em seu conjunto são determinações necessárias da substância, visto serem a autodeterminação eterna da substância na forma da existência. Diferentemente dos atributos, que recebem a essência da substância, e, portanto, são uma compreensão que respeita sua infinitude, mesmo que tomada segundo a multiplicidade, os modos são determinações finitas da substância, mesmo quando a determinação finita da substância está necessariamente implicada na coincidência nela entre essência e existência.

Também através do conceito de modo Espinosa busca sempre dar resposta ao mesmo problema, a saber, manter unida na identidade da substância na multiplicidade dos entes finitos. O que ele tem em vista é reconhecer no todo da realidade a presença operativa de Deus: tudo é Deus (*panteísmo*), ou pelo menos tudo está em Deus (*panenteísmo*).

8. Espinosa. O conhecimento adequado

A conciliação metafísica que Espinosa propõe entre substância, atributos e modos, ou seja, mais em geral, entre identidade e diferenças, é reproposta também e perfeitamente no plano do conhecimento. Como se sabe, são dois os atributos conhecidos por nós: extensão e pensamento. *Os corpos são modos correspondentes à extensão, as ideias ao pensamento.* Entre essas duas ordens pareceria se reproduzir o mesmo dualismo que encontramos em Descartes, mas, em vista da unicidade da substância, que já recordamos, não é esse o caso. Entre pensamento e extensão e entre os modos correspondentes existe um paralelismo perfeito, de modo que se pode afirmar que mente (ou alma) e corpo nada mais são que diversos modos para referir a mesma realidade, um que a considera como aquilo que percebe (mente) e o outro como aquilo que é percebido (corpo). A cada modificação do corpo corresponde uma modificação da alma, mas jamais através da influência de uma ordem na outra. O corpo é modificado por um corpo, a mente por uma mente.

Ora, é justamente essa diversidade estrutural dos atributos que constitui *um primeiro grau, inadequado, de conhecimento*. Quando a mente conhece através da percepção do corpo, tem um conhecimento que só pode ser confuso e que não pode ser modificado pelo fato de que o eu, pela via científica, disponha de um conhecimento mais adequado. Por mais que eu saiba qual é a distância do sol, a percepção de vizinhança que tenho através do corpo, quando ele me aquece, não pode ser modificada. Esse conhecimento depende da *imaginação* e é um conhecimento que não ultrapassa a opinião, e, como escreve Espinosa "é a única causa da falsidade". *Um segundo tipo de conhecimento, adequado e racional*, é o que não deriva de impressões ligadas ao corpo, mas que recolhe propriedades necessárias dos corpos, ou seja, as que Espinosa chama de *noções comuns* (que não coincidem com os universais da Idade Média, considerados antes ainda como eivados de subjetivismos). Cartesianamente falando, as noções comuns são noções indubitáveis, das quais se reconhece a evidência necessária. Daqui surge um *terceiro grau de conhecimento*, um saber *intuitivo* que conecta imediatamente a ideia de Deus com os elementos que constituem a realidade, "O conhecimento do segundo e do terceiro tipos é necessariamente verdadeiro", mas enquanto um ainda avança por passagens sucessivas, o outro "vê" intuitivamente o transcorrer de Deus em todas as coisas e de todas as coisas em Deus.

9. Espinosa. O amor intelectual de Deus

Assim, chegamos às últimas e decisivas passagens da *Ética*, aquelas que mais explicitamente justificam o título. Como vimos, existe uma única substância, que constitui a realidade inteira. E, no entanto, por um lado nós apreendemos sua essência apenas na forma da extensão ou na do pensamento (muito embora haja um paralelismo perfeito entre as duas ordens), por outro, a finitude pluraliza a substância única numa multiplicidade de modos. Como conciliar a doutrina metafísica da unidade da substância com a experiência empírica da multiplicidade dos modos? Já o vimos: através da distinção entre *conhecimento inadequado*, que se detém num aspecto singular da realidade, e *conhecimento adequado*, que apreende racionalmente o fundamento em Deus (segundo grau), instituindo, assim, inclusive essa presença operante do divino na natureza (terceiro grau). Na natureza tudo tem um devir necessário. Isso não significa, como observa cuidadosamente Espinosa, que haja uma coação. *Aquilo que é necessário não é coagido*. Seria assim se fosse alguma outra coisa a determiná-lo. Mas a substância se determina por si mesma, em seu próprio modo, ou seja, necessariamente. Aqui a necessidade coincide perfeitamente com a liberdade, porque essa necessidade não é determinada por nada de exterior.

Também no plano moral temos uma confirmação dessa perspectiva. Abandonada a concepção tradicional que distingue entre intelecto e vontade, Espinosa, seguindo um interesse largamente difundido no tempo, e do qual o *Tratado das paixões*, de Descartes, fora um exemplo excelente, se dedica a delinear um sistema geométrico das paixões, que considera dessa vez a vida não do ponto de vista dos graus de conhecimento (que dizem respeito à mente, ou seja, um modo de pensamento), mas do ponto de vista dos afetos (que dizem respeito ao corpo, ou seja, um modo de extensão). Cada vivente é perpassado de um esforço (*conatus*) que o impinge a reafirmar-se e que representa a sua tendência a persistir[5]. Essa força vital é decisiva para todas as paixões do homem. Quando elas produzem um aumento de potência do homem, são chamadas de *alegria*, quando ao contrário dão lugar a uma diminuição, são chamadas de *tristeza*. O amor e o ódio são uma alegria ou uma tristeza ligada com o reconhecimento de uma causa exterior que a produziu (em geral, uma pessoa).

O *conatus* é uma força imanente vital que perpassa toda a natureza; no ser humano se chama de *cupiditas* (desejo, anelo). Mas, na medida em que os afetos são percebidos passivamente, sem um conhecimento adequado, e são sofridos, então serão paixões. Nesse caso o homem é escravo delas; não é livre mas coagido. Quando nos elevamos a um conhecimento adequado, ou seja, percebemos a necessidade daquele esforço que perpassa toda a realidade, e nos eleva a contemplar seu princípio divino que tudo anima, então se alcança uma beatitude plena. O homem experimenta um *amor Dei intellectualis*; ele se eleva a um conhecimento de toda a realidade *sub specie aeternitatis* e liberta-se de qualquer coação exterior. Não é mais passivo, mas ativo. É justo no reconhecimento beatificante de que tudo é como deve ser, segundo a necessidade, que ele é plenamente livre.

10. Espinosa. Mapeamento do real

O fascínio espinosiano coincide perfeitamente com os limites de sua filosofia. Ele consiste na extraordinária capacidade de mapear de seu sistema

---

5. Pode-se perceber aqui um ponto de contato com a visão de Hobbes. Essa proximidade é reconfirmada pela análise política de Espinosa, sobre a qual não vamos nos deter aqui, que distingue ao modo de Hobbes entre estado de natureza e contrato social. Mas os resultados são distintos. Enquanto Hobbes, como vimos, defende o absolutismo, Espinosa propõe um poder democrático, porque nega que os cidadãos, que estão e se mantêm na origem do pacto social, possam alienar aos demais a sua própria liberdade, que é atestada pelo estado da natureza.

que, superando pelo menos aparente e intencionalmente o dualismo cartesiano, empreende uma descrição global e detalhada de toda a realidade, na qual cada elemento (substância, atributos, modos, unidade, pluralidade, graus de conhecimento, paixões e afetos, liberdade, necessidade etc.) encontra sua própria localização num quadro de positividade pacificadora mas não ingênua. Como num mapa perfeito, tudo é representado, vivificado inclusive através das cores que distinguem entre si mares, vales e montes. Tudo é explicado e desdobrado numa superfície plana que, *more geometrico*, representa Deus e o mundo.

Os românticos ficaram encantados e perceberam o caráter intimamente religioso dessa filosofia, mas também advertiram como essa imanência absoluta de Deus no mundo poderia, bem ao contrário, ser considerada uma forma de ateísmo. Mas, sobretudo com Hegel, foi denunciado também o limite intrínseco: a representação em mapa contém tudo, menos o movimento; falta, assim, a explicação da razão por que existe uma distinção entre o uno e o múltiplo e de como os múltiplos podem depender do uno. Para isso, Hegel irá inventar, como veremos, a dialética.

Assim, Espinosa se posiciona poderosamente na origem do moderno, não menos que Descartes. Na origem do moderno se posta também a ambiguidade espinosiana de uma imanência do divino na história, que pode ser interpretada tanto como religiosa quanto como ateia.

11. Leibniz. A razão suficiente

Podemos dizer, com um filósofo do século XX, Gilles Deleuze, que Leibniz[6] constitui a versão barroca do racionalismo. Utilizando a metáfora da dobra, Deleuze sugere que o racionalismo cartesiano e depois espinosiano, que avançam linearmente rumo a alcançar a certeza e a verdade — com o resultado, em Descartes, de um dualismo potencial e, em Espinosa, de um método geométrico — é substituído com Leibniz por uma visão de razão que busca acompanhar com certos desvios e certa sinuosidade a compreensão do

---

6. Gottfried Wilhelm Leibniz (1646-1716) enriqueceu com a cultura europeia sua permanência em Paris e em Londres. Ao retornar à Alemanha, assume o lugar de bibliotecário do duque de Hannover, assumindo funções políticas e administrativas, mas dedicando-se nos intervalos a uma intensa atividade de busca filosófica e histórica. No ano de 1700 fundou a Academia prussiana das ciências; no ano de 1711 foi nomeado conselheiro particular de Pedro, o Grande, e do imperador Leopoldo da Áustria. Dentre suas numerosas obras, recordemos as mais nitidamente filosóficas: *Discurso da metafísica, Novos ensaios sobre o intelecto humano, Ensaios de teodiceia* e *Monadologia*.

real. A razão leibniziana é realmente uma "razão suficiente", ou seja, uma razão que, diante da variedade do real, não se dirige tanto a alcançar verdades necessárias e autoevidentes, como *verdades* apodíticas da *razão*, passíveis de serem alcançadas num número limitado de casos, mas segue o *princípio da razão suficiente*, graças ao qual se nos torna possível compreender as *verdades de fato*. Essas, contingentes por natureza, têm, porém, uma razão em condições de explicar a razão por que e como surgiram. Que César tenha atravessado o Rubicão não é uma verdade de razão, visto que, logicamente, não se poderia excluir que ele não o tivesse passado, mas não é nem um acontecimento casual. Conhecendo Júlio César, sua história e suas ambições e a situação da Roma da época, é possível compreender e até prever os motivos daquela escolha. As verdades de fato têm razões que se tornam mais exigentes quanto melhor se conhecem as circunstâncias em que foram produzidas. À natureza humana, finita e limitada, se impossibilita um conhecimento exaustivo, e essas verdades mantêm sempre certo caráter de indeterminação, mas para Deus, cujo conhecimento é integral, essas verdades chegam ao limite da própria constringência das verdades de razão, sem que por isso se negue a liberdade de onde foram produzidas.

O princípio da razão suficiente, à própria época, se mostrava mais maleável e mais ambicioso que a razão originária cartesiana. Como as curvaturas do barroco, ele não mira a realidade, subdividindo-a nas substâncias opostas de matéria e espírito, nem dá primazia a uma representabilidade gráfica como aquela dos eixos cartesianos. Ela *confirma a realidade* e a acompanha em suas determinações volúveis e múltiplas. De certo modo, porém, essa razão se torna até mais ambiciosa, pois tem em vista um caráter de inclusão ainda mais ampla, a ponto de não se deter na indagação de nenhum tema. Ademais, tudo isso corresponde perfeitamente à biografia de Leibniz, filósofo e cientista, matemático e historiador, cristão e homem do mundo, bibliotecônomo e diplomata. Com uma genialidade extraordinária, ele se ocupou de praticamente tudo e produziu descobertas significativas em todos os campos. Ao mesmo tempo moderno, por suas buscas científicas, e antigo, por seu ideal de um saber único e harmônico, ele empenhou sua razão para alcançar uma harmonia superior no contexto de um universo — o moderno — onde se tornava cada vez mais predominante o pluralismo. Enquanto a razão cartesiana é uma razão que controla e, portanto, também exclui (de onde surge a polêmica de Pascal) e a de Espinosa compreende tudo, mas ao preço de uma representação exclusivamente geométrica, a razão leibniziana confirma as dobras da realidade e desse modo as justifica.

Fica fácil compreender como, a partir daqui, foi possível nascer um quadro otimista da realidade. Se a razão consegue seguir a realidade mostrando as razões que lhe deram a forma que ela tem, é plausível concluir, como faz realmente Leibniz, que esse é *o melhor dos mundos possíveis*. A propósito dessa posição, Voltaire irá ironizar aquilo que lhe parece ser um fechar os olhos diante das imperfeições do mundo. E, de resto, em sua Teodiceia (um termo introduzido por ele) não deixou de esboçar no cenário teológico uma justificação que argumenta em favor da justiça do operar divino, mesmo com a presença da realidade inegável do mal no criado. Talvez seja interessante observar que Leibniz, mesmo que num contexto geral irênico, não nega os limites da finitude, nem o mal. É como consequência de sua concepção de razão (e não de um otimismo preconcebido) que o real é justificado assim como é. Esse é o melhor dos mundos possíveis: a função da razão, no fundo de caráter espinosiano, não é julgar mas compreender. Ora, um mundo pior não corresponderia àquele impulso inexaurível rumo ao melhor que, como veremos com mais precisão na próxima parte, dirige a realidade, enquanto um mundo melhor que este excederia as virtualidades concretas de que este dispõe.

12. Leibniz. A mônada: virtualidade e representação

No final da parte precedente nos deparamos com a expressão "virtualidade". Foi anunciado, assim, um tema que agora será preciso articular melhor e que constitui a segunda diferença fundamental de Leibniz com relação aos grandes autores do racionalismo. O modelo cartesiano havia difundido uma concepção mecanicista, determinante para a física, mas influente também no âmbito metafísico. Espinosa a havia substituído pelo modelo geométrico. Mas em ambos a substância é definida com base em seus atributos e mais precisamente com base no fato de que esses atributos lhe pertencem necessariamente, como acontece para as verdades da razão, ou apenas acidentalmente, como acontece para a verdade de fato. Mas nessa perspectiva só no caso de uma revelação substancialmente tautológica (como quando se afirma que o triângulo é a figura geométrica que possui três lados) subsistirá de verdade uma relação entre substância e atributos. Em todos os demais casos a relação mostra ser totalmente casual, e entre substância e atributo vige a estranheza. Consequentemente, a essa visão se segue o solipsismo de

Descartes, que determina com certeza o eu, mas deixa-o vazio de conteúdos que o singularizem, a não ser na forma de ideias que são um modo de o eu representar o mundo.

Leibniz procede de maneira completamente diversa. *Entre substância e predicado existe uma relação virtual*. Os predicados não são etiquetas que podem ser coladas a qualquer sujeito, mas são expressões de uma potencialidade inscrita no sujeito. Eles não podem ser pensados independentemente de sua inerência a um sujeito. Para dar um exemplo, o predicado "vencedor de Dario" não é uma etiqueta disponível para qualquer uso, mas é o predicado da substância individual Alexandre Magno, ao qual pertence com base no princípio de razão suficiente. Aquilo que existe em primeira mão, portanto, são as *substâncias individuais*, que Leibniz chama de *mônadas*, absolutamente distintas entre si e definidas pelos atributos que a elas inerem. Mas essa inerência é virtual, no sentido de que é fruto de um processo, de uma liberdade, da qual dispõe a mônada.

Todo o universo está composto de mônadas, que contêm em seu interior virtualmente as etapas de seu desenvolvimento e com graus de consciência infinitamente variados. Na mônada, que, como escreve Leibniz, "não tem janelas", tudo está contido: os gérmens da própria história e a própria percepção do mundo. A mônada, a seu modo, é "um espelho do universo", "uma máquina da natureza", "um corpo vivente", obra da arte divina, uma substância individual que em seu interior reproduz infinitamente o mundo, e onde cada mundo contém, por seu turno, mundos infinitos, como "um jardim cheio de árvores e como um lago cheio de peixes, no qual cada galho de árvores e cada membro do animal continua sendo um tal jardim e um tal lago".

No mundo tudo é individualidade e cada individualidade é uma *forma substancial*, dotada de força, de atividade, e capaz de desenvolver as suas próprias potencialidades. A mônada, enquanto forma e força, é um princípio espiritual, mas nem por isso tem o caráter de uma transparência perfeita, segundo o modelo da razão cartesiana, que discrimina entre clareza e distinção, de um lado, e confusão, do outro. Nela, existem realmente infinitos graus de percepção, que vão desde as percepções insensíveis até a percepção clara. Como o rumor das ondas do mar, que percebemos distintamente, é composto dos rumores indistintos e insensíveis de cada gota, assim a mônada contém diversos graus de percepção. E os mais distintos são precisamente os que habitualmente identificamos com a matéria. Nem tudo que percebemos o percebemos de fato também conscientemente, ou, como disse Leibniz, o apercebemos. Mas entre esses graus de percepção existe uma continuidade fundamental. A natureza, em seu operar, realmente não dá saltos.

13. Leibniz. Unidade como harmonia preestabelecida

A visão leibniziana faz contraponto a Espinosa, mas partilha com ele de diversos elementos. Como ele, refuta o radicalismo cartesiano que rompera com a tradição, imaginando poder transformar os conteúdos transmitidos por ela em *tabula rasa*. Em Espinosa é inegável constatarmos um eco neoplatônico, em Leibniz vemos retornarem fórmulas que derivam da filosofia aristotélica. A intenção comum é, pois, alcançar uma razão em condições de compreender. Mas a partir desse ponto os caminhos se dividem, porque em Leibniz é muito clara a consciência da necessidade de uma atualização do pensamento às premências de um mundo que se apresenta profundamente modificado. Por isso, ele não deixa de dialogar com as ciências, mas no espírito clássico de uma academia das ciências (das quais se torna promotor), onde vige o ideal de um diálogo entre os saberes. Nem desdenha o confronto com o empirismo de Locke, na convicção de que é preciso acolher os exemplos, mas corrigindo-lhes a unilateralidade. Nesse espírito, responde aos *Ensaios sobre o intelecto humano*, de Locke, com *Novos ensaios*, que repropõem a teoria do inatismo, mas com a variante de considerá-lo não como um processo *a priori* de verdades imutáveis, mas como uma potencialidade, essa sim inata, capaz de um processo infinito. Assim, Leibniz se esforça para compatibilizar o método dedutivo e o empirismo, atualizando no moderno, sem rupturas, princípios antigos. Sua reforma é reforma da razão, para que abandone toda unilateralidade e para que a disponha a compreender também as novidades que intervieram na história. Ademais, em todo e qualquer âmbito ele trabalha para a superação de divisões, defendendo a necessidade de uma reconciliação das Igrejas. *Sua estrela polar são a harmonia e o equilíbrio.*

Observando-se bem, percebe-se que sua estrutura geral reflete esses princípios. A substância individual é uma mônada que contém todo o universo, é um espelho contracto. A história é um processo no qual em cada momento inclui, no fundo como a mônada, ao mesmo tempo a herança do passado e os desdobramentos futuros. Tudo encontra seu próprio cumprimento dentro de si mesmo, mas cada coisa, que contém, por sua vez, o todo, está em consonância com todas as demais. Como num maravilhoso mecanismo vivente, cada parte é completa e autossuficiente, mas também completamente consoante com as demais. O mundo foi construído pela sabedoria divina de modo a encontrar correspondência perfeita em cada elemento singular, sem necessidade de que haja intercâmbio algum entre as partes (segundo Leibniz, como relógios que funcionam bem, os quais marcam todos a mesma hora, sem necessidade de relação entre eles).

Novamente no sentido espinosiano, a filosofia deve compreender isso tudo sem julgamentos. Diferentemente de Espinosa, para fazer isso precisa ampliar seu próprio conceito de razão, tornar-se simples razão suficiente, capaz de mostrar a lógica que governa o desenvolvimento das virtualidades. Desse modo, pensa Leibniz, o limite do finito se amplia até alcançar a sua capacidade de atingir o infinito. É dentro dessa lógica que, ao Leibniz matemático, autor de máquinas maravilhosas para o cálculo, se desenvolve a ideia do cálculo infinitesimal, ou seja, uma lógica de cálculo que, levando em conta o próprio limite, consegue exibir um processo numérico contínuo e indefinido[7].

14. Vico. A razão invertida

A autobiografia redigida entre os anos de 1725 e 1728 por Vico[8], na forma rasa de um relato, contém os testemunhos talvez os mais explícitos de uma inversão da formulação cartesiana. Nas primeiras páginas, Vico escreve efetivamente, referindo-se a Descartes: "O senhor Giambattista Vico nasceu em Nápoles em 1670 [a data está errada!], de pais honestos...; quando menino, foi brincalhão e inquieto...; mas, com a idade de sete anos, caiu do alto batendo com a cabeça no chão...; sangrou muito; o médico, tendo visto o crânio rompido e considerando sua exaustão, fez um presságio de que ele morreria ou então sobreviveria como um tolo... Com tal desesperança, foi afastado dos estudos e ficou um ano e meio divagando. Aqui, não se fingiu como fez astutamente René Descartes quanto ao método de seus estudos, para dedicar-se apenas à sua filosofia e matemática e derri-

---

7. Os últimos anos da vida de Leibniz foram amargurados por causa de uma longa controvérsia travada com Newton a respeito da paternidade do cálculo infinitesimal, que ele havia descoberto independentemente de Newton, mesmo que depois dele.

8. Giambattista Vico (1668-1744), depois de ter passado nove anos no castelo de Vatolla no Cilento, transferiu-se para Nápoles, onde levou uma vida bastante obscura e eivada de preocupações financeiras. Dentre suas obras recordemos *Princípios de uma nova ciência acerca da natureza comum das nações* (a mais importante), *De nostri temporis studiorum ratione*, *De antiquissima Italorum sapientia*.

bar todos os demais estudos que compõem a erudição divina e humana; mas, com uma ingenuidade própria de um historiador, será narrada, passo a passo e com franqueza, a série de todos os estudos de Vico, para que se conheçam as causas naturais e próprias de ter se tornado um literato assim e não de outro modo".

Como observou um alemão estudioso de Vico, Jürgen Trabant[9], é intenção clara de Vico repetir aqui o exórdio autobiográfico cartesiano, mas com um significado invertido. Como fez Descartes, trata-se de uma biografia; mas ao contrário de Descartes, que introduz a primeira pessoa como figura determinante da filosofia, aqui é um relato na terceira pessoa, até impreciso quando cita a data de nascimento, para mostrar que a subjetividade do eu é irrelevante. Como ele, deu-se aqui um abandono dos estudos, mas não como fingimento e com o objetivo de exaltar seu próprio método, mas sim por enfermidade. Como ele, um indivíduo, mas não ao modo da subjetividade cartesiana, a de um indivíduo tomado como uma cifra universal (cada um de nós pode ser o eu penso de Descartes), mas, ao contrário, com lugar e data de nascimento, parentes concretos e um empenho humano que se inicia com os riscos próprios de uma queda feia. Como ele, voltado à reflexão e à leitura tríplice de um texto para compreendê-lo bem, segundo um preceito cartesiano muito conhecido, mas retirado ao campo, e não apaixonado pela cidade, portos e tráfegos. Como ele, atento ao que é novo (a *Ciência nova* é o título de sua obra principal), mas sem romper com a tradição (seus mestres são prevalentemente os clássicos: Tácito, que contempla o homem como ele é; Platão, que o descreve "como deve ser"; Bacon; Grócio). Como ele, Vico alcança elaborar o princípio fundamental de sua filosofia depois de uma "longa e densa noite de trevas"; mas seu objetivo não é vencer a dúvida, mas reconhecer "que o mundo das nações gentias foi feito certamente pelos homens", ou seja, o reconhecimento de que o verdadeiro deve ser procurado naquilo que foi criado pelo homem. Como ele, enfim, retirado e dedicado à pesquisa, mas não na solidão de um quartinho pouco aquecido, mas entre "os domésticos barulhentos e conversando com os amigos", como repete por duas vezes.

Em suma, um anti-Descartes, mas que, com René, como ele o chama habitualmente com familiaridade, tem muito em comum, mesmo advertindo e denunciando sua insuficiência radical.

---

9. TRABANT, J. *La scienza nuova dei segni antichi. La sematologia di Vico.* Bari: Laterza, 1996.

15. Vico. *Verum et factum*

O princípio capital da filosofia de Vico é *"Verum et factum convertuntur"*, ou seja, o verdadeiro e o fato estão em relação de reciprocidade. Esse princípio, que Vico credencia citando Terêncio e Plauto, abre na verdade uma concepção de filosofia completamente nova (e também, por muitos aspectos, próxima das teorias científicas de Bacon e de Galileu, para não falar dos filósofos empiristas, além de Hobbes, o qual justificava assim o interesse pelas instituições políticas, das quais somos os autores). Enquanto a concepção racionalista da razão derivada de Descartes se dirige a uma compreensão da verdade como exercício principal do pensamento, aqui a *verdade vem junto com o fazer*. Segue-se que a verdade não reside no conhecimento especular de uma ordem que subsiste por si, mas só pode ser atingida naquela ordem da qual o sujeito cognoscente é também o autor. Sabe-se que a novidade que deriva dessa concepção é reivindicada por Vico (basta pensar no título *Ciência nova*). Em vez de fatigar-se em vista da realidade da qual não somos os autores — basta pensar na natureza, que a física consegue compreender, mas só à medida que, através dos experimentos, ela a faz falar uma linguagem humana dos números —, é preciso, antes, dedicar-se ao vasto mundo do qual a humanidade é a autora direta: a história, a língua, a cultura. Como ensinou muitas vezes a filosofia, se *scire est scire per causas* (conhecer é conhecer por meio das causas), é a esses territórios que precisamos voltar nossa atenção, visto que o homem é a causa deles.

O princípio da correspondência dupla do verdadeiro e do fato tem uma consequência ulterior, ademais, de certo modo implícita no horizonte dos temas a que é aplicado. A verdade é um princípio ativo, produz fatos, supõe não o processo solitário da contemplação mas uma comunicação.

Como não é difícil de observar, também aqui nos encontramos diante de uma inversão de Descartes. Em lugar de uma filosofia preocupada em produzir certezas e votada a possibilitar a construção de um universo científico mecanicista, mas pouco interessada em apresentar razões dos produtos da cultura e da história, Vico volta-se aos *temas da linguagem*, do *mito*, do sentimento e às leis que regulam o devir da *história*. Como fizeram os empiristas, ele não abandona uma ambição metafísica e, pelo menos quanto a esse aspecto, se posiciona dentro da grande corrente aqui considerada, mas sugere uma revisão profunda da razão de que se deve lançar mão. O princípio do *verum factum* não interliga apenas de modo concreto a razão à experiência daquilo que foi feito, mas mede também a razão segundo sua capacidade de iluminá-lo. A necessidade de integrar *filosofia e filologia*, que em sentido extensivo devem ser compreendidas respectivamente como a *ciência que pesquisa o verdadeiro* e a *ciência que pesquisa o certo*, ressaltada diversas vezes por Vico, é compreendida na dupla direção de uma filosofia que não evita de um lado o confronto com dados de certeza e, do outro, com certezas factuais suscetíveis de serem compreendidas não como simples pontos fixos, mas como elementos que contêm um sentido oculto. No mais, a história só pode ser narrada com base em tal pressuposição, a saber, aquela em que, nos fatos esteja contida uma verdade que está sob a responsabilidade da razão.

16. Vico. A ciência nova

Vico apresenta quatro definições sobre a ciência nova. Ela é, antes de tudo, *metafísica da mente humana*. O homem não criou a si mesmo, e, portanto, não pode se compreender como tal, mas o homem produz a história, a qual, portanto, pode ser compreendida a partir da estrutura da mente humana.

Em segundo lugar, é *história ideal eterna*. De fato, se a metafísica da mente humana descreve balizas constantes do agir humano, essas assumem um significado filosófico só porque delas se pode deduzir uma história ideal eterna, ou seja, ideias que, pelo fato de acontecerem em lugares distintos e sem nenhuma comunicação entre si, podem ser tomadas como leis dos acontecimentos. Essa história ideal eterna nos assegura que aquelas balizas constantes deveriam, devem e deverão continuar a ter validade.

A lei de Vico dos *três estados*, que ilustra essas duas definições, foi modelada, pois, a partir de uma disposição constitutiva da humanidade. Como escreve ele: "Primeiramente, os homens sentem sem se darem conta, depois se dão conta com ânimo perturbado e comovido, e por fim refletem com mente pura". Liga-se a isso a distinção entre *idade dos deuses*, onde a religião desempenha uma função reguladora da sociedade; *idade dos heróis*, onde o direito está fundamentado na força dos senhores, e *idade dos homens*, onde o direito humano "é ditado pela razão humana totalmente desenvolvida".

Em terceiro lugar, a ciência nova é *filosofia da autoridade*, ou seja, saber mensurado em tudo aquilo que na história ganhou crédito e se conservou na tradição.

E por fim é *teologia civil da providência*, ou seja, individuação, em nível de sociedade, daquela sabedoria providencial sem a qual os seres humanos estariam expostos à pura dispersão e "sobre a qual — como diz Vico — avançam as histórias de todas as nações em seu surgimento, progressos, estados, decadências e fins"; "depois buscam o que é útil; junto com isso descobrem o cômodo; mais à frente se comprazem com o prazer; então se entregam ao luxo; e finalmente endoidecem desvirtuando as substâncias". Ou, dito de outro modo, "a natureza dos povos é primeiramente tosca, depois severa, em seguida benigna, na sequência delicada e finalmente dissoluta". Confiado apenas a si mesmo, portanto, o homem, progredindo na história, acabaria causando sua dissolução. A ordem providencial que opera na história é, ao contrário, a garantia de que se encaminham para o bem mesmo as escolhas negativas. Com uma *heterogênese dos fins*, a intenção egoísta do homem é redirecionada para o bem, e o progredir permite não uma dissolução mas um progresso. A história, como lugar da verdade feita pelo homem, tem assim a própria garantia última num princípio transcendente, na providência.

17. Vico. Mito e sabedoria poética

Até o momento vimos dois aspectos da filosofia de Vico: sua inversão da razão cartesiana e um novo interesse pela história. Trata-se de elementos interligados; isto porque só uma razão mais maleável e complexa está em condições de mensurar-se com os fatos da história e perceber ali o valor de verdade. O isolamento de Vico, por outro lado, leitor assíduo de todos os seus grandes contemporâneos e predecessores, dos quais discute suas teorias em várias ocasiões, depende em parte da posição geográfica (o reino de Nápoles) e acadêmica (uma cátedra de retórica), mas também pode ser devida à lateralidade de seus interesses a respeito das correntes dominantes da época. Ele também, como outros, enfrenta a questão política e dá bastante importância aos métodos da ciência, mas, como foi dito, seu interesse está voltado aos legados da história. Na verdade, esses legados são particulares. Para Vico, a história não é constituída pelas batalhas, nem por seus líderes, mas pela linguagem, pelos mitos, pelas leis; *a história é a sabedoria ou a cultura assim como elas foram se depositando no tempo* e o caracterizaram. Embora às vezes o material que ele vai recolhendo seja desordenado, é, porém, sempre estimulante e enorme; seu estilo é barroco e em sua universalidade transparece sua ambição. Entre esse material, o que ainda hoje se mostra atual é a atenção dedicada ao mito e à sabedoria poética.

Como vimos, a primeira humanidade é a idade do sentido e da fantasia. Mas nem por isso está privada de sabedoria. Os humanistas perceberam isso, e Vico irá retomá-los; a tradição grega também o sabia. Mas com *sabedoria poética* não se entende — e essa é a novidade específica introduzida por Vico, que será retomada mais tarde pelo romantismo — o revestimento poético, mitológico ou religioso de uma verdade que, depois encontraria a expressão mais adequada na formulação racional, mas *um modo específico de ser em relação à verdade*. A poesia, traduzida em prosa, empalidece a própria verdade, assim como aconteceria com o mito ao ser reformulado conceitualmente. Existe, pois, um verdadeiro que só pode ser percebido quando se respeita a forma na qual foi expresso. Mais adiante, iremos falar de caráter tautegórico do mito, nesse mesmo sentido é polemizando com as tentativas de transformar o mito em logos.

Essa perspectiva traz consigo algumas outras consequências importantes, primeiramente uma valorização clara da linguagem poética. Reconhece-se à poesia, como forma originária e natural de expressão, uma força reveladora extraordinária. Na poesia, o verdadeiro é dito segundo uma modalidade, privada de finalidades práticas e instrumentais. Ademais, a própria linguagem, como mostra, pois, essa sua origem poética, não tem um caráter meramente funcional. Nos povos primitivos isso é um modo de interpretar a realidade, considerada como um povo animado. Ali não se deposita apenas um sentimento individual, mas se alcança, na forma imaginativa que é própria da humanidade primeva, um universal verdadeiro e próprio. São esses os *universais fantásticos* de que está eivada a história: figuras míticas que encarnam um sentimento e um caráter universal (a coragem, a sabedoria). O modo de ser próprio desses universais fantásticos é ser um particular que faz as vezes de modelo universal. Eles não são fruto de um processo que concentra propriedades comuns num único indivíduo, mas a definição de uma individualidade com base em sua exemplaridade. Assim, não é lícito chamar-se sábios se não se é como foi Hermes Trismegisto, nem corajoso se não se é como Gofredo, de que fala Tasso.

Como foi dito, Vico cria uma espécie de *linguistic turn*, no sentido de que introduz, junto com a *res cogitans* e a *res extensa* cartesianas, uma *res linguistica*, cuja função é fazer a intermediação entre as duas outras. A linguagem é sinal, e os sinais têm uma natureza múltipla: a palavra escrita, a palavra falada, a imagem. Esses sinais são manifestações de verdade, dão origem a ditos que assumem uma autoridade histórica, constituindo-se em pontos de orientação, servem de substrato para a constituição de um senso comum e servem à comunicação. A linguagem, que com o tempo vai adquirindo elementos de convencionalidade, em sua origem, porém, não é algo convencional. E essa é a razão que a torna assim tão preciosa para a filosofia. Ela assume na verdade não só uma função comunicativa, mas, antes mesmo, uma função de revelação.

Qual experiência?

1. Locke. Crítica da razão

Seria ingênuo pensar que o empirismo, do qual Locke[1] foi o primeiro expoente moderno, mas que, como veremos, encontrou sua continuação em Berkeley e Hume, constitui simplesmente um modo de definir a função da filosofia como oposto e complementar ao racionalismo. Mesmo dentro dessa corrente filosófica, o ponto de partida preliminar é a análise da razão. As edições sucessivas do *Ensaio sobre o entendimento humano* evidenciam isso inclusive em seu título, que se refere ao entendimento e não à experiência. Colocando-se dentro da tradição consolidada, Locke se pergunta quais são as possibilidades do conhecimento humano e em especial quais as capacidades e os limites do intelecto, que nessa tradição podem ser consideradas como sinônimo de razão. Mas sua abordagem é crítica, ou seja, consciente dos limites das possibilidades humanas de alcançar verdades abstratas universalmente reconhecidas. Antes de se aventurar em discussões que acabariam sendo estéreis, documentando prevalentemente a índole diversificada dos interlocutores, é importante um exame crítico preliminar da faculdade humana de conhecimento. Nesse sentido, ele escreve na *Carta ao leitor*, com

---

1. John Locke nasceu em Wrington no ano de 1632, formou-se em Oxford, dedicou-se aos estudos de medicina e de filosofia. Participou ativamente das questões políticas de sua época; obrigado a refugiar-se na Holanda, porque fora acusado de participar de um levante contra Carlos II (1683), com a chegada da monarquia parlamentar de Guilherme de Orange, no ano de 1689, retornou à sua pátria, onde publicou *Carta sobre a tolerância*, *Dois tratados sobre o governo* e o *Ensaio sobre o entendimento humano*, que muito contribuíram para o prestígio do autor, considerado o expoente máximo do novo regime liberal. Mas esse prestígio não irá lhe poupar acusações e polêmica, por causa de suas ideias sobre religião, expressas em *A razoabilidade do cristianismo*, de 1695. Locke morreu em Oates, Essex, em 1704.

uma referência de teor biográfico: "Tendo-se reunido cinco ou seis amigos meus em meu escritório discutindo argumentos bastante diferentes do objeto presente, logo nos encontramos num beco sem saída...; e, depois de diversos esforços sem conseguir avançar para uma solução..., me veio a suspeita de que teríamos adotado um procedimento equivocado; e que, antes de nos dedicarmos a buscas daquele tipo, seria necessário examinar as nossas faculdades e com quais objetos nosso intelecto estaria apto a tratar e com quais não o estaria".

Já não nos encontramos diante do procedimento cartesiano da dúvida, exercido, enfim, na busca de uma certeza indubitável, ou seja, de uma dúvida que diz respeito ao modo de operar da razão, sem colocar em discussão sua capacidade de constituir um fundamento sólido da verdade, mas sim de uma indagação preliminar que busca *assentar em que e dentro de que limites* se pode confiar na inteligência humana como faculdade cognitiva. Por certos aspectos, trata-se de um procedimento menos radical (não se duvida de tudo, como queria Descartes), mas com consequências realmente mais extensas.

É nesse ponto que se dá realmente a *virada empirista*. Dois são os casos então: ou o intelecto contém dentro de si, de forma inata, verdades universais não passíveis de contraposição, e então é nisso que devemos mensurar o acerto da verdade, como sustentam os racionalistas com versões diversificadas, ou então o material sobre o qual trabalha o intelecto tem outra proveniência, vem da experiência e é sobre essa argumentação que são validadas criticamente as ideias da razão. A Locke parece indiscutível ser este o caminho correto a ser tomado e que, então, seja necessário referir-se à *experiência* como um critério que exclui do campo da verdade elementos alcançáveis que não provenham da mesma — numa espécie de navalha de Ockham. O inatismo é realmente refutado pela experiência. Não há ali nenhum princípio que seja verdadeira e universalmente reconhecido, nem os de identidade ou de não contradição. Grande parte da humanidade não conhece nem aplica esses princípios, como mostram suficientemente as crianças e os idiotas, e como confirmam os diários de viagem junto aos povos primitivos. É preciso, então, concluir que as *ideias*, todas elas, são *adventícias*. São, mais precisamente, aquilo que a mente recebe e reelabora através das experiências externas.

O grau de certeza das ideias é medido, pois, em sua origem, uma origem que, tendo excluído todo e qualquer inatismo, não pode ser buscada a não ser na experiência. A nossa mente funciona como uma tabula rasa (*a blank slate*), na qual se imprimem as impressões provenientes da experiência. Da *sensação* surgem as que Locke chama de *ideias simples*. Trata-se de ideias indubitáveis, em relação às quais o intelecto é totalmente passivo e que não podem ser apreendidas nem comunicadas a não ser referindo-as à experiência que as gerou (por exemplo, uma cor, um sabor, uma sensação específica). Sobre esse material nosso intelecto constrói ativamente, mediante as *reflexões*, as que são chamadas *ideias complexas*. Observe-se, porém, que o poder de nosso intelecto é limitado. Locke o compara com uma vela, que consegue produzir luz, mas apenas num raio circunscrito, ou a uma sonda, que lançada ao mar não mede a profundidade, mas permite que o leito não ofereça perigo para o casco. Como critério geral, podemos dizer que a operação de reflexão que conduz à elaboração de ideias complexas se torna tanto mais adequada quanto mais se limita a combinar ideias simples entre si. Para dar um exemplo, quando se chama um homem de marido, ultrapassa-se obviamente a sensação imediata que o apresenta como homem e se complica essa ideia simples com uma ideia de *relação* (ou seja, com uma mulher, que é chamada de esposa). Nesse caso, a relação está ancorada na experiência e se limita a ligar duas ideias em si simples. Se, ao contrário, se combinam duas ideias simples instituindo uma relação à qual a experiência não dá resposta (como com a ideia de centauro), temos uma ideia que é produto da pura imaginação.

As ideias complexas de *modo* conjugam ideias simples sobre a base de uma modalidade que as torna unidas. Assim se dá, por exemplo, com os números ou com as ideias gerais úteis à formulação de um juízo moral, como a ideia de furto ou de homicídio. Quanto mais próximas da experiência permanecerem essas ideias, tanto mais garantidas, supondo-se que a analogia que se identifica não se confronta com uma substância comum verdadeira e própria (como tal, não passível de experiência). O último tipo de ideias complexas são, pois, as ideias de *substância*, da qual fazemos uso quando designamos com o mesmo nome objetos singulares e falamos para todos de maçã ou de montanha etc. Nessas coisas, as ideias nos são úteis para nos orientarmos quando nos mantêm próximos da experiência, mas tornam-se perigosas e fonte de ilusão quando se consideram as substâncias como coisas em si, em referência às quais se buscam elaborar teorias metafísicas que não têm relação com uma experiência possível.

A partir daqui, fica fácil compreender a importância sempre maior que assume a linguagem em Locke, importância que será confirmada em quase todas as filosofias que se pautam no empirismo. Justamente no terreno da linguagem se manifestam concretamente aqueles erros que afetam nosso conhecimento. Não podemos, pois, confiar num caráter "natural" da linguagem que atribui a cada coisa uma palavra correspondente. Não podendo pressupor um liame originário entre as palavras e as coisas, pode-se admitir que a função da linguagem não é revelar uma presumível natureza de uma coisa, mas designar a ideia que nosso intelecto fez para poder comunicá-la. Assim, a *linguagem* tem um *caráter convencional* e uma *função comunicativa*. Mas essa ideia incorre sempre no risco de que a formulação linguística com que revestimos a ideia acabe sendo totalmente subjetiva e favoreça o mal-entendido mais que a comunicação. É preciso, então, estar muito atentos na utilização da linguagem e purificar seu uso, recorrendo com cuidado à razão natural.

Para alguns aspectos, a posição de Locke remete certamente a direcionamentos precedentes do tipo empirista e nominalista, já presentes na filosofia medieval e difundidos sobretudo na região anglo-saxã. Ela recolhe também no intelecto aquela distinção entre qualidades primarias ou intrínsecas e qualidades secundárias ou subjetivas, nas quais trabalhara a ciência, por exemplo com Galileu. O mundo externo age no intelecto através da sensação, que gera a ideia simples (e esses são os elementos primários que derivamos da experiência), enquanto, através da reflexão, a reação do intelecto gera as ideias complexas. Assim, uma espécie de radiografia do intelecto consegue nos fornecer criticamente (e nisso temos uma antecipação daquilo que vamos ler em Kant) as garantias de um saber adequado e de redimensionar as pretensões de uma razão muito ambiciosa. Nasce uma enorme simplificação do universo filosófico que, tomando a experiência como um critério decisivo, discrimina abertamente entre certeza e ilusão.

Como tentamos mostrar, porém, os limites entre uma e outra, facilmente delimitáveis, contêm muitas dificuldades. O recurso à experiência nos disponibiliza ideias simples e certas, mas o mundo em que nos encontramos e vivemos já aprendeu desde há muito tempo a operar através de ideias complexas, que combinam — às vezes legítima, às vezes ilegitimamente — ideias simples. Assim, a filosofia volta a ser um trabalho de purificação e de crítica apaixonante e complexo. Enfim, o empirismo não substitui uma verdade por outra, oposta, mas nos aponta um modo de operar que pressupõe o poder e a preponderância da razão no exame do mundo exterior, aquele atestado pela experiência. E a experiência, por seu lado, não deve ser compreendida como uma manifestação inapelável de fatos, mas como um processo, uma interação entre objeto (a coisa experimentada) e a nossa faculdade de compreensão (o intelecto).

2. Locke. O empirismo como uso liberal da razão

Acenamos ao recurso da experiência como a uma retomada moderna da navalha de Ockham, ou seja, um procedimento voltado a simplificar a argumentação. Seria preciso acrescentar que essa simplificação tem caráter liberal, no sentido mais amplo e não exclusivamente político do termo. Em cada setor é preciso libertar-se do poder de uma única fonte, que facilmente corre o risco de se transformar em prepotência. Ao clima temperado da Inglaterra não convêm o radicalismo da *sola ratione*, inaugurado por Descartes, nem o extremismo da *sola fide*, propugnado pela Reforma. No plano gnosiológico, a razão deve reescrever seus terrenos de exercício e se haver com o fato de que seu poder e sua atividade são delimitados pela experiência, que a circunda e a põe à prova. Enfim, tem de condividir livremente seu poder com outros elementos, aqueles que provêm da experiência.

Vemos assim caírem, podemos dizer sem reação alguma, muitos conceitos venerandos da filosofia. Vimos como Locke teria redimensionado a *ideia de substância*, a qual, tomada em sentido metafísico como ente subsistente por si, nada mais é que a suposição de que as sensações simples de que fazemos experiência não devam ser consideradas senão acidentes de alguma coisa, um substrato, uma substância, que os unifica. Mas esse substrato misterioso, afirma Locke, é semelhante à resposta daquele indiano que, interrogado sobre o que era que sustentava o mundo, respondeu: "As costas de um elefante". Desse modo, nada mais fazia que remeter a resposta, pois a outra questão que se apresentava como legítima ali era perguntar em que se apoiaria, então, o elefante. "Sobre uma tartaruga", respondia o indiano, acreditando, assim, poder colocar um fim às indagações. Se a indagação avançar, porém, não conhecendo outra resposta, o indiano deveria admitir como resposta última que o mundo se apoia "em alguma coisa que não sei". O uso exclusivo e hegemônico da razão funda-se, então, em algo que não se sabe e que continua sendo tão misterioso quanto a substância.

Não é diferente com outros conceitos venerandos, como o de *identidade individual*, visto que, para Locke, não existe nenhuma propriedade que possa garantir a permanência da identidade individual, a não ser no fio de continuidade garantido pela memória. Na verdade, é ela, e só ela, que nos permite afirmar a identidade do sujeito, tornando-a de algum modo precária.

Do mesmo modo que o uso liberal da razão produz um desmantelamento das pretensões da metafísica e uma limitação do poder do intelecto, também no plano religioso ele atua em prol de um princípio de *tolerância*. A esfera religiosa, observa Locke, num país onde a monarquia buscava transformar o cristianismo anglicano num instrumento político de unidade, está fora do controle político. Ela se rege por uma adesão livre e voluntária, que por sua vez não tem nenhuma demanda a fazer no terreno político. Estado e Igreja são distintos e operam em terrenos diversos. E Locke conclui, assim, que devem ser toleradas as mais diversas crenças religiosas, com exceção do ateísmo, que, negando Deus, subverteria o fundamento moral da convivência, e do catolicismo, enquanto pretenderia submeter os cidadãos ao poder de um soberano estrangeiro. No mais, os próprios conteúdos da fé cristã têm para Locke um fundamento racional, contêm uma razoabilidade (*A razoabilidade do cristianismo*) que também nos permite reconhecer a proximidade entre revelação e razão, excluindo, como se disse, o extremismo do *sola fide*.

Enfim, é no terreno da teoria política que o empirismo de Locke manifesta de maneira mais clara seus *traços liberais*. Em polêmica com Hobbes e sua teoria absolutista, Locke exclui que os direitos do homem em estado natural, ou seja, antes da constituição de uma sociedade política, tivessem o caráter absoluto, um caráter do qual derivava o teor inevitável de um conflito com os outros seres humanos, enquanto dotados também estes de direitos não menos absolutos. A iniciativa que preside o surgimento da sociedade civil, o contrato social que se estabelece entre os seres humanos, funda-se, ao contrário, na consciência dupla de cada um: de um lado, do caráter necessariamente limitado dos próprios direitos e, do outro, da inevitabilidade de uma mistura dos direitos individuais com os dos outros, um emaranhado que acaba produzindo um bem-estar comum maior. Aqui, trata-se não de alienar os próprios direitos a um soberano, mas sim de encontrar os instrumentos para gerar um consenso que harmoniza as expectativas legítimas de cada membro da sociedade. Então, atribui-se ao Estado uma função reguladora e não absoluta e, assim, se torna possível assegurar a divisão entre o poder legislativo de fazer as leis e o executivo, que tem a função de fazer com que elas sejam observadas.

Desse modo, se reconhece a legitimidade da incruenta Revolução Inglesa do ano de 1688, que depôs Jaime II e deu início à monarquia constitucional de Guilherme II, na medida em que se assegura a possibilidade de rebelar-se diante de governantes que não dão guarida aos direitos dos próprios cidadãos, perdendo, assim, o consenso. Mas, não sendo absolutos no sentido hobbesiano, ou seja, não serem tais a ponto de poderem se impor à custa dos direitos dos outros, os direitos dos cidadãos para Locke mantêm seu caráter inalienável, e em particular o direito à vida, à liberdade e à propriedade, considerada positivamente como garantia de liberdade individual e fonte para o crescimento econômico coletivo.

3. Berkeley. *Esse est percipi*

A hipótese proposta de que o empirismo faria da experiência uma navalha capaz de simplificar as artimanhas e dogmatismos do racionalismo vai encontrar uma confirmação contundente na filosofia de Berkeley[2]. Ele também, com apenas 25 anos de idade, no ano de 1710, como Locke parte de uma análise crítica do intelecto, mas avança com uma radicalidade que é estranha àquele. Quando se adota a abordagem empirista, segue-se que a origem do conhecimento vai estar necessariamente na sensação; através do intelecto, então, surgem dessa, as ideias, que são os únicos conteúdos de nosso pensamento. Não há dúvidas, continua Berkeley, que as ideias sejam as percepções de objetos que são percebidos como exteriores ao sujeito que percebe, ou seja, como algo que se dá naquilo que chamamos de experiência. Mas pensar que a existência desses objetos sensíveis tenha uma consistência independente da percepção é uma presunção que excede realmente o fato da experiência. As casas, as montanhas, os rios que percebo não poderiam ser pensados a não ser em relação a uma percepção, atual ou possível. Não faz sentido algum, portanto, imaginar que esses teriam uma realidade independente. Como ele escreve, *esse est percipi*, ou seja, só se pode perceber sua existência enquanto é percebida. Ademais, se não fosse assim, nos encontraríamos diante de uma contradição patente. Teríamos objetos que dispõem de uma realidade que não pode ser pensada: na verdade, se a pensamos, essa realidade se identifica com a percepção que dela temos, e, para dizer que essa subsiste mesmo sem ser pensada, deveríamos contraditoriamente pensá-la como não pensável.

Desse modo, o empirismo culmina no *imaterialismo*, ou seja, na *negação de uma realidade exterior autônoma e independente*, considerada como fruto da abstração inútil, imotivada e até perigosa. Seguindo o caminho traçado por Berkeley,

---

[2]. O irlandês George Berkeley (1685-1753) completou seus estudos no Trinity College de Dublin. Viveu em Londres e Oxford, onde veio a falecer. Suas viagens para a Europa e para a América foram numerosas, onde empreendeu um projeto de evangelização dos indígenas (que faliu por falta de verbas). No ano de 1734 foi nomeado bispo de Cloyne, na Irlanda. Escreveu ensaios sobre economia e política; sua obra principal é *Um tratado sobre os princípios do conhecimento humano*.

ao contrário, evitam-se os riscos ligados ao materialismo, dando vida a um espiritualismo universal, que se concilia com as intenções religiosas do autor. A redução da realidade a percepções tem a intenção de ressaltar a atividade do espírito, mas não tem em mira desembocar no ceticismo. Se a realidade exterior é negada enquanto tal, ou seja, quando negamos que a sua razão de ser consista em uma materialidade independente, não se está negando a consistência estável das ideias. Por um lado, porém, brincar com as ideias é uma faculdade de meu espírito, produzindo a bel-prazer — demonstrando o caráter ativo do intelecto —; por outro, "quando abro os olhos na luz plena do dia, não posso escolher entre ver ou não ver, nem fixar quais são os objetos que devem se apresentar precisamente à minha vista, e o mesmo acontece ao ouvido e aos demais sentidos: as ideias neles impressas não são criação de minha vontade". Como foi dito, tendo-se excluído que as ideias sejam a imagem produzida por uma realidade material autônoma, devo concluir forçosamente que "existe, portanto, alguma outra vontade, ou seja, um outro espírito [que Berkeley identifica como Deus] que as produz". O princípio capital de Berkeley é completado, então, na forma *esse est percipi aut percipere*. A centralidade da percepção não reduz a realidade a "coisas" percebidas, mas implica também entes que percebem, espíritos ativos, e em última instância se remete a Deus.

A navalha empirista de Berkeley foi fatiando uma a uma as convicções consolidadas. Aquilo que acreditamos atestar a existência de uma realidade não testemunha mais que a atividade de nosso espírito que percebe. Desse modo, torna-se supérfluo manter a distinção de Locke entre ideias simples e ideias complexas, visto que já nas ideias simples está atuando um intelecto ativo e que, portanto, a distinção acaba sem fundamento. Por outro lado, se se quisesse assim justificar a existência de ideias gerais, acabar-se-ia contradizendo o nominalismo, que está implícito em todo empirismo verdadeiro (ninguém faz a experiência de um ser humano que não seja nem jovem nem velho, nem macho nem fêmea: a percepção é sempre determinada). E também a distinção entre qualidades primárias e qualidades secundárias dos corpos acaba se transformando numa complicação inútil.

A partir de tudo que se disse, fica clara a divergência que subsiste entre Locke e Berkeley. Para Locke, o testemunho da experiência é uma referência crítica que destrona o poder absoluto da razão; para Berkeley, a experiência pronuncia diretamente o juízo e exclui qualquer presunção materialista. Com Hume, como veremos, a experiência adota os traços do executor do juízo, tornando-se aquilo que dissolve opiniões e crenças numa direção cética.

4. Hume. As duas faces do empirismo

A filosofia de Hume[3] é como uma medalha: tem dois lados que, pelo menos à primeira vista, representam duas faces distintas. No primeiro aspecto, prosseguindo Berkeley e depurando-o de qualquer referência ao espírito de Deus, ele acaba culminando num *empirismo radical*, onde o critério de verdade é só a *impressão pontual e viva*. Qualquer nexo que se queira instituir entre as impressões não dispõe do suporte veritativo da experiência, é destituído de garantias e certezas. Que o sol surja amanhã não pode ser deduzido do fato de ter surgido hoje, é impossível alcançar uma lei natural que sirva de garantia para isso. E assim se dá com todos os nexos que se quer instituir entre uma impressão, ou seja, entre os traços vivos que nos foram deixados por uma percepção, e a coisa da qual provém ou, com maior razão, entre coisas e ideias, reduzidas a impressões esvaídas. Para quem se recorda levemente do que aprendeu na escola, isto é, para quem mantém uma ideia, justamente no sentido humiano aqui discutido, da filosofia de Hume, não será novidade a célebre negação do princípio de causalidade. Isso ainda será retomado. Fica claro que ela, como bem revelou Kant, coloca em crise todo o edifício conceitual da filosofia, que, uma vez tendo abandonado a segurança orgulhosa dos racionalistas, procurara uma certeza mais segura na experiência. A experiência — esse é o resultado a que nos leva o radicalismo de Hume — não garante nenhum saber que exceda a instantaneidade das impressões.

Mas esse é só um lado da moeda. E claro que é a mais célebre e também aquela que, despertando do "sono dogmático", para retomar a expressão kantiana, contribuiu de modo decisivo para uma revolução do mundo filosófico. Mas há também um segundo aspecto, aparentemente bem distinto, mesmo que contíguo a esse, e mesmo assim não contraditório. *A natureza humana não pode ser reduzida ao intelecto*. Ademais, a experiência se desenvolve seguindo parâmetros autônomos: de um lado, suscita impressões vivas, sobre as quais não se pode construir um saber firme, e se desenvolve, ademais, segundo uma cotidianidade governada pelo *hábito*, ou seja, por

---

3. Nascido em Edimburgo, na Escócia, no ano de 1711, David Hume se formou em um ambiente intelectual onde estavam vívidas as ideias de Newton, Locke, Berkeley, os deístas e sua polêmica anticonfessional. Empreende diversas viagens à Europa continental e se estabelece por longo tempo na França, recebido pelos círculos iluministas. O próprio Rousseau será seu anfitrião, mas com sua atitude irritante acaba provocando a ruptura da amizade. Hume morre em Edimburgo no ano de 1776. Suas obras principais são: *Tratado sobre a natureza humana*, *Investigação sobre o entendimento humano*, *Investigação sobre os princípios da moral*.

uma convicção desprovida de fundamentos racionais, segundo as quais tudo avançará seguindo o modo como sempre fez. Esse é o motivo pelo qual ninguém duvida de que o sol irá surgir amanhã como surgiu hoje, nem que o corpo cujo movimento se deve pela impulsão de um outro corpo tenha sido movido pelo primeiro. Mas *impressões e hábitos não são produtos do intelecto. São, antes, sentimentos.* E é realmente nos sentimentos que se rege nossa vida e se justifica nossa sociabilidade, Hume, que por muitos aspectos representa o mais alto exemplo do Iluminismo britânico, o filósofo que por seu rigor argumentativo volta contra si mesmo o empirismo e desemboca no ceticismo, junto com esses traços críticos e dissolutivos, tem também um aspecto mais benévolo e seguro, pelo qual abre espaço na existência humana à força que conserva o sentimento.

5. Hume. A crítica

Mas sigamos mais de perto a crítica de Hume. Também ele, como seus predecessores, parte de uma busca sobre o poder e os limites do intelecto (*Investigação sobre o entendimento humano*) e ele também, como eles, confia à experiência o papel de discriminar entre certeza e ilusão. Portanto, não se trata de levar os conteúdos de nosso intelecto à experiência. É indubitável que nisso existem percepções dotadas de uma vivacidade e de uma força que as tornam imediatamente evidentes: uma cor e um som suscitam em nós uma impressão na qual somos inteiramente receptivos. Não podemos inventá-los, e na verdade um cego e um surdo não fazem ideia alguma do que isso seja. Junto a essas *impressões*, para assim o exprimir, *primárias*, que têm um caráter imediatamente sensível, existem impressões que podem seguir-se a uma lembrança, ou seja, a uma impressão esmaecida, mas ainda tal que pode suscitar em nós sentimentos (de medo, de desejo etc.). As impressões catalogadas numa lembrança pura e simples, tendo perdido força e vivacidade, se transformam em *ideias*. Por abstração, enfim, as ideias podem ser empregadas totalmente independentes da impressão de onde foram originadas. Nós nos encontramos, assim, diante das seguintes possibilidades: a) uma vívida impressão suscitada de uma percepção; b) uma impressão, igualmente vívida, suscitada em nós pela lembrança que dela conservamos; c) a ideia de uma percepção como derivamos de uma lembrança; d) uma ideia geral abstrata derivada através da generalização de uma impressão (como no caso da ideia do branco ou de uma sensação dolorosa).

Como se pode imaginar, quanto mais nos distanciamos da imediatez perceptiva, mais diminui o grau de certeza que podemos dela deduzir. Assim, *as ideias gerais* estão *sujeitas* à *análise crítica* mais exigente. Especialmente rejeitadas são as ideias de substância, do eu e o princípio da causalidade; com base em um ponto de vista empirista e com resultados céticos, as primeiras duas críticas discutem o *princípio de identidade*. Racionalmente, não se pode chegar a uma identidade que subjaz aos acidentes que lhe dão determinação. Na verdade, essa não é percebida, pois só os acidentes o são. No caso da substância, ela é um X que, despida dos atributos que a constituem (sabor, cor, som etc.), não tem realidade alguma. É um produto da imaginação que formamos para reevocar resumidamente aquele conjunto de propriedades. Analogamente, o eu nada mais é que as percepções que o constituem, visto que sem elas seria completamente vazio. O eu é o feixe de percepções que compõem a individualidade.

Sempre baseados numa análise da experiência, somos conduzidos à constatação de que o *liame causal* entre dois fenômenos não é objeto possível de percepção. O que se percebe é, no máximo, *a percepção, que se prolonga no tempo, de uma sucessão*. Mas, *post hoc* não implica *propter hoc*, isto é, não comporta causalidade. Vemos, por exemplo, a sucessão regular de noite e dia, e vice-versa, mas ninguém jamais sonhou tirar dali um princípio de causalidade. Prescindindo das inúmeras análises de Hume, o ponto central é que, não querendo recorrer a princípios racionais *a priori*, como o da uniformidade das leis da natureza, e considerando a experiência em termos totalmente pontuais e radicalmente atomísticos, torna-se totalmente inevitável negar que a ligação entre dois fenômenos seja um objeto possível de percepção.

Mas Hume tem plena consciência de que ninguém está disposto a negar as crenças ligadas a essas ideias complexas, cuja crítica expomos. Uma experiência habitual é fazer referência tanto ao caráter substancial de uma coisa, quanto à permanência da identidade de um eu. Nem a experiência de recorrer à ideia de causa, como função explicativa ou antecipadora, é algo cotidiano. De fato, Hume não visa desfazer-se dessas ideias, mas lhes nega qualquer fundamento objetivo. Elas nada nos dizem a respeito da realidade do mundo, que é para nós "como um grande cenário, no qual as origens e as causas dos acontecimentos nos são completamente desconhecidas". Elas não têm verdade, portanto, nem é verdadeiro o postulado filosófico que subjaz a seu conhecimento, que queira alcançar uma descrição ontológica do real. São simples atos de fé e hábitos que se mostraram eficazes para a vida prática.

6. Hume. Instinto e sentimentos

Com certa surpresa depois de um uso restritivo em função cética do intelecto, recobramos uma revalorização do papel decisivo do instinto e do sentimento. Falar de surpresa de fato não implica defender que existe alguma contradição entre as duas faces do pensamento de Hume. Ao contrário, no primado experimental da impressão, pode-se ver um prenúncio dos aspectos instintivos da filosofia de Hume. Mesmo assim, a surpresa se mantém, quando se considera que grande parte do Iluminismo, do qual falaremos em breve e do qual Hume é sem dúvida um expoente, vem marcado precisamente por uma marginalização explícita dos temas ligados ao sentimento.

Num sentido explicativo, poder-se-ia então asseverar os inegáveis débitos que Hume tem em relação a filosofias morais como as de Shaftesbury ou de Hutchinson, nas quais, ao contrário, se atribui ao sentimento um papel relevante para a constituição da moral. Mas talvez fosse mais exato advertir desde o início que também no Iluminismo, apesar da prevalência de uma matriz intelectualista, não falta uma face da qual o sentimento compõe uma parte essencial, como irá nos confirmar precisamente Rousseau. Enfim, muito embora esse nexo seja via de regra deixado de lado, Hume confirma a possibilidade de uma imbricação entre o papel, no plano gnosiológico, do intelecto e de seu rigor crítico, e o reconhecimento, no plano ético, da importância decisiva dos sentimentos.

A filosofia de Hume, e sua própria biografia nos confirma isso, tem um *interesse prático primordial*. A própria destruição dos preconceitos não tem fins puramente teóricos, mas deve servir para nos dar orientação na vida cotidiana. A filosofia moral assume, assim, um papel principal, mas só poderá levá-lo a cabo se abandonar a ideia de alcançar juízos de valor fundados em premissas cognitivas. O que nos guia são os sentimentos e as afeições. Como nos mostra uma análise empírica, são especialmente dois: a *busca do útil* e um *senso de simpatia*, que, enquanto elemento corretivo, coloca em ação motivações altruístas, fundamentadas no sentido de uma pertença comum à humanidade. A moral baseia-se nessas premissas antropológicas; reconhece o primado das motivações egoístas, mas corrige-as com uma inclinação altruísta, tomada essa também como um (segundo) pressuposto. Surge, então, uma moral, para assim nos expressarmos, moderada e em busca de um equilíbrio razoável entre tendências contrapostas.

Também *no plano político* assistimos a um posicionamento análogo, na medida em que, de um lado, diferentemente de Locke, isso se manifesta criticamente nos confrontos da possibilidade das revoluções, consideradas perigosas, mesmo quando subvertem uma ordem na qual prevalecem as injustiças. Do outro, distinguindo-se novamente de Locke, a intangibilidade da propriedade privada, considerada como fundamento de liberdade, é redimensionada de maneira profunda, num sentido nada conservador. Na verdade, a propriedade não tem nenhum fundamento natural e não representa uma expressão social do indivíduo. Nasce de um nexo que se consolidou entre uma pessoa e uma coisa. E é regida e constituída enquanto forma social através da lei. Segue-se que a lei, assim como dispõe em favor da propriedade, poderia também negá-la (muito embora, para Hume, haja razões razoáveis de utilidade para protegê-la).

O posicionamento de Hume em relação à *religião* é bem mais radical. Ele vai descobrir de fato uma forma negativa de crença, fundada em sentimentos extremos — bem pouco equilibrados —, como o sentimento do medo ou o desejo de felicidade. Ora, na medida em que, já no final de seus escritos, não adota um posicionamento explícito (provavelmente por prudência), fica claro seu direcionamento em favor de um agnosticismo religioso ou no máximo, segundo um costume difundido na época, rumo a um teísmo muito insosso e substancialmente indiferente aos conteúdos mais próprios à religião.

A era do Iluminismo

1. Nascimento da modernidade

Se, com Descartes, datamos o início do moderno, no Iluminismo podemos com certa base identificar o momento de um desenvolvimento do moderno que, para indicar a relação estreita que mantém com as suas origens, vamos chamá-lo modernidade. Encontramo-nos, pois, diante de um prosseguimento do projeto cartesiano — um projeto que sequer o empirismo havia abandonado, que lhe dera não obstante uma orientação diferente — e que lhe acrescenta novos aspectos. Também a modernidade, como o moderno, prossegue na via de uma interrupção da continuidade da tradição, como condição prévia para alcançar a certeza. E ela igualmente atribui exclusivamente às faculdades finitas de conhecimento do homem a função de governar esse processo. Mas há uma novidade. O eixo do interesse se desloca da questão gnosiológica — como conhecer — para o terreno histórico — como fazer uso das faculdades do homem para se orientar na história. Mas não só isso. Sem deixar de surpreender os próprios autores da Idade das Luzes, compreendida, pois, como um processo intencionalmente voltado ao esclarecimento do homem e votado à sua realização histórica e social, com a Revolução Francesa, as questões históricas se encarregam de fazer avançar o cumprimento dessas expectativas. Liberdade, igualdade, fraternidade mostram ser não apenas imperativos morais, mas princípios sobre os quais se deverá modelar os fundamentos políticos. Abre-se ao homem o vasto domínio a respeito da história que ele próprio produziu, e não mais só o trabalho de simples averiguação, que lhe fora atribuído na faculdade de conhecer, a qual se limita, pois, a reconhecer leis e verdades que essa mesma não gerou.

O moderno é o início, a modernidade é o levar a cabo. Mas, enquanto o início, ciente de ser apenas início, pode ainda ser ingênuo pela confiança que tem nos avanços que virão no futuro; o levar a cabo é confrontado, na modernidade, com os próprios resultados: já não é um horizonte indefinido e distante, mas se torna a meta, uma meta realizada pela Revolução, não só diante de nossos olhos, mas por obras de nossas próprias mãos. Por muitos aspectos, o Iluminismo compartilha da ousadia do moderno, e até acentua-a estendendo-lhe o papel da crítica à história. Mas, fazendo assim, imagina ser isso possível e sente-se já empenhado em sua realização. Descobre-se próximo da meta, e então capaz de alcançá-la com sua própria força.

Quando, pois, com a Revolução Francesa, parece que o sonho tenha se tornado realidade, a reflexão romântica pensa ainda ter de se haver com a questão do cumprimento. Agora, não mais como para os iluministas, convencida de contribuir com a crítica à sua aproximação, mas obrigando a uma reflexão sobre o significado que tem para a razão humana o levar a cabo histórico dos seus objetivos ou, como dirá Hegel, o realizar-se histórico do reino de Deus. É, em torno desse nó, típico da modernidade e do qual somos os herdeiros, que se pode ver o ponto de contato que coloca em comunhão o Iluminismo e o romantismo, apesar da oposição superficial que os quis transformar respectivamente na era da razão e na era do sentimento.

Ademais, já no Iluminismo, desdobrando uma duplicidade, como já mostramos em Hume, temos um duplo registro disso, tanto que, junto com uma grande e ingênua confiança no poder esclarecedor da razão, não faltam outros acentos como os de Rousseau, que repropõem, como alternativa às edificações humanas da cultura, um papel intocável da natureza como um fundamento quase que mítico de uma espontaneidade que acaba assumindo a primazia. Ademais, duzentos anos mais tarde, autores como Horkheimer e Adorno, claro que baseados em certas razões, puderam falar de uma dialética do Iluminismo, detectando nele uma força que atribui para o poder crítico da razão a função de estabelecer a liberdade, mas reconhecendo também que essa obra de libertação dos mitos, de uma análise irracional e não crítica acaba tendo também como consequência a criação de novos mitos, de novos liames e de novas manipulações sociais.

A verdade dos autores dessa época não nos permite uma exposição detalhada das filosofias singulares, mas nos força a uma apresentação temática dos assuntos de destaque desse movimento no seu conjunto, com a advertência prévia de asseverar que, como não deixará de assinalar Kant em *O que é o Iluminismo*, pela primeira vez a razão filosófica é exercida de forma pública e diante de uma opinião pública. Já não se volta ao círculo estreito dos eruditos, mas à sociedade em seu conjunto (mesmo que, obviamente, se trate ainda de uma sociedade da qual estão excluídas de fato as massas populares). Em termos de princípio, em todo caso, a razão assume uma destinação social, que jamais assumira nesse sentido.

2. A maioridade da razão

No ensaio kantiano que já mencionamos *O que é o Iluminismo*, escrito no ano de 1784, este é assim definido: "Iluminismo é a saída do homem de sua menoridade, da qual ele próprio é culpado. A menoridade é a incapacidade de fazer uso de seu entendimento sem a direção de outro indivíduo. O homem é o próprio culpado dessa menoridade se a causa dela não se encontra na falta de entendimento, mas na falta de decisão e coragem de servir-se de si mesmo sem a direção de outrem. *Sapere aude*! Tem coragem de fazer uso de teu próprio entendimento, tal é o lema do Iluminismo. A preguiça e a covardia são as causas pelas quais uma tão grande parte dos homens, depois que a natureza de há muito os libertou de uma direção estranha, continuem, no entanto, de bom grado menores durante toda a vida. São também as causas que explicam por que é tão fácil que os outros se constituam em tutores deles. É tão cômodo ser menor. Se tenho um livro que faz as vezes de meu entendimento, um diretor espiritual que por mim tem consciência, um médico que por mim decide a respeito de minha dieta etc., então não preciso eu mesmo esforçar-me. Não tenho necessidade de pensar, quando posso simplesmente pagar; outros se encarregarão em meu lugar dos negócios desagradáveis".

Nessa declaração, Kant expressa um tema fundamental do Iluminismo. Nas diversas nações, o Iluminismo encontrou formas específicas de manifestação, também ligadas às funções distintas que desempenhava a burguesia nesses Estados. Na Inglaterra (Hume) foi prevalentemente empirista, com uma atenção especial para os temas da moral e da religião (Shaftesbury, Hutchinson); ligado ainda à tradição racionalista na Alemanha (Wolff); na Itália, voltado prevalentemente a problemas práticos da área político-econômica (Genovesi) e jurídicos (Beccaria); mas seu maior florescimento se deu na França, e é referindo-se a debates franceses, muito presentes na Alemanha da época, que Kant irá modelar sua própria definição de Iluminismo. Como se pode ver na citação acima, a razão é concebida como uma luz natural da qual dispõe todo ser humano, mesmo que nem todos façam uso dela. Na esteira de Descartes, mas não insensível aos desdobramentos científicos e empiristas sucessivos, o Iluminismo funda-se numa confiança quase que ilimitada na razão, considerada como a natureza própria do ser humano em sua capacidade crítica de lançar luz sobre a realidade, distinguindo o verdadeiro do falso, e em sua vocação de solucionar, de maneira válida para todo ser humano, inclusive os problemas práticos e políticos. Em resumo, podemos dizer, pois, que *a razão do Iluminismo é natural, crítica e tem uma vocação prática.*

Trata-se de caracterizações que podem muito bem ser atribuídas à burguesia em ascensão, que reivindica para si, desfazendo-se de preconceitos classistas, a naturalidade de um exercício crítico e prático daquela razão da qual dispõe por natureza todo ser humano.

A figura mais característica do Iluminismo francês é certamente Voltaire (pseudônimo de François-Marie Arouet, 1694-1778). Muito embora não sendo o pensador mais profundo, é o publicista de maior sucesso. Seus escritos argutos e afiados caminham passo a passo com a formação e uma opinião pública que atinge seus escritos. Seguindo seus posicionamentos, temos uma espécie de sismógrafo da posição iluminista prevalente. Não é difícil de constatar ali uma radicalidade expressiva, que vem confirmada por exemplo na célebre inventiva *"Écrasez l'infâme"* (destruí, vós, o infame) referida à religião, em especial à religião católica, expressão com que costuma encerrar suas cartas, mas que vem acompanhada de ações práticas bem mais moderadas, como mostra sua adesão ao deísmo, ou seja, a uma religião natural sem Igreja, e em sua oposição ao materialismo. O mesmo se dá no terreno social, onde ele, por princípio promotor da igualdade, num artigo escrito para a *Enciclopédia (Fertilisation)* limita a instrução a poucos, visto que ler e escrever não são necessários para quem trabalha os campos e, portanto, "pode muito bem ser suficiente uma única caneta ou pena para duzentos ou trezentos pobres". Apesar dos dardos endereçados às cortes, também na política ele não deixa de dar sua colaboração, demorando-se, por exemplo, em Potsdam junto a Frederico II, na medida em que mantinha relações de amizade com o mesmo.

Nessa divagação que fizemos, podemos perceber uma característica que se aplica em geral à primeira geração dos iluministas, a de todos os que escrevem anteriormente à Revolução. Os princípios gerais são expressos com clareza (igualdade, tolerância das diversidades, confiança na capacidade de crítica e de iluminação da razão), mas são concebidos não como enunciados puramente teóricos, e, no entanto, em sua tradução prática vê-se certa hesitação em aplicá-los mais integralmente.

Ademais, nos encontramos numa época de grande fermentação, como vem testemunhado no fato de que os autores do Iluminismo costumam mudar de posição por diversas vezes. Muitos dentre eles foram educados em colégios jesuítas, mas defendem um posicionamento anticlerical e no curso de suas vidas perambulam entre uma forma de religiosidade leiga, como o deísmo, e um ateísmo e materialismo explícitos. Todos são contrários ao despotismo, mas raramente abraçam posicionamentos republicanos; com Montesquieu teorizam sobre uma monarquia constitucional com divisão de poderes (legislativo, executivo, judiciário), mas tampouco hesitam em colaborar com soberanos, embora abertos à reforma, como Voltaire com Frederico II e Diderot com Catarina da Rússia (admirada também por Helvétius). São promotores explícitos de um progresso histórico indefinido, mas depois da destruição de Lisboa, em consequência do terremoto de 1751, insistem menos otimisticamente no zelo ambicioso daquilo que cada um dispõe (o *Cândido* de Voltaire culmina com a expressão: "É preciso cultivar o nosso jardim"). No campo gnosiológico, são bastante afeitos à redução do conhecimento a sensações (o sensismo de Condillac), e, estendendo-se a posições francamente materialistas (La Mettrie, d'Holbach, Helvétius). Mas muitas vezes recorrem também a princípios empiristas de derivação humiana, sem abandonar sequer uma concepção cartesiana da razão.

Em certo sentido, a impressão geral que se tem lendo esses autores é surpreendente. Não pertencem a uma escola, se ocupam de problemas diversos e fazem-no em direções diversificadas, sem propriamente ter uma unidade de formulação e, no entanto, eles têm uma abordagem característica e comum, compartilham de um programa e expressam um patrimônio ideal que ainda se faz presente hoje. Nessa perspectiva, não é de admirar que a obra mais característica do Iluminismo tenha sido a *Enciclopédia*. Os 35 volumes produzidos em 30 anos, de 1751 até 1780, sob a direção de Denis Diderot, e nos primeiros anos sob a direção de Jean d'Alembert, buscavam apresentar "um quadro geral dos esforços do espírito humano de todos os tipos e de todos os séculos". Como foi dito, fizeram-no respeitando formulações distintas e conspícuas, mas tendo em comum um programa cultural e com a ambição de exercer um papel educativo para toda a sociedade.

3. Rousseau. A natureza como espontaneidade perdida

Participante do espírito iluminista, Rousseau[1], gênio independente e solitário, atinge os picos mais elevados de seu pensamento precisamente no momento em que desmascara as insuficiências do Iluminismo, sem por isso abandonar seus ideais. Como vimos, o Iluminismo identificara razão e naturalidade, e, desse modo, abrira-se o caminho para uma concepção progressiva da humanidade, encaminhada na história a objetivos cada vez mais elevados. Ora, também para Rousseau a razão é um bem irrenunciável, e, no entanto, não se pode negar que as instituições às quais o ser humano fez surgir na história, ao invés de aproximar, afastaram daqueles ideais de justiça, de igualdade e de liberdade que Rousseau tem em comum com as filosofias de seu tempo. Devemos, pois, cavar mais fundo na identidade entre razão e natureza pressuposta pelo Iluminismo.

Como escreve no *Emílio*, seu escrito de cunho pedagógico, "tudo é bom quando sai das mãos do autor de todas as coisas, tudo degenera quando chega às mãos do homem". Desse modo, natureza e razão mostram-se como não sendo mais unidas. Mas isso não significa que sejam opostas. Tudo depende do modo como se compreende uma e outra. Para Rousseau, a *natureza* não é um fato empírico, não corresponde a um estágio da história, mas representa uma espécie de ideia, a ideia do início, a ideia do *momento de surgimento*, originário, espontâneo. Ela é um "estado que já não existe, que talvez jamais existiu e que jamais existirá, sobre o qual, porém, é necessário ter algumas ideias precisas para bem julgar sobre nosso estado presente". Com uma transição teórica genial Rousseau considera a natureza como aquilo que nós já não somos, adquirindo, assim, a possibilidade de dar ainda mais força crítica à *razão*. Mas a esta cabe o encargo de um *segundo nascimento*, depois daquele natural que já está sempre em nosso encargo; ora, algo que não pode ser repetido como tal, mas só à medida que se o reconquista criticamente e em liberdade.

---

1. Jean-Jacques Rousseau nasceu em Genebra em 1712, de uma família de origem calvinista. Teve uma vida aventureira e inquieta, conforme mostram suas repentinas conversões — do calvinismo ao catolicismo e de novo ao calvinismo —, as amizades bruscamente interrompidas, como a com d'Alembert e Hume, as polêmicas filosóficas, como a mantida com Voltaire. As incompreensões de suas ideias por parte do ambiente iluminista, as diferentes concepções da natureza, da sociedade, da educação, da religião, lhe valeram um tipo de marginalização filosófica e humana, favorecida também pela rudeza de seu caráter. Morreu em Ermenonville em 1778. Suas obras principais são o *Discurso sobre as ciências e as artes*, *Discurso sobre a origem e os fundamentos da desigualdade entre os homens*, *Do contrato social*, *Emílio*.

Os temas principais que ele aborda — o surgimento da sociedade política e a educação — buscam razões para aquilo que faliu na história e adquirem uma concepção sobre o progresso do humano mais complexa e menos linear do que a dos demais autores do Iluminismo. A origem é inocente, mas também obtusa: a natureza é uma espontaneidade na qual o homem vive no isolamento. É com o nascimento da sociedade civil que o homem coloca em risco a liberdade originária própria. Por um lado, nesse momento decisivo o homem ganha a possibilidade de uma moralidade mais elevada. *É bem verdade que, no estado natural, o homem é livre, mas o é inconscientemente. É feliz, mas sem moralidade. Apenas a sociedade lhe dá a consciência de sua liberdade e de sua dignidade moral.* É com a razão que ele deve conquistar num nível mais elevado a espontaneidade que lhe era garantida pelo estado natural. Mas essa passagem não é algo assegurado. Também a história nos ensina que, com a constituição de uma sociedade civil regulada, o que prevaleceu foram a injustiça e a desigualdade. O surgimento da propriedade, com a distinção entre ricos e pobres, e depois as instituições jurídicas e políticas, que dividem os seres humanos entre poderosos e fracos, colocaram fim a um mecanismo artificial à liberdade natural originária. "O homem nasce livre e em toda parte está acorrentado".

4. Rousseau. O contrato social

É preciso, então, repensar esse momento do surgimento da sociedade para garantir que isso não tenha as consequências de que se falou. Tem-se de imaginar uma forma de organização social que preserve o bem mais elevado do ser humano, aquilo que o distingue do animal — a liberdade — e que não perverta o legítimo *amor que tem a si mesmo*, que é a paixão vital do ser humano, em *amor próprio* egoísta, motivado unilateralmente por seus próprios interesses particulares. Repropõe-se, assim, a perfectibilidade do ser humano, um outro princípio capital do Iluminismo, mas tendo ciência de que ela é um mandato da liberdade, tem um caráter normativo, e não é uma simples propriedade da razão (são esses temas que irão influenciar de modo decisivo a elaboração da moral de Kant).

Retornemos, porém, à questão política. Rousseau descreve essa questão no *Do contrato social*, onde, como antecipa o próprio título, ele retoma a temática da origem contratualista da sociedade. Também aqui a solução é uma inversão original das teorias correntes. Vimos que o absolutismo de

Hobbes pensava que na origem da sociedade houvesse um ato de alienação dos direitos individuais em favor do soberano, a fim de preservar a vida; Locke, ao contrário, introduzira a ideia de contrato social, fundamentando-o no caráter inalienável dos direitos individuais, que encontravam uma forma de equilíbrio e de garantia graças ao pacto. Em Rousseau, como em Hobbes, o contrato social é um ato de alienação total dos direitos próprios. Diferentemente dele, e como em Locke, esse acaba se tornando uma condição de igualdade entre os contraentes, porque cada um deles se encontra nas mesmas condições de todos os demais. Trata-se, pois, de abdicar dos direitos individuais não em favor de um soberano, mas em favor daquilo que Rousseau chamava de vontade geral.

A *vontade geral* não é a vontade de qualquer um, nem sequer é a vontade de todos, mas é a vontade da maioria. Ele tem em vista não a composição dos direitos privados, mas sim o interesse comum. Assim, com Rousseau surge uma nova figura, a saber, a figura do *bem comum*, ao qual não só é legítimo, mas é dever conferir de modo indiviso todos os poderes. Por definição, ela jamais poderá ser exercida contra qualquer um, pois nesse caso já não representaria um bem comum, mas deve ser exercida sempre e somente para o bem coletivo. A função de legislar é confiada diretamente ao povo, sem mediação de formas de representação. Segue-se que o governo, o príncipe, ou seja, aquele que governa, age exclusivamente como um funcionário do povo e sob seu mandato (nesse sentido, hoje se fala de democracia direta e de mandato imperativo aos delegados do povo). Em Rousseau intervém a figura de um exercício direto do poder por parte do povo, cuja aplicação prática é extremamente problemática quando se pensa para além dos limites das pequenas realidades territoriais suíças, nas quais Rousseau se inspirava. A forte orientação moral e a ideia de um caráter substantivo — como se diz hoje — do bem comum, considerado como algo qualitativamente diverso da soma ou do compromisso dos interesses, talvez sejam a contribuição mais relevante de Rousseau, válidos para além das formas não liberais com a qual se pode aplicar a sua concepção política. Ademais, o próprio Rousseau, nos projetos de constituição política que elaborou para a Córsega e para a Polônia, soube realisticamente afastar-se um tanto dessas teorias, propondo para a Córsega um sistema representativo e abrindo para a Polônia a manutenção da monarquia[2].

---

2. No século XX, na América do Norte, vamos encontrar uma retomada do contratualismo pelo mais influente filósofo da política dos últimos anos, J. Rawls (1921-2002), o qual, em *Uma teoria da justiça*, elabora uma concepção política centrada na ideia de justiça e apoiada num plano

5. Rousseau. A educação

As razões para mencionar aqui os princípios educativos expostos por Rousseau no *Emílio* são apresentadas por ele próprio numa carta endereçada a F. Cramer: "Não posso crer que tomeis o livro como um verdadeiro tratado de educação. Trata-se de uma obra muito filosófica sobre o princípio de que o homem é naturalmente bom, proposto pelo autor em outros escritos. Para conciliar esse princípio com aquela outra verdade não menos certa de que os seres humanos são ruins, é preciso mostrar a origem de todos os vícios na história do coração humano". Esse escrito, no qual se imagina o percurso educativo através do qual um preceptor irá acompanhar por vinte e cinco anos o próprio discípulo, não tem interesses exclusivamente pedagógicos, no sentido técnico do termo, mas é via de regra uma obra de filosofia. Assim, como mostra a citação, tal obra se articula exatamente em dois temas que já procuramos explicitar. De um lado, a bondade natural do ser humano, no que diz respeito à sua origem (um escrito polêmico de um autor católico do século XX, como Maritain, irá imputar ao próprio Rousseau essa pretensão de "santidade" originária), e, do outro, sua ruindade factual. Como explicar essa contradição?

Discurso sobre a origem e os fundamentos da desigualdade entre os homens havia determinado sua origem na constituição da sociedade em forma institucional, *Do contrato social* procurava preparar politicamente uma solução, o *Emílio* se concentra na experiência individual, procurando valorizar as energias emergentes da criança e depois do adolescente, subtraindo-o da influência das circunstâncias negativas. Rousseau, que muito contribuiu para o reconhecimento de uma identidade espiritual específica da criança, propunha à infância uma educação negativa, na qual a criança não fosse obrigada a nada, a não ser pela natureza e pelas coisas que a circundam. *A instrução não deve prender nem exigir, mas cuidar, deixar que o desenvolvimento natural siga seu curso*; não deve antecipar épocas, mas "perder tempo"; não deve se propor objetivos, mas deixar que a criança faça uma experiência plena de seu pertencimento à

---

contratualista. A novidade de sua proposta, que opõe seu liberalismo político à corrente utilitarista e conserva uma validade moral significativa, consiste no uso intencionalmente artificial da ideia de contrato. Trata-se, de fato, de supor, através de um experimento mental, uma posição originária em que os indivíduos, na absoluta ignorância (o chamado véu da ignorância) a respeito de sua própria condição cultural e social, são convocados a escolher segundo que regras deve ser regida a sociedade. A partir desse experimento mental, bastante comum à mentalidade americana de cunho analítico, podem ser deduzidas as regras de equidade e de justiça que expõe Rawls em seu escrito.

natureza. Preservada, assim, do mal e enriquecida com a felicidade de uma infância plena, ela terá suficiente força para enfrentar o segundo nascimento, o da adolescência, daquele momento de crise (segundo uma expressão adotada pelo próprio Rousseau), na qual o amor natural por si mesmo, feliz e inocente na criança, na mudança das condições por que passa o adolescente, exposto aos contragolpes das paixões, da sexualidade e das relações com o mundo adulto, corre o risco de se transformar em amor próprio.

O que vem em socorro aqui são as normas morais e a religião, que Rousseau explicita melhor na *Profissão de fé de um vigário saboiano*, que é uma profissão de fé deísta, distanciada das religiões positivas, e plena de confiança da capacidade livre do ser humano em modelar o mundo e ser nele o autor do bem e do mal. Em Rousseau, a indubitável existência de um Deus e a imortalidade da alma não são resultado de uma prova racional, mas expressão de um sentimento, o testemunho daquele fundo natural bom que está na origem do ser humano. Como se disse, isso é confiado à sua liberdade e por isso também exposto a uma sanção de responsabilidade ultraterrena. A religião que surge dali, em seus conteúdos, é então uma religião próxima ao deísmo; mas em sua forma é muito distante deste, pois é antes de tudo uma religião do coração.

6. O Iluminismo depois da Revolução

Como aconteceu com os autores acima mencionados, Rousseau também morreu antes da Revolução Francesa (1789). Mas houve iluministas que a vivenciaram. O mais importante dentre eles é Jean-Antoine-Nicolas Caritat de Condorcet (1743-1794), que merece menção sobretudo por seu esboço de filosofia da história. Seu *Esboço de um quadro histórico dos progressos do espírito humano* constitui um modelo exemplar da visão iluminista do progresso como motor inelutável da história. Esse escrito, que subdivide o desenvolvimento da humanidade em dez épocas, é a previsão, baseada inclusive no poder antecipador de uma matemática aplicada à sociedade, de um *aperfeiçoamento indefinido* da própria humanidade, capaz de vencer as desigualdades e as doenças e de desafiar inclusive a morte, retardando sua chegada. Nisso vem expressa clara, e em parte ingenuamente, a ligação que todo o Iluminismo estabelece entre racionalidade e progresso, como progresso no saber e como progresso social. Ora, o fato de o escrito ter sido composto nas circunstâncias dramáticas de sua fuga daquele poder revolucionário, de cuja assembleia legislativa chegara a ser presidente, evidencia claramente aquele problema da relação entre suas próprias ideias, intrinsecamente direcionadas a uma realização, e a própria realização que caracteriza o Iluminismo, como já indicamos desde a introdução.

Por fim, podemos recordar H. G. Mirabeau (1749-1791) e E. J. Sieyès (1748-1836), os quais distinguiram-se mais pela função política do que por elaborações teóricas. Quando isso acontece, o que se destaca é um posicionamento de mediação, centrado na defesa dos direitos individuais e do terceiro estado. Não faltaram, porém, posições mais radicais, de cunho socialista, como em Fr.-N. Babeuf (1760-1797), ou de adesão entusiástica à Revolução, como em N. Chamfort (1741-1794), que acaba preso e se suicida no final, como irá acontecer provavelmente também com Condorcet. Ou, do lado oposto, A. Rivarol (1753-1801), que se afasta desde o início dos princípios da Revolução.

Como se vê, também os elementos biográficos confirmam a difícil relação do Iluminismo com a Revolução, que por ele foi inspirada.

A razão como juiz universal

1. Kant. Unidade de orientação, pluralidade de resultados

Passados pouco mais de dois séculos de Descartes, a filosofia moderna em Kant[1] adquire uma estruturação sistemática que, por um lado, representa a solução dos problemas levantados pela razão cartesiana, e, por outro, uma base indispensável para os desenvolvimentos posteriores. Em Kant se cruzam o passado do moderno e o futuro da modernidade, segundo a distinção que propomos, de modo a formar um nó indispensável para compreender tanto as finalidades que guiaram o moderno, quanto os desdobramentos que o alcance daqueles objetivos trouxera consigo.

Vejamos esses dois aspectos separadamente. Com Descartes, impusera-se uma abordagem filosófica voltada a procurar as garantias autonomamente e em si. Não mais apoiada nos ombros dos gigantes da filosofia clássica, como gostavam de falar os medievais, a razão do homem moderno acaba se tornando, assim, critério para si mesma. Rompendo toda ligação com o passado e superando toda e qualquer dúvida, embora hiperbolicamente expandida, essa razão assume a tarefa ambiciosa de estabelecer resultados tão sólidos que permitam a formação de um edifício do saber novo e muito maior. Nessa linha, um problema tornava-se absolutamente central: o problema do conhecimento. Só delineando com precisão as condições do conhecimento é

---

[1]. Immanuel Kant nasceu no ano de 1724 em Königsberg, onde passou toda a vida. Fez seus estudos junto ao *Collegium Friedericianum*, com cunho fortemente pietista, depois formou-se na Universidade Albertina de sua cidade. Aqui, depois de anos de trabalho como professor particular, consegue obter uma cátedra de metafísica e lógica. Levou uma vida regrada e metódica, interrompida pela escrita de seus pensamentos e do trabalho de professor. Morreu em 1804. Suas obras fundamentais são as três *Críticas*: *Crítica da razão pura*; *Crítica da razão prática*; *Crítica do juízo*.

que se tornava possível avançar na filosofia. Mas justo essas questões foram discutidas pelos autores pós-cartesianos. Alguns, os racionalistas, empenharam-se em discutir mais acuradamente essa razão, cujas características, em certo sentido, Descartes pressupunha sem nenhum exame posterior. Outros, os empiristas, em sua indagação sobre a natureza do intelecto, identificaram na experiência o fundamento e a garantia das operações do intelecto. Entre o dogmatismo de uns e o ceticismo de outros, como Kant caracteriza esses dois posicionamentos, o projeto do moderno corria o risco de romper-se.

Tratava-se, pois, de conquistar uma perspectiva que pudesse ir além desse plano e adquirir para a razão um ponto de vista que assegurasse firmeza e progresso do saber. A razão kantiana se arvora o saber e busca examinar as condições do conhecimento. A partir de então, modificando a tradição, o filósofo se torna professor e assegura sua própria função desenvolvendo-o exclusivamente dentro da instituição universitária. Os antigos haviam criado escolas nas quais a filosofia era praticada em convivência com a vida; é verdade que os medievais foram mestres nas universidades, mas seu ensino estava de tal modo inserido na vida da Igreja que nela encontravam seu ponto de referência; os modernos praticavam a filosofia de maneira privada, como intelectuais, e para viver se viam obrigados a exercer qualquer outro afazer; foi só a partir de Kant, apesar de alguma exceção que o precedera, desde Vico até Wolff, que o filósofo estabelece um vínculo tão estreito com a universidade que vai culminar em Hegel, quem, depois de Fichte, foi também o reitor da jovem universidade de Berlim. Ademais, em certo sentido, esse resultado estava inscrito na evolução do pensamento moderno, voltado deliberadamente a uma função e a um confronto público da filosofia.

A partir da perspectiva da cátedra, que ganhou um pouco mais de destaque e que vai se estilizando até tornar-se um tribunal verdadeiro e próprio, Kant atribui um papel crítico à razão. Cabe a ela julgar sobre a legitimidade das pretensões de conhecimento propostas. E ele, formado no sistema de Wolff, o qual ele usava habitualmente como base para seu ensino, procede de modo sistemático. Faz isso, em primeiro lugar, definindo as condições de possibilidade do conhecimento e seus limites; depois atribui à razão uma função legislativa no campo da ética e, por fim, questiona sobre a capacidade explicativa no campo da natureza e da arte.

Esses três temas, que correspondem às três *Críticas*, as três principais obras de Kant, unidas pela noção de crítica, inclusive no próprio título, formam a base para encontrar a resposta às três questões assinaladas pelo próprio Kant: "O que posso saber? O que devo fazer? O que tenho direito de pensar?" O juízo sobre a arte e a natureza ainda não aparece aqui nessa formulação e se tornou necessário talvez pela exigência de encontrar uma conexão maior entre teoria do conhecimento e doutrina ética; mas a referência à razão é muito clara, a qual irá encontrar arrimo não apenas na *Crítica da razão prática*, mas também num estudo específico chamado de *A religião nos limites da pura razão*.

Como se pode ver, o sistema kantiano vai se abrindo em forma de leque, alargando seu próprio interesse, partindo dos nós não solucionados pelo moderno até delinear o projeto de um saber — o da modernidade —, que, graças a seus resultados, pretende tornar-se legislador universal; com bases completamente novas e lançando mão da razão como árbitro, esse saber é capaz de abordar temas antigos e cruciais como a ética, a arte e a religião.

Unidade de orientação e pluralidade de resultados: assim se pode descrever a parábola kantiana, que se encontra no fim de uma época (o moderno), da qual dirime as aporias, e o início de uma nova época (a modernidade), da qual delineia as tarefas e à qual prepara as primeiras soluções. Em relação a Kant, não é possível retroceder. Mas, em relação a ele, como buscam fazer seus sucessores, não será sempre fácil avançar, pois, dependendo do ponto de vista em que se vai ler sua obra, os resultados vão ser diferentes e variados. Vamos dar um exemplo. Se colocarmos como central o problema do conhecimento, o que irá mostrar-se como prevalente vão ser os limites da razão humana, limites que constituem premissa e condição do conhecimento. Se colocarmos como central a questão ética, o que se mostrará como decisivo será o papel da vontade e da liberdade humanas, capazes de determinar inteiramente a si mesmas, de modo a evidenciar a potência, para não falar em infinitude, que caracteriza o ser humano.

2. Kant. A *Dissertação* de 1770

A dissertação com a qual Kant consegue o título de professor é o documento principal que antecipa os desdobramentos primordiais que se seguirão. Até aquele momento, Kant procurara sobretudo conciliar o método científico de Newton e a metafísica de Leibniz, segundo o modelo que encontrava amplo respaldo nas doutrinas defendidas por Christian Wolff (1679-1754), o mais eminente filósofo alemão da época do Iluminismo. Essa composição supunha a possibilidade de manter dois planos distintos. O plano da experiência, no qual o que rege é o método científico newtoniano, acompanhado do mecanicismo das relações de causalidade, e o metafísico, no qual se assevera antes o recurso à ideia leibniziana de mônada, compreendida como força em movimento, que se utilizava para explicar o fim geral da natureza. Como se vê, não é fácil estabelecer uma conciliação ali, ainda mais porque o cenário filosófico estava contaminado pelo ceticismo de Hume, que minava completamente a possibilidade de uma explicação causal.

O problema específico que aborda Kant na *Dissertação* é a possibilidade de encontrar uma composição das doutrinas newtonianas e leibnizianas a respeito do espaço e do tempo. Para Newton, deve-se admitir a existência de um espaço e um tempo absolutos, pois é só com base nessa pressuposição que se torna possível atribuir um caráter objetivo ao conhecimento, como se exige no método científico. Para Leibniz, ao contrário, espaço e tempo não passam de relações entre os corpos; é a partir dessa relação real que formamos uma ideia geral de espaço e de tempo, na esteira da qual acabamos edificando a matemática e a geometria.

Buscando resolver as controvérsias presentes nessa alternativa, Kant dá início àquilo que posteriormente será chamado de revolução copernicana. Antes de levantar a questão sobre o que sejam espaço e tempo (com a resposta dupla, alternativa: realidades objetivas absolutas ou modos relativos de relações entre os corpos), será conveniente examinar como se desenvolve o processo de conhecimento sensível. Ali o ser humano é modificado por algo externo que produz a sensação. Segue-se que a sensibilidade não conhece propriamente o objeto, mas a modificação que o objeto produz no sujeito. Nós não percebemos, pois, a coisa, mas a coisa como ela se nos manifesta, ou seja, aquilo que Kant vai chamar de *fenômeno*. Ora, na sensação, como advertira com precisão Newton, percebemos a coisa sempre dentro de um espaço e de um tempo; mas, contra o que pensava Leibniz, não é a mera consequência de uma relação dos corpos entre si. Aplica-se também para um único fenômeno; esse também, mesmo sem relação com os demais, é percebido realmente sempre num espaço e num tempo. Contrariamente ao que pensava Newton, não conseguimos perceber o espaço e o tempo enquanto tais, mas percebemos o fenômeno *em* um espaço e *em* um tempo. Segue-se que temos de renunciar à procura de uma objetividade empírica de *espaço* e *tempo*, como se esses fossem uma realidade da experiência, e reconhecer que eles são independentes dela, ou seja, como afirma Kant, a priori. Eles são antes as *condições que nos permitem ter uma sensação*.

Esse resultado foi alcançado através de um simples deslocamento de perspectiva: em vez de procurar na realidade aquilo que não pode ser encontrado ali (nisso os empiristas tinham toda a razão), é preciso procurar nos modos de nosso conhecimento as condições *a priori* que o torna possível. Desse modo será possível alcançar a objetividade buscada, na medida em que essas condições valem para todos e sempre e dependem do modo geral de funcionamento das nossas faculdades cognoscitivas. Objetivo não precisa necessariamente significar correspondente à realidade, como se acreditava, mas válido para todos. A essa inversão de perspectiva, Kant irá chamar de *revolução copernicana*, na medida em que toma como modelo o procedimento copernicano, que, em vez de estudar o ordenamento das estrelas, supondo que elas circulariam em torno do espectador, lançou a hipótese de que poderia ser este último a girar em torno delas. O exemplo kantiano se tornou célebre e é valorizado por sua capacidade de evidenciar a inversão de perspectiva que se tem de fazer no pensamento filosófico. Mas, apesar disso, não é um bom exemplo, porque a revolução empreendida por Kant se volta a uma direção oposta a tudo que parecia sugerir a mudança de paradigma que se deu na astronomia, que assevera ser a terra, ou seja, os seres humanos, que giram ao redor do sol. Para Kant, porém, se dá o contrário, uma vez que é em torno das condições subjetivas (mas válidas para todos) do conhecimento que se deve modelar o conhecimento, e não em torno de sua pretensa objetividade.

3. Kant. A *Crítica da razão pura*

A *Crítica da razão pura*, publicada onze anos depois da *Dissertação*, em sua parte inicial, intitulada *Estética transcendental*, retoma as conclusões do trabalho precedente, basicamente confirmando-as. A estética, que nesse caso, baseada no modelo da palavra grega *áisthēsis*, significa o mesmo que teoria das sensações (e não do belo), se chama *transcendental, enquanto estuda os princípios "a priori" que constituem as condições do conhecimento sensível*. Kant irá lançar mão de um termo da tradição (medieval), pelo qual se designavam aqueles atributos (como verdadeiro, belo, bom) que sempre acompanham o ser. Quando se diz *ser*, está-se sempre também em condições de determiná-lo segundo esses atributos generalíssimos. É claro que também aqui Kant submete o termo a uma adequação: em vez de ser expressão de um caráter objetivo que pode ser atribuído à coisa, *transcendental* tem para Kant uma acepção mais prudente. Isso indica de fato aquelas condições, independentes da experiência, que estão na base de sua cognoscibilidade. Essas são as formas de nosso conhecimento, sem as quais não seria possível ver nada. Pensar que designem um atributo da coisa, ou seja, que sejam transcendentais no sentido medieval, seria ultrapassar aquilo que nos exibe a experiência. Elas designam antes as condições de nosso modo de conhecer a coisa. Na límpida formulação kantiana: "Chamo de transcendental todo conhecimento que não se ocupa com objetos, mas sim de nosso modo de conhecimento dos objetos, enquanto esse conhecimento deve ser possível *a priori*".

No caso da sensação, *o espaço e o tempo são essas formas transcendentais*, ou seja, formas *a priori* que condicionam a nossa percepção; em particular, o espaço como forma do sentido externo e o tempo como forma do sentido interno. Na rigorosa terminologia kantiana, podem ser chamadas de *intuições puras* (puro significa aqui independente da experiência), que dizem respeito ao conhecimento sensível, chamado de *intuição empírica*. Ali, a matéria da sensação, que é o conteúdo proveniente *a posteriori* da experiência, aparece inscrita nas formas *a priori* do espaço e do tempo.

A razão que por mais de dez anos impediu Kant de desenvolver ulteriormente essas considerações era a incerteza de que tal raciocínio pudesse ser aplicado também ao conhecimento intelectual. Em outras palavras: que a sensação seja composta de matéria e forma, uma *a priori* e a outra derivada *a posteriori* da experiência, é algo que já está sólido; mas como aplicar e ainda estender esse esquema a todo o saber, quer o científico quer o metafísico? É esse praticamente o papel crítico da filosofia, que ele considera como "um convite feito à razão para que assuma novamente a mais grave de suas tarefas, a saber, o conhecimento de si mesma, e de instituir um tribunal, que lhe dê segurança em suas legítimas pretensões, mas que condene as que não têm fundamento...; e esse tribunal não pode ser senão a própria crítica da razão pura..., crítica da faculdade da razão em geral, em relação a todos os conhecimentos a que ela pode aspirar independentemente de qualquer experiência; ora, a decisão da possibilidade ou impossibilidade de uma metafísica em geral, e assim, a determinação das fontes e do âmbito e dos limites da mesma".

A *Análise transcendental* se dedica à questão sobre o conhecimento científico. Para Kant, são duas as características essenciais de uma ciência: a universalidade e necessidade dos juízos que ela adota como válidos e sua novidade, ou seja, a capacidade de fazer surgir um incremento de conhecimentos. Ora, um juízo é a congruência que se estabelece numa proposição entre um sujeito e um predicado. As proposições nas quais o predicado simplesmente explicita aquilo que está contido no sujeito são chamadas de analíticas. Dizer, por exemplo, que os corpos são extensos, nada mais é que tornar manifesto aquilo que já está contido no conceito de corpo, como nos ensinara Descartes, que demonstrou como a extensão é o elemento que define a corporeidade. Ao contrário, afirmar que a lua é vermelha é atribuir ao sujeito uma determinação que não lhe pertence implicitamente. São esses os juízos sintéticos. Os primeiros (os analíticos) são proposições *a priori* e têm validade universal e necessária, mas não permitem nenhum aumento de saber. Os segundos (sintéticos) asseguram esse aspecto, mas justo por serem *a posteriori*, ou seja, por dependerem da experiência, não têm caráter de universalidade e de necessidade.

Se dispuséssemos apenas desses dois tipos de raciocínio, não haveria possibilidade de fazer ciência, como confirmam ademais os resultados opostos do dogmatismo e do ceticismo. Mas Kant defende haver outra forma de juízo, a dos *juízos sintéticos "a priori"*. Trata-se de juízos que retiram seus materiais da experiência, e, no entanto, devem ser considerados sintéticos, mas instituem uma relação entre esses que são *a priori*, porque construída com base em formas transcendentais de juízo. Essas formas são chamadas por Kant de categorias, retomando mais uma vez o termo da tradição, mas com um significado um tanto modificado. A *categoria* já não é mais aristotelicamente um atributo que pertence ao próprio ser da coisa à qual é predicado, mas apenas a *forma pela qual o sujeito modela o material que lhe provém da experiência e o torna objeto de conhecimento*. As doze categorias kantianas deduzem-se dos modos pelos quais se pode classificar um juízo (segundo a quantidade, a qualidade, a relação ou a modalidade), exaurindo todo o espectro dos juízos possíveis.

Temos nós o direito de fazer isso? Sim, mas com uma condição, é a resposta que Kant dá em sua *dedução* (que aqui significa justificação da legitimidade de um direito, segundo a terminologia jurídica do tempo) *transcendental*. Isso, porém, com a condição de que nos mantenhamos fiéis àquela concepção da razão como razão crítica, que julga, de onde partimos. Se o intelecto humano fosse pura passividade, só poderia registrar as impressões que provêm do exterior; se fosse pura criatividade, não receberia uma impressão do objeto através de sensações, mas determiná-lo-ia diretamente. Mas, ao contrário, o intelecto julga sobre um material que ele não produziu, e o faz baseado em critérios que ele não tira da experiência e que pertencem ao próprio modo de funcionamento. E, no entanto, seria preciso perguntar novamente, o que implica essa condição? A resposta de Kant, muito discutida pelos contemporâneos, é que essa condição implica renunciar à pretensão de conhecer o objeto como ele é em si mesmo, contentando-se em conhecê-lo como ele se manifesta a nós (*fenômeno*). É claro que se pode pensar o objeto em si (donde provém o nome de *noumenon*), mas sem poder lhe conferir nenhuma atribuição positiva. Trata-se simplesmente de um *conceito-limite*, válido apenas para ressaltar a delimitação puramente fenomênica de nosso conhecimento. Em suma, o intelecto não sofre, nem cria, mas ordena o material que provém da experiência; não é só passivo nem só ativo, mas em uma função de unificação do múltiplo empírico. Isso é legítimo onde se impõe a situação de que essa ordem nada nos informa a respeito da ordem da natureza em si, mas apenas a respeito de nosso modo de conhecê-la. Ademais — e essa é a ulterior consideração kantiana, que demonstra o caráter circular da dedução — sem uma ordenação não haveria nenhuma experiência possível, a não ser na forma da causalidade subjetiva. Ao contrário disso, os próprios desenvolvimentos da ciência demonstram como só mediante esse ordenamento partilhado se torna possível assegurar um progresso do saber. O direito surge, pois, do fato de que só sob essa condição é possível compreender aquela experiência de conhecimento demonstrada pelo progresso do saber.

4. Kant. A dialética transcendental

Existiriam outros elementos do imponente edifício kantiano que não nos é permitido desdobrar aqui por causa dos limites de espaço de que dispomos. Mas importa para nós fixarmos os resultados de seus questionamentos: o conhecimento científico é assegurado através de um mecanismo de síntese que produz a mediação entre elementos provenientes da experiência e regras do intelecto. A própria sensação atesta isso, visto que coloca as intuições empíricas perceptivas dentro de formas *a priori* próprias da nossa mente, como as formas de espaço e de tempo. De modo ainda mais límpido, no plano dos juízos propriamente científicos é preciso reconhecer que estes estão em condições de exercitar um ordenamento de materiais que nos chegam através da experiência, por meio da sensibilidade, dentro de um esquema categorial que, segundo Kant, ultrapassa todos os modos de julgamento próprios do intelecto. Segue-se um asseguramento do conhecimento, mas ao mesmo tempo ele é limitado ao modo pelo qual os objetos se manifestam ao nosso intelecto, ou seja, como fenômenos. Sem a experiência não haveria conhecimento científico e inovações; haveria apenas um conhecimento "vazio". Por outro lado, a experiência seria "cega" se não fosse unificada pelas categorias, que são as nossas formas de conhecimento. Mas, desse modo, não é mais possível excluir a possibilidade de que um intelecto distinto do humano possa ter outras formas de percepção ou ainda que as coisas em si, enquanto passíveis de serem pensadas, mesmo não sendo conhecidas, não sejam distintas do modo como se nos mostram.

Com base nessas premissas, fica fácil antecipar as conclusões da *Dialética transcendental*, isto é, daquela parte da *Crítica da razão pura* dedicada a refutar as pretensões da metafísica. O núcleo do pensamento metafísico é constituído, segundo Kant, pela pretensão de alcançar um conhecimento do em si da realidade. Mas, para tal, é preciso abandonar a resistência exercida com assento na experiência e confiar exclusivamente na *tendência da razão de proceder a totalizações cada vez mais vastas*, imaginadas como formas de inclusão da totalidade da realidade. Essas formas naturais da razão são o que Kant chama de *ideias* (é claro que há aqui uma remissão ao platonismo). Essas ideias são três: alma, mundo e Deus, e correspondem perfeitamente à articulação clássica da metafísica, subdividida, pois, em psicologia, cosmologia e teologia. Se fosse possível atingir um objeto empírico adequado a essas ideias, teríamos a chave para um conhecimento respectivo da totalidade dos fenômenos interiores (*alma*), da totalidade dos fenômenos exteriores (*mundo*) e da totalidade de cada totalidade (*Deus*). Em suma, teríamos atingido finalmente o coração de toda a realidade.

Todavia, essas formas de unificação, em si perfeitamente legítimas e naturais, não têm um objeto de experiência adequado, visto que de modo algum é possível fazer uma experiência da totalidade. Para que isso ocorra, temos de desvincular-nos dos elos da experiência e proceder como a "pomba leve, a qual em seu voo livre fende o ar do qual sente a resistência, e pode imaginar uma performance de voo melhor no espaço vazio de ar". É o que fez a metafísica a partir de Platão. Mas, sem a resistência do ar, sequer é possível voar. Daqui é que surge a necessidade vista por Kant de limitar a pretensão metafísica de alcançar um conhecimento racional da realidade, negando que seja possível pela via argumentativa conhecer a natureza do sujeito fora de seus modos de funcionamento, ou do mundo, para além dos fenômenos que o manifestam, ou ainda de Deus, como essência derradeira de todo o real[2].

---

2. A crítica à pretensão de alcançar um conhecimento da natureza do sujeito mostra como ela se fundamenta num *paralogismo* (raciocínio falacioso): o equívoco consiste em confundir o eu como unidade formal do conhecimento com o eu empírico, objeto do sentido interior, atribuindo, assim,

A conclusão é negativa, mas apenas para quem pretende circunscrever o saber científico ao âmbito no qual se exercita a filosofia. Pode-se exercitar a racionalidade sem constrangê-la nas formas de conhecimento científico sobre o que se tratou aqui. As outras críticas de Kant irão demonstrar esse fato.

5. Kant. A *Crítica da razão prática*

Precedida em dois anos por uma primeira exposição do problema ético, a *Fundamentação da metafísica dos costumes*, no ano de 1788 aparece a segunda crítica kantiana, a *Crítica da razão prática*. Também essa razão, como explica Kant, é uma razão pura, ou seja, uma razão que deve ser considerada em si mesma, prescindindo de qualquer referência aos conteúdos da experiência. Diferente da crítica precedente, o que interessa aqui não é a razão enquanto cognoscente, mas enquanto razão que determina a vontade a agir.

Kant destaca firmemente o paralelismo — que tem também consequências expositivas — com a obra precedente. Ademais, a unidade para onde se dirige não tem equívocos. Deve-se à razão e somente a ela a função de julgar a respeito da moralidade de uma ação. Segue-se que, também aqui, devem ser excluídos o racionalismo e o empirismo, donde descendem morais heterônomas. O racionalismo pode ter caráter religioso, se o valor moral depende da vontade de Deus; ou simplesmente ser ontológico, quando fundamenta a qualidade moral das nossas ações numa presumida escala de perfeições dos objetos de nossas escolhas. O empirismo assume as mais diversas formas, que vão desde o tradicionalismo da adesão aos costumes herdados, às morais do útil ou também do sentimento, bastante conhecidas do século XVIII. Em ambos os casos a moral é determinada por elementos externos à razão. No caso do racionalismo, na base de um postulado metafísico, o qual demonstramos não ter fundamento; no caso do empirismo, derivando as normas de uma experiência que, como vimos, é inadequada para exprimir regras que ultrapassem a causalidade.

---

ao eu o caráter de substância, cujas características seriam espiritualidade e imortalidade. A crítica à ideia de mundo é desenvolvida através de *antinomias* (contradições insolúveis), onde tese e antítese se excluem reciprocamente (o mundo como finito e infinito, constituído ou privado de partes simples etc.). A impossibilidade de demonstrar a existência de Deus passa pela crítica das provas tradicionais: as provas *a posteriori*, como a *prova cosmológica* baseada na necessidade de uma causa primeira de todos os fenômenos, a causa *físico-teológica*, que afirma a existência de um fim último, e aquela *a priori*, *ontológica*, elaborada primordialmente por Anselmo de Aosta.

A dimensão pura da razão prática nos obriga a considerar a *lei moral como uma norma "a priori"*, radicada na própria razão e independente de qualquer determinação externa.

Mas é precisamente aqui que se dá uma diferença decisiva. No plano cognitivo, a razão deveria se haver com os dados provindos do exterior e interrogar-se antes de mais nada sobre o âmbito de legitimidade de seu poder ordenador. Assim, o mundo cognoscível teve de ser restrito ao campo dos fenômenos, e o postulado metafísico foi redimensionado. Aqui, ao contrário, a razão não comanda o mundo, tanto que o valor moral de uma ação não depende de sua eficácia e de seus resultados. *A razão comanda a vontade, ou seja, a si própria, uma vez que a razão prática se volta para a ação*, ou seja, àquilo que é colocado em prática através do exercício da vontade. Assim, a razão é plena e completamente legisladora. Comanda, por assim dizer, em sua própria casa, visto que querer uma ação é algo que, como ensinaram os estoicos, é sempre possível, seja qual for a situação externa em que me encontro.

Assim, os traços que podemos destacar para caracterizar a moral defendida por Kant são a autonomia, a universalidade, a categoricidade, o formalismo, o respeito. Vamos analisá-los um por um.

Sobre a *autonomia*, já falamos, excluindo a possibilidade de a moral depender de uma norma ou de uma autoridade externa. É só a razão que dá comando a si mesma; ela não reconhece nenhuma autoridade a que deva se submeter. Em perfeita sintonia com o espírito do Iluminismo, vamos encontrar aqui a desconsideração de qualquer princípio que busque derivar a própria consistência de outra coisa que não seja a própria razão.

E é esse o motivo que nos permite considerar a *norma moral como universal*. Por si mesma, a razão determina a lei. Essa lei não é um princípio individual de conduta, chamado por Kant de *máxima*, mas, de acordo com as características da razão, uma lei que contém em si sua própria justificação, uma tal justificação que possa ser reconhecida por todos. Por mim mesmo, posso muito bem seguir a máxima de não devolver algo que me foi emprestado. Mas o conceito de empréstimo que preveja uma não restituição contém uma contradição explícita, que denuncia a impossibilidade de que tal possa ser adotado como norma universal. Daqui temos a formulação kantiana que comanda: "Age de tal modo que a máxima de tua vontade possa ser sempre válida como princípio de uma legislação universal".

Assim, a autonomia da razão está ligada duplamente à sua universalidade. É só sob essa condição que a razão pode ser explicada como sendo legisladora.

Mas a lei, como já vimos de muitas formulações precedentes, não se limita a sugerir. Ela comanda, exprime-se através de imperativos, que têm um caráter *categórico*, absoluto. Não comanda com base em hipóteses, como "se quiseres ser respeitado, comporta-te de forma gentil". Esses imperativos hipotéticos têm um caráter meramente instrumental, direcionados a uma ação em função de um motivo buscado. Esses não têm nenhum valor moral, mesmo nos casos em que aconselham coisas que parecem ser boas. Essas não seriam feitas para obedecer à lei, ou como afirma Kant com uma expressão um tanto severa, pelo puro dever, mas por outras razões extrínsecas. O comando é absoluto e não tolera senão uma execução feita para o obedecer. Aqui estamos claramente nos antípodas de Aristóteles, cuja ética eudemonística via na própria felicidade, alcançada através de um agir virtuoso, a marca do sucesso ético. O dever é um fato moral; isso impõe obediência, excluindo qualquer outra motivação. Nisso se percebe o traço rigorista da moral kantiana, sobre o que os próprios contemporâneos ironizaram (Schiller, por exemplo, observou que a condição para uma ação moral é que essa ação seja desagradável, pois, se eu encontrasse prazer em cumpri-la, já não estaria seguro do caráter autenticamente moral de minha motivação).

O que ordena, pois, a lei moral? Comanda ou exclui ações específicas, como nos ensinaram por exemplo os mandamentos (do tipo "honra teu pai e tua mãe" ou "não matarás")? Se fosse assim, deveríamos concluir que há ações que têm em si o próprio valor e seu próprio desvalor. Mas, com isso, a intenção "pura" da ética kantiana seria destruída, a autonomia da razão seria perdida, porque deveria submeter-se a escolhas que já têm em si seu próprio valor; também a universalidade estaria ameaçada, pois o caráter empírico dessas ações daria vazão a uma pluralidade muito contrastante de costumes. A escolha kantiana é coerente e corajosa. *A ética ordena a forma e não o conteúdo*. Ela ordena que o conteúdo deve ser escolhido cada vez em conformidade com os princípios de universalidade, de autonomia e de rigor, anunciados acima.

"Há duas coisas que enchem a alma de admiração e veneração sempre renovada e crescente, quanto mais demoradamente a reflexão se ocupa delas: *o céu sobre mim e a lei moral em mim* — escreve Kant como conclusão da *Crítica*. Essas duas coisas... eu as vejo diante de mim e as conecto imediatamente com a consciência de minha existência. A primeira se inicia a partir do lugar que ocupo no mundo sensível externo e estende ilimitadamente a conexão em que me encontro com mundos de mundos e sistemas de sistemas; e então ainda aos tempos ilimitados de seu movimento periódico, de seu princípio e de sua duração. A segunda começa em meu eu invisível, em minha personalidade, e me representa num mundo que possui a verdadeira infinitude, mas que só pode ser apreendido pelo intelecto, e com o qual (mas também junto com todos aqueles mundos visíveis) eu reconheço estar em uma conexão universal necessária... A primeira perspectiva, a de uma imensidade inumerável de mundos, aniquila a minha importância, fazendo de mim uma simples criatura animal... A segunda eleva infinitamente meu valor como valor de uma *inteligência*, através do reconhecimento de uma personalidade na qual a lei moral me manifesta uma vida independente da animalidade e também de todo o mundo sensível, ao menos no que diz respeito à determinação moral da minha existência por via dessa lei; essa determinação não se restringe às condições e aos limites dessa vida, mas se estende ao infinito".

Nessa bela página se pode ler com detalhes a última característica que tentamos evidenciar: o *respeito*. Diante da imensidão da natureza e da majestade da lei moral, Kant, que excluíra da determinação moral todo e qualquer sentimento, refere-se aos sentimentos de admiração e de veneração, que recordam diretamente a função que reservava a Antiguidade ao *thaumázein*, à admiração. Impõe-se a versão específica de caráter totalmente kantiano. A admiração não produz um desejo de emulação e de implicação num processo crescente, de maravilha em maravilha, mas produz, antes, respeito. A lei moral exige a admite como único sentimento o respeito, que não é mera obediência, mas reconhecimento de que na lei se revelou algo a mais, como a imensidão infinita dos espaços siderais; um algo mais que me supera e me eleva infinitamente. Na moral, de repente, se manifesta um algo a mais que nos causa admiração e merece nosso respeito. Assim, quem julga aqui é o próprio homem.

6. Kant. Liberdade, imortalidade, Deus

Na visão kantiana da ética, uma das funções fundamentais deve-se à *liberdade*. "Se devo, posso" é um axioma fundamental da moral kantiana. É através da lei moral que sou induzido a reconhecer (*ratio cognoscendi*) a liberdade como pressuposto fundamental que devo supor existir ou "postular", como se exprime Kant. Por seu lado, a liberdade é a verdadeira razão de ser (*ratio essendi*) do dever, uma vez que, não havendo liberdade, toda e qualquer norma moral se tornaria insensata. Enquanto o homem da *Crítica da razão pura* só podia contar com uma liberdade de ordenamento dos fenômenos, limitada pelo fato de que o conhecimento se desdobra a partir de dados a respeito dos quais o intelecto é passivo, na moral a razão está em condições de determinar a vontade por completo, muito embora se encontre diante de uma dimensão realmente nova. Não mais diante de um reino dos fenômenos, mas diante do que Kant chama de um *reino das finalidades*, ou seja, um horizonte do qual todos são cidadãos, sendo ao mesmo tempo legislador e súdito, uma vez que nesse reino a comunhão se dá pela participação numa ordem dos deveres; esses deveres são a finalidade que todos determinam autonomamente e sob os quais cada um está igualmente submisso.

Esse reino das finalidades transcende a temporalidade de uma vida humana, pois se aplica como um *dever ser normativo para agir*, próprio do humano, mesmo que não seja jamais totalmente realizado. Ademais, o homem é chamado a ser moral, mas não lhe é dado ser santo, ou seja, cumprir completamente a lei moral. Longe de representar um fator desconfortável, tudo isso convoca a pensar o caráter infinitamente progressivo do aperfeiçoamento ético. Obriga, assim, a admitir também a *imortalidade do homem*, como condição para o cumprimento do comando de perfeição da lei moral. Esse elemento é apresentado por Kant como um segundo (depois da liberdade) postulado necessário à argumentação moral. Como a liberdade, esse é um pressuposto que se deve racionalmente admitir para tornar possível o edifício moral. Justamente através da imortalidade permite-se ao homem pensar aquela espontaneidade ética que não se atinge na existência por causa da resistência que os impulsos sensoriais oferecem à razão. E, com a total adequação alcançada com a imortalidade, a moralidade deixa de ser um esforço, e se realiza aquela correspondência entre dignidade e felicidade que nem sempre é assegurada pela vida. De fato, nem sempre é feliz quem o merece. *A correspondência entre virtude e felicidade*, ou como a chama Kant, *o sumo bem* não chega a realizar-se pela impossibilidade de o homem, que não é o Criador, dispor a ordem da natureza segundo o querer ético. A virtude não é imediatamente causa de felicidade. A *existência de Deus* (terceiro postulado), ou seja, de um Criador da natureza, em condições de ordená-la segundo finalidades éticas, é postulada como condição indispensável para alcançar aquele sumo bem que é o fim último ao qual aspira todo o edifício da moral.

Como se pode ver, o tema da religião para Kant se insere dentro do horizonte moral. Ademais, ele considera a religião como "o conhecimento de todos os deveres compreendidos como mandamentos morais". Aqui também podem-se ver traços típicos do Iluminismo, algo que a dimensão revelada das religiões tem dificuldade de aperceber. Kant reconhece ao cristianismo uma superioridade que depende da possibilidade de retraduzir inteiramente seus conteúdos em termos de religião natural. Reserva-se uma atenção especial ao tema do *mal radical*, compreendido como a forma racional de tradução daquilo que o cristianismo chama de pecado original. Existe uma inclinação (*Hang*) ao mal que lança suas raízes até o coração da constituição humana, mas nem por isso se pode afirmar que o homem seja ruim por natureza, como se o mal fosse uma disposição natural do mesmo (*Anlage*).

Para concluir essa breve recapitulação do tema moral de Kant, constata-se o quanto ele sofreu influência do pensamento de Rousseau. Como Hume o havia despertado do sono dogmático e o estimulara a repensar a gnoseologia capaz de superar os riscos do ceticismo, assim a ideia rousseauniana de uma espontaneidade natural estimula Kant a repensar o conjunto de toda a moral. A santidade não é da natureza e não se encontra no início. Mas é própria da racionalidade e está colocada no final de um aperfeiçoamento infinito. Aquilo que em Rousseau já estava perdido, desde sempre, torna-se agora algo que pertence à natureza racional do homem, transformando-o num cidadão de uma ordem moral, subtraído às limitações da pura naturalidade física. Apesar das profundas transformações, podem-se distinguir traços distintivos comuns.

A ideia de humanidade, tão importante para a ética kantiana, é a ideia de um fim em si mesmo, de algo que jamais poderá ser degradado como mero meio. O ser humano não é apenas o olho ordenador dos fenômenos, mas também a boa vontade, que está em condições de fazer vir a ser aquilo que deve ser. O mundo não é somente natureza e limite, mas também liberdade e aperfeiçoamento infinito.

7. Kant. A *Crítica do juízo*

Para nós, que lemos as obras de Kant em ordem cronológica, não é difícil perceber a unidade que marca sua formulação, apesar de percebermos a diferença de resultados a que chegam. No caso da *Crítica da razão pura*, parece ser determinante a ideia de que é só através de uma definição rigorosa dos limites do conhecimento, que exclui um saber numênico como o que é buscado pela metafísica, que se torna possível assegurar um saber cientificamente adequado. Assim, a natureza é reconduzida àquilo que podemos saber dela com base em nossas formas transcendentais de conhecimento. Na *Crítica da razão prática*, ao contrário, parece ser central a ideia da liberdade, enquanto capacidade de determinar a vontade de maneira autônoma, sendo ao mesmo tempo um imperativo universal. A moral é esse reino das finalidades, esse âmbito no qual a razão pura padroniza os próprios conteúdos, os determina (de onde temos sua soberania) e os obedece (de onde temos sua submissão). Nesse reino vamos encontrar um processo indefinido de aproximação à adequação plena, e a própria religião mostra ser um elemento inserido na moral.

Mas, para quem olha para o edifício kantiano de outra perspectiva, voltado a uma tensão ao infinito e ao ideal, como irá ocorrer na época do romantismo, as prioridades de leitura se tornam um pouco diferentes, e mais ainda quando se toma como referência a última das três críticas kantianas, a *Crítica do juízo*, publicada no ano de 1790, na qual o próprio Kant procurava identificar elementos de passagem, ou até de conciliação, entre as duas obras precedentes.

O conhecimento científico nos coloca diante de um determinismo das leis da natureza, a moral nos abre um horizonte voltado ao sumo bem e determinado pela liberdade. O homem é cidadão dos dois universos e no ato de conhecer encontra a natureza como o reino da necessidade, mas, dentro da esfera moral, pensa a natureza como sendo submissa a finalidades racionais da liberdade. Depois, a vê ainda reproduzida esteticamente nas obras de arte, contemplando-a como um reino que se desperta para as finalidades do ser humano, de tal modo a permitir que se espelhe nelas (basta relembrar aqui o tema do céu estrelado e a correspondência simbólica com a lei moral). Para explicar essas experiências humanas comuns, será preciso supor que, além dos juízos determinados que regulam, segundo a necessidade, a ciência e, segundo a liberdade, a moral, para a razão há também um outro modo de referir-se ao próprio objeto. Kant lança a hipótese de repensar a delimitação da razão, convocando a um aprofundamento da atividade judicativa específica da própria razão. Se for considerada a partir desse ponto de vista, como *faculdade do Juízo* (escrita com maiúscula para evitar confusão com o termo *juízo*, recorrente em expressões como *juízo sintético, analítico* etc.), iremos perceber que ela opera de dois modos bem distintos. Nesses casos, nos que se subsume um dado particular numa norma ou num critério geral, encontramo-nos diante de *juízos determinantes* (como os do intelecto, tratados na *Razão pura*). Em outros casos, onde não dispomos de um conceito universal e o que temos é exclusivamente o singular, que pretendemos, porém, reconduzir a uma regra geral, nos encontramos diante de um *juízo que reflete*. Os juízos de reflexão são precisamente aqueles de que lançamos mão para considerar os temas estéticos ou quando contemplamos a natureza, buscando compreendê-la numa unidade, como algo orientado a um fim. Através dos juízos de reflexão não alcançamos um conhecimento em sentido estrito, mas recolhemos numa unidade um material que, de outro modo, por sua dispersão, permaneceria desordenado e de certo modo mudo.

No caso específico do objeto estético, nos habilitamos a ler o objeto belo, seja na natureza seja na obra de arte, como dotado de uma finalidade subjetiva, ou então, feito de tal modo a suscitar no sujeito um sentimento de prazer, e de permitir que se perceba a harmonia como se não tivesse outra finalidade a não ser suscitar o prazer da fruição. *O belo tem uma pretensão de universalidade*, que não se apoia em nenhum conceito e que assim não pode ser deduzida. Mas isso se distingue da pura agradabilidade. Kant observa que os gostos (sensíveis) são subjetivos. No exemplo kantiano, afirmar que o vinho proveniente das Ilhas Canárias é agradável é uma questão subjetiva, na qual ninguém pode pretender impor seu próprio juízo. No plano estético, muito embora possa haver diferenças na avaliação, quando se afirma que uma coisa é bonita, a intenção é expressar uma universalidade, estando em condições de motivar a sua fundamentação. Mas a coisa bela tem como finalidade um *prazer desinteressado*, ou seja, tal a ponto de ser indiferente ao caráter de utilidade e até à existência real da coisa representada pelo objeto. E de fato um romance ou uma pintura nos agradam independentemente de sua correspondência com a realidade.

Ora, no caso do *belo por natureza*, junto com as características de universalidade e de desinteresse temos também um prazer singular ligado ao fato de gerar uma *consonância do sujeito com a natureza*. Percebendo-se como parte dessa natureza, mas em condições de refletir racionalmente sobre o esplendor que ela manifesta, o sujeito sente, mesmo que de maneira indeterminada, que a humanidade representa o fim último e mais elevado da natureza.

Isso fica ainda mais evidente no caso do *sublime*, ou seja, no sentimento que, diferentemente do belo, não se assenta numa percepção de harmonia, mas num senso de equilíbrio. A potência de um mar tempestuoso, uma potência que supera infinitamente a força do homem, vem acompanhada da consciência de nossa superioridade moral com relação àquela força imensa, mas que não tem consciência de si. Nessa desproporção, o sublime revela simbolicamente a ligação subterrânea do homem com a natureza. No belo o homem sente-se como se estivesse em sua própria casa; no sublime experimenta antes de tudo a inquietação. Mas, nos dois casos, o sujeito projeta reflexivamente no objeto um juízo que possibilita ao homem, nas diversas formas do belo e do sublime, a unidade de fundo com aqueles objetos, como se o único propósito de eles estarem ali fosse para recordá-lo de que tudo tem um sentido.

O mesmo se dá com o *juízo teleológico*, com o qual o homem contempla a natureza numa perspectiva finalística. Através disso, a natureza perde aquela estranheza que tem para com o homem, determinada pelo fato de constituir um simples material do qual podemos conhecer as leis, mas que resguarda uma espécie de inacessibilidade quanto ao próprio significado mais profundo. No juízo teleológico, ao contrário, a natureza é vista como um organismo vivente e, segundo a expressão kantiana, aparece como se sua finalidade fosse favorecer a existência do homem e o surgimento da cultura.

A reconciliação dos dois mundos, o mundo da liberdade e o da natureza, parece, assim, estar cumprida. Isso sucede sem desmerecer os resultados da *Razão pura*, mas prosseguindo decisivamente para além deles. Os românticos, como fica fácil de imaginar, tocam amplamente essas considerações, com referência especial aos temas estéticos e a abordagem prioritária do tema do infinito, subjacente às considerações sobre o sublime. Por um breve período, todos serão kantianos, trabalhando para remover aquelas precauções, consideradas excessivas e em sua opinião pouco interessantes, com as quais se munira Kant com a *Razão pura*, antes de tudo a percepção do caráter meramente fenomênico de nosso conhecimento. Depois, pouco a pouco, o edifício gnosiológico kantiano será colocado entre parênteses, até que volte a ganhar importância proeminente sobretudo no século XX.

Mas, nesta sucessão de leituras, não se deve acreditar que a intenção originária do autor tenha sido simplesmente mutilada e traída; ele continua sendo firmemente um pensador lapidar e rigoroso de cunho iluminista. Entre todos, há um dado que não se modifica em toda a filosofia posterior e até nossos dias. Enquanto Descartes, partindo de um sujeito que, na singularidade de sua mediação, era um existente concreto, iniciara o moderno atribuindo ao sujeito, desvinculado de qualquer ligação, a tarefa de reconquistar a objetividade do mundo, Kant inaugura a modernidade desfazendo-se dessa tentativa de alcançar a objetividade. Importa a Kant alcançar uma objetividade do conhecimento, ou seja, um reconhecimento universal e necessário daquilo que nosso conhecimento origina. O mundo é o mundo que conhecemos, a lei moral é o imperativo que nossa razão determina como um dever, o juízo estético e o teleológico são a aplicação à arte e à natureza de um esquema que tem expectativas plausíveis de universalidade. Em todos esses casos, a revolução copernicana foi perfeitamente levada a cabo: é o sujeito que adapta o mundo a si e não vice-versa.

Por outro lado, o sujeito kantiano já não é o mesmo que o cartesiano — não tem singularidade nem individualidade —, é um sujeito transcendental, nada mais é que a atestação de que nenhum pensamento pode ser pensado senão na consciência de que ele está radicado na razão e em seus modos de ordenar o mundo, presentes em cada indivíduo singular, e perfeitamente iguais para todos. Como ele afirma, não se pode conhecer sem um "eu penso", ou seja, sem a consciência de que o pensamento não reespelha o mundo, mas o ordena segundo seus próprios modos de funcionamento. Afirmar que todo juízo vem sempre acompanhado de um eu penso significa reconhecer que ali está sempre atuando uma reflexão que o enlaça com o sujeito cognoscente. Mas esse eu penso transcendental não tem nome nem identidade.

Infinito e adjacentes: romantismo e idealismo

1. A Antiguidade perdida e o ideal como nova tarefa

Já demonstramos como a oposição entre Iluminismo e romantismo, estilizados na forma de uma idade da razão e da finitude contraposta a uma época do sentimento e do infinito, contempla aspectos superficiais, mas não ajuda a compreender a complexidade de um momento histórico que, justo em seu conjunto e em suas variantes, teve uma influência decisiva para nossa identidade cultural atual. Também observamos como a modernidade, preparada propriamente pelo alcance público da função da razão proposta pelo Iluminismo, se viu de pronto confrontada com os resultados inesperados do próprio sucesso, materializando-se na forma vitoriosa da Revolução Francesa. A nova era, preconizada na forma teórica de Descartes, tornara-se, assim, realidade, mesmo no plano social, o que obrigava a repensar sua relação com o passado.

Descartes e, depois dele, seus sucessores haviam introduzido uma ruptura no curso da tradição. Mas estavam convencidos de que essa ruptura permitisse recuperar as mesmas certezas do passado, agora mais seguras e livres da dúvida. A extensão política da razão iluminista dilatara além da medida esse postulado da razão humana. Em sua finitude, essa mostrava-se capaz de modelar a história de forma absolutamente nova, de transformar qualquer ser humano concomitantemente num súdito e num soberano. Poderíamos dizer que Kant dá uma formulação filosófica a essa nova percepção de si ao atribuir ao poder autônomo e ordenador da razão a capacidade de traçar os limites de um saber científico, de determinar os princípios da moral, de inscrever o belo e a natureza num horizonte unitário, orientado teleologicamente.

O que se alcança assim já não é mais o mesmo que alcançara a tradição, não repete com outra certeza os mesmos conteúdos, mas é uma revolução verdadeira e própria, que dá destaque ao sujeito, apoiando nele a garantia que em outros tempos se atribuía ao objeto e à sua capacidade de fundamentar, para além das dúvidas, uma ordem objetiva da realidade. Essa ordem das coisas em si é abandonada, no sentido de que é suficiente o reconhecimento de que, para serem conhecidos, os fenômenos estão sob condições que são iguais para todos os homens. Recorrendo a um exemplo empregado pelo próprio Kleist para explicar isso à sua própria noiva, todos nós usamos lentes verdes, das quais não nos podemos desfazer, e que nos fazem ver a realidade circundante segundo uma determinada tonalidade de cor, sem que nos seja permitido saber se aquela tonalidade seria a mesma, inclusive sem a mediação de nossos óculos. Mesmo assim, tudo que se nos mostra possui sua própria objetividade, pelo menos no sentido de ser igual para todos os homens.

Note-se que, até esse ponto, exatamente como foi evidenciado pela interpretação usual, dois são os elementos que se mostram dominantes: a centralidade da razão e seu caráter de finitude, que se mostra decisivo, uma vez que cabe à razão assegurar a própria confiança precisamente através da delimitação de seu âmbito de aplicação, limitado ao fenômeno.

Como observamos, porém, através dessa mudança de perspectiva, chamada por Kant de revolução copernicana, houve a intervenção de novidades conspícuas que induziram os autores do século XVIII a confrontar-se, numa célebre polêmica (*a querela dos antigos e dos modernos*), com o tema da relação entre antigos e modernos. Mas a questão é muito antiga, e vai além do Renascimento, passando por uma retomada do século XVII tardio, mas retorna com força no século XVIII com novas bases, visto que os resultados do debate não se dirigem mais no sentido de sustentar o primado ora de uns ora de outros, mas acaba reconhecendo que o modelo clássico pertence a uma época irreversivelmente passada e que já não podemos mais ser antigos. Entre os inúmeros participantes desse debate, que apresenta uma raiz principalmente estética, é Friedrich Schiller quem o expressa de maneira mais nítida, de tal modo a tomar uma posição paradigmática[1].

---

1. Friedrich Schiller (1759-1805) foi poeta, filósofo, dramaturgo. Estudou medicina, e exerceu-a como médico militar, foi professor de história na Universidade de Iena. A sua amizade com Goethe foi imortalizada em Weimar na estátua que os consagra como os maiores poetas alemães.

No tratado *O ingênuo e o sentimental*, que originariamente deveria referir-se apenas ao tema do ingênuo, Schiller chega à descoberta de que as dificuldades encontradas nos vários autores, incluindo ele próprio, são tais que mostram a impossibilidade de uma abordagem que se limite à questão do ingênuo. Isso porque o ingênuo não se deixa apanhar com determinações positivas, mas apenas reconhecendo preliminarmente que *a ingenuidade é aquilo que já não somos. Na verdade, nós somos sentimentais,* ou seja, nos encontramos, queiramos ou não, numa condição de separação da imediaticidade da relação com a natureza. Daqui, surge a sensibilidade por aquilo que não somos mais e a nostalgia por aquela situação originária da ingenuidade na qual podíamos nos descobrir sendo unos com a natureza circundante.

Éramos ingênuos (*naiv*) e não podemos voltar a sê-lo, pois a separação da natureza, uma vez tendo acontecido, não pode mais ser recuperada com um percurso de restauração retroativa, mas apenas com um caminho que nos projete avante e que consinta, numa base nova e mais elevada, no plano da pura *idealidade*, de alcançar aquela harmonia que outrora era natureza e imediaticidade. Essa tarefa é confiada à cultura.

Daqui podemos intuir como seja possível dar-se aquela inversão de perspectiva do Iluminismo ao romantismo, que de outro modo não seria passível de explicação. A razão não é suficiente para essa empreitada e assim aparece radicada num sentimento mais originário, que é tanto nostalgia pelo que se perdeu, quanto desejo que impulsiona a avançar rumo a uma meta ideal mais elevada. Em suma, a razão torna-se inadequada a essa tarefa, e parece ser mais fundamental para isso uma dimensão sentimental prévia, que sempre a acompanha, e sem a qual o puro raciocinar perderia a condição especialíssima em que desembocamos, uma condição que é ao mesmo tempo desorientação e entusiasmo. Não só a tarefa que nos cabe rompe precisamente com a ideia prudente de circunscrever o saber aos limites da finitude. Aquilo a que fomos chamados é um ideal que se nutre da própria ilimitação: *o infinito é nossa verdadeira destinação*. Ou, dito de outro modo, a questão da relação entre finito e infinito, entre o determinado e o absoluto, adota uma centralidade inédita, nutrindo-se de um sentimento duplo e contrastante: a consciência de uma separação entre os dois termos (e, portanto, a nostalgia de um tempo que se afastou da unidade) e o desejo de alcançar novamente a unidade perdida num nível mais elevado (e, portanto, uma idealidade apaixonada).

Dentre suas obras filosóficas principais, junto com a fundamental *Poesia ingênua e poesia sentimental*, recorde-se também *Sobre a graça e a dignidade, Cartas sobre a educação estética do homem*.

Nesse movimento não há uma reação puramente anti-iluminista ou antirracionalista. Ao contrário, entusiasmados pelos sucessos da *razão*, forçamo-la a uma radicalidade maior ainda e acabamos por descobrir a importância do *sentimento*, que a precede, e o signo do *infinito*, que a acompanha. É só a partir desse ponto que começa a se impor uma atitude de rejeição do intelectualismo iluminista por demais estreito. No mais, como antecipamos, esse itinerário já fora prefigurado por Kant, quando passara dos limites do saber científico para a liberdade da razão moral, capaz de antodeterminar-se a uma tarefa infinita, ou quando aplicara a razão à natureza e à arte, atribuindo não mais a tarefa sombria de um juízo que sentencia de modo determinante, mas o de um juízo da reflexão, capaz de acompanhar os fenômenos da natureza e da arte no horizonte acolhedor de uma unidade de homem com a natureza e com a cultura.

É preciso ter presente justo o *nexo* que procuramos descrever *entre iluminismo e romantismo* para melhor compreender a nossa condição atual. Nós, na modernidade, somos herdeiros de ambos, visto que as duas opções provêm de um único e mesmo problema. Daqui temos a tensão e as reviravoltas que caracterizam nossa cultura.

Por fim, é necessário observar que o romantismo, cujo florescimento máximo ocorreu na Alemanha, tendo, porém, expressões importantes em todas as demais grandes nações europeias, em sua forma mais pura teve um caráter prevalentemente literário e artístico. É justamente nesse âmbito que isso atribui ao anelo de infinito uma forma acentuada de sentimentalismo, chegando a expressões extremas de rebelião e titanismo individual[2]. A relação com a natureza foi vivida prevalentemente sob o signo do sublime, a nova sensibilidade conduz à revalorização do mistério, da religião, à redescoberta da cultura da Idade Média, à revalorização das matrizes nacionais. A parte maior da filosofia da época, porém, em relação a esses resultados, manteve uma postura de afastamento e buscou direcionar a tensão ao infinito no

---

2. Como atesta a obra juvenil de Schiller *Os assaltantes*, que coloca em cena personagens tomados por paixões violentas, mas animados por uma exigência de liberdade, da intolerância à uniformidade plana de um comportamento governado por leis e costumes, por um desejo de grandeza, de justiça e de bem — cujo modelo são os antigos — que acabam convertendo-se em seu oposto (são acentos que vamos encontrar alguns anos mais tarde também no *Michael Kohlhaas*, de Kleist). Poderíamos dizer que nesse drama são retomadas e representadas muitas das características daquele movimento do *Sturm und Drang* (tempestade e ímpeto) onde se expressa, às vezes de modo desordenado e sem uma teorização verdadeira e própria, a refutação do Iluminismo, compreendido como razão vazia que sufoca a vida, à qual se deve opor a exaltação de uma espontaneidade absoluta e natural e a recusa de qualquer norma.

esquema de uma racionalidade superior. Preocupado com a tentativa de dar expressão filosófica a um novo sentimento da natureza e a novas reivindicações da imediaticidade, o idealismo foi o desdobramento mais importante que o romantismo adotou na filosofia.

2. O infinito da razão: o idealismo

Na Alemanha, o ponto de partida do debate filosófico mais explícito foi a obra de Kant. As discussões se inflamaram já a partir da leitura da *Crítica da razão pura*, justo enquanto se queria manter firme a formulação transcendental e não se queria renunciar à finitude estrutural do sujeito da filosofia, as precauções kantianas que procuravam limitar o conhecimento ao mundo fenomênico eram interpretadas como impasses. A reivindicação da liberdade era vista com a mesma importância que a exigência de sistema, apesar de que a tendência de dar prosseguimento à filosofia crítica kantiana tenha se tornado cada vez mais difusa, até o ponto de tornar-se uma doutrina do saber verdadeira e própria, ou, como se dizia então com uma nova expressão, uma *doutrina da ciência*.

Johann Gottlieb Fichte[3] foi o autor que, dando seguimento à formulação kantiana (tanto que um escrito seu intitulado *Tentativa de uma crítica de toda revelação*, publicado como anônimo, em favor de Kant, inicialmente foi confundido como uma obra do mestre de Königsberg), buscou libertá-la dos resíduos do dogmatismo que ainda a prejudicava. O que para Kant representava criticismo, ou seja, a missão crítica dos limites da razão em seu conhecer a partir dos dados provindos da experiência, é visto por Fichte como uma concessão, não crítica, mas dogmática da razão, na qual acaba por prevalecer a função cognitiva testemunhando um espírito insuficiente do sistema. Em Kant é notório que os temas do conhecimento, da moral e da natureza têm um desenvolvimento paralelo e não descendem de um princípio unitário.

Onde isso ocorre teremos reconstruído realmente as condições de possibilidade do conhecimento e conquistado um princípio supremo donde deduzimos todo o conhecimento e estaremos livres daquele realismo que condiciona e limita a operação da razão, tomando sua medida da experiência.

---

3. Johann Gottlieb Fichte (1762-1814) lecionou na Universidade de Iena, Erlangen e Berlim e acabou também se tornando reitor. Morreu em Berlim, onde foi enterrado junto a Hegel no cemitério monumental de Chausseestrasse. Dentre suas obras, recorde-se *Fundamento de toda a doutrina da ciência, Fundamento do direito natural, Sistema da doutrina moral*.

É preciso manter-se fiéis ao princípio transcendental kantiano, para o qual não há conhecimento que não venha acompanhado da consciência de que esse se fundamenta na atividade do eu, e ao mesmo tempo ter a coragem de ultrapassar a herança cartesiana, ainda viva em Kant, que concebe o sujeito como uma substância de pensamento. Mas o sujeito é, antes, *atividade*, ação. No eu reconhece-se, antes, o princípio supremo, visto que o eu é posto por si mesmo. Ele é, pois, liberdade. Enquanto a filosofia clássica, a partir de Aristóteles, considerara como princípio fundamental o princípio da contradição, que é um princípio negativo, na medida em que proíbe alguma coisa (a própria contradição), Fichte irá abalizar como princípio supremo da filosofia o princípio da identidade, que é um princípio positivo, de autoafirmação. Ele não o compreende como uma expressão de uma identidade estática, mas dinâmica. A sua formulação não é, pois, eu-eu, mas o *eu produz a si mesmo*.

Vê-se atuando aqui aquela evolução que leva do moderno à modernidade e do realismo cartesiano ao idealismo. Kant representa o eixo central desse processo. Para Descartes, o sujeito é uma substância, e diante dessa substância encontra-se uma outra substância não menos real, a substância material; para Kant, o sujeito é uma função cognitiva, uma condição transcendental que se aplica a uma experiência, sem que se possa dizer coisa alguma sobre a realidade em si mesma; para Fichte, o sujeito é uma liberdade que produz a si mesma, é dinamismo, atividade da qual tudo descende, inclusive aquilo que se manifesta antes de tudo.

Por outro lado, a percepção de que essa atividade não acontece no vazio, mas encontra uma resistência, aquela que usualmente consideramos como a resistência provinda da realidade, essa percepção é uma experiência comum. Se fosse assim, porém, teríamos dois princípios, com a consequência dupla de um dualismo absoluto e de um dogmatismo igualmente absoluto. Se, ao contrário, reconduzimos tudo ao princípio único do eu e de sua liberdade, podemos afirmar que também aquela resistência de que falávamos está no eu e é por ele produzida. Esse é o segundo princípio subordinado de Fichte: *O eu produz e produz a si mesmo um não eu*. A realidade acaba subsistindo, mas se torna um obstáculo colocado pela liberdade para promover o próprio exercício. O idealismo não é a afirmação de que a realidade não existe, mas a sua recondução e redução a um produto da liberdade. Por fim, o terceiro princípio, que opõe ao eu divisível um não eu igualmente divisível, ou seja, que opõe entre si as determinações finitas, presta-se para Fichte para explicitar o devir finito do eu.

A *diferença entre realista e idealista*, segundo os autores desse período, é uma diferença de tipo humano: o primeiro se inclina aos eventos, o segundo lhes dá forma. É preciso partir dessa consideração para compreender bem o espírito do idealismo. Estamos progressivamente abandonando o terreno gnosiológico, cultivado por Kant, e deixamos para trás a metafísica, com base nas decisivas críticas kantianas. Vai se desdobrando, ao contrário, o mundo moral, o mundo do agir e da liberdade. O princípio supremo só pode ser o eu, visto que, através de um eco cartesiano modificado, apenas o eu não pode não ser reconduzido a si mesmo. Como escreve Fichte: "Eu sou porque eu sou". Nada menos que o eu pode realmente atestar a si mesmo. Mas esse eu é atividade, faz algo, e, portanto, faz um não eu. Acaba que o produto do eu se transforma, por seu turno, numa resistência ao eu, mas uma resistência que estimula sua liberdade. No fundo, é o que acontece a um autor que, ao produzir a obra, objetiva e limita a si mesmo. E é precisamente essa objetivação que o instiga a superar-se e gerar uma nova obra.

3. O debate religioso e Schleiermacher

A época em que essas filosofias foram elaboradas foram anos tumultuados. Os posicionamentos vão se sucedendo em ritmo acelerado, de modo que para reconstituir todo o percurso desse processo seria necessária uma análise bastante detalhada. Em Fichte marcamos o momento inicial e decisivo, e delineamos seus desdobramentos mais significativos[4]. Nesse contexto, reacende-se a questão religiosa, misturando-se com a recepção da filosofia de Espinosa, cujo sistema vai progressivamente adotando uma importância semelhante à de Kant. Nasce um debate religioso, no qual a acusação recíproca mais frequente é a de ateísmo. Criticando toda e qualquer revelação, Fichte acentuara firmemente o significado puramente ético da religião, enquanto os demais procuravam salvaguardar um conteúdo específico da religião, expondo-se, assim, à contra-acusação de querer simplesmente ater-se a ídolos, deixando escapar o significado ético mais profundo da revelação cristã.

---

4. Nesses desdobramentos, por um lado, Fichte concebe Deus como o ideal de ordenamento moral do mundo, e, por outro, acentua a validade religiosa da moral, encaminhando desse modo a guinada que vai se dar nos últimos escritos. Os *Discursos à nação alemã*, com um teor inflamado, convocam para uma reação contra Napoleão, afirmando o primado cultural da nação alemã. Com o entusiasmo inicial pela Revolução Francesa e a abertura aos temas sobre a liberdade e igualdade, misturam-se acentos nacionalistas e expressões antissemitas.

É nesse contesto que em Berlim vamos encontrar a Friedrich Schleiermacher[5], que, embrenhado no espírito do Iluminismo, mas ao mesmo tempo envolvido nos debates e nas preocupações do primeiro romantismo, nos *Discursos sobre a religião* (1799), buscou propor uma apologia verdadeira e nova da religião. Para ele, a essência da religião, embora tendo um objeto que se equipara ao objeto da metafísica e da moral, não é, como aquele, pensamento ou ação, mas "intuição e sentimento". A religião é intuição do universo e sentimento para o infinito (Schleiermacher fala em "senso e gosto do infinito"), nostalgia de algo de desconhecido, mas do qual fazemos parte. Aqui se apresenta ainda, em forma de imediaticidade, aquela relação do homem com o universo em seu todo, que é a característica verdadeiramente religiosa que forma a base de todas as religiões positivas. Como ele escreve, a imortalidade de que nos fala a religião nada mais é que "transformar-se uma só coisa com o infinito, mesmo permanecendo em meio ao finito". Como reivindica Schleiermacher diante dos que menosprezam a religião do tempo, essa dimensão é própria e universalmente humana e constitui, assim, uma espécie de coroamento da cultura do homem. É somente quem se permite ser tomado pelo divino que poderá realmente elevar-se a essa dimensão, e, a partir dali, valorizar todas as conquistas do humano.

Como irá escrever em sua *Glaubenslehre* (Doutrina da fé), o indivíduo se dá conta da dimensão religiosa, que é própria de todo ser humano, como um *sentimento absoluto de dependência do infinito,* que o circunda e que se chama universo. Trata-se de uma pertença ao todo, que é apreendido sempre de maneira individual, ou seja, é apreendido por cada um a seu próprio modo. Daqui partem as considerações propriamente hermenêuticas de Schleiermacher, que foi um dos primeiros na modernidade a sublinhar o caráter sempre individual da interpretação e de sua inexauribilidade. O fato de que o todo seja sempre apreendido por uma individualidade específica torna possível haver diversas perspectivas de sua apreensão, nenhuma das quais, porém, parece estar em condições de exaurir o próprio objeto infinito.

Nessa perspectiva, que transforma a religiosidade numa dimensão antropológica estrutural, não causa nenhuma surpresa a subvalorização dos

---

5. Friedrich Schleiermacher (1768-1834) ocupou a cátedra de teologia em Halle, abandonada depois da invasão de Napoleão, estabelecendo-se em Berlim, onde contribuiu para o surgimento da universidade, onde ensinou e onde acabou se tornando decano. Foi amigo de Schlegel, fazendo parte do círculo romântico. Suas obras principais são os *Discursos sobre a religião* e *A doutrina da fé*, sem esquecermos seu importante trabalho como tradutor dos diálogos de Platão.

conteúdos doutrinais específicos, de tal modo a se considerar a própria noção "Deus" como inessencial para o espírito religioso. Ademais, como ele acrescenta, tudo "é feito com religião", e nada "por religião".

4. O absoluto na natureza e na arte: Schelling

A filosofia de Schelling[6] está inicialmente muito próxima daquela de Fichte e se nutre do mesmo espírito idealístico, mas antes da ruptura definitiva está também próxima de Hegel. Essa filosofia contém um traço distintivo fundamental que se conserva através das diversas fases de seu pensamento[7].

Enquanto Fichte se mantém fiel ao posicionamento transcendental kantiano, pensando a realidade a partir de um eu que jamais se identifica com o absoluto, e consequentemente dá prioridade a uma filosofia que é distinta da vida, de modo que viver é não filosofar, e filosofar é não viver; enquanto, por fim, em Fichte o que ocupa o centro de sua reflexão é a tensão que subsiste entre o eu e o outro do eu, que ele define deliberadamente com expressão negativa como o não eu, Schelling busca desde o início *alcançar* o equilíbrio, e assim *a unidade*, conjugando todos os aspectos da realidade. Surgem dali duas consequências fundamentais.

A primeira é uma atenção muito especial e distinta daquela de Fichte pelos temas voltados à natureza e à arte. A dimensão "objetal", aquela que se manifesta na *natureza* inorgânica e orgânica, não é estranha ao espírito, mas deve igualmente ser considerada como *espírito objetivado*. Ademais, isso é o que mostra de forma eminente a *arte*, que junto dele adquire um verdadeiro primado como *órgão de conhecimento absoluto*. Ganha uma atenção especial

---

6. Friedrich Wilhelm Joseph Schelling (1775-1854) estudou em Tübingen, na companhia de Hegel e Hölderlin. Em Iena, sucedeu à cátedra de Fichte, onde entrou em estreita relação com os expoentes do círculo romântico. Em seguida se transferiu a Mônaco, onde lecionou. Por ocasião da morte de Hegel, foi convidado a sucedê-lo em Berlim. Dentre suas inúmeras obras, recordamos *Sistema do idealismo transcendental, Filosofia e religião, Investigações filosóficas sobre a essência da liberdade humana*.

7. Aqui não podemos seguir em detalhes essas fases. Recordemos brevemente apenas seu itinerário. Nas primeiras obras, ele afirma que o espírito é indissoluvelmente espírito e natureza. No *Primeiro esboço de uma filosofia natural* ele reconstrói o processo que vai da matéria inorgânica até o espírito inteligente, e, no *Sistema do idealismo transcendental*, percorre o processo inverso. Em seguida, na *Exposição de meu sistema de filosofia*, desenvolve uma filosofia da identidade, onde a razão é identificada com o próprio absoluto: o absoluto em si mesmo é a identidade dos princípios opostos. Depois de termos feito uma abordagem do pensamento de Hegel, vamos falar da última fase do pensamento de Schelling. Recordemos, pois, as obras que a caracterizam. Partindo das monegascas *Lições sobre a essência da liberdade humana*, prossegue com as lições sobre *Filosofia da mitologia* e sobre a *Filosofia da revelação*.

a capacidade criativa da arte de dar consistência material e objetiva ao que pertence ao reino do espírito, por exemplo, numa pintura, numa escultura ou ainda num som.

Mas a segunda consequência mostra-se no fato de que, para Schelling, a única via possível para conseguir esse equilíbrio é atingir o absoluto através de uma *intuição intelectual*. É só procedendo sistematicamente a partir dessa identidade absoluta que se torna realmente possível manter esse equilíbrio e, apesar das distinções, reconhecer a unidade superior que atravessa natureza e espírito. Aos olhos de Schelling, que abandona o transcendentalismo kantiano, a unidade readquire um caráter de imediaticidade, como mostra o fato de o absoluto só poder ser apreendido através de uma intuição intelectual.

Percebe-se aqui, em Schelling, a presença operante da filosofia de Plotino, ou seja, a ideia de uma unidade superabundante que se articula numa variedade múltipla de formas. É o mesmo esquema que ele aplica à relação entre filosofia e religião, dos quais defende ao mesmo tempo unidade e distinção. A distinção assegura-lhe a autonomia recíproca, a unidade reside no laço firme que as conjuga. Isso é confirmado pela retomada schellinguiana da venerável prova ontológica da existência de Deus, capaz de exprimir igualmente o liame que há entre pensar em geral e pensamento de Deus. Ele irá retomá-la na última fase de sua filosofia, mas com uma variante que poderá tornar-se mais clara ao discorrermos sobre a sua filosofia positiva. Em sua interpretação ela soa assim: *Se* existe, Deus é o ser necessariamente existente. Existência de Deus e razão, religião e filosofia têm uma ligação intrínseca. Mas *a existência* (como toda realidade) e *a religião* (como toda revelação positiva) não podem ser *apropriadas pela razão*, a qual, como veremos, para poder pensá-las, deve cumprir um itinerário de saída de si, ao que Schelling, lançando mão da terminologia plotiniana, chama de êxtase.

O próprio Hegel achou por bem intervir no debate acalorado sobre o idealismo com um escrito dedicado à *Diferença entre o sistema de Fichte e o de Schelling*, publicado em 1801. Como é fácil de supor, ele tomou posição a favor de Schelling, de quem apreciava a identidade fundamental entre subjetivo e objetivo, ideal e real, espírito e natureza. Mas ele não concordava com aquela intuição intelectual graças à qual, de forma imediata, Schelling imaginava poder colocar-se na perspectiva do absoluto. Como ele escreve, a liberdade "não consiste em superar (*aufheben*) os opostos, mas em opor-se a eles". Como se afirmasse que não basta a imediaticidade, uma vez que, para superar as oposições, se faz necessário o trabalho árduo da dialética, como ainda veremos.

A filosofia como saber da conciliação

1. Hegel. A dialética: consciência das divisões e o gerar conciliação

Nossa época é uma época de gestação e de passagem para uma nova era. O espírito rompeu aquilo que foi o mundo até o presente... Do mesmo modo que a criança, depois de um longo e silencioso período de nutrição, em seu primeiro respiro interrompe através de um salto qualitativo o processo gradual daquele desenvolvimento que era apenas quantitativo, e então nasce a criança; assim o espírito no caminho de formação amadurece lenta e silenciosamente rumo à sua nova figura: ele vai retirando fragmento por fragmento do edifício de seu mundo precedente... Esse processo gradual de desintegração... é interrompido pela aurora que, como um relâmpago, num golpe torna visível a estrutura do mundo.

Assim escreve Hegel[1] no *Prefácio* à sua fundamental *Fenomenologia do espírito* (1807).

---

1. Georg Wilhelm Friedrich Hegel nasceu em Stoccarda no ano de 1770. Fez seus estudos em Tübingen, onde teve a companhia de Schelling e Hölderlin. Foi preceptor em Berna e Frankfurt, dedicando-se aos estudos teológicos, econômicos e políticos. Ofereceu cursos abertos em Iena, onde publicou a *Fenomenologia do espírito*, obtendo uma cátedra em Heidelberg e no ano de 1818 acabou sucedendo a Fichte na Universidade de Berlim, onde também assumiu o cargo de reitor. Foi ali que sua filosofia teve grande repercussão, exercendo uma ação hegemônica sobre a cultura alemã, e particularmente prussiana, ao ponto de ser considerada como a filosofia absoluta e definitiva, cume do pensamento e inclusive da civilização do Ocidente. Morreu em Berlim no cume da glória, no ano de 1831, muito provavelmente de cólera. Ali está enterrado, junto ao túmulo de Fichte, de Brecht e de outros alemães ilustres, no cemitério de Chausseestrasse. Obras: *Fenomenologia do espírito, Ciência da lógica, Enciclopédia das ciências filosóficas em compêndio, Princípios da filosofia do direito, Lições de estética, Filosofia da religião*.

Nessa passagem e via de regra em toda a sua filosofia, encontramos a consciência aguda das dilacerações que atravessam sua época: testemunhando tanto uma época que alcança seu próprio fim, quanto o prenúncio de uma época distinta. Até o presente — ele tem consciência — a filosofia tem sido mais um sensor que registrou o ambiente do próprio tempo, mas não teve a capacidade "de tornar-se o próprio tempo compreendido com o pensamento". Não se colocou à altura de sua missão. Com Kant, que fecha o moderno, ela delineou precisamente as condições para o saber; com o romantismo, não menos justo, formulou as aspirações e as necessidades do mundo novo da modernidade. Mas não soube dar forma de pensamento a essa sua consciência. Não é suficiente anunciar as condições do saber, é preciso desenvolvê-lo em forma de sistema. Existem tentativas suficientes, de Fichte e de Schelling, de recorrer a um absoluto, se isso continua prevalentemente a ser uma exigência ética, como em Fichte, ou uma intuição estética, como em Schelling. É preciso mostrar como a razão poderá alcançar uma compreensão que inclua e supere os momentos parciais de oposição.

A grande novidade introduzida por Hegel foi repensar um movimento do pensamento, que, apesar de tomar um nome antigo, a *dialética*, é novo quanto aos conteúdos. Simplificando, podemos dizer que naquele termo reúnem-se duas tradições. A primeira, de origem platônica, atribuía à dialética um valor grande e positivo, considerando-a capaz de seguir com a mesma habilidade de um escultor as múltiplas articulações da realidade, sem deixar que se perca a unidade que as liga à ideia. A segunda, de matriz aristotélica e prevalentemente depreciativa, opunha a dialética à analítica, ou seja, criava uma lógica da aparência, alternativa a uma lógica da dedução necessária. Como se irá recordar, Kant retomara o termo naquela parte da *Crítica da razão pura* dedicada à crítica dos postulados da metafísica. Desse modo, ele se postara no bojo da tradição aristotélica do termo. Mas introduzira uma inovação conspícua, uma vez que, ao reverberar Platão sob essa perspectiva, contribuíra com a dialética na exigência de chegar a um conhecimento da totalidade (as três ideias de que trata a dialética são, pois, ideias de totalidade).

É precisamente a esse aspecto que Hegel irá se ater, mostrando como a exigência de totalidade constitui efetivamente o objetivo a que busca a dialética. Diferente de Kant e da desvalorização aristotélica, ele retoma a antiga ambição platônica de alcançar em termos de verdade uma compreensão unitária das diversas articulações do inteiro. Colhendo os êxitos da filosofia moderna e as aspirações do romantismo, ele identifica três condições que possibilitam essa retomada da dialética.

1. *"O verdadeiro é o inteiro"*, como ele escreve, e jamais apenas uma parte dele (é interessante observar no século XX como a Escola de Frankfurt irá inverter completamente essa afirmação, considerando toda tentativa de totalização como um indício de falsidade). Em Hegel, o objetivo declarado dessa busca da totalidade é a fidelidade ao real em sua concretude. As oposições e as contraposições não são suprimidas, pois são vida, mas devem ser compreendidas como um movimento destinado a encontrar realização e conciliação no inteiro. Ademais, como escreve ele, "a totalidade é possível na mais elevada plenitude de vida apenas quando se instaura procedendo da mais elevada divisão".

2. O inteiro não é um objeto estático. Não deve, pois, ser pensado com base em categorias superadas, como a categoria da substância (de cunho aristotélico), mas como um sujeito, ou seja, levando a cabo as intuições da época moderna, como um *processo de liberdade que se desdobra na história*. Trata-se, em suma, de partir daquela intuição precisa de Descartes, que parte do *cogito*, mas que evita o erro de pensá-lo em termos de substância.

3. O inteiro, porém, é "apenas a essência que se realiza através de seu desenvolvimento", ou seja, é um devir, um *resultado*, algo que só se chega finalmente a saber como inteiro ao final de um longo processo (do qual vamos estudar as etapas). A filosofia é o saber mais elevado, porque elevando-se ao cair da noite, como a coruja de Minerva, não só conhece o que foi, mas conhece-o em forma de totalidade completa. Ela tem plena consciência do mesmo processo racional de apropriação daquele conteúdo de realidade por parte da consciência, de modo que isso já não é mais acidental, nem externo, mas, enquanto sabido, é reconhecido como parte da própria consciência. *Esse inteiro, sabido racionalmente, é o absoluto*. A realidade compreendida racionalmente e como um inteiro é chamada de absoluta porque liberada de qualquer pressuposto e reconhecida como coincidente, sem resíduos, com o mesmo processo dialético pelo qual foi gerada.

2. Hegel. A fenomenologia

Como já acenamos, Hegel intervém nos debates de sua época e toma partido a favor de Schelling e de sua busca de um absoluto que inclua sujeito e objeto, espírito e natureza. Mas, para ele, trata-se não de pressupor essa unidade, por mais justa que seja, mas sim de demonstrar como ela pode ser conseguida de forma concreta. Ademais, a história parece mostrar certas divisões, oposições e lacerações, mais que complementos e conciliações. Assim, como mostrara a própria Revolução Francesa, as justas pretensões de verdade e seu resultado bem-sucedido não haviam eliminado, por si, os conflitos, chegando até a intensificá-los em certos aspectos. Na *Fenomenologia*, enquanto *saber daquilo que aparece*, Hegel segue o movimento do aparecer do saber e descreve as etapas do desenvolvimento da consciência, a qual, partindo da própria imediaticidade e individualidade, alcança por fim a autoconsciência, ou seja, o reconhecimento de que é essa mesma toda a realidade. Ele mostra, assim, como a *consciência*, primeiro de modo inconsciente e por fim conscientemente, seja o lugar no qual se manifesta o *liame entre verdade e tempo*.

Nesse processo se entrelaçam indissoluvelmente dois momentos: o momento do indivíduo e o da história e da sociedade. Deduz-se que a *Fenomenologia* seria uma história romanceada dos diversos graus de desenvolvimento do indivíduo e da sociedade. Ampliando a perspectiva dos romances sobre formação, do qual o exemplo mais notório é o *Wilhelm Meister*, de Goethe, publicado um decênio antes da *Fenomenologia*, Hegel propõe uma leitura filosófica do desenvolvimento da humanidade no qual o protagonista é o espírito que busca a si mesmo (partindo antes de tudo da individualidade) e por fim encontra-se em todo objeto. Nesse sentido, a experiência mais própria da consciência não está fechada na individualidade; pensada filosoficamente, tal experiência exibe um evento da história, aquele evento não contingente nem causal mas essencial no qual a razão chega finalmente à própria realização.

Não é possível aqui seguir em detalhes o caminho da consciência como está apresentado por Hegel nessa obra. Assim, vamos nos limitar a evocar apenas alguns pontos, dentre os mais notáveis, na abordagem de sua obra. Mas, a fim de apresentar preliminarmente uma visão geral da *Fenomenologia*, pode-se observar a atuação de três aspectos decisivos e correlatos entre si.

O primeiro é *o percurso* da consciência, que começa antes de tudo como *consciência* de um objeto externo. É o primeiro momento da relação entre um sujeito que percebe e o objeto percebido: sujeito e objeto aparecem como externos um ao outro, e inclusive em oposição. Mas, quando se aprofunda essa relação, se vê que o objeto só é tal para uma consciência que o percebe, muito embora a consciência, que saíra de si dispersando-se na coisa, retorna a si tornando-se *autoconsciência*. Mas precisamente esse grau de consciência traz consigo novos elementos de conflito: não mais com objetos externos mas com outras consciências, também essas já conscientes de si mesmas. Mas, mais uma vez, o caso da consciência requer superação, que consiste em abandonar o ponto de vista particular, elevando a consciência ao estágio da razão, ou seja, à "certeza da consciência de ser a realidade".

Aqui, pode-se observar o segundo aspecto destacado pela *Fenomenologia*. A história da consciência não é tanto a descrição do modo pelo qual o intelecto conhece, com muito mais ambição, mas é a reinvindicação da racionalidade íntima de toda a realidade. Aquilo que começa como simples percepção se manifesta no final como razão. E *a razão não é a atividade de um sujeito, mas o desdobrar-se do espírito, um saber absoluto que conscientemente tem como objeto a si mesmo e toda a realidade*. O idealismo, do qual Hegel é o representante maior, consiste em negar que o real seja assim como aparece imediatamente: materialidade e exterioridade. A verdadeira realidade do real não reside nisso, mas sim em ser uma manifestação da ideia (de onde vem o nome de *idealismo*).

O terceiro elemento que parece oportuno destacar é o novo significado que assume o conceito de *experiência*. Ao mesmo tempo em que se retira do campo puro do conhecimento e da ciência (basta pensar no uso galileano de experiência como sinônimo de experimento, ou no kantiano concentrado no ato de conhecer), se retrai também do simples ato de registro interior dos acontecimentos, com teor individual, para se tornar sinônimo de uma história na qual a dimensão individual e coletiva se desvendam coletivamente, promovendo aquisições culturais, chamadas de *figuras*, paradigmáticas para a humanidade como um todo.

Duas dessas figuras em particular (figura é a tradução de *Gestalt* e indica a forma que assume a consciência numa determinada fase histórica) se tornaram célebres e dizem respeito ao momento do conflito entre autoconsciências: aquela de senhorio e de escravidão e aquela da consciência infeliz.

No momento em que os indivíduos alcançam a autoconsciência de si, cada um tende a afirmar seu próprio caráter de absoluto. Daqui nasce o conflito da vida e da morte[2], em que a autoconsciência em vias de sucumbir,

---

2. Note-se que, a partir dessa obra, Hegel abandona a solução ainda prevalente nas chamadas obras filosóficas de juventude (como em *O espírito do cristianismo e seu destino*). Diferentemente daquelas, não é o reconhecimento das tensões que atravessam a história, mas a individuação da força, que consegue estabelecer a conciliação pela mediação entre os opostos. Lá vigora o amor, de ora em diante será a dialética.

para não ser anulada acaba preferindo a escravidão à morte. Assim, estabelece-se uma ordem social, como no mundo antigo, onde se vê uma estratificação humana que divide os indivíduos em *senhores* e *escravos*. Uns são meros instrumentos dos outros. Uns são livres, os outros alienados. Uns comandam, os outros trabalham. É justo daqui que vai surgir uma inversão dialética. Por seu lado, o senhor está em perigo de apagar sua própria identidade, visto que sua identidade, nesse caso, nada mais é que a consumação de objetos produzidos por outros, uma vez que para satisfazer suas próprias necessidades ele acaba por depender desses outros. Ao contrário, o servo, sendo alienado, tendo que obedecer e produzir para os outros, precisamente no trabalho encontra uma forma de realização. A tensão que surge entre uns e outros não é uma simples contraposição, mas ela própria está sujeita a um movimento dialético. O patrão, que se serve do trabalho do escravo, como vimos, acaba dependendo dele, pelo menos no sentido de não poder evitar essa situação. E o escravo, que em tudo depende do senhor, justo nessa condição irá encontrar os pressupostos para a própria emancipação. Para ele, o trabalho tem uma função de libertação. Mas não menos essencial é o fato de ter experimentado aquilo que Hegel chama de "a enorme potência do negativo", ou seja, ter feito experiência do risco real da morte e da perda de si mesmo. Por fim, há na história um movimento imanente que produz, justamente através da crise, uma evolução das tensões graças às quais a história avança e se aproxima do fim dos tempos, do momento em que, como nos mostra a filosofia, o ideal racional e o real efetivo alcançam uma correspondência plena.

A outra célebre figura nesse processo é a chamada *consciência infeliz*. A alienação acontece aqui não no plano externo da estratificação social, mas dentro da própria consciência, assim que essa percebe a própria cisão interna. Deus e a alma, para retomar termos agostinianos, não coincidem, visto que Deus, sendo a verdade da alma, é representado como um absoluto distinto do ser humano. A civilização medieval, da qual temos uma transcrição arquitetônica na verticalidade do estilo gótico, mostra essa relação como uma inadequação do finito para alcançar o infinito. Nasce, pois, um estado de consciência infeliz, porque vem marcada pela incapacidade pessoal de alcançar o infinito (ademais, o *Streben* [propensão] romântico, que se nutre de uma retomada idealizada da Idade Média, repete ao ver de Hegel um módulo análogo). É só com o rigor da ascese que o homem pode, em certa medida, alcançar esse resultado.

Desse modo, nos vemos expostos a novas tensões, como a tensão de uma unilateralidade oposta à medieval, como se pode ver na postura antirreligiosa do Iluminismo. Para isso, é preciso pagar o preço, visto que o intelecto cético iluminista deve reconhecer seu próprio vazio, dotado como é de uma força crítica capaz de destruir novos conteúdos, mas também incapaz de gerar novos conteúdos. A análise da Revolução Francesa, a quem se atribui uma grande função libertadora, mas que demonstra ao mesmo tempo seus resultados niilistas e desagregadores através do terror que produziu, mostra mais uma vez o quanto a potência do negativo da crise desempenha para Hegel uma função dialética insubstituível. Sem diminuir a dramaticidade, evidencia-se como o amadurecimento do pensamento (e aqui Hegel está pensando em Kant e nos avanços dos quais ele se imagina ser quem os leva à plenitude) foi capaz de fazer a experiência até o fundo da negatividade, que revela ser, assim, o motor da história.

Como se vê, a relação de tensão entre finito e infinito, que era uma marca típica do romantismo, irá encontrar aqui uma retomada que vai colocá-la no bojo do cenário global da história universal, indicando decisivamente para um cumprimento positivo, para um lugar no qual, mediante um processo dialético, a mediação atinge finalmente o próprio objetivo, ou seja, eliminar a diferença entre real e ideal.

3. Hegel. A lógica como dialética

A lógica, à qual ele dedica a obra específica *A ciência da lógica* (1816), e que depois é tomada como parte inicial de sua *Enciclopédia* (1817), é para Hegel uma *lógica dialética e ontológica*. Já na *Fenomenologia* vimos a função da dialética, pois apresentava a demonstração da questão da consciência, que, finalmente, alcança a compreensão de si mesma como toda a realidade através de contrastes e superações sempre novos. Esse processo, que corresponde à vida, não é senão a compreensão da identidade da realidade e da racionalidade. Essa compreensão não é imediata, mas se dá através um percurso no qual a oposição se torna condição para uma conciliação mais elevada. À medida que há uma margem de inadequação, o caminho avança e é só quando não só se conquista a totalidade mas se tem ciência de ter sido conquistada (eis aí a tarefa da filosofia, que é consciência racional do processo) que se poderá afirmar termos alcançado a meta.

Em termos formalizados e sistemáticos, na *Lógica*, Hegel retoma esse processo. Cada passagem é marcada por três momentos típicos: a posição, isto é, a *tese*, que é o dar-se da coisa; a oposição, isto é, a *antítese*, que é a manifestação de uma alteridade que se opõe à coisa, evidenciando parcialidade e insuficiência daquela; a superação de tese e antítese, ou *síntese*, que nega a imediaticidade de uma e da outra e produz uma mediação que retorna à tese, não como a um em si, mas como algo de mais elevado, porque enriquecido pelo contraste, o que Hegel vai chamar de *por si*. Para essa superação dialética, ele usa o termo *Aufhebung*, que é de difícil tradução para o nosso vernáculo. Podemos sugerir as expressões "elevar", "sublevar", que nos fornecem alguma analogia. Elas indicam uma elevação (sub-levar) que tira não tanto a coisa mas a posição onde a coisa se encontrava. É, enfim, uma superação que não descarta mas conserva, mesmo que num nível diferente. É essa a dialética, para Hegel, isto é, um pensamento autenticamente filosófico, porque não se detém em face da tensão e das contradições, mas pensa-as, e desse modo conquista uma unidade superior.

Essa unidade não é uma obra abstrata do intelecto, não é um esquema formal de unificação. Contra as lógicas precedentes, que, com Aristóteles, referiam-se a uma correspondência imediata entre realidade e racionalidade, e, com Kant, atestava uma separação entre o pensamento e os objetos (deixando para trás o resíduo obscuro do númeno), *Hegel defende a correspondência entre pensamento e realidade, pensando-a, porém, como resultado*, e não come pressuposto. Por isso, como foi dito, pode-se chamar sua lógica de ontologia.

Nessa perspectiva, porém, que sentido faz falarmos ainda de lógica? Não acontece, pois, que o inteiro se dê apenas em sua completeza, e de tal modo a incluir todos os aspectos da realidade, como a natureza, a consciência subjetiva, a história, as instituições históricas e as formas culturais? Sim e não. Sim, quando compreendemos que em cada ponto do sistema, e, portanto, também na lógica, que é o primeiro degrau, já se dá uma primeira inclusão do inteiro (de fato, quem lê *A ciência da lógica* irá se surpreender com as partes dedicadas a temas como a natureza ou a história); não, quando se pensa no fato de que o próprio inteiro é um resultado e não um dado imediato. A lógica é a tentativa de compreender o inteiro, mas numa forma que está interessada exclusivamente na estrutura do real e não em seus conteúdos. Falando por uma metáfora, Hegel define a lógica como "a exposição de Deus antes da criação". Na perspectiva hegeliana, pode-se falar de Deus antes da criação apenas através de uma abstração. A lógica é, pois, esse primeiro modo de atingir a totalidade. Seu resultado final é a ideia, *a ideia absoluta*, a ideia que pensa a si mesma. Mas essa síntese, como veremos, ainda não é a totalidade no sentido mais completo. Ainda deixa alguma coisa de fora, necessitando, assim, de um processo dialético ulterior.

Aqui podemos inserir uma consideração que diz respeito ao estilo de Hegel *escrever*. Um pensamento da totalidade como o seu não pode ter em mente a não ser uma exposição que inclua sempre o máximo de elementos possíveis. Nisso, a língua alemã lhe presta grande auxílio, regulando o período com regras fixas, estabelecendo a posição de sujeito (tendencialmente na primeira posição) e verbo (em última posição nas orações subordinadas), assim, como resultado vemos a construção de períodos, como que em círculo, em que os dois elementos principais do discurso, sujeito e verbo, controlam de forma inclusiva toda a lógica. Cada proposição contém de certo modo o inteiro (tendo a forma de um círculo que se fecha, entre sujeito e verbo), mas nem por isso é o todo. Quando o enunciado parece estar completo, apresenta-se então ainda a possibilidade de uma compreensão mais plena, iniciando-se assim um nível mais elevado e novo, até o momento em que não se consiga verdadeiramente incluir na fala tudo aquilo que deveria ser dito. Acontece de muitas vezes que, de maneira bastante semelhante ao processo agostiniano, termos a impressão de que se tenha dito o essencial, carecendo ainda de um desenvolvimento ulterior (como é o caso do *et tamen* de Agostinho), que revela como algo deva ser ainda adquirido.

Retornemos agora rapidamente ao conteúdo da lógica, da qual apresentamos sinteticamente a arquitetura, asseverando mais uma vez que sua articulação, como num edifício inacabado, não apresenta senão a estrutura do real.

O primeiro momento, aquilo que Hegel chama de começo, é difícil, pois que numa esfera, como é de fato a totalidade, fica difícil de identificar qual é o ponto de incidência inicial. Mas é necessário começar, assim como se faz necessário lançar-se à água para todo aquele que quer aprender a nadar (crítica implícita a Kant, que queria afirmar a precedência do conhecimento da crítica à faculdade de conhecimento e ao exame preliminar de suas possibilidades). O melhor caminho será procurar nessa indagação, que já é abstrata, o maximamente abstrato. Podemos chamá-lo de *ser* (primeiro momento, tese), o puro ser, compreendido como aquilo que pode ser de qualquer modo. Mas esse ser, então, não é diferente do *nada* (segundo momento, antítese) de qualquer coisa. E, de fato, a passagem do ser para o não ser gera o *devir* (terceiro momento, síntese). Essa síntese já é um momento superior, pois é algo de determinado. É precisamente essa determinação, que tem caráter qualitativo, que expõe a coisa à alteridade e a um processo no qual o algo e o outro se opõem e se perseguem infinitamente, produzindo aquela forma do *mau infinito*, que é o infinitizar-se do finito ao modo dos pontos de um segmento, ou seja, aquela outra concepção do infinito que o considera como algo que está junto ao finito.

Em ambos os casos, o finito não chega propriamente a uma superação; sempre se mantém na oposição de alguma outra coisa. É necessário, assim, que se chegue a uma síntese que não é fruto de sobreposição de dois momentos opostos, mas é unidade. Isso acontece quando se supera uma consideração qualitativa das coisas para ter acesso a uma quantitativa, onde a medida acaba resultando na produção da unidade de qualidades diversas. Por esse caminho, que de início nos parece bastante surpreendente, visto que pospõe o quantitativo ao qualitativo, mas que é motivado pela capacidade e medida quantitativa de elevar o pensamento a uma consideração do real que não se detém na primeira aparição das coisas, se alcança uma consideração do finito e do infinito diversa e mais elevada.

Então Hegel completa essa arquitetura com duas partes dedicadas à *doutrina da essência* e *do conceito*, que como antecipamos finalizam com o tratado sobre a ideia. Não podendo seguir o percurso global, limitamo-nos a essas indicações (cuja função era dar um exemplo da sutileza argumentativa de Hegel) relativas sobretudo às partes primeiras da lógica, as mais célebres.

4. Hegel. História e sociedade

Como foi dito, o sistema do saber que, em consonância com o espírito do tempo, é para Hegel uma marca fundamental da filosofia, tem seu momento inicial na lógica. A ideia em que culmina a lógica é o pensamento que põe a si mesmo como o inteiro. Mas para, verdadeiramente, poder reconhecer-se como tal, a ideia deve sair de si e exteriorizar-se em forma de natureza. Segue à lógica, como sua antítese, a *filosofia da natureza*. Mas a liberdade da ideia, que passou pela exteriorização na forma de natureza, retorna a si como *espírito*. E é esse o momento de síntese do sistema, a que visa sobretudo Hegel. Para alcançar essa realização própria, a síntese deve articular-se ainda em três momentos: o momento do *espírito subjetivo*, no qual vamos encontrar muitos dos temas da *Fenomenologia*, e aquele do espírito objetivo e depois, o do espírito absoluto, sobre o que vamos nos deter nestas últimas duas partes[3].

Como foi observado corretamente, Hegel é antes de qualquer coisa um filósofo do espírito (*Geist*). Por espírito, ele compreende a capacidade da ideia, depois de ter saído de si em forma de natureza, de retornar a si mesmo como liberdade que fecunda a história, dando vida às instituições sociais e às expressões culturais. Aqui na filosofia hegeliana o tema da história se apresenta como preponderante, constituindo-se como o paradigma decisivo sobre o qual ele irá modelar seu próprio pensamento. Falar de espírito significa falar de uma racionalidade do ser humano que se torna história, gerando as instituições e as formas culturais pelas quais a história se manifesta como o lugar de realização da liberdade humana.

Aquilo que Hegel chama de *espírito objetivo* tem uma importância decisiva nesse contexto. Espírito objetivo são aquelas formas institucionais nas quais a liberdade se objetivou em forma histórica e supraindividual. Para Hegel, isso é a *liberdade*: o espírito que opera segundo racionalidade na história e se faz instituição segundo um processo dialeticamente necessário. Os três momentos que evidenciam o espírito objetivo são o *direito* (tese), no qual se regulam as relações entre as pessoas, compreendidas de forma ainda abstrata em sua singularidade; a *moralidade*, que só se presta como antítese, visto que a pessoa, embora em relação com seu objeto essencial, que é o bem, só irá apreendê-lo na forma de uma separação dele, e assim como comando, dever, obrigação (segundo as fórmulas kantianas discutidas aqui, e denunciando seus limites); e por fim como *eticidade* (síntese), ou seja, como superação dessa cisão, isto é, como realização concreta da moral em forma de um *éthos* compartilhado.

---

3. Não temos a intenção de seguir Hegel em todas as suas passagens, mas queremos apresentar ao leitor, no quadro presente na página 218, um esquema global do sistema, que serve como um mapa geral de orientação para as páginas que se seguem.

A ESTRUTURA DA ENCICLOPÉDIA					
LÓGICA	I. DOUTRINA DO SER	qualidade	ser	puro ser
				nada
				devir
			ser determinado	
			ser para si	
		quantidade			
		medida			
	II. DOUTRINA DA ESSÊNCIA	essência como razão da existência			
		fenômeno			
		realidade em ato			
	III. DOUTRINA DO CONCEITO	conceito subjetivo	conceito como tal	
			juízo	
			silogismo	
		objeto	mecanicismo	
			quimismo	
			teleologia	
		ideia	vida	
			conhecimento	
			ideia absoluta	
FILOSOFIA DA NATUREZA	I. MECÂNICA				
	II. FÍSICA				
	III. FÍSICA ORGÂNICA	natureza geológica			
		natureza vegetal			
		organismo animal			
FILOSOFIA DO ESPÍRITO	I. ESPÍRITO SUBJETIVO	antropologia. A alma			
		fenomenologia do espírito. A consciência	consciência como tal	
			autoconsciência	
			razão	
		psicologia. O espírito	espírito teorético	
			espírito prático	
			espírito livre	
	II. ESPÍRITO OBJETIVO	direito	propriedade	
			contrato	
			direito contra o incorreto	
		moralidade	propósito	
			intenção e bem-estar	
			bem e mal	
		eticidade	família	
			sociedade civil	
			estado	
	III. ESPÍRITO ABSOLUTO	arte	arte simbólica	
			arte clássica	
			arte moderna	
		religião revelada			
		filosofia			

Quanto aos fins, aqui, Hegel diverge do que na tradição era visto como sinônimo. Em certo sentido, podemos dizer que, nesse processo, ele tenta uma superação tanto de Aristóteles quanto de Kant. A ética aristotélica poderia ser compreendida como um *éthos* vivido enquanto imediaticidade: é a busca de um equilíbrio virtuoso de comportamento dentro de uma sociedade e de um costume tendencialmente homogêneos. Kant, ao contrário, asseverava uma moral do dever pelo dever, onde a universalidade do mandato poderia prescindir de qualquer costume dado. Criticando o dever ser kantiano, Hegel lhe dá um tom de ironia acre. O que é esse dever ser senão a confissão de uma impotência, precisamente a partir do momento em que deve ser buscado? Não deveremos, ao contrário, em conformidade com o modelo aristotélico, compreender a moral como um costume tornado instituição através da liberdade do homem, sem concebê-lo como uma imediaticidade onde já nos encontraríamos, sabendo, porém, que na história se consolidou em instituições por meio da obra progressiva da liberdade?

Essa é a síntese a que busca Hegel e que ele vê realizada na história, novamente numa tríade de momentos, que se articulam na família, na sociedade civil e no Estado. A *família* é o primeiro núcleo de uma socialização, não privada ainda de uma particularidade natural, destinada a evoluir para a progressiva autonomia dos filhos e a se dissolver com a morte dos cônjuges. A *sociedade civil*, ao contrário, é uma forma persistente, na qual a unidade social se realiza através do conflito de interesses. Em diversos graus sucessivos, os interesses particulares, que inicialmente têm a forma de necessidades, são levados à sua regulamentação através do trabalho e do intercâmbio. Vão nascendo, assim, novas divisões, como a das classes, que já dispõem de um caráter supraindividual, social, nascendo, assim, já, a necessidade de instituir um sistema judiciário que regulamente os conflitos tendo em vista uma unidade e uma universalidade.

Essa parte da filosofia hegeliana foi de grande importância para os desdobramentos marxistas sucessivos, que, embrionariamente, esboçaram uma descrição fundamental da sociedade e dos seus mecanismos de funcionamento. Para Hegel, aqui, prenuncia-se apenas o momento ulterior do *Estado*, que ele compreende como substância ética encarnada, como aquilo que "concebe e opera os fins universais do todo", e assim, enquanto instituição orgânica, representa sua realização. O Estado encarna o espírito de um povo e só consegue atingir a própria individualidade enquanto agente de uma história universal. Torna-se artífice desta, e a história, por seu lado, se reconhece como primado de um Estado que exprime o espírito do tempo em seu grau mais elevado.

Tendo abandonado posições liberais e concepções políticas fundadas na divisão de poderes, Hegel toma uma estrada perigosa de uma divinização do Estado e de uma visão da história como lugar do conflito e do juízo universal, onde o vencedor se configura também como o representante da racionalidade mais elevada. Vista em seus resultados, a totalidade hegeliana se mostra tão frágil, como ademais irão demonstrar ser os desdobramentos das questões filosóficas. Isso não diminui em nada a força especulativa de Hegel, capaz de conservar uma coerência rigorosa, mesmo nas passagens que o expõem às mais explícitas refutações. Parece mesmo que a história, a qual Hegel buscava dominar como lugar de uma liberdade racional que se autorrealiza, se encarrega de desmentir por si mesma essa tentativa, dando maior prevalência à dominação e à opressão do que à liberdade e à verdade.

5. Hegel. Filosofia e religião

O Estado é muito, mas não é tudo. É preciso reconhecer esse fato; acima do espírito objetivo está de fato o *espírito absoluto*. Talvez fosse suficiente apenas essa observação para redimensionar certos resultados desagradáveis hegelianos. No coração do sistema encontram-se as formas da cultura. Na função de tese está a *arte*, a qual representa o absoluto através de um objeto particular e sensível. A arte mais perfeita é a clássica, na qual a forma e o conteúdo estão em equilíbrio. Isso é mostrado pela representação grega perfeita do corpo humano, na qual a beleza encontra correspondência na forma humana. Mas se trata de um equilíbrio que esmoreceu, como mostra o romantismo, em sua ânsia de infinito e em suas figurações que o sugerem sem poder representá-lo. A arte, que enquanto momento do espírito absoluto deveria ser uma dimensão eterna do espírito, encontra-se em face da confissão da própria inadequação em dar-lhe expressão, pelo menos na forma histórica da arte clássica, superada e não mais atingível.

A *religião*, estudada por Hegel em suas diversas expressões, identificando nas religiões reveladas e especificamente no cristianismo a forma mais elevada do religioso, é antes revelação sempre atual do espírito ao espírito. Contra qualquer redução da religião a sentimento e a pura opção privada e individual, Hegel sublinha a racionalidade e o caráter coletivo dela (visto que o momento mais elevado da religião é constituído pelo culto comunitário). Aqui não se compreende a simples racionalidade como correspondência dos conteúdos religiosos com a verdade da religião, mas uma racionalidade que cria o espaço onde o espírito vê a ser si mesmo. No cristianismo, a Encarnação e a Trindade dizem em forma de representação religiosa o mesmo que diz a filosofia em forma conceitual. O conteúdo da religião e o da filosofia são, assim, idênticos e não é por acaso que a filosofia poderá ser definida como "culto divino".

Assim, no ponto alto do sistema alcançamos o inteiro. E o fizemos duas vezes. A primeira, com a religião, que contém a totalidade (justo por isso, Deus é visto como a noção mais elevada), mas concebido pela via da *representação*, isto é, em formas que o "representam", ou seja, que o apresentam mediante imagens e figurações sensíveis, de caráter espaço-temporal, que recebemos por exemplo através da revelação. A segunda vez, com a filosofia, que pensa a mesma verdade da religião, mas na forma de *conceito*, ou seja, como um conteúdo do qual nos apropriamos, visto que reconhecemos sua gênese dialética. A representação ainda está fora do ser humano; na religião, a totalidade não é penetrada dialeticamente. A filosofia cumpre, ao contrário, esse processo pensando o inteiro, tendo feito justamente o movimento pelo qual isso foi gerado.

Na visão de Hegel, a filosofia não suprime a religião. Mas, como logo veremos, essa distinção hegeliana entre representação e conceito irá produzir muito rapidamente um amplo debate dos resultados prevalentemente ateus.

6. A pena do professor Krug e a coruja do professor Hegel

Traugott Krug, mesmo sendo sucedido por Kant, não deve a própria celebridade a suas contribuições filosóficas, mas à ironia com a qual Hegel o tratou em suas recensões e a uma breve nota polêmica da *Enciclopédia*. Krug teve a audácia de desafiar o grande mestre, acusando sua filosofia de ser incapaz de dar justificação do real em suas determinações concretas. Com base em seu pensamento, Hegel não estaria em condições de deduzir a existência da pena de Krug. A resposta de Hegel veio fácil e com desdém: ademais, ele observa, não valeria a pena e poderíamos nos dedicar a isso apenas depois de ter exaurido todas as coisas mais importantes que vêm primeiro desse objeto insignificante. Em suma, segundo a fórmula panlogística hegeliana, quando se afirma que *todo o real é racional e que todo o racional é real*, não nos ocupamos dessas ninharias. Há algo que existe mas é insignificante. Nem todo existente é racional e, portanto, nem todo existente é real.

A crítica de Krug é menos banal do que Hegel assevera, e de maneiras distintas tanto Marx quanto Kierkegaard irão factualmente retomá-la. Marx, afirmando o fato de que um existente não racional justifica aquele processo de mudança radical que se chama revolução; Kierkegaard, apontando a impossibilidade de deduzir aquele existente que é o símbolo que coloca em crise todo o sistema hegeliano. O que se manifesta através dessa polêmica é o caráter totalmente distinto da perspectiva de Hegel com relação àquela de seus críticos. O sistema hegeliano está fortemente ligado à história. O que ele quer compreender não são apenas os acontecimentos singulares, mas seu sentido global. É ali que se manifesta a racionalidade. Ele empreende uma radicalização do Iluminismo, que julgava o processo da história como endereçado a um esclarecimento progressivo, pensava, porém, esse esclarecimento baseado em critérios estranhos à história, como um *a priori* da razão. Com isso, cometia o erro de abstração, de veleidade; deixava espaço a um dever ser que na verdade não existia. A compreensão de Hegel parte, ao contrário, do próprio processo como um todo, busca ser uma compreensão do todo imanente e, portanto, justificação radical de seus resultados.

Por isso, Hegel reserva para a filosofia a imagem da coruja de Minerva. "A filosofia sempre chega tarde demais. Enquanto *pensamento* do mundo, a filosofia só aparece depois de a realidade cumprir seu processo de formação e quando já está em perfeita ordem. Isso, que o conceito nos ensina, nos é mostrado necessariamente pela história: que o ideal só se manifesta ao real quando a realidade já está madura e que aquele ideal constrói para si o próprio mundo, aferrado em sua substância, dando-lhe a figura de um reino intelectual. Quando a filosofia pinta seu cinza sobre cinza, então envelhece-se uma figura da vida, e essa não irá rejuvenescer através do cinza sobre cinza, mas apenas permitir ser conhecida; a coruja de Minerva inicia seu voo apenas no romper do crepúsculo".

Quanto ao mais, a filosofia "não é uma construção de um *além*, que só Deus sabe onde deveria ser — ou melhor, do qual se sabe dizer muito bem de onde é, ou seja, no erro de um vazio, raciocinar unilateral". Ela é antes a "sondagem do racional" e por isso é "a *aprendizagem* daquilo que é e *está presente e é real*".

O sistema hegeliano entre realizações e ruptura

1. A realidade

A grande ambição de Hegel fora fazer da filosofia a sondagem racional do real, uma sondagem ao final da qual o real e o ideal eram pensados em sua identidade. E, para assegurar-se de que esse processo não deixasse de fora algum resíduo impensado, era necessário que a dialética não tivesse pensado apenas o inteiro, mas que tivesse reconhecido também que essa mesma seria a artífice dessa totalidade. Paradigmaticamente, isso fora demonstrado na relação entre religião e filosofia, onde, pois, a filosofia nada pensa além do que pensa a religião (como seria possível, pois, pensar algo maior do que Deus?), mas pensa-o em forma conceitual, ou seja, reconhecendo-o como um produto do próprio movimento dialético.

A dialética fora pensada por Hegel como a expressão mais adequada dessa racionalidade, que, antes de qualquer outra coisa, atinge o real para reconhecer por fim que a verdade mais própria daquilo que fora encontrado consiste no fato, não percebido imediatamente mas compreendido racionalmente, de que isso é, na verdade, algo posto pelo próprio pensamento. O real, que parecia resistir e opor-se ao racional, se reconhece finalmente como racionalidade, segundo o princípio panlogístico.

Havia, e vimos isso em nossa exposição, âmbitos nos quais esse movimento suscitava perplexidade e reações. No âmbito histórico-político, o cinismo que via no presente de um Estado (por exemplo, o Estado prussiano) a realização do absoluto, no âmbito religioso a solução ambígua que transformava o cristianismo no vértice do espírito, mas que ao mesmo tempo o submetia a uma retranscrição filosófica, que parecia poder representar uma ameaça a ele mesmo. O real da política e o real da religião permitiam entrever rachaduras no sistema.

Podemos dizer que as filosofias pós-hegelianas estão empenhadas, todas elas, em repensar esse postulado hegeliano de ter retomado a realidade no pensamento. Elas cumprem esse papel de maneiras muito distintas, mas unificadas por uma exigência que tem muitos aspectos em comum. Schelling, que deu continuidade a Hegel e que o sucede na cátedra de Berlim, repensa o idealismo hegeliano asseverando haver uma positividade que não é posta pela razão mas que deve por esta ser reconhecida, dando surgimento, assim, à sua filosofia positiva; Feuerbach dá um passo atrás rumo à religião, que contém uma riqueza enorme de experiências, para atribuir ao pensamento não mais a função de justificar os conteúdos da religião, mas de apropriar-se dela de modo ateísta como do conteúdo humano mais próprio; Marx transcreve em termos revolucionários a dialética hegeliana, transformando-a numa força de negação que irá desmascarar o caráter meramente ideológico da conciliação; Kierkegaard irá opor o indivíduo ao sistema como uma realidade irredutível ao mesmo e contra o saber reivindica o primado paradoxal da experiência de fé.

2. Schelling. A filosofia positiva

Antecipado pelas fundamentais *Investigações sobre a essência da liberdade humana*, de 1809, Schelling dá início a um itinerário que vai levá-lo para longe de suas posições iniciais e desembocará no aprofundamento de sua última filosofia. Os temas do *mal* e da *liberdade*, a que ele se dedica nesse escrito, colocam-no de frente a realidades que não permitem uma inclusão plena no esquema da racionalidade. O mal é para o ser humano ao mesmo tempo natureza e liberdade, inclinação natural e escolha de ceder a essa naturalidade. Mas, enquanto gesto de liberdade, o mal também atesta a proximidade do homem com Deus.

Essa ligação, que vê no ser humano aquele que redesperta um mal que fora vencido por Deus em seu trato originário demonstra como em toda a história se deve perceber um misto de humano e de divino. O mundo é ao mesmo tempo obra do ser humano e lugar onde se manifesta Deus. Nesse sentido, a revelação não nos revela apenas algo que diz respeito à natureza de Deus, mas nos fala também algo que diz respeito ao ser humano. Para compreender essa realidade complexa e em devir, o método puramente racional parece a Schelling ser sempre o menos adequado. Também o mito, não enquanto é compreendido alegoricamente como referindo-se a uma verdade racional implícita, merece a atenção da filosofia, que não deve reduzir o mito à racionalidade, mas compreendê-lo tautegoricamente, ou seja, compreendê-lo em si como formulação perfeitamente adequada a expressar os significados fundamentais da evolução histórica. Uma filosofia que se habilita a fazer esse movimento ultrapassa em muito a dialética hegeliana, a qual, contra suas próprias intenções, continua sendo uma *filosofia* puramente *negativa*, ou seja, incapaz de pensar a existência concreta e positiva da realidade. O que ela nos ensina é como se poderá pensar a realidade, em que consiste sua essência enquanto mero objeto possível de pensamento, e não o que constitui sua existência.

Essa passagem exige um *êxtase da religião* verdadeira e própria, ou seja, uma capacidade da razão em sair da própria lógica. Todo e qualquer fato da realidade causa admiração e inquieta, uma vez que, diferentemente do resultado dos esforços de pensamento de Hegel, nos coloca diante de um existente que tem em si suas próprias razões. Isso fora apontado pelo mal e pela liberdade. Por um lado, esses são muito bem explicitados pela razão, que está em condições de perscrutar os seus desdobramentos e sua lógica. Mas, através de uma dedução puramente argumentativa, torna-se impossível explicitar o fato de que eles sejam e existam. Eles exigem um êxtase da razão, que é também uma inversão da mesma.

A filosofia, sediada potentemente no reino do absoluto, começa a descobrir elementos que fogem de seu controle e, assim, começam a contestar seu domínio.

3. Feuerbach. Verdade e falsidade da religião

Também Feuerbach[1], apesar de ser hegeliano inicialmente, contesta a inadequação da tentativa do mestre. Não se sabe se é verdadeiro ou falso o

---

1. Depois de um período de grande interesse pelos temas teológicos (iniciara os estudos de teologia em Heidelberg), que o levaram a entrar em contato com o ambiente teológico de sua época, Ludwig Feuerbach (1804-1872) forma-se em filosofia na Universidade de Erlangen, onde acaba conseguindo também sua livre-docência. Em seguida, não conseguindo obter uma cátedra universitária, sustentado financeiramente pela mulher, retirou-se para uma pequena cidade, Bruckberg, onde se dedicou à atividade de escritor. Entre suas obras, vamos recordar *A essência do cristianismo, Teses provisórias para a reforma da filosofia, Princípios da filosofia do devir, A essência da religião, Teogonia*.

relato da tradição que conta que o jovem Feuerbach teria enviado ao grande professor sua própria tese de doutoramento, professando ser seu seguidor, mas com a incauta nota que esclarece que queria com ela levar a cabo o pensamento daquele. Ela, porém, exprime bem o mal-estar de onde toma pé o jovem filósofo de Landshut. Pretender levar a cabo o pensamento de Hegel no ato de autoproclamar-nos seus discípulos é de fato um paradoxo, uma vez que essa realização do pensamento (*Verwirklichung*) é precisamente aquilo que tinha em mente Hegel, que, precisamente contrapondo-se à abstração do pensamento iluminista, buscava alcançar uma compreensão plena da totalidade do real. Não é de admirar, portanto, que a essa carta anexa não tenha havido nenhuma reação. Todavia, o ponto de destaque do mestre se realizou precisamente no terreno da lógica.

As observações principais são duas: a repetitividade abstrata e a pretensão inflada e contraditória de absolutismo. A filosofia hegeliana se desenvolve repetindo o mesmo esquema diante de qualquer questão, negligenciando completamente o fato de que, como se poderia mostrar concretamente, a tríade de tese, antítese e síntese funciona de maneira completamente diferente nos diferentes pontos do sistema. A lógica hegeliana é como a repetição ritual de uma oração, boa para qualquer situação. Hegel é, pois, incoerente consigo mesmo, a partir do momento em que reivindica uma absolutez, excluída antes por princípio por seu próprio pensamento. Se realmente a filosofia é o próprio tempo concebido em pensamentos, como poderá ser que a filosofia hegeliana alcance apreender o absoluto?

Na verdade, a filosofia de Hegel, como irão demonstrar outras obras de Feuerbach, não é filosofia, mas mística racional ou teologia mascarada. Ele é uma espécie de Proclo da filosofia moderna. Como Proclo eleva o neoplatonismo a sistema, assim Hegel unifica em si os segmentos dispersos de filosofia e de teologia, conduzindo-os ao seu grau mais elevado. O preço pago por essa operação, perfeitamente alcançada do ponto de vista teórico, é o de perverter completamente o enraizamento humano do pensamento, como já fizera a teologia. E faz isso acrescentando a esse erro a responsabilidade de querer mascará-lo com o postulado de restituir os conteúdos em certo modo exotéricos da teologia à universalidade do pensamento filosófico. A única vantagem que podemos perceber nesse procedimento hegeliano é que ele oferece a oportunidade de uma refutação mais simples e radical dos erros do passado. Se realmente tudo se recolhe em Hegel, adotando a forma de uma máscara e de uma inversão das matrizes humanas do pensamento, será suficiente então *inverter, de nossa parte, Hegel* para encontrar a verdade. Ao seu idealismo se lhe irá contrapor um *materialismo* franco, que reconhece que o homem é carne e sangue, relação e sexualidade. À sua justificação teológico-filosófica da religião será contraposta uma negação explícita de Deus.

Mas é precisamente aqui que vamos encontrar o ponto de maior interesse de Feuerbach, o que o distingue das polêmicas da esquerda hegeliana, dedicando sua filosofia aos debates seguintes[2]. O processo de realização, anunciado por sua carta, sofre um redirecionamento repentino. Como chegar a uma realização de Hegel, que já ultrapassara todo e qualquer limite possível até alcançar o absoluto? Como realizar um *Aufhebung* ulterior, uma superação derradeira? Através de uma inversão de rumo, que substitui a superação (*Aufhebung*) pela resolução (*Auflösung*). Trata-se, pois, de um proceder para trás, restituindo o pensamento aos elementos que o constituem e resolvendo-o neles.

A religião, que em Hegel é superada pela filosofia, volta a conquistar a centralidade aqui, pois é nela que melhor se deposita a matriz humana de qualquer verdade. É claro que a experiência religiosa constitui uma perversão dessa matriz humana. Nela *atribui-se a Deus aquilo que pertence na verdade ao homem*, e com isso acaba-se espoliando o ser humano, visto que "aquilo que é dado ao céu é retirado da terra". Mas também é verdade que nessa alienação que atribui a Deus o que é próprio do ser humano conservam-se duas verdades preciosas. Antes de tudo a consciência de que não é o ser humano, enquanto indivíduo singular, que é infinito, imortal e onipotente, mas apenas a humanidade em seu conjunto. Com isso, chega-se à consciência de um aspecto essencial da constituição do ser humano, aquele de sua finitude infinita, de seu ser mortal e imortal ao mesmo tempo, potente e impotente. Em segundo lugar, a hipostatização da essência do ser humano em Deus teve o mérito de conservar como num cofre elementos preciosos da essência do humano. Trata-se, pois, de manter os conteúdos da religião,

---

2. A partir do tema da religião, nasce um debate que coloca em discussão e interpreta a relação da filosofia com a teologia de maneira diferente do que fora colocada por Hegel. Formaram-se duas escolas, chamadas de Direita e Esquerda, tomando como referência a posição dos parlamentares do parlamento francês da época. Os expoentes da Direita, reconhecendo que Hegel havia feito uma reconciliação entre religião e filosofia, em que confiava a essa última a função de fornecer não mais que uma formulação racional da primeira, asseveram que o sistema estaria concluído e completo. A Esquerda, ao contrário, afirma que a aplicação dos princípios hegelianos requer um desenvolvimento ulterior. A polêmica, que se desdobrou no plano religioso, passou rapidamente para o campo político. Expoentes importantes da Esquerda, além de Feuerbach, foram David F. Strauss (1808-1874) e Bruno Bauer (1809-1874).

libertando-os daquela forma falsa que os transformou em atributos de Deus e de um mundo transcendente. Na religião, ao inverso, o filósofo irá encontrar o rosto humano do homem, aquele pelo qual se deve afirmar que o *homo homini deus est*. Cumpre-se, assim, uma filosofia que seja finalmente um pensamento para o ser humano, para o ser humano concreto, feito de relações (eu-tu, macho e fêmea), radicado na sexualidade, inserido numa relação com os outros seres humanos.

Feuerbach imagina, assim, ter recuperado a tarefa de resgatar a humanidade presa na religião e de justificar sua origem (no século XX, vamos encontrar uma retomada sugestiva na filosofia de Ernst Bloch). Através de uma fórmula que não é de Feuerbach mas que irá se tornar corriqueira, pode-se dizer que *Deus não é senão uma projeção do humano*. Hipostasiada num ser transcendente, ela origina aquela deturpação ideológica que são a prática religiosa e o pensamento teológico. Segundo a fórmula presente em *A essência do cristianismo*, a sua obra mais conhecida, em Deus vem representado aquilo que é próprio do homem enquanto gênero humano e não enquanto indivíduo. Em *A essência da religião*, a origem de Deus é identificada com a transcrição do sentimento de dependência que o ser humano percebe nos confrontos com a natureza. Na *Teogonia*, Deus surge do conflito entre necessidade, sinal de limitação do ser humano, e desejo, sinal de infinitude: "Deus é o desejo do coração transformado em presente feliz", ou seja, a transformação em realidade da essência do desejo. Na religião, para além do modo como se busca explicar a origem da ideia de Deus, existe na verdade (um eco antigo schleiermacheriano que retorna em Feuerbach) uma religiosidade sem Deus, que corresponde plenamente à verdadeira natureza do ser humano.

Ora, nessa inversão fica difícil negar a presença ativa de Hegel no pensamento de Feuerbach. Ele substitui o impulso propulsor de uma dialética, obrigada a pacificar-se apenas na fórmula da totalidade, uma espécie de resolução, química e corrosiva, que remete a um elemento antropológico essencial. Surpreendentemente, vamos encontrar um traço desse elemento essencial escondido na experiência religiosa. É necessário reconquistar a esta, libertando-a das superestruturas teológicas. Feuerbach leva a cabo aqui os resultados de todo o seu itinerário formativo. Por um lado, ele radicaliza um estilo que tomou da própria teologia contemporânea; estilo pelo qual, dando seguimento e talvez até banalizando a Schleiermacher, na religião se manifesta uma orientação antropológica fundamental. Por outro lado, ele nada mais faz que levar a sério a afirmação hegeliana que reivindicara para a religião a mesma absolutez de conteúdo reconhecida para a filosofia. Por meio de uma espécie de secularização dupla, que ataca tanto a filosofia quanto a teologia, depois de muitos registros em letras maiúsculas, volta-se a atenção ao homem (não faltou, porém, quem, como Stirner [pseudônimo de J. L. Schmidt, 1806-1856] censurasse Feuerbach por escrever ele também Homem com letra maiúscula, transformando-o num Deus, não menos perigoso que o Deus da religião).

4. Marx. A força revolucionária da realidade

Como escreveu Marx, com um jogo de palavras inspiradas pelo nome, não se pode não passar pela torrente de fogo da crítica feuerbachiana (*Feuer — Bach*, ou seja, "torrente de fogo"). Todavia, por mais eficaz que seja, essa crítica continua sendo uma crítica ideológica da ideologia. Não se saiu ainda do simples conflito entre ideias. Não se atinge a realidade. Os dois pontos definidos de Feuerbach — materialismo e ateísmo — parecem a Marx completamente insuficientes[3]. O materialismo continua sendo aplicado genericamente ao ser humano, mas não concretamente à sua história: "Na medida em que Feuerbach é materialista, para ele não aparece a história, e na medida em que leva em consideração a história, não é um materialista. Para ele, materialismo e história são completamente diferentes". Não conformado com a abstração hegeliana, ele apela, antes, "à *intuição sensível*, mas não concebe o sensível como atividade prática, como atividade sensível humana", não consegue apreender o materialismo aplicado à história e, portanto, à práxis histórica concreta.

O ateísmo, como evidenciam as célebres *Teses sobre Feuerbach*, torna-se uma conquista não menos parcial. Precisamente, "Feuerbach toma como ponto de partida que a religião torna o homem estranho a si mesmo, duplicando o mundo num mundo religioso imaginário e num mundo real. Seu trabalho consiste em dissolver o mundo religioso em sua base mundana".

---

3. Depois de ter conseguido formar-se em filosofia em Iena, Karl Marx (1818-1883) dedicou-se ao jornalismo. Quando a *Gazeta Renana*, para a qual colaborava, foi fechada por causa de censura, emigrou para Paris e depois para Bruxelas. A partir desse momento, depois de suas publicações e de sua adesão à Liga dos Comunistas, Marx foi legado ao exílio por diversas vezes, até o exílio definitivo de Londres, onde veio a falecer. Muitos de seus escritos foram compostos em colaboração com o amigo Friedrich Engels (1820-1895), que o seguiu ao exílio de Londres, sustentando-o inclusive economicamente. Entre esses escritos recordamos *O manifesto do partido comunista*, *O capital*. Somente de Marx, temos *A sagrada família*, *A ideologia alemã*, *Manuscritos econômico-filosóficos de 1844*.

Mas "ele não se dá conta de que, tendo cumprido esse trabalho, resta a fazer ainda o principal. O próprio fato de que a base mundana se afasta de si mesma, estabelecendo-se nas nuvens como um reino independente, só pode ser explicado pela dissociação interna e pela contradição dessa base mundana consigo mesma. Esta deve ser assim compreendida antes de tudo em sua contradição e, depois, pela remoção da contradição, através de uma revolução prática".

Para alcançar a realidade não basta, pois, desmascarar o caráter abstrato, como fez Feuerbach, junto com a maior parte da esquerda. É preciso levar mais a sério o mecanismo de projeção e de inversão que Feuerbach ajudou a reconhecer. Como já aprendemos através dele, a religião nasce de uma divisão do humano entre o homem singular e a espécie, entre o homem e a natureza, entre as necessidades e os desejos do homem, enrijecendo essa divisão hipostasiando um céu de perfeição e uma terra a ser salva. Mas, quando nos limitamos a desmascarar esse procedimento, ainda não se fez nada, porque não foi indagada a *base determinadamente histórica*, de onde surgiram essas divisões.

A raiz disso reside na *separação do homem do produto do próprio trabalho*. Com a própria distinção entre trabalho manual e trabalho intelectual, foram instauradas as bases para o nascimento de uma teoria vazia, separada da realidade e, portanto, potencialmente ideológica. Quando o homem pode vender a própria força do trabalho a um senhor que goza dos lucros de um trabalho produzido por outros, e mais tarde, com o nascimento do capitalismo quando o padrão se tornou o único proprietário dos meios de produção e o trabalhador foi reduzido a um instrumento que, através de sua obra, gera uma mais-valia, da qual não colhe benefício algum a não ser os meios úteis à própria sobrevivência, então a *alienação* tornou-se completa. No trabalho, *transforma-se um objeto que não me pertence nem me realiza e se gera um lucro que não me enriquece*. Todo o mecanismo da produção, e com ele todo o espectro de existência do trabalhador, fica preso dentro de um mecanismo do não, do não pertencimento e da estranheza, que tornam a vida alienada.

Mas não é suficiente reconhecer essa realidade. É necessário mudá-la. Como escreve Marx de modo incisivo: "Os filósofos nada mais fizeram que interpretar o mundo de diversos modos; agora é preciso modificá-lo". A crítica deve ser substituída pela revolução.

Um grande estímulo provém precisamente do grande demandado dessa filosofia, Hegel. Em sua última grande obra, *O capital*, Marx vai dizer:

"Critiquei o lado mistificador da dialética hegeliana já há quase trinta anos, quando ainda estava em moda. Mas, precisamente quando estava elaborando o primeiro volume de *O Capital*, os epígonos molestos, presunçosos e medíocres que dominam a Alemanha culta se compraziam em tratar Hegel como, nos tempos de Lessing, o bom Moisés Mendelssohn tratava Spinoza: como um 'cachorro morto'. Por isso, eu mesmo declarei-me abertamente aluno daquele grande pensador e flertei em algum grau com o modo de exprimir-se que lhe é peculiar no capítulo sobre teoria do valor. A mistificação a que está submetida a dialética nas mãos de Hegel de modo algum retira o mérito de ter sido ele o primeiro a expor ampla e conscientemente as formas gerais do movimento da própria dialética. Nele a dialética acabou sendo invertida. É preciso invertê-la para descobrir o núcleo racional dentro da envoltura mística".

Há duas coisas que podem ser aprendidas da dialética hegeliana. Em primeiro lugar, o *caráter conflitivo da história* e a *potência da negação determinada*, que se torna o motor do processo histórico. Para Marx, em particular, a alienação que descrevemos faz surgirem as classes sociais contrapostas, gerando aquele conflito que está na origem do desenvolvimento histórico. A classe burguesa gestou na relativa imobilidade da sociedade latifundiária um grande movimento e um progresso sem comparações. Para assegurar as condições materiais de tal processo, ela teve de gerar, porém, a classe operária, como condição necessária do próprio enriquecimento, produzindo, assim, as forças que irão deslanchar sua própria extinção. Por necessidade histórica, os capitalistas foram diminuindo cada vez mais e os *proletários* (ou seja, aqueles que não dispõem de outro capital a não ser o da própria prole) foram aumentando cada vez mais. Num processo de acumulação crescente, os grandes capitalistas vão engolindo os pequenos, e os proletários, mesmo numericamente, acabarão por constituir-se na humanidade inteira. Sua libertação da alienação será, assim, a libertação de toda a humanidade, a instauração de um comunismo onde, tendo-se abolido a alienação, a teoria e a prática já não serão separadas, dando lugar a um Humanismo verdadeiro, abarcando todos os seres humanos, e uma relação verdadeira com a natureza, não mais sujeita à exploração. Para Marx, tudo isso constitui um movimento real da história e não um ideal. A abolição desse estado de coisas presente está inscrita na dialética da história.

O segundo elemento que Marx deve a Hegel, como ele mesmo apresenta, está numa transcrição racional do invólucro místico do grande filósofo berlinense. Em torno do panlogismo acabou se formando um grande discurso, e foi interpretado habitualmente como uma justificação mística da realidade assim como ela é, ou seja, como uma justificação implacável do existente. Mas, como foi visto, se a pena do professor Krug não merece ser deduzida, é porque ele, mesmo existente, não é racional. *A dialética deve ser compreendida, então, como uma força do devir, como a expressão de uma luta pela racionalidade contra aquele existente que não é plenamente racional.* Assim, de instrumento de justificação ideológica, ela se transforma num poderoso meio de transformação e, assim, de revolução. Um recurso, ademais, que possui não o caráter fugaz do ideal, mas sim a força implacável de um movimento real, passível de conhecimento científico.

Gerada no terreno da Esquerda e partícipe de seus debates, a filosofia marxista acaba se desenvolvendo numa direção que busca, antes, se afastar dele. Como vimos, ele substitui a crítica da ideologia, o materialismo sensualístico e o ateísmo humanístico, por um *materialismo histórico-científico* seco. Assistimos aqui a uma mudança de paradigma, que não se dá sem uma reverberação de Hegel: "O homem é o mundo do homem, o Estado, a sociedade". Esse torna-se o tema da filosofia e seu horizonte, em vez de direcionar sua crítica a outros horizontes (como o religioso), acaba-se tornando, antes, sua exclusão. Foi a isso que se convencionou chamar de ruptura epistemológica, na qual não assistimos tanto ao abandono do plano humanístico das primeiras obras, quanto ao surgimento de um *horizonte imanente da história*, que programaticamente vai se tornar o quadro exclusivo da filosofia.

É nesse sentido também que se deve ler a célebre tese marxista que transforma a ideia em nada mais que *superestrutura* de uma determinada estrutura social. Para além de aplicações do princípio por demais mecânicas, que reduziriam as produções ideais a simples espelhamento de mecanismos histórico-sociais reais, o que se quer dizer é que só através de uma recondução científica à sua base material se alcançam os instrumentos para interpretar as produções culturais. Ora, se quisermos criticar isso, não se poderá fazê-lo simplesmente opondo-se à tese do caráter superestrutural do mundo das ideias, mas será necessário levar a sério o ensinamento marxista e colocar em discussão o paradigma que limita o ser humano ao mundo do homem, ao Estado e à sociedade.

A última obra de Marx é *O capital*. É nela que, resumidamente e com o rigor de uma análise científica, são recapituladas as etapas de surgimento daquela sociedade capitalista que, como antecipamos, geram as condições para a própria superação. Ela é dominada, desde o princípio, de troca, concentrando-se inteiramente no *valor de troca*, de uma mercadoria. Podemos evidenciar aqui duas consequências. A primeira diz respeito ao caráter alienado e alienante da relação com a coisa. Essa não tem mais importância, ou tem cada vez menos importância por seu *valor de uso* (às vezes, inclusive, acontece que um altíssimo valor de uso diminua o valor de troca; os bens mais necessários aparecem às vezes como os menos procurados); o que conta é o valor de troca que ela conquista, embora através da capacidade de aumentar-lhe o desejo. Usando de termos não marxistas, podemos até afirmar que assistimos aqui a uma divergência entre necessidade e desejo e ao primado do desejo (mesmo que induzido).

Em segundo lugar, o primado da troca coloca em evidência um mecanismo oculto mas essencial do capitalismo. Em si, o princípio da troca funda-se sobre uma lei geral de igualdade. Ele intervém entre duas mercadorias distintas, às quais se atribui um valor ou uma utilidade igual. Nesse reconhecimento, é decisiva uma referência ao valor de uso da mercadoria, e nisso se orienta o valor de troca. Mas, quando toda a produção é direcionada à troca, como no capitalismo, se produz um movimento universal que, aplicando o procedimento explicado acima, se mantém com saldo zerado (se produz para receber o dinheiro necessário para uma nova produção e assim ao infinito). Nessas condições, ninguém investiria, visto que o objetivo da produção é o lucro gerado pela troca. De onde conseguir isso? Para responder a essa questão temos de retomar o tema do trabalho, esse demiurgo capaz de produzir valor. O *trabalho* valoriza a mercadoria, tornando-a idônea ao comércio. Mas o trabalhador não é remunerado pela mais-valia que ele gera, mas apenas por uma parte dela, parte necessária, afirma Marx, para assegurar-lhe as condições de sustento próprio.

Na sociedade alienada, fundada na propriedade privada dos meios de produção, o mecanismo de injustiça é a obra. O comunismo desfaz a injustiça porque modifica as condições reais de onde ela surge.

5. Kierkegaard. O indivíduo contra o sistema

Cada autor se caracteriza por um vocabulário próprio, que pelo menos inicialmente está em condições de apresentar o próprio mundo. Elencando uma série de termos kierkegaardianos, sem pretender esgotar sua riqueza, fica evidente sua diferença diante dos autores que tratamos até aqui: indivíduo, migalhas, instante, escolha, *aut-aut*, existência e estágios da existência, prova, repetição e retomada, paradoxo, angústia, doença mortal. Escolhi os que surgem de imediato em nossa mente, sem preocupação de uma indagação mais cuidadosa. Descrevem um horizonte em cujo centro não está nenhuma das categorias prediletas de Hegel ou de seus críticos. Não a história mas o indivíduo; não o processo dialético, um desdobramento indefinido de *et-et*, mas o instante da decisão, com o *aut-aut* que esse comporta; não o sistema mas as migalhas; não a racionalidade mas o paradoxo; não o progresso mas a repetição e até a retomada; não o cumprimento e realização mas a angústia e a doença mortal. Uma filosofia diferente, portanto; uma contrafilosofia teimosa que, completamente desinteressada do viés social que estava assumindo a filosofia com Marx, não desdenha o corpo a corpo com o hegelianismo, na versão triste que lhe emprestavam seus seguidores dinamarqueses, buscando questionar, assim, para além desse (talvez, apesar das aparências, até mais que contra esse).

No mais, Kierkegaard[4] deveria ter aprendido alguma coisa das lições do Schelling tardio, apesar da ironia pungente com que delas se afastava. Deve sobretudo ter ficado impresso nele que o gigantesco edifício conceitual que se imaginava ter surgido de um plano argumentativo que assegurava sua necessidade intrínseca, nada mais era que uma abstração do pensamento, uma operação da razão, fundada na transformação da realidade em possibilidade. É ali que reside o privilégio do pensamento: através da abstração, dar vida a um mundo possível e depois demonstrar a lógica implacável desse mundo. De subido, assim, o mundo possível se transforma no mundo necessário, um palácio suntuoso governado pela razão. Mas a realidade, aquela verdadeira, indedutível do pensamento, reside noutro lugar, sendo ao contrário aquela que seria questionada, cumprindo-se uma operação exatamente oposta a Hegel. Trata-se de aceitar seu impacto, seu caráter indedutível que se manifesta maximamente onde ela se apresenta em sua singularidade e irredutibilidade, no ser fragmento e não sistematizável. Tendo sido reconhecido esse primado do real existente, faz-se necessário escavar em seus abismos e em

---

4. A vida e o pensamento de Søren Kierkegaard (1813-1855) estão estreitamente correlacionados. Em especial, foram decisivas a relação com seu pai e a ruptura do noivado com Regina Olsen. Da educação paterna herdou, como ele próprio afirma, uma religiosidade radical, inspirada pelo sentimento da angústia e do desespero. Deve à ruptura de seu noivado a descoberta da possibilidade religiosa como ineludível, mas incompatível com a escolha da vida ética no matrimônio. Obras: *Aut-Aut, A repetição, Temor e tremor, Os estágios no caminho da vida, Fragmentos de filosofia, Post-scriptum conclusivo não científico, A doença mortal*.

suas possibilidades. Torna-se legítima, então, como escreve Kierkegaard, a operação de "transpor a realidade em possibilidade", ou seja, de pensar todos os fundamentos e subfundamentos nela contidos, até perceber com angústia a desmedida que nela se encontra. O possível, sobre o que muito discorre Kierkegaard, assume aqui, assim, um outro significado diverso, não é o possível abstrato, o simples elencar alternativas em virtude de um pensamento que se detém em seu próprio reino, mas aquilo que a realidade, questionada até as últimas consequências, poderá nos demonstrar, sua profundidade sem medida e vertiginosa.

As obras de juventude são uma primeira tentativa nessa direção. Com a agilidade linguística de um poeta e a penetração de um psicólogo, ele descreve os estádios do caminho da vida. São recortes de realidade implacáveis, que ele traça, quando fala da *vida estética*, consumada inteiramente no instante, na imediatez e na exterioridade, ou da *vida ética*, dedicada completamente, para fugir do desespero que acaba prendendo o esteta frente a frente com o vazio de sua vida, à continuidade estável da repetição e da seriedade da vida, ou ainda da *vida religiosa*, aquele salto feito pelo indivíduo, desvinculando-se da submissão à generalidade da vida moral, para se reconhecer numa excepcionalidade paradoxal. São perspectivas que nos apontam três modos de viver: a imediaticidade estética, onde se vai passando de uma coisa para outra, no fundo para fugir de si mesmos; a submissão ética à universalidade da regra, onde é sufocada, porém, a singularidade da existência; a escolha religiosa, que exalta a excepcionalidade da experiência de fé violando inclusive a lei moral, mas que não tem certeza quanto a alcançar o que busca.

Isso, porém, não passa de visões poéticas, experimentos literários. Abstrações, a seu modo. E, no entanto, cada um é proveniente de uma personagem: a estética é representada por Don Juan, sempre à cata de novas mulheres e sempre insatisfeito daquilo que teve; a ética pelo *assessor Guilherme*, representante da vida matrimonial e do sucesso social, mas no fundo insatisfeito também ele por uma cotidianidade na qual está inserida a eternidade de forma muito plácida; a escolha religiosa é representada por *Abraão*, que pela fé aceita sacrificar Isaac e que o recebe de volta, o que para nós se constitui mais um passo impensável do que um modelo.

Essas visões sobre os modos de vida são reconhecimentos alternativos preliminares do modelo filosófico de abordar a realidade da vida (e não por acaso muitas dessas são encontradas no *Aut-Aut*). Mas num certo sentido ainda se conservam na superfície do problema, pois limitam-se a fazer uma descrição da existência. É preciso ir mais fundo ali e chegar onde a existência não é um fato, um negócio, um personagem, mas um eu. A existência é ainda uma abstração. Somente o eu que existe é concreto.

Assim, no mais, se iniciara o moderno, como ilustra Kierkegaard num ensaio breve e estimulante chamado *De omnibus dubitandum est*. Na certeza do sujeito, o moderno depositara a confiança da tarefa de vencer aquele método generalizado da dúvida, graças ao qual desfizera toda e qualquer ligação com o passado. Existe, por outro lado, um relato nórdico, que chega até Kierkegaard, que poderá nos iluminar sobre os resultados da dúvida. Como uma espada que, tendo sido uma vez desembainhada, sempre detém o poder de vencer; assim a dúvida acaba por vencer sempre o adversário. Só que, uma vez tendo eliminado todos os adversários, ela, insaciável, se revolta contra quem ousou retirá-la da bainha e, como a espada mágica, se volta contra aquele próprio que a impunha. A dúvida, que deveria ser a garantia da certeza, volta-se, assim, contra o próprio sujeito. Por que, pois, deixar de fora a consciência?[5]

A partir de um postulado tranquilo do moderno, o *sujeito* torna-se um princípio instável, visto que a própria essência da consciência consiste no duvidar, e no duvidar antes de tudo de si mesmo. Entre o eu e o si mesmo intervém uma duplicação, como sempre acontece onde se insinua a dúvida (tanto em dinamarquês, quanto em alemão, na palavra dúvida há uma raiz que a liga ao número dois de maneira ainda mais evidente do que se dá em nossa língua vernácula)[6], e a dúvida, sempre do ponto de vista linguístico, tem relação com o desespero com uma tal desestabilização do eu que o impede de ser um ponto firme de referência. Essa é a doença mortal que atravessa a consciência do homem. O inegável fato da individualidade não só é questionado, mas também abre espaço para o desespero, pois a realidade concreta do eu revela as possibilidades infinitas e inesgotáveis que lhe são próprias. A realidade mais certa e mais verdadeira é um infinito de possibilidades sem padrão. E, ademais, a liberdade que constitui o eu convoca à escolha, isto é, chama a uma tarefa que o homem não está em condições de realizar.

---

5. Kierkegaard aplica a história a Descartes e à dúvida, mas o mesmo poderia ser dito da dialética hegeliana. Também essa, que aparenta ser um instrumental invencível, acaba por se voltar contra seu autor. Muitas das filosofias pós-hegelianas parecem dominadas pelo princípio de superação dialético cada vez mais radical, onde Feuerbach ultrapassa o mestre e Marx ultrapassa Feuerbach, e assim por diante.

6. Dúvida em alemão é *Zweifel*, que denota *zwei*, ou seja, "dois". De maneira análoga se dá no dinamarquês (*tvivl*).

É só dando um nome religioso a essa condição, só interpretando-a como resultado de um pecado — o pecado original — que marca a humanidade, é que se poderia de algum modo apreendê-la. E só com a fé, sendo, porém, escândalo e paradoxo, poder-se-ia gerar o movimento duplo de que Abraão, nosso pai na fé, dera testemunho: a renúncia a tudo, também ao filho da própria idade avançada, e contemporaneamente a esperança firme de que Deus irá restituir tudo.

É só o cristianismo que contém uma resposta adequada à duplicidade insustentável da situação humana. Mas não é uma solução dialética, não é uma síntese, nem uma conciliação. Continua sendo um *paradoxo*, e até um paradoxo duplo. Por seus conteúdos, escândalo para a razão, e porque não se pode dominar os mesmos através de uma decisão ou um ato de vontade. Só podemos demonstrar-lhe nosso interesse infinito (e, nisso, a paixão e o sentimento mostram uma superioridade com relação à neutralidade ascética da razão). Mas a fé continua sempre sendo um dom. Por fim, como afirmou Kierkegaard a respeito de si mesmo, pode-se ser um poeta da religião, mas chamar-se homens de fé, ser cavaleiros da fé como Abraão, não está em nosso poder.

A era do positivo

1. Ordem e progresso

O título do capítulo reflete a formulação que usamos em relação ao Iluminismo. Através de ambos, quisemos sublinhar que se tratava de orientações de pensamento que impregnaram um período histórico sem revestir o caráter de uma corrente filosófica unitária. Em ambas há elementos de fundo dos quais comungam diversos filósofos, mas são precisamente esses, e não as elaborações técnicas particulares, que caracterizam a partir de si mesmos uma época. Como já dissemos, se a razão iluminista ousa fazer sistematicamente uma atuação crítica à sociedade, a razão positivista dedica-se antes à organização da mesma. No Iluminismo o teor crítico é acentuado e a confiança no progresso conserva o caráter de mudança; no positivismo, que historicamente corresponde a um desenvolvimento elevado da industrialização, o progresso já é um ato, tratando-se antes de permitir-lhe um desenvolvimento ordenado. Não é por acaso que uma frase de Comte, retomada como lema da bandeira do Brasil logo após a mudança da Constituição de 1889, fala de ordem e progresso[1].

Também o modo em que se autodefiniram esses autores tem um caráter programático parecido. Se o Iluminismo falou a respeito de si como uma idade de luzes, contrapondo o esclarecimento da razão com as trevas da ignorância e da superstição, o positivismo fez uma bandeira do positivo, ou seja, do fato enquanto assertivo. Em seu pronunciamento programático

---

1. A frase integral de Comte, que já falecera fazia mais de trinta anos, soa *"L'Amour pour principe et l'Ordre pour base; le Progrès pour but"*. A obra fundamental de Augusto Comte (1798-1857) é o *Curso de filosofia positiva*. Nos seus últimos anos, a convicção de dever desenvolver uma missão política e religiosa de renovação da sociedade forma a base dos escritos *Catecismo positivista* e *Apelo aos conservadores*.

Discours sur l'esprit positif, de 1844, Comte elenca os significados que se devem atribuir a esse termo: em oposição aos posicionamentos metafísicos quiméricos, positivo significa real, mas também *útil* e praticamente eficaz (contra as curiosidades especulativas inúteis de muitas filosofias). Significa também *certo* e capaz de construir harmonia, mesmo sendo indeciso e sujeito a dúvidas e a incertezas; *preciso* e não vago; *orientado positivamente* a organizar e não negativamente a destruir.

Podemos afirmar que positiva é a realidade, positivo é o fato e positiva é aquela filosofia que, atendo-se aos fatos, está em condições de dar a forma justa e a organização adequada à sociedade.

De maneira mais ou menos explícita, a essas orientações se atêm todos os filósofos do positivismo. Mas os desdobramentos que cada um vai lhes dar são altamente distintos. Vamos fazer um relato sintético, não sem destacar que a difusão do positivismo foi muito ampla na França e na Inglaterra, os dois países de maior desenvolvimento industrial da época, e que os elementos de derivação positivista acabaram combinando-se com os desdobramentos tardios do marxismo (sobretudo a partir de Engels)[2]. O elemento de ligação era o postulado comum de um saber científico aplicado também à sociedade.

2. A classificação das ciências

Se o uso público da razão constituíra o elemento principal do Iluminismo, no positivismo a adoção de uma razão positiva constituía a base para uma compreensão científica da história e para uma reorganização da sociedade. Surgiram consequências reveladoras justo em referência ao sistema do saber, que sofre uma reestruturação profunda, levando à identificação de novas ciências.

No plano da história, Comte esboça um esquema explicativo, a chamada *lei dos três estágios*, que vê a passagem de um primeiro estágio *teológico* — no qual se busca um saber absoluto a respeito dos fenômenos, hipostasiando metafisicamente as suas causas — para um estágio *metafísico* — no qual o objetivo é a busca da essência dos fenômenos unificados na unidade abstrata do conceito de natureza —, e por fim para um estágio *positivo* — no qual se

---

2. Depois da morte de Marx, Engels estendera a aplicação da dialética também à natureza e às ciências a ela dedicadas, na tentativa de levar a cabo uma ciência global da realidade, não só histórica mas também natural. Esses desenvolvimentos levaram a uma concepção que fazia do marxismo uma ciência exata, contribuindo para a afirmação de um determinismo político que obscureceu a práxis revolucionária.

busca antes a relação entre os fenômenos, esboçando sua unificação em leis que, com um princípio de economia, com o menor número consiga dar conta do maior número de casos.

Esse caminho progressivo da história da humanidade, em seu conjunto, é um caminho de secularização, não só porque abandona as crenças religiosas iniciais para substituí-las por princípios racionais, mas porque seculariza também os postulados filosóficos para substituí-los por um saber relativo exclusivamente à relação entre os fenômenos. É como se se dissesse: o problema não é de descobrir em que consiste a realidade, visto que essa já se dá aqui diante de nossos olhos, mas sim de como ela pode ser organizada seguindo um princípio racional, o que significa substancialmente seguindo os termos científicos e sob o modelo matemático. Mas, como se torna evidente sobretudo em Comte, não será descabido observar que essa unificação racionalizante do saber tem plena ciência da necessidade de reconhecer certa sacralidade do humano. Não é por acaso que, na frase acima citada, Comte fala de amor, ou seja, de um vínculo também emotivo que interliga os membros de uma sociedade. Com uma evolução em relação ao liberalismo individualista clássico, votado à satisfação egoísta dos interesses pessoais, ele cuida primeiramente da linguagem, falando de *altruísmo*, ou seja, da capacidade humana de orientar a própria ação em prol dos outros. E, em suas obras derradeiras, ele chega a propor uma verdadeira religião positiva, baseada na veneração da humanidade, chamada de "O grande ser". Esses passos, mesmo não sendo partilhados por todos os positivistas, não são interpretados como indício de uma nova orientação. Ao contrário, o caráter secularizante e laicizante do positivismo sugere o nascimento de formas sacrais de ligação na sociedade, promovendo, enfim, como evidenciaram os estudos de Philip Ariès[3], um verdadeiro culto dos mortos (não conhecido pelo cristianismo dessa forma), como sinal de uma solidariedade humana que não diminui nem após a morte. E, ainda, tudo isso se confirma pontualmente também na história contemporânea, na qual a necessidade de religião se conjuga com uma orientação laica global.

Retomando o tema da *classificação das ciências*, podemos observar que o critério proposto por Comte lança mão do *princípio da complexidade*, partindo do mais simples para o mais complexo. O sistema das ciências começa, pois, com a astronomia, prossegue com a física, a química e a biologia, para culminar no novo saber dos fatos sociais, que se chama sociologia. Como foi re-

---

3. ARIÈS, Ph. *Storia della morte in Occidente*. Milano: Rizzoli, 1994 (1ª ed. 1975).

ferido, a matemática serve de instrumento que faz as funções de paradigma para todas as ciências, e com certa surpresa exclui-se a psicologia, pois não possibilita um conhecimento objetivo, visto que nela se dá necessariamente a coincidência entre o observador e o observado.

A maior contribuição vinda do positivismo é precisamente o impulso a novas ciências ou a novos passos das ciências já conhecidas. Por isso, antes de uma exposição analítica dos autores individuais do positivismo, vamos nos dedicar às contribuições que o positivismo forneceu à sociologia, à antropologia e à teoria das ciências naturais.

3. Sociologia, antropologia, evolucionismo

Quanto à *sociologia*, já foi mencionada na abordagem de Comte, o qual distingue uma *estática* e uma *dinâmica social*; a primeira dedica-se ao estudo das constantes da socialização humana (e é nesse âmbito que surge a ética comtiana da solidariedade, fundada no reconhecimento do altruísmo), a segunda é voltada a interpretar a evolução natural e progressiva da humanidade. Mas os passos mais significativos para o desenvolvimento dessa disciplina vieram de Émile Durkheim (1858-1917), que foi o primeiro professor de sociologia lecionando em uma universidade. Ele elabora sua concepção de sociologia em torno da noção de *fatos sociais*, que devem ser compreendidos como "modos de agir, pensar e sentir, externos ao indivíduo e dotados de um poder de coerção pelo qual eles se impõem àquele". A sociologia consegue, assim, conquistar um objeto próprio, compatível com o método positivista (confrontada com "fatos" verificáveis também estatisticamente), dos quais se podem extrair leis, aplicando um esquema de causalidades refinado e metodologicamente complexo.

Os estudos mais célebres de Durkheim foram dedicados ao suicídio, enquanto fenômeno social, e à religião, como força de estruturação de uma sociedade. Sem aceitar a ideia comtiana de uma religião da humanidade, que ele considera como uma sobreposição à sociedade de esquemas já quase mortos, Durkheim afirma resolutamente que "a religião gerou tudo que há de essencial na sociedade", fornecendo-lhe os instrumentos intermediadores sensíveis e simbólicos necessários para subtrair a existência de sentimentos sociais que do contrário tornariam a vida precária. Com esse reconhecimento da *estrutural constituição social do religioso*, Durkheim apresenta uma variante interpretativa da religião, que, no contexto de uma formulação global laica, acaba se tornando uma alternativa às teorias da secularização de

Max Weber[4], que pensava antes num processo linear de racionalização que, embora inicialmente fosse gerado pela própria religião, acaba substituindo-a.

Através dos estudos de Lucien Lévy-Bruhl (1857-1939) sobre a mentalidade primitiva, a *antropologia* irá encontrar sua formulação própria mais vigorosa. Também aqui podemos constatar como a abordagem cientificizante do positivismo consegue fazer aplicações bastante maleáveis. A mentalidade primitiva, pensa Lévy-Bruhl, contrapondo-se a Durkheim e à antropologia de matriz inglesa, tem características bastante distintas daquelas das sociedades cultas. Essa deve ser estudada por si mesma e não como uma fase preliminar, e implicitamente unitária, de avanços sociais sucessivos.

A contribuição mais conhecida em relação às *ciências naturais* é a *teoria da evolução* de Charles Darwin (1809-1882). Na realidade, o termo *evolução* fora introduzido pela primeira vez no ano de 1857 por Herbert Spencer, para formular sua própria concepção da transformação do real, modelada num paradigma biológico. A evolução é um processo necessário, direcionado a um progresso que vai "do simples ao complexo mediante sucessivas diferenciações". Mas o mérito de Darwin foi ter fornecido o material empírico, colhido de observações de uma viagem que ele fez ao redor do mundo e que durou cinco anos[5], para confirmar e articular melhor essa tese generalíssima.

O ponto alto da teoria darwiniana é a correlação entre indivíduo e ambiente. A transformação de uma espécie se dá através de um longo processo de *seleção natural*, no qual o ambiente seleciona os indivíduos mais adaptados à sobrevivência, e as características favoritas desse processo são transmitidas

---

4. Max Weber (1864-1920) enfrentou o problema da explicitação e da causalidade na história, acentuando as relações entre história e sociologia, da qual estudou as atribuições e métodos. O objeto da sociologia é o comportamento humano enquanto social, em relação à situação e ao comportamento dos outros (a ação social dotada de sentido). Isso não significa que se possam identificar causas e consequências de modo necessário e determinístico. Como os juízos históricos exprimem apenas uma probabilidade, também o caráter problemático da ação social só permite delinear alguns "tipos ideais" (formas típico-ideais) de comportamento. Esses mostram um processo de racionalidade crescente, com base no que se pode afirmar que o racionalismo moderno é um processo de racionalização de todos os aspectos da sociedade. Nesse espírito, pode-se afirmar que a era moderna, identificada com o aviar-se do capitalismo, vem caracterizada com uma secularização crescente dos princípios religiosos aplicados à organização racional da sociedade. Essa tese, desdobrada numa obra famosa do autor, *A ética protestante e o espírito do capitalismo*, interpreta os princípios éticos da religião como princípios de racionalização da vida social (por exemplo, o trabalho como vocação, *Beruf*, termo que em alemão tem o significado duplo de profissão e vocação).

5. As observações coletadas durante essa longa viagem à ilha de Galápagos, através das observações empíricas, retomam e modificam a teoria de Jean-Baptiste de Lamarck (1744-1829), que explicava o surgimento de novas estruturas e órgãos como resposta de um organismo ao nascimento de novas necessidades; as variações conquistadas então são transmitidas hereditariamente.

às gerações subsequentes. Suscitando grande celeuma (do qual, de vez em quando, se podem ouvir os ecos ainda hoje), Darwin aplicou também à origem do ser humano esses princípios, que parecem se opor ao criacionismo geralmente defendido nas orientações religiosas.

Mas a distorção ideológica do evolucionismo não parece estar tanto nessa sua presumida refutação de crenças religiosas, as quais podem tranquilamente propor uma conciliação entre evolução natural da espécie e intervenção criadora de Deus, mas na aplicação cínica do evolucionismo à sociedade. Nessa, na verdade, a combinação da disposição da ideia vitoriosa de progresso com a ideia de seleção natural, fundada na eliminação do menos adaptado, para além das intenções darwinianas, pode dar vazão a concepções sociais impiedosas.

4. O positivismo inglês

Já mencionamos o nome de Spencer[6], cuja síntese filosófica global irá constituir um fundo significativo, como veremos, para o surgimento do pensamento de Bergson. O filósofo britânico de maior expressão dessa época, porém, continua sendo John Stuart Mill (1806-1873). A forte inspiração empirista, seguindo a tradição anglo-saxã, tanto no contexto mais estritamente filosófico, quanto no plano das teorias político-sociais, irá permitir-lhe elaborar propostas maleáveis e suscetíveis de retomadas posteriores. Ele defende uma lógica indutiva, que compreende as leis como absolutizações motivadas por dados da experiência. Todo e qualquer conhecimento é fruto de indução, e a indução, de modo contrário ao que defendia Hume, funda-se no pressuposto da uniformidade e constância da natureza, que dá legitimidade ao seu uso.

No contexto sócio-político, Stuart Mill, que no âmbito moral defendia um utilitarismo moderado[7], adota um posicionamento liberal, no qual, junto com um forte acento da função e dos direitos do indivíduo, vamos encontrar também o reconhecimento da necessidade de mitigar as desigualdades sociais e de favorecer a participação de todos os cidadãos, incluindo as mulheres, na vida democrática do país.

---

6. Herbert Spencer (1820-1903) toma a evolução como princípio de interpretação de toda a realidade, um princípio que lhe permite ter uma compreensão unitária.

7. O mais famoso representante do utilitarismo é Jeremiah Bentham (1748-1832). Convencido de que se possa calcular o comportamento humano com base no desejo de alcançar o prazer e evitar a dor, busca transformar a moral numa ciência, mas sempre a serviço da sociedade, como capacidade de promover reformas e progresso: a máxima felicidade possível para o maior número possível de pessoas.

A outra história. Nietzsche

1. De Hegel a Nietzsche

Poderíamos dizer — e é o que tem sido dito, não sem boas razões para tal — que a filosofia de Nietzsche leva a termo as superações contínuas e progressivas das filosofias do século XIX, selando, inclusive na data de sua própria morte (1900), todo aquele século. Um livro famoso e muito influente como *De Hegel a Nietzsche*, de Karl Löwith, dá legitimação a essa tese, mostrando como em Nietzsche vamos encontrar um resultado dissolutivo do postulado hegeliano de absolutização, resultado que serve de premissa às alternativas filosóficas do século XX.

Nessa leitura há muita coisa verdadeira, e nós mesmos vamos fazer referência a isso, mas com o compromisso de adiantar uma advertência. A história que se desdobra ali e que perfaz um espectro que vai do absoluto hegeliano à negação dupla, conjunta de Nietzsche, quem dissolve tanto a pretensão de verdade das filosofias quanto a pretensão de salvação das religiões, não se modifica com a história em suas questões sociais e políticas; é outra história, a saber, a história da filosofia. Se quiséssemos ler as diversas filosofias como o próprio tempo apreendido em pensamentos, como defendia Hegel, ou, seguindo Marx, como superestruturas ideais que têm como base estrutural uma característica econômica, teremos grandes dificuldades de encontrar os elementos que justificam o postulado hegeliano de absoluto, aquele marxista de revolução e aquele nietzschiano de inversão, superação e dissolução. Quando muito, são filosofias teoreticamente menos inovadoras em oferecer melhores oportunidades: o positivismo acompanha bem a industrialização que se impôs (nem por isso, seus profetas são logo reconhecidos e aceitos), assim como a elaboração difícil de um pensamento filosófico italiano poderá ser colocada facilmente no contexto do movimento italiano de unidade nacional[1]. Mais difícil é fazer isso com os grandes, mesmo quando seu pensamento se apresenta como um sismógrafo com intenção de analisar o próprio tempo. Quando isolado e ainda pouco conhecido, Nietzsche escreve, ainda nos encontramos em plena *Belle époque* e as maiúsculas do século XIX, sejam elas o Absoluto, Progresso ou Ordem, parecem ainda deter a hegemonia vitoriosa. Será preciso esperar a guerra mundial para despertar a sensibilidade à crise, e serão os soldados que retornam das trincheiras a se reconhecerem então em Kierkegaard ou em Nietzsche. O próprio Nietzsche nos oferece a oportunidade de uma precisão que, por um lado, se aplica a toda a história da filosofia, mas que vai encontrar nele uma das expressões mais explícitas. Enquanto o século XIX parece ainda celebrar seus triunfos, ele vai denunciar ao contrário seu exaurir-se.

A história da filosofia é, pois, uma outra história da história. Mas nem por isso deixa de ter relação com ela, mesmo que seja uma relação torta: ora antecipa os seus avanços, ora explicita seu sentido. Hegel reflete mais sobre a Revolução Francesa e com o pensamento leva a cabo seu sentido, enquanto Nietzsche percebe a traça que vai carcomendo os edifícios do idealismo e do positivismo levando às destruições da guerra.

A outra história da filosofia é a que dá origem a uma forma de saber que tenta fazer com que o valor da verdade (ou a crítica dele) tenha influência nos acontecimentos do presente, e que interpreta a época para além de si mesma, ou melhor, em sua capacidade de enunciar algo que se realiza no tempo, mas não se reduz a este.

É essa a outra história de que tratamos aqui; uma história que atravessa a história, a torna mais complexa, e talvez até mais interessante; mesmo quando, como acontece em Nietzsche, delineia um caminho de dissolução,

---

1. O pensamento de Antonio Rosmini Serbati (1797-1855) e de Vicenzo Gioberti (1801-1852), ambos sacerdotes, representa a versão italiana do confronto com a filosofia alemã (Rosmini com Kant e Gioberti com o idealismo). Empenhados com seus escritos a despertar a filosofia italiana, que já não se fazia ouvir desde a época de Vico, eles são atuantes também no plano histórico-político (Gioberti chegou a ser primeiro-ministro do reino da Sardenha), com propostas e indicações relativas à unificação do país, com particular atenção à questão católica e à difícil relação entre papado e poder político. Rosmini asseverou a autonomia e a dignidade do ser humano, a importância da liberdade e da escolha, e denunciou os males da Igreja da época (*Le cinque piaghe della Santa Chiesa*). Gioberti elaborou uma visão progressiva, com um teor idealístico, da história, atribuindo à religião uma função civilizadora. Célebre é, entre outras coisas, a sua proposta de realização da unidade da Itália por meio de uma confederação sob a orientação do Pontífice (*Del primato morale e civile degli Italiani*).

o caminho que transforma a verdade em "fábula". Mas também essa condenação dura, esse desenraizamento doloroso, transformando o filósofo num homem sem pátria, não deixa de ter saudade daquilo que já foi, nem deixa de ter esperança por um ser humano que saiba ser mais que humano (o super-homem).

Vamos tentar seguir a filosofia de Nietzsche acompanhando as denúncias e a desconstrução à qual ele submete todo o sistema do saber, sem esquecer, porém, como a força da crítica contém uma vontade incansável por um outro começo.

2. Nietzsche. Desmascaramentos

A obra de Nietzsche[2] poderia ser lida como um crescendo de desmascaramentos. Todo o século XIX sustentava-se em dois pilares, às vezes opostos entre si, às vezes entrelaçados mas sempre considerados pontos de referência indispensáveis: a ciência e a história. De maneiras diversas, mas não sem a convicção comum de poder alcançar a verdade, positivismo e hegelianismo acreditaram ter encontrado o caminho para compreender a realidade. Para Hegel, essa se manifesta na história[3], para o positivismo, nos fatos empíricos. Para Hegel, quem a alcança é a dialética, para o positivismo, um saber de orientação científica. Para Marx, como sabemos, a proposta de um materialismo dialético e científico parecia estar em condições de oferecer uma forma de enredo de tudo isso mediante a aplicação de um método rigoroso de análise científica da história, graças ao materialismo.

Nietzsche irá refutar todo o plano de fundo dessas premissas. Contra as diversas formas de cientificismo, não hesita em afirmar que o fato por si é

---

2. Friedrich Nietzsche (1844-1900) foi professor de filologia clássica na Universidade da Basileia. Amigo de Wagner, cultivou diversos interesses, desde a filosofia clássica à história e à música. Sofrendo de distúrbios nervosos, fez muitas mudanças de residência na busca de um clima que se adequasse à sua saúde. No ano de 1899, depois de uma crise de loucura em Turim, cidade que ele apreciava muito, e da sucessiva hospitalização em uma casa de recuperação, passou os últimos anos em Weimar junto de sua irmã. Obras: *O nascimento da tragédia, Considerações intempestivas, A gaia ciência, Assim falava Zaratustra, Para além do bem e do mal*.

3. O historicismo que deu seus primeiros passos na segunda metade do século, muito embora abandonando as pretensões hegelianas de absolutismo, atesta também ele uma ênfase na história como lugar de manifestação da verdade. Trata-se de uma verdade que assume formas mutáveis, como mutáveis são as épocas, mas que com uma análise acurada podem ser decifradas. Aplicada à metodologia da história, surge uma mistura curiosa de positivismo e história, como enfim acontece com Leopold von Ranke (1795-1886), o qual nutre sua busca com a certeza de poder alcançar o conhecimento do passado assim como esse se deu (tornando-se, assim, como veremos, alvo polêmico de Walter Benjamin).

"estúpido". Os fatos só falam quando são interpretados, ou seja, quando inseridos numa perspectiva mais ampla e não exclusivamente fatual. Contra os historicismos, ele observa que o excesso de história produz muitos danos. Exatamente quando pretende configurar-se como um saber objetivo, a história acaba por prejudicar a vida, de onde em última instância provém. Ela cessa por fim de ser verdadeiramente história, tornando-se antes um balanço estático das conquistas da humanidade. O século XIX, que é um século de epígonos, detém um grande senso histórico; não tendo mais força nem criatividade, vai buscá-las no passado. Mas o saber histórico, assim, torna-se uma confirmação da decadência de uma época. De fato, os gregos, amantes da vida e perpassados por um *espírito dionisíaco*, que é espírito de vida, dramaticamente ébrio de vida, não tinham senso histórico. É só com a prevalência pós-socrática de um *espírito apolíneo* que nasce aquele mundo equilibrado da forma finita que se costuma definir como época clássica, um mundo tênue de sonho, habituado ao controle da vida e à submissão aos princípios e às normas.

A vida se submete à norma e à normatividade, ao raciocínio e a uma progressiva idealidade que se manifesta na história. O romantismo parece ser a via de retorno, mediante a qual se pode sarar das doenças desse século decadente. Ou talvez o pessimismo de Schopenhauer[4], que opunha seu voluntarismo trágico e irracional ao racionalismo da conciliação de Hegel. Ou ainda, no plano musical, o titanismo de Wagner, de quem Nietzsche foi amigo.

Sendo assim, se em Nietzsche vamos encontrar espaço para um veio romântico, isso não se dá mais do que por um instante. Não é a esse itinerário que ele quer referenciar, sequer é esse o elemento trágico por ele buscado. Existe um pessimismo que é "o pessimismo dos que renunciam, dos falidos, dos vencidos", um pessimismo que não está à altura da vida, sendo antes uma fuga. Em Nietzsche, isso é antes *"vontade de tragicidade"*, "sinal em igual medida de rigor e de força do intelecto, do gosto, do sentimento, da consciência".

---

4. Arthur Schopenhauer (1788-1861) inscreve-se no círculo dos anti-hegelianos. Livre-docente em Berlim, confrontando-se também com Hegel, ele elaborou uma filosofia que conjuga livremente temas de derivação kantiana e sugestões místicas inspiradas na filosofia indiana. Ao contrário de Hegel, que acentua o tema da razão, para Schopenhauer o tema central é a questão da vontade, uma vontade que é a essência universal do real, marcada pela necessidade e pela falta. Daqui nascem os temas do pessimismo — destinados a ter forte influência no século XX — e a busca, através da arte, da compaixão e da ascese, de levar a uma redenção pacificadora, alcançada através da *noluntas*, uma vontade capaz de anular misticamente as condições de dispersão e de multiplicidade usualmente incluídas na vontade.

Contra esse romantismo, "desesperado, apodrecido", Nietzsche chega a dizer que "podemos empunhar novamente a bandeira do Iluminismo", mas trata-se de um Iluminismo novo, um Iluminismo da profundidade e não da simples engenhosidade intelectual, um Iluminismo que se segue ao romantismo e que não teme enfrentar a vida, as suas profundidades, os seus abismos.

Até aqui, porém, a crítica de Nietzsche não passa de uma denúncia das insuficiências da cultura de sua época. Mas sua visão vai se ampliando, envolvendo toda a civilização. O primeiro alvo é o cristianismo. Todas as religiões nascem do medo e são uma reação ao mesmo; o cristianismo é a forma mais sutil e mais perigosa dessa reação. Ele permitiu a uma civilização quase exaurida, como a clássica, prosseguir seu próprio curso, mas com a condição de transformar os fracos, os vencidos, os escravos, e os critérios que são familiares a esse tipo de homens (como a compaixão), no princípio ordenador de uma sociedade.

O *cristianismo*, que é uma forma de *platonismo para as massas*, criou como aquele "um mundo para além do mundo", empossou um ordenamento transcendente que inverte os valores da vida, substituindo-os pelos princípios do ascetismo e da renúncia. O cristianismo é apenas mais uma etapa no caminho progressivo da decadência. Apesar da simpatia pela figura de Cristo, que é "o homem mais nobre", e a aguda consciência da tragicidade de um evento como a morte de Deus, Nietzsche assevera dever prosseguir com radicalidade no próprio itinerário de desconstrução. É só isso que poderia conflagrar o nascimento de uma nova humanidade.

Nietzsche, que cultivara uma longa relação de amizade com uma figura singular como o teólogo não crente Franz Overbeck, com variações consistentes, lança mão de alguns apontamentos do mesmo. Entre esses, a ideia de que o cristianismo é uma forma de negação da vida e do mundo, e, ainda mais em geral, que o cristianismo seja perpassado por uma alternativa paradoxal pela qual, quando se torna religião histórica, ele trai a si mesmo, enquanto, por outro lado, se não chega a fazer compromissos, desfaz-se em sua própria impossibilidade. Conclui-se que a negação da religião é a negação do compromisso que ela estabeleceu com a cultura e a sociedade (e a renúncia a recorrer a ela é a constatação amarga de seu caráter de impossibilidade).

A negação de Deus é a negação de um mundo de ideias e precisamente do mundo dos valores que sufocam o homem e a vida. O cristianismo acabou dando alento a uma civilização em franca decadência. Ora, é preciso que o homem retome o controle de seu próprio destino. Nessa obra, também as normas da moral, embora partilhadas, são desmascaradas através de uma *análise genealógica* que nos permita conhecer aquilo que está em sua origem. Na nossa civilização, a *moral aristocrática* de padrões capazes de gerar e impor valores, de fazer prevalecer o aristocrático sobre o que é desprezível, foi tomada e substituída vitoriosamente por uma *moral dos escravos* e dos fracos, numa palavra, daqueles que não sabem viver. Por isso, em vez da fidelidade à terra, surgiu o ascetismo, em vez da paixão e da criatividade de *dizer sim à vida*, o que é próprio dos senhores, entra o dizer não à vida, e intervieram as normas como princípios ascéticos da abstenção da vida.

Nem por isso Nietzsche se torna um promotor da moral dos instintos. Também com relação a esses é necessário um domínio. Como ele escreve, é preciso "viver numa indiferença imensa e orgulhosa: sempre para além", não sujeitos ao imperativo exterior das normas, nem sequer ao simples impulso instintivo. É preciso ter a capacidade de ir *além do bem e do mal*, como tábua de valores que recebemos e a que fomos submetidos; é preciso amar a vida e suas profundidades ainda inexploradas; ter a potência de quem transforma a vida num lugar "rico de coisas belas, estranhas, duvidosas e terríveis"; é preciso ter um novo saber, que é o da felicidade, em lugar daquele da renúncia (*A gaia ciência*), um saber que é a aurora de um novo mundo (como recita o título de um outro livro de Nietzsche, *Aurora*); é preciso vencer a doença da decadência, substituindo-a pela experiência de uma saúde e vitalidade nova e grande.

Resta ainda uma última passagem, de alcance ainda mais geral. Uma vez tendo-se negado ciência, história, religião, moral, faz-se necessário ainda um outro passo, aquele que considere a filosofia. Nietzsche expõe isso num escrito irônico e famoso, que mostra como a pretensão de verdade inicial vai se dissolvendo pouco a pouco em passagens sucessivas até transformar-se em fábula.

"1. O mundo verdadeiro, atingível pelo sábio, pelo piedoso, pelo virtuoso — ele vive nele, ele próprio é esse mundo. (A mais antiga forma da ideia, relativamente inteligente, simples, persuasiva. Transcrição da tese 'Eu, Platão, sou a verdade').

2. O mundo verdadeiro, inatingível por ora, mas prometido ao sábio, ao piedoso, ao virtuoso ('ao pecador que faz penitência'). (Progresso da ideia: ela se torna mais sutil, mais capciosa, mais evasiva — torna-se mulher, se cristianiza...).

3. O mundo verdadeiro, inatingível, indemonstrável, improvetível, mas já enquanto pensado uma consolação, uma obrigação, um imperativo. (No

fundo, o antigo sol, mas através da névoa e do ceticismo; a ideia sublimada, pálida, nórdica, königsbergiana).

4. O mundo verdadeiro — inatingível. Em todo caso, não alcançado. E, enquanto não alcançado, também desconhecido. Consequentemente, sequer consolador, salvífico, vinculante: a quem nos poderia vincular algo de desconhecido?... (Manhã cinzenta. Primeiro bocejo da razão. Canto do galo do positivismo)."

Os quatro passos aqui anunciados, partindo de Platão e passando pelo cristianismo, Kant e o positivismo, constituem o afastamento progressivo da ideia de uma verdade absoluta. O mundo, primeiramente hipostasiado na forma de um mundo verdadeiro, vai se revelando cada vez mais como um mundo aparente; a verdade se transforma em fábula.

3. Nietzsche. Fidelidade à terra

A sequência da citação mostra claramente a direção a que se volta Nietzsche: "5. O 'mundo verdadeiro' — uma ideia que para nada mais serve, nem sequer é mais vinculante — uma ideia que se tornou inútil e supérflua, portanto, uma ideia refutada: eliminemo-la! (dia claro; primeira refeição do dia; retorno do *bom senso* e da jovialidade; Platão rubro de vergonha; algazarra infernal de todos os espíritos livres).

6. Abolimos o mundo verdadeiro: que mundo restou? O aparente, talvez?... Não! *Com o mundo verdadeiro abolimos também o mundo aparente!* (Meio-dia; momento da sombra mais breve; fim do longo erro; apogeu da humanidade; incipit zaratustra [começa Zaratustra]). O último elemento que se deve desconstruir e o que nos inoculou a própria filosofia".

A desconstrução da filosofia é o sucumbir daquele mundo dentro do mundo que foi criado de modo artificial; é o retorno à terra, segundo as expressões que aparecem diversas vezes no *Zaratustra*: "Eu vos esconjuro, irmãos: sede fiéis à terra". Na perspectiva nietzschiana, o homem deve reapropriar-se do próprio pertencimento à terra e fazer como a árvore: "Quanto mais procura se elevar na direção do alto e da luz, com tanto maior força suas raízes devem procurar penetrar na terra". A desconstrução nietzschiana é certamente radical, mas não quer culminar em formas negativas, niilistas. Quando muito, busca recuperar um niilismo positivo, um niilismo que não é a consequência inevitável de um processo de decadência, como aquele a que nos conduziram a religião, a moral e a própria filosofia; é antes vontade de ir além, rumo a uma raiz mais autêntica que reconcilie o homem com a terra, a sua existência com a finitude, capaz "de imprimir o caráter do ser no devir [da vida]", ou seja, de pensar a verdade em sua relação com as inúmeras máscaras nas quais ela se manifesta na vida.

As noções nietzschianas de "eterno retorno do mesmo", de "vontade de potência", de "super-homem" são as maneiras de expressar essa tentativa extrema. O *eterno retorno* é a transformação da necessidade da história num ato de vontade, um gesto criador aristocrático que se liberta da necessidade do devir histórico transformando todo e qualquer *foi* num *quis*, cada *é* num *quero*, transformando cada *será* em *quererei*. É a expressão de uma *vontade de potência*, ou seja, de uma vontade que não se sujeita a nenhum objeto determinado, mas que quer a si mesma, a própria potência criativa anelante. O importante não é aquilo que se cria com essa potência, visto que uma vez instituído isso deve ser logo negado, mas a própria potência. No mais, o homem nietzschiano vive sempre para além, está além de si mesmo, como ele afirma, é um *super-homem*.

O fascínio e o drama de Nietzsche está radicado completamente nessa possibilidade impossível que exige que se esteja radicado na finitude, na vida, de ser fiéis à terra em sua transitoriedade multicolorida e de pensar a mutação incessante que se manifesta nisso, como se fosse o ser, como se tivesse eternidade, como se o homem, um homem dotado de existência passageira, fosse mais do que homem, fosse super-homem. E pensar tudo isso não na forma de outro mundo, transcendente, hipostasiado, mas pensar justo a terra, a vida, a finitude como a forma mais apropriada que nos foi dada para lançarmo-nos para além de nós mesmos.

Superar a crise

1. Um leque de alternativas

Os autores de que vamos tratar nesse capítulo, mesmo sendo diferentes entre si, têm em comum o fato de terem nascido todos eles no século XIX e de ter iniciado sua atividade filosófica ainda se confrontando fortemente com as filosofias daquele século. Enquanto Nietzsche celebrava a crise do século e colocava uma pedra sepulcral nas ambições do próprio século XIX, estes autores procuravam superar a crise, a qual pressentiam, e, lançando mão ainda de pressupostos e instrumentos originais daquele contexto, lutavam por uma renovação. A história da filosofia retomava, assim, seu caminho e buscava encontrar formas que não fossem desembocar naquele golpe frontal previsto por Nietzsche. É a partir desses autores que surgem os pressupostos para as filosofias do século XX e igualmente para retomar, não só em seu aspecto negativo, aqueles desafios que foram lançados por Kierkegaard e Nietzsche.

Em todo caso, algo acontecera. O quadro progressivo que parecia ter dominado o século XIX com a produção de novas superações das filosofias precedentes abre espaço para alternativas que não avançam mais linearmente, mas abrem um leque de opções, oferecendo assim aos passos sucessivos uma base mais ampla e variada de pontos de referência.

2. O positivismo inverso: Bergson

O positivismo impusera um modelo de explicação da realidade modelado com base na ciência e orientado aos dados positivos representados pelos fatos e, em seus desdobramentos spencerianos, desembocou num esquema evolucionista. Inicialmente formado com bases científicas próximas ao positivismo, Bergson[1] começa a repensar esses temas, culminando numa inversão dos princípios positivistas. Estes, como ademais toda a ciência, fracassam precisamente naquele aspecto que deveria constituir seu ponto forte: em sua presumida fidelidade aos fatos, acabam por fornecer uma imagem redutiva e abstrata. Acreditam restituí-los assim como são e acabam reduzindo-os a um objeto sem vida, morto; algo que pode ser observado, mas que não constitui a realidade da qual participamos.

A razão é simples: os positivistas negligenciam que os fatos são dados registrados por uma *consciência*. Tomemos como paradigma o caso do tempo. A ciência está em perfeitas condições de apreender o tempo e medi-lo. Para isso, ela sobrepõe dois momentos objetivos: aquele que se refere a um deslocamento de um objeto (que é medido) e aquele dos ponteiros de um relógio (que mede). Desse modo, ela determina quantitativamente o tempo de maneira perfeita, mas de tal modo que subentende saber completamente o que é sua natureza. O tempo da ciência nada mais é que um tempo reduzido a espaço (e medido graças à sobreposição de dois espaços), um tempo que permanece exterior ao observador (não lhe diz respeito nem o afeta), um tempo, hipoteticamente, como mostra o caso dos experimentos, sempre passível de ser repetido e revertido. Mas esse tempo especializado nada nos diz sobre o tempo da consciência, na qual, ao contrário, os instantes singulares não só me dizem respeito, mas estão compenetrados entre si e nos quais não é possível haver uma reversibilidade (do contrário, não seria possível compreender como poderia dar-se o fenômeno psíquico do arrependimento). Tanto menos capta que no tempo se manifesta sempre aquela margem irredutível de novidades que o diferencia de uma simples cadeia causal[2]. A esse tempo Bergson dá o nome de *durée*, ou seja, duração (onde se percebe, inclusive no próprio

---

1. Henry Bergson (1859-1941) teve sua formação científica na Escola Normal de Paris. No ano de 1914, torna-se membro da Academia Francesa, no ano de 1928 recebe o prêmio Nobel de literatura. De origem judaica, nos últimos anos de sua vida aproximou-se do catolicismo, mas, pressentindo a ameaça de perseguições, preferiu permanecer "entre aqueles que vão ser perseguidos amanhã", como escreveu em seu testamento espiritual. Morreu em Paris, sua cidade, ocupada pelas tropas nazistas. Obras: *Ensaios sobre os dados imediatos da consciência, Matéria e memória, A evolução criadora, As duas fontes da moral e da religião*.

2. Para melhor contextualizar o que estamos dizendo, basta recordarmos as considerações de Émile Boutroux (1845-1921), que, em sua obra *A contingência das leis da natureza*, afirma que a ciência, reduzindo os diversos graus da realidade a um único modelo, reduz sua complexidade, mas assim não consegue captar no desdobramento dos fenômenos a presença de elementos não previstos nem previsíveis, portanto não necessários, mas contingentes.

vocábulo, a referência a uma dureza, uma força que nele habita). É uma continuidade contingente, caracterizada por uma sucessão não mecânica mas de uma novidade irredutível.

Bergson chega a essas conclusões de forma gradual e acolhendo o desafio do dualismo. A seu ver, é melhor opor francamente matéria, caracterizada pela exterioridade recíproca sem sucessão, e espírito, que é, antes, sucessão sem exterioridade recíproca, em vez de procurar soluções confusas de acordos. Justo adotando como princípio esse ponto de partida, torna-se possível mostrar como de fato, no plano da percepção e da ação, esses extremos que continuam sendo enrijecimentos metafísicos inatingíveis, contra o que é supérfluo combater, dissolvem-se tanto um quanto o outro. De um lado, a consciência é espírito, pura duração, isto é, tempo, liberdade; de outro lado, o corpo é matéria, extensão, mecanicidade. Concretamente, porém, assistimos a um entrelaçamento contínuo. A consciência é liberdade; enquanto memória é a expressão de um modo de ser no qual o espírito está presente para si mesmo. Mas não existe memória que não se materialize em recordações. E as recordações são uma função do cérebro, e, portanto, do corpo, algo que a memória busca lançar mão para si mesma, mas algo que às vezes também não consegue alcançar. Mais próxima ainda ao corpo está a percepção, isto é, o momento no qual a consciência opera uma seleção entre os estímulos em vista de uma resposta operativa na ação. A relação entre todos esses modos de consciência é inegável, como é inegável também a continuidade que subsiste entre eles.

Mas não menos indubitável é o primado da *memória* sobre tudo. Aqui, Bergson compreende memória como memória pura, a atividade livre da consciência, que recorda por recordar e não para agir, que é duração, continuidade, acréscimo, que cresce sobre si mesma como uma avalanche. Para ser útil, essa memória pura deve se tornar recordação e determinar o corpo da ação. Mas, para atingir isso, será preciso que sonde e selecione as recordações, acumuladas no cérebro. Todo o material da memória pura, não funcional para nada, continua a exercer pressão sobre a existência, tornando-se "mensageiros do inconsciente", como escreve ele, para trazer esse material à luz. A consciência esquecida torna-se, então, o pressuposto, via de regra não consciente, daquilo que faremos. Mas tudo isso não é expressão de um determinismo. Exatamente o crescimento incessante da consciência é a garantia de uma imprevisibilidade das escolhas. Aquilo que fazemos depende seguramente daquilo que somos, daquilo que foi depositado em nossa consciência;

mas aquilo que somos depende por seu lado de todas as pequenas escolhas, quase imperceptíveis, que fizemos e fazemos continuamente e que ampliam ou restringem a gama de possibilidades que se abrem diante de nós. O que acontece está sempre radicado no passado, mas é sempre igualmente um novo acréscimo, que não depende mecanicamente daquilo que já foi. Como sempre em Bergson, vamos encontrar aqui a coincidência entre continuidade e mudança, aquela coincidência que o tempo, enquanto duração, busca trazer à luz.

Como se vê, a oposição dualista de matéria e espírito, admitida como princípio, acaba sendo concretamente desmantelada por uma observação acurada, apoiada numa ampla coleta de observações neurológicas. De certo modo, assim, o positivismo vai além e se volta contra si mesmo e, através de uma reelaboração realmente original, coloca no centro da filosofia um tema como o da consciência, típico daquela corrente alternativa ao positivismo que se chamava de espiritualismo. Ademais, como veremos, a centralidade da consciência vai se impor também para Husserl. O modo de dissolver o positivismo, opondo-se não tanto aos princípios mas mostrando concretamente como se pode produzir uma verdade diferente, irá aproximar Bergson ao pragmatismo, como testemunha a admiração a ele demonstrada por James.

3. Bergson. A evolução como duração

Também a ideia spenceriana e depois darwiniana da evolução pode ser adotada, mas operando junto com uma inversão, que forma um esquema de *evolução na novidade*, bem como um modelo naturalista e determinista. Se o tempo, enquanto duração, é o material do qual se forma a consciência, não é diferente para o universo. Como ele escreve, com uma observação banal e decisiva, uma herança de costumes praticamente em desuso, se quero preparar para mim um copo de água com açúcar, devo necessariamente esperar que o açúcar se derreta. O tempo enquanto duração não é uma propriedade só da consciência, mas também do próprio universo.

Podemos concluir que todo o universo é tempo; é perene conservação e novidade contínua. O universo é perpassado por uma *dinâmica vital* imanente, que opera através de um fazer e desfazer incessantes, o qual é a refutação tanto dos esquemas mecanicistas, típicos do evolucionismo, quanto dos finalistas, difusos entre seus opositores. Mas ambos prefiguram um avanço linear e sujeito a regras, enquanto a realidade, como já vimos na análise do tempo, é surpresa, capaz de produzir por si mesma suas próprias razões. A vida do universo é um feixe de caules, que impulsiona a avançar, mas que contém direções distintas, ou é como o brilho de um fogo de artifício que a cada explosão surpreende e traça novos percursos, ou ainda como o pequeno riacho que conquista seu próprio traçado fazendo frente a muitos imprevistos no confronto com as barreiras do terreno. O impulso, como o tempo e como a vida, instiga a avançar, mas sem que se note de antemão para onde impulsiona; nesse lance carrega consigo e transforma os materiais do passado, mas em seu proceder acaba delineando trajetórias novas e inauditas. Tudo isso é vida, e vida não só do indivíduo, mas do universo, e é natureza. O *instinto* percebe isso e dele participa com as soluções orgânicas apropriadas, mas sem consciência nem criatividade. A *inteligência* contribui com soluções práticas mais apropriadas, através de instrumentos orgânicos, tendo perdido, porém, a imediaticidade da relação com as coisas. O instinto e a inteligência são ambos soluções práticas eficazes, uma que prevalece nos animais, a outra entre os humanos: a inteligência consegue ultrapassar as coisas, na direção de suas relações; o instinto está próximo à vida. É só a inteligência que consegue procurar o sentido das coisas e só o instinto é capaz de descobri-lo. A *intuição*, ou seja, "o instinto que se tornou desinteressado, ciente de si, capaz de refletir sobre o próprio objeto e de ampliá-lo indefinidamente", é ao contrário capaz disso. Segundo Bergson, a intuição nos habilita a apreender a duração e a tornar-nos espectadores contemporâneos da evolução e partícipes da mesma.

Tendo partido da ciência, encontramos um material da realidade que diz respeito igualmente à consciência e ao universo. O tempo (e Proust se torna um eco literário disso) se torna o grande protagonista que decompõe a fixidez geométrica dos fatos, transformando-os em estações da vida e da natureza. Surge daí um quadro conjuntural no qual a abstração rígida e o mecanismo são substituídos por uma pulsação vital que implica indivíduo e natureza. Como mostra a última obra de Bergson, moral e religião participam desse embate cósmico. Tanto uma quanto a outra poderão adotar uma função puramente defensiva, como na *moral da sociedade fechada* e na *religião estática*, que se articulam respectivamente em obrigações, levando em conta os medos, mas tanto uma quanto a outra, enquanto *sociedade da moral aberta* e como *religião dinâmica*, podem colocar o homem em relação com o esforço criador que perpassa todo o universo. O ser humano, e de modo particular o místico da tradição cristã, tomam a humanidade como ponto mais elevado do universo, colocando em evidência a função essencial do ser humano, a de ser ele próprio criador de valores e operador de amor.

Já apontamos para a existência de convergências objetivas entre a concepção bergsoniana do tempo e da memória e a obra contemporânea de Marcel Proust (*À procura do tempo perdido*, escrita entre 1909 e 1922). Mas não se trata do único caso em que se pode ver espelhada a concepção filosófica bergsoniana em outros campos. Bergson, que no ano de 1928 recebeu o prêmio Nobel de literatura (não existe um prêmio para a filosofia), exerceu uma enorme influência cultural, que deixa traços na obra musical de Claude Debussy (1862-1918), no impressionismo de Pierre Bonnard (1867-1947), na teologia de Pierre Teilhard de Chardin (1881-1955), e se confirma na capacidade de dialogar, mesmo que criticamente, com a teoria da relatividade de Einstein e com a concepção psicanalítica de Freud, sem levar em conta a influência subterrânea que sua obra continua a exercer na filosofia francesa. Invertendo o positivismo, Bergson recuperou o direito de cidadania a uma consciência que é objeto maleável e variegado de indagação para diversas disciplinas e contribuiu determinantemente para liberar a filosofia do vínculo que a reduzia a ser sobretudo teoria do conhecimento, apreensão do real na forma de uma racionalidade de cunho exclusivamente lógico.

4. Husserl. Consciência e coisa

Também em Husserl[3] o tema da consciência desempenha uma função fundamental. Mas não é difícil constatar aqui uma sensibilidade diversa e um plano de fundo cultural diferente. Como dissemos, Bergson provém de uma matriz positivista, invertida e reinterpretada por ele, fazendo vibrar o dado positivo dentro da consciência. Surge, assim, uma combinação original, onde por um lado prevalece um impulso naturalista e evolutivo, e por outro ele se transforma em pulsão criativa, aberta à contingência. Assistimos na filosofia algo parecido com o que acontece com os impressionistas, nos quais as cores da natureza vibram até se tornarem impressões da consciência.

A paisagem cultural de Husserl é bem mais nórdica. As metáforas de que se serve são montanhas; ele fala da "crista de uma rocha íngreme", e a cons-

---

3. Edmund Husserl (1859-1938) foi livre-docente em Halle, depois professor nas Universidades de Göttingen e Freiburg em Bresgau. Obras: *Investigações lógicas, Ideias para uma fenomenologia pura e uma filosofia fenomenológica, Meditações cartesianas, A crise das ciências europeias e a fenomenologia transcendental*.

ciência, recolhendo e acumulando impressões que retém — o que ele chama de "retenções" —, não parece dever desenvolver uma função de registro de continuidade e mudança, como em Bergson, mas antes de fixação, quase como se conservasse as impressões conquistadas da realidade sob um estojo de vidro transparente. É essa, pois, a função da consciência: como um arco tenso e pronto a lançar uma flecha, ela está voltada para o real (nesse sentido, ele fala de intencionalidade da consciência, que está, pois, voltada para a coisa) e o atinge, fazendo surgir aquilo que Husserl chama de uma ciência rigorosa (*"Strenge Wissenschaft"*). Nessa expressão ecoam diversos acentos: por um lado, como diz com precisão a tradução corrente, significa que essa ciência é exata, precisa, rigorosa ou, como escreve Husserl, pura e absoluta; mas podemos compreender também que é preciso referir-se à ciência e somente à ciência, e por fim, que essa ciência tem um cárater sério, uma inflexibilidade não muito diferente do rigorismo da moral kantiana.

Em todo caso, o que Husserl tem em mente é restituir a importância do espectro que vai da consciência intencional à coisa intencionada (para a qual se olha). Como ele vai escrever, "é só um retorno à subjetividade [da consciência] que poderá tornar inteligível a verdade objetiva e o significado último do mundo". A corrente filosófica que se inspira em Husserl, podemos afirmar retomando os traços principais daquilo que afirmamos, é expressão de um movimento rumo ao concreto (seu mote vem delineado na expressão "às coisas elas mesmas") que busca restituir a centralidade do fenômeno (de onde provém o nome de fenomenologia), compreendido como aquilo que se manifesta na percepção da consciência.

Se quiséssemos recorrer a uma imagem emprestada da pintura, poderíamos dizer que aqui se pressente a mesma atmosfera que já pairava no impressionismo ou no pontilhismo, mas com a diferença, já mencionada, de que não existe nenhuma vibração das impressões como naquelas figuras artísticas onde as cores, desvanecendo-se uma na outra, reconstroem uma realidade leve e em devir. A razão é que aqui se persegue uma ciência rigorosa: através do fenômeno e concentrando-se exclusivamente em sua manifestação, busca-se deixar emergir o que há de essencial nele. Um tanto como acontece na pintura, as inúmeras garrafas de Giorgio Morandi, uma diferente da outra, não são importantes por causa de sua especificidade e individualidade, mas pelo fato de serem a representação da garrafa em sua essência universal.

E realmente, como veremos, fazer com que o próprio fenômeno fale, para a fenomenologia, representa o poder de fazer surgir sua essência. Mas desde que a concentração na coisa seja absoluta, que se reduza a ela, colocando entre parênteses tudo aquilo que lhe serve de contexto.

5. Husserl. O fenômeno

O *fenômeno* é o centro da fenomenologia. Não o fenômeno no sentido kantiano, que é distinto de um númeno pensável, mas o fenômeno no sentido grego do termo: aquilo que se manifesta e, em seu manifestar-se, permite que apareça o em si da coisa, que, assim, pode ser atingida por um olho exercitado. Para isso, como se mostra, é preciso restringir o campo de alcance intencional que se constitui entre a consciência que percebe e o objeto. *A intencionalidade da consciência* (um termo que ele toma de Brentano[4], e que remonta à tradição escolástica) é a propriedade que essa tem de ultrapassar a si mesma e referir-se a um objeto como se oferece em si mesmo ao conhecimento. Essa redução se dá colocando entre parênteses todo o restante (o contexto, a história, qualquer outra vivência). Desse modo, o que surge já não é mais a existência ou a história do objeto, mas sua essência, algo que conseguimos apreender com certeza apodítica através de uma *intuição essencial ou eidética* (do grego *êidos*, donde provém a palavra ideia, como essência de uma coisa).

Mas o último passo não é esse. Para além dessa redução eidética, como é caracterizada por Husserl, que nos leva à essência das coisas, existe uma redução fenomenológica mais ampla e mais radical, onde se coloca entre parênteses o mundo em sua totalidade. Através disso não se cancela a existência do mundo, é claro, mas se a suspende através de uma *epoché* (termo que Husserl deriva da filosofia cética). A consciência, que antes estava como que perdida nos objetos, retorna a si mesma e num nível mais aprofundado descobre que é uma intencionalidade constituinte, ou seja, representa a possibilidade de constituição dos objetos. Mas constituição não significa criação: quer dizer que, sem o sujeito, que vê e que insere a coisa no tempo, nos extratos múltiplos da consciência, a coisa não se constituiria como fenômeno. Pode-se interpretar aqui o entrelaçamento original de duas tradições filosóficas: a tradição cartesiana e a kantiana. Como mostram claramente as *Meditações cartesianas*, Husserl afirma ter-se colocado no seguimento do *cogi-*

---

4. Para Franz Brentano (1838-1917), mestre de Husserl, a intencionalidade é aquilo que caracteriza os fenômenos psíquicos. Esses aparecem intencionalmente dirigidos a um objeto não mental, cujo significado se manifesta no ato perceptivo.

to cartesiano, que teve o mérito, aplicando com rigor o princípio da dúvida universal, de concentrar a garantia de certeza no *cogito*. Mas, como observa Husserl, ele não foi suficientemente radical, pois pensou a dúvida ainda na forma de uma substância intramundana e chegou a naturalizá-la como se fosse "um pedaço do mundo", de certo modo transformando-o numa coisa entre outras coisas. Mas a consciência, ao contrário, kantianamente deve ser pensada como uma consciência transcendental, como uma condição extramundana de possibilidade das coisas do mundo.

Essas considerações nos levam a resultados idealistas, que o próprio Husserl admite, até porque não queria ser confundido com o idealismo clássico. A crise das ciências europeias nasce por ter-se ocultado a subjetividade, procurando o critério de verdade exclusivamente num saber fundado empiricamente. Não se trata, como fez o idealismo clássico, de proceder a uma simples inversão, mas de redirecionar a atenção, como é próprio do que Husserl chama de "mundo da vida", ao tema do *sentido*, ou seja, da relação de toda e qualquer percepção com uma consciência perceptiva. Aqui, no mundo da vida, a coisa não é apenas percebida, no sentido de registrada, mas se torna uma vivência da consciência, assume concretude e sentido. É só no horizonte intransponível da consciência que tudo isso acontece, e é propriamente isso que Husserl compreende por idealismo[5].

6. O significado das experiências: o pragmatismo

A tradição empirista anglo-saxã tem um peso decisivo para o pragmatismo americano. Ele modifica-lhe, porém, significativamente o ponto central, na medida em que amplia o empirismo, centrado sobretudo na busca do significado da experiência para o conhecimento, para todo o espectro das experiências possíveis. Surge uma dupla ampliação: por um lado, em vez de falar da experiência individualmente como do ponto nodal da verdade do conhecimento, surge um conceito de experiência mais rico e variegado, busca-se falar, então, de experiências no plural, ali incluindo todas as possíveis experiências humanas; por outro lado, os dados experimentados não são

---

5. Em reação a Husserl, Max Scheler (1874-1928) elabora uma fenomenologia objetivamente orientada e desenvolve uma série de análises que se concentra nos atos emocionais, pelos quais se é capaz de atingir objetos específicos, dotados de consistência objetiva, e que ele vai chamar de *valores*. Com isso se vê habilitado a elaborar uma ética (a ética material dos valores) que se opõe ao formalismo ético kantiano e que ele ousa propor como um terceiro modelo de ética, depois daquele de Aristóteles e daquele de Kant.

pensados como dados estáticos e incontroversos, mas antes como situações nas quais se pode operar ativamente, num certo sentido, como ocasiões e questões suscetíveis de transformação e resolução. É esse o aspecto ativo e operativo do pragmatismo que concebe os fatos na direção de uma ação (*prâgma* significa propriamente ação).

A essa *noção enriquecida de experiência* vem conjugar-se um outro elemento, que pela primeira vez assume importância na filosofia dessa forma: os efeitos, o resultado, o êxito de tudo que se transformou em ação numa situação determinada acaba tendo importância também do ponto de vista da verdade. A verdade, por fim, não é indiferente aos resultados, à sua capacidade de *êxito*. *A verdade não é uma pura correspondência lógica*, um princípio abstrato, implicando sempre uma característica dupla: a capacidade de levar-nos para mais perto da realidade em seu conjunto (os fatos, mas também as suas consequências) e a de transformá-la segundo nossos planos. Como escreve James, com certo tom deliberadamente provocativo: "Deveríeis retirar de cada palavra seu valor em numerário e colocá-la à prova no fluxo da experiência". Em suma, a verdade de uma ideia pode ser medida com base em sua verificabilidade, convalidação, utilidade com relação aos objetos aos quais se refere.

Desse posicionamento global surge uma maneira inédita de contemplar as ideias. Essas podem ser consideradas hipóteses e, segundo James, pode-se distinguir entre *ideias vivas*, que nos apresentam uma escolha que nos implica, ou mortas, quando isso não acontece, ou então entre ideias *necessárias*, que definem uma alternativa que não pode ser evitada (como confiar ou não em uma pessoa), ou evitáveis, quando permitem uma terceira via que concorda em subtrair-se de escolhas; e enfim entre ideias *importantes*, que representam uma ocasião única, ou banais, quando configuram uma alternativa que pode se apresentar em diversas ocasiões.

Os autores principais do pragmatismo são Peirce, Willian James e Dewey. Aqui não é possível seguir em detalhes as diferenças, mesmo que relevantes, entre esses autores, visto que a intenção dessas breves notas não é expor detalhadamente as doutrinas do pragmatismo, mas apenas indicar os traços de destaque dessa corrente filosófica, tipicamente americana, mas capaz de ter ligações com as filosofias continentais e exercer sua influência sobre elas. Nesse espírito, podemos observar que se pode atribuir a *Peirce*[6] um *interesse*

---

6. Charles Sander Peirce (1839-1914), interessado na teoria do conhecimento, elaborou uma semiótica (teoria dos sinais) capaz de explicar o processo do pensamento. Suas obras foram publicadas nos *Collected Papers*. Em vernáculo temos traduzido o livro *Semiótica*.

lógico-científico particularmente destacado, que coloca seu pensamento, e em geral também todo o pragmatismo, em diálogo com as concepções científicas da época (desde o evolucionismo até o empiriocriticismo de Mach[7], e por fim os desdobramentos próprios do Círculo de Viena[8], sendo retomado mais recentemente por aquelas formas de filosofia analítica que evoluíram numa direção pragmática, como as de Richard Rorty ou Hilary Putnam).

Atribui-se a *James*[9], o autor que mais frequentemente referimos neste trabalho, uma atenção especial à dimensão psicológica e à *situação experimental concreta* do ser humano, além de uma viva *sensibilidade ético-religiosa*. A doutrina do melhorismo, enquanto proposta que supera tanto o otimismo, incapaz de ver o mal do mundo, quanto o pessimismo, incapaz de ver nele o bem, é um exemplo excelente do estilo pragmático de confrontar a realidade. Abrindo os olhos para a realidade, é impossível não reconhecer suas ambiguidades, mas à medida que se intervém ativamente pode-se promover uma maior realização do bem, e assim avançar rumo a um mundo melhor. O próprio Deus, como mostra uma compreensão correta da variedade das experiências religiosas, pode ser compreendido como um parceiro capaz de estimular as mais profundas exigências morais do homem. A filosofia de James culmina numa metafísica verdadeira e própria, e a partir desse ponto de vista, como já vimos, cruza-se também com a filosofia de Bergson, com a diferença de que o unitário universo monístico de Bergson é substituído por um *universo pluralista*. Ademais, já aventamos esse fato com a referência ao termo *experiências*, como substitutivo do termo *experiência*.

Essa dimensão pluralista vai encontrar um acolhimento explícito nos *interesses políticos e pedagógicos* que estão no centro da filosofia de *Dewey*[10]. Neles surge uma outra característica decisiva do pragmatismo, a saber, o traço que

---

7. Ernst Mach (1838-1916) lecionou em Praga e Viena. A corrente inaugurada por ele, o empiriocriticismo, tem a intenção de libertar o conhecimento científico de toda e qualquer incrustação metafísica: a única fonte de conhecimento são as sensações, que coincidem com a realidade; os conceitos científicos desempenham uma função puramente "econômica", na medida em que representam símbolos úteis sem valor ontológico. Obras: *A mecânica em sua evolução histórico-crítica*, *A análise das sensações e a relação entre físico e psíquico*.

8. Ver abaixo, p. 297.

9. William James (1842-1910), irmão de Henry James, célebre escritor americano. Psicólogo e filósofo, fundou o primeiro laboratório americano de psicologia experimental em Harvard, onde lecionou por muitos anos. Obras: *Princípios da psicologia*, *A vontade de crer*, *As variedades da experiência religiosa*.

10. John Dewey (1859-1952) é filósofo e pedagogo. Seus esforços educativos e políticos tiveram grande influência na cultura americana. Lecionou na Universidade de Chicago, onde fundou uma escola elementar concebida como laboratório experimental da universidade e lugar de aplicação de suas teorias. Obras: *Escola e sociedade*, *Democracia e educação*, *Experiência e natureza*.

o caracteriza como uma *teoria filosófica* explicitamente *democrática*. A verdade não é um resultado no qual se participa coletivamente, mas ela tem uma eficácia prática que se mede em sua capacidade de melhorar a vida para todos, respeitando também a pluralidade das visões particulares de cada indivíduo. O objetivo democrático é promover uma integração entre os membros da sociedade. É para isso que deve servir a educação, dedicada a estimular a inteligência individual em vista de uma evolução responsável e harmônica da sociedade. Essa visão quase que religiosa da sociedade (muito embora distante de adotar os conteúdos das religiões reveladas) atribui ao pensamento a tarefa de remover as dificuldades que se interpõem a esse ideal. Essa representa um símbolo típico do pragmatismo, uma filosofia que, no veio da tradição empirista revivida em terreno americano, exprime uma fidelidade quase ilimitada no poder harmonizador de uma razão exercitada no contexto político de uma sociedade democrática.

7. Historicismos

Por outro lado, há filosofias, embora contemporâneas aos autores que viemos abordando até o presente, que parecem ficar incólumes em relação às agitações do século XIX. Mais que superar a crise, elas parecem não ter noção da mesma. Isso se aplica ao que se convencionou chamar de historicismo contemporâneo e às retomadas neoidealistas italianas.

O autor mais conhecido do historicismo foi Dilthey[11]. Deve-se a ele uma distinção de método entre *ciências da natureza*, de caráter nomotético, isto é, voltadas à determinação de leis gerais (*nómos* significa lei), e *ciências do espírito*, de caráter ideográfico, ou seja, votadas, como diz a própria etimologia (em grego, *ídios* significa o individual e *graphikós* significa descrição), a conhecer o individual. As ciências da natureza querem explicar (*erklären*), as do espírito, compreender (*verstehen*). Já a partir desse ponto, pode-se compreender como a reivindicação de historicismo adote conotações diferentes das que teria se fosse atribuído a Hegel. Nos idealismos, historicismo indica uma identificação entre realidade e história; em Dilthey, e de maneira mais genérica nessa

---

11. Wilhelm Dilthey (1833-1919) é o maior representante do historicismo; sua obra fundamental é *Introdução às ciências do espírito*. Junto com Max Weber e Émile Durkheim, está situado na origem da sociologia contemporânea. Na corrente do historicismo, pode-se incluir também Georg Simmel (1858-1911), Ernst Troeltsch (1865-1923), Oswald Spengler (1880-1936) e Friedrich Meinecke (1862-1954), sem contar Leopold von Ranke, de quem já se falou (p. 247).

corrente filosófica, significa ao contrário a busca por categorias cognitivas e interpretativas da história, compreendida, porém, como um campo particular da realidade. Em vez de uma filosofia da história, onde a história é o sujeito que acolhe em si a totalidade dos desdobramentos, temos uma filosofia como problema crítico da história, compreendida como objeto de inquirição, mesmo que um objeto privilegiado. Para compreender o homem, seu espírito, sua cultura, é preciso voltar-se para aquele lugar onde ele se objetivou. Ora, o mundo inteiro pode ser visto sob essa perspectiva, que é a dimensão própria através da qual a vida se fez história.

Para Dilthey, o centro desse processo é a *experiência vivida* (*Erlebnis*). A experiência vivida é vida individual, não pode ser objeto de redução a leis e, assim, tampouco pode ser explicada. Mesmo assim ela pode ser compreendida, não apenas com base numa empatia que é comum a todos os seres humanos, porém no fato de que aquela experiência não se mantém fechada numa esfera privada, mas se objetiva historicamente. A compreensão da história é possível porque essa é o lugar de objetivação e de compartilhamento de uma experiência. Existe, assim, uma conexão dinâmica entre as experiências, graças à qual se realiza a construção unitária de uma época histórica, que assim alcança uma tal concretude e originalidade específica, que nos permite falar de uma individualidade. Por seu lado, a história em seu conjunto, desvinculada de qualquer teleologia providencialista (em sentido religioso ou simplesmente progressista), é o entrelaçamento que subsiste entre as épocas, as quais, por seu turno, apresentam uma conexão dinâmica, ou seja, uma relação que, mesmo contemplando as dependências, não as explica em termos de consequências necessárias.

Vale a pena sublinhar dois elementos, mesmo que em mútua tensão; por um lado, a intenção metodológica parece ser decisiva; por outro, é forte a recondução da história à vida. O primeiro tem um caráter formal, o segundo de conteúdo. Talvez seja aqui, nesse núcleo nem sempre fácil de dominar, que volta a aflorar o tema que usamos como título da parte em que falamos de superar a crise. Por um lado, com a acentuação da dimensão metodológica, Dilthey certamente consegue libertar-se das armadilhas e dos resultados de um historicismo absoluto, como o de Hegel; por outro, fazendo referência à vida, ele está antecipando questões que vão se tornar centrais na filosofia do século XX. E não foi só isso: dissociando explicações e compreensões, ele abre uma perspectiva que, como se poderá ver em Gadamer, preludiam a hermenêutica contemporânea.

Mais claramente inscrito nos parâmetros do século XIX, vamos encontrar o neoidealismo italiano de Croce e Gentile[12]. Esses dióscuros da filosofia italiana, como foram chamados por diversas vezes, têm em comum um destino singular. Ambos partilham as concepções de historicismo e idealismo; sob o nome de reforma, ambos propõem uma modernização (*aggiornamento*); ambos aderem a essa orientação filosófica na tentativa de libertar-se da estreiteza e limitação de um filosofar abstrato e aprisionado em modelos positivistas e deterministas. Tanto um quanto o outro recorrem a modelos do século XIX, mas convencidos de poder renová-los completamente, recorrendo às fontes de uma filosofia italiana que tem suas raízes plantadas na Renascença e que se renovou no Ressurgimento (*Risorgimento*). O que os separa não é a diferença entre uma reforma do idealismo que substitui uma dialética dos distintos por uma oposição dialética hegeliana, como em Croce, e a inovação gentiliana mais radical, que, trazendo ecos de Fichte, concebe o idealismo baseado num princípio que compreende o espírito como algo que é enquanto se faz, que existe no próprio ato de estabelecer-se (de onde provém o nome de *atualismo* para a sua filosofia). A divisão entre eles diz respeito antes a seus interesses primordiais. Em Croce esses interesses são historiográficos e estéticos, e em Gentile são filosóficos e políticos. E se aprofunda de modo que acabam rompendo relações, no que diz respeito à postura oposta que cada um adota diante do fascismo. Enquanto Croce vai se tornando progressivamente ponto de referência de um comportamento, inspirado numa matriz liberal, de desconformidade com o regime, Gentile adere ao mesmo, de tal modo a tornar-se ministro de educação do governo Mussolini (e a pagar com a morte essa adesão no ano de 1944, por obra de um grupo de resistência).

No ano de 1906, Croce publicou um escrito intitulado *O que está vivo e o que está morto na filosofia de Hegel*. Aplicando, por seu turno, esse critério a nossos dois autores podemos dizer que aquilo que está vivo de Croce talvez seja a sua estética, enquanto em Gentile seria sua identidade substancial entre filosofia e história, mas também, de forma mais geral, a identidade de

---

12. Benedetto Croce (1866-1952) foi historiador e crítico literário, além de filósofo. Uma de suas contribuições mais originais foi nos estudos sobre estética, onde se apresenta o problema da autonomia da arte e de sua especificidade com relação às outras formas do espírito (*Estética, Breviário de estética*).

Deve-se a Giovanni Gentile (1875-1944) a reforma da escola italiana (1923) que traz o seu nome e que constituiu, quase até nossos dias, a estrutura que sustenta o sistema escolar italiano. Entre suas obras recordamos: *Teoria geral do espírito como ato puro, Sumário de pedagogia*.

todas as formas do espírito (incluindo religião e pedagogia); essa identidade permeou amplamente a nossa cultura na forma escolar. Vamos nos deter um pouco na análise desses aspectos.

A *estética de Croce*, hoje amplamente superada, mesmo que continue a ser um ponto de referência importante, está amplamente tomada pela ideia do lirismo da arte. A arte é expressão lírica, "um sentimento robusto, que se tornou representação muito nítida", é síntese *a priori* estética de sentimento e imagem (de modo que fica superada a distinção entre intuição do sentimento, compreendida como conteúdo, e expressão do mesmo, compreendida como forma). Na arte, toda imagem já nasce "revestida" em imagem, de modo que é possível afirmar, retomando Kant, que "um sentimento sem imagem é cego" e "uma imagem sem sentimento é vazia". Para ser realizada, essa síntese não precisa de componente material, de modo que se pode afirmar, como faz Croce, que Michelangelo teria sido um grande escultor mesmo sem as mãos. Na arte encontra expressão todo o conteúdo da vida espiritual, visto *sub specie intuitionis*. Enquanto forma do espírito, essa não depende da moral nem do prazer nem da filosofia, sendo julgada por si mesma sem necessidade de critérios extrínsecos.

A herança de *Gentile* e de seu atualismo pode ser constatada sobretudo na cadeia de *identidades* que institui seu pensamento entre *filosofia, história, religião e pedagogia*, todas elas consideradas como formas do espírito substancialmente idênticas, mesmo que tendo diversos graus de consciência. Como é usual, reserva-se à filosofia o mais elevado grau, mas ela forma uma unidade com a história. Como ele escreve, "a história é concreta apenas no ato de quem a pensa como história eterna". Os fatos históricos têm realidade apenas na atualidade do espírito que os pensa (de onde se justifica, na reforma escolar promovida por Gentile, confiar ao mesmo professor o ensino de história e filosofia). O mesmo se pode dizer sobre o ato de transmissão do conhecimento, ato em que, em contraposição a qualquer funcionalismo e metodologismo da pedagogia, se dá uma fusão dos espíritos, que é um alcançar atual e comum da verdade (ligados com isso estão tanto a pouca atenção por problemas de método e de técnica do ensino quanto a desvalorização da ciência). A filosofia transmitida no ensino é a atualização da verdade eterna e fusão dos espíritos de docente e discente. A própria religião, que para Gentile é o cristianismo, é uma forma inicial de filosofia, uma primeira verdade que deverá ser purificada dos elementos transcendentais e platonizantes (de onde a reforma por ele promovida assevera a importância do seu ensino até nos anos iniciais).

O marxismo à prova dos avanços da história

1. História e consciência de classe: Lukács

Com os autores que vamos abordar neste capítulo já estamos um passo além da crise que atingiu a filosofia do século XIX e que acabou desembocando em Nietzsche. Mais ainda, já estamos quase num mundo diferente, aquele que surge após a Primeira Guerra Mundial e da Revolução Russa. O apelo a matrizes do século XIX já não tem, assim, o caráter de um prosseguimento das mesmas, mas aparece agora como uma herança na qual é preciso tomar inspiração, abertos a transformações também profundas. Vamos nos deter num autor húngaro como Lukács e em filósofos alemães como Bloch, Horkheimer, Adorno e Benjamin. O que eles têm em comum é sua intensa participação em questões políticas e sociais de sua época, tomada pelos fenômenos do nazismo e do fascismo, vitoriosos na Alemanha e na Itália, e do comunismo, que chegara ao poder em parte da Europa, questões que esses filósofos tentam desvendar lançando mão dos grandes sistemas filosóficos do século XIX, em especial Hegel e Marx.

No que diz respeito particularmente a Lukács[1], sua obra multiforme, com relevantes análises estéticas e literárias, está diretamente envolvida com as contingências políticas, que o levam a assumir seguidamente uma função política em sua terra natal, a Hungria, mas também de assegurar a própria ortodoxia de pensamento do partido comunista. Se a forte imersão na cultura alemã o leva a redescobrir a importância de Hegel também para o

---

1. Györgi Lukács (1885-1971). Obras: *História e consciência de classe, A destruição da razão.*

marxismo, a necessidade de adequar-se aos preceitos da III Internacional, de cunho soviético, o induz antes a acentuar os fracassos irracionais da cultura burguesa, condenada em bloco em *A destruição da razão*, tendo como consequência a incompreensão de figuras como Proust, Joyce ou Kafka.

Emblemático para essa oscilação é também o interesse demonstrado em sua primeira grande obra, *História e consciência de classe*, publicada no ano de 1923. Esse escrito se opõe a ler Marx na perspectiva positivista, que se tornara prevalente, criticando a extensão engelsiana da dialética à natureza. Fica evidente o retorno à centralidade da história inclusive no título, assim como fica clara a retomada de categorias hegelianas como a de totalidade. É só uma compreensão da sociedade como uma integralidade que poderá levar a um conhecimento adequado, e é só um sujeito não individual, mas coletivo como a classe, que detém os instrumentos para uma ação política. *O sujeito da história é, assim, a classe. Mas é só o proletariado que pode ter consciência de classe.* A burguesia, porém, muito embora busque alcançar uma consciência de classe própria, nada poderá fazer a não ser chocar-se contra as contradições da sociedade capitalista. Se reconhecesse que essas são fruto do domínio exercitado no capitalismo da burguesia, deveria chegar à própria negação. É isso que lhe impede de ter uma consciência de classe límpida; essa consciência seria sempre falsa, pois deverá mascarar as contradições ou negar que é ela própria sua origem. O proletário, ao contrário, não temerá de reconhecer essas contradições, e não, tendo nenhum privilégio para defender, estará disposto a negar também a si mesmo como classe particular e a lutar pela construção de uma sociedade sem classes. Segue-se, como escreve ele, que "o destino da revolução (e, com essa, o destino da humanidade) depende da maturidade ideológica do proletariado, de sua consciência de classe".

Os elementos mais vivos dessa ópera, que logo despertou discussões acaloradas, são sem dúvida o retorno ao tema da história, o traçado dialético que forma sua base e a superação que se apresenta, lançando mão de um termo como o de consciência, de uma separação esquemática dos elementos econômicos (estruturais) dos culturais (superestruturais). Trata-se de temas que vão ter uma ampla retomada nas formas humanistas de marxismo que se seguirão. Mas esses se inclinam numa direção que, na visão do chamado marxismo ortodoxo, abre demasiado espaço, enquanto agentes da história, aos aspectos culturais e subjetivos. Donde, como irá reconhecer o próprio Lukács, fazendo autocrítica, parecem abrir-se a desvios perigosos quase de tipo existencialista, na medida em que não distinguem suficiente e acurada-

mente entre objetivação, que é aquele processo natural pelo qual o homem se objetiva na natureza através do trabalho, e alienação, que é aquela objetivação alienada determinada pelas estruturas econômico-sociais do capitalismo.

Acontece, assim, que os frutos mais vivos da reflexão de Lukács têm que se haver com condenações oficiais e que todo o questionamento humano e filosófico de Lukács se situa continuamente no limiar entre enrijecimentos ortodoxos e ideias heterodoxas.

2. O princípio esperança: Bloch

A filosofia de Bloch mostra estar bem mais livre desses vínculos (também ele, depois do exílio no período nazista, teve entre os anos de 1948 e 1961 uma fase de adesão a um regime comunista como o da República Democrática Alemã, da qual por fim fugiu)[2]. Utopia e esperança são termos que caracterizam de modo inconfundível essa filosofia (e que vão encontrar um eco especial na teologia da esperança de J. Moltmann).

Partindo de uma retomada original do conceito aristotélico de matéria como potência, Bloch distingue entre duas possibilidades: aquela pela qual a matéria é o conjunto das possibilidades objetivas concretas, como pensa a corrente fria do marxismo, e aquela, bem mais ampla, pela qual, ali, se debatem as necessidades, mesmo as espirituais, que pulsam em tudo que ainda não está concluído, como defende a corrente quente do marxismo. Assim, é possível compreender melhor *a função da esperança*, compreendida como *docta spes* capaz de antecipar, operativamente, aquilo que ainda não é. A dialética materialista corrige a concepção hegeliana, que em última instância mostra ser um pensamento contemplativo e estático, onde, num processo renovado da anamnese platônica, a totalidade alcançada ao final recupera aquilo que já era desde o início. Em lugar dessa totalidade, de certo modo pré-estabelecida, Bloch introduz uma totalidade que não está em parte alguma, uma *utopia*, uma totalidade aberta que busca por realização. Ele consegue fazer isso graças à sua visão da matéria como potência suscetível de resultados que podem ser antecipados, mas não previstos. Bloch cuida de estabelecer a distinção entre os termos "utopístico", que é algo de irrealizável e que se desfaz na ilusão, e "utópico", que é um sonho feito de olhos abertos, um futuro, presente de forma abscôndita no ser humano, em sua ideia de uma realização

---

2. Ernst Bloch (1885-1977). Obras: *Espírito da utopia, O princípio esperança, Ateísmo no cristianismo.*

humana plena e como uma meta que está ainda à nossa frente, mas da qual temos presente que ela é a nossa pátria. Ele escreve que "o *totum* utópico significa aquela pátria da identidade no qual não se faz estranha a relação do ser humano com o mundo, nem aquele do mundo com o ser humano".

Toda a construção de Bloch pode ser considerada uma forma original de ontologia, capaz de integrar em seu núcleo a dimensão material do ser, sem por isso desembocar num materialismo mecanicista, e de declinar o ser como a potência do ainda não, superando o otimismo de quem considera o ser uma plenitude já totalmente desenvolvida, e o pensamento de quem vê nele apenas suas faltas.

Não é difícil perceber nesses pensamentos um forte alento religioso, mesmo que baseado num pensamento que se proclama explicitamente ateu (*Ateísmo no cristianismo*). Ademais, como escreve ele, "é só um ateu que poderá ser um bom cristão, e só um cristão poderá ser um bom ateu". No cristianismo, que carece de uma desteocratização ateística, afastando-o da visão de um Deus como sendo um monarca transcendente, temos um fio condutor da utopia, que a transforma numa *religião do êxodo*, capaz de sustentar o caminho de libertação que ocupa o coração do próprio marxismo. A filosofia de Bloch lança mão aqui de ideias genuínas já presentes nas obras humanistas do jovem Marx, retomando assim, de forma historiograficamente original, Feuerbach e seu humanismo, lido por assim dizer depois de Marx. Desse modo, liberam-se para o marxismo os recursos da tradição religiosa que, por seu lado, em suas formulações ortodoxas e oficiais permaneceram fechadas para ele.

3. A teoria crítica da sociedade: Horkheimer, Adorno

Na escola de Frankfurt, chamada assim para qualificar o grupo de intelectuais que a partir de 1930 se reuniram em torno do Instituto de pesquisa social de Frankfurt, a utopia blochiana, mesmo ainda estando presente na forma de uma negação penetrante do existente, vai se esfriando, por assim dizer, e, deixando de lado grande parte do alento religioso, se traduz em *teoria crítica da sociedade*. Horkheimer, o fundador, e Adorno, seu expoente mais conhecido, são os autores a que vamos nos deter nestas páginas[3].

---

3. Max Horkheimer (1895-1972), junto com Adorno, com quem escreveu *A dialética do iluminismo*, foi um dos fundadores do Instituto de pesquisas sociais de Frankfurt. Obras: *Eclipse da razão*, *Teoria e crítica*.

A proposta originária da Escola de Frankfurt foi dar vida a uma teoria da sociedade capaz de conjugar uma base teórica de matriz marxista com os dados empíricos das pesquisas. Mas muito cedo, com o advento do nazismo (1933), os membros da escola se viram forçados ao exílio (nos Estados Unidos da América) e tiveram que confrontar-se com problemas que obrigavam a aprofundar as intenções originárias do grupo, munindo-o com uma base teórica mais explícita. A questão dos diversos totalitarismos que pareciam caracterizar a primeira fase do século XX, com o sucesso do comunismo na Rússia e dos fascismos em muitas partes da Europa, exigia abordar o problema de como a razão ocidental pudesse ter desembocado em tais resultados não liberais. Isso se mostrava ainda mais urgente, uma vez que também nos chamados estados livres, como os Estados Unidos da América, estava em curso uma homogeneização cultural que espoliou o indivíduo da liberdade, nivelando-o a mero consumidor. No fundo, a questão central é buscar uma resposta à seguinte pergunta: como foi possível que uma razão tendencialmente crítica como aquela derivada do Iluminismo, sendo a razão que dá sustento à nossa cultura, tenha se permitido transformar-se em seu contrário?

Essa é a questão que domina a *Dialética do Iluminismo*, escrita em conjunto por Horkheimer e Adorno e publicada no ano de 1947, a partir do exílio americano. Na tradição ocidental, chegando às origens gregas, a razão tinha como objeto a destruição do mito e da superstição. Desde a origem, ela buscou "eliminar o medo o homem e torná-lo senhor". Mas, para isso, transformou a razão num instrumento de dominação, seja nos confrontos com a natureza seja nos com os demais seres humanos. Surge a singular *dialética do*

Theodor Wiesengrund Adorno (1903-1969). Obras: *Minima moralia, Dialética negativa*.

É preciso que recordemos aqui as questões humanas dos pensadores alemães da Escola de Frankfurt, ou os de orientação marxista como Bloch, que têm em comum a experiência amarga do exílio. Todos eles abandonaram a Alemanha com o nascimento do nazismo, estabelecendo-se nos Estados Unidos da América. No ano de 1950 retornaram à pátria, estabelecendo-se na Alemanha Ocidental, com exceção de Bloch, que voltou a lecionar em Leipzig e que a abandonou logo depois da construção do muro, optando por Tübingen, onde atuou no ensino.

Fez parte da Escola de Frankfurt um outro aluno, que ao final da guerra decidiu permanecer nos Estados Unidos da América, Herbert Marcuse (1898-1979), famoso por sua análise da sociedade capitalista como uma sociedade que absorve e aniquila qualquer oposição, reduzindo o ser humano a uma única dimensão. Como ele escreve de forma incisiva: "Na sociedade industrial avançada temos a prevalência de uma não liberdade democrática, confortável, suave, racional". A subversão dessa ordem não é entregue à classe operária, quase que totalmente equalizada, mas aos marginalizados, aos desocupados, aos que ainda não foram integrados (como os estudantes, dos quais Marcuse serviu de bandeira nos movimentos de 1968). Lançando mão da psicanálise, ele identifica uma possibilidade de resgate também no eros, na liberação das forças reprimidas do desejo. Obras: *O homem unidimensional, Eros e civilização*.

Iluminismo. Para libertar o homem dos mitos, acabou transformando a própria razão num novo mito, que subjuga o homem tanto quanto os mitos da antiguidade, mesmo que de modo diverso.

Para ilustrar essa inversão, os autores lançam mão das aventuras de Ulisses, que, para libertar-se da sedução do canto das sereias, se vê obrigado a renunciar a qualquer atividade e pedir para ser amarrado a um mastro do navio. Os donos da terra e, depois deles, os patrões burgueses são vítimas da mesma sorte. Separados do trabalho, vivem uma existência mutilada; próximos à felicidade, jamais poderão conquistá-la verdadeiramente, a não ser através da alienação daqueles que não podem fruir ao mesmo tempo do próprio trabalho e dos frutos de seu trabalho. Ao contrário disso, os escravos, obrigados a trabalhar, têm os ouvidos tapados de cera, quase já impossibilitados de ouvir os chamados que vão além de sua situação. Patrões e proletários quase que estão à mercê de um domínio que originalmente foi criado pelo próprio homem, mas que atualmente funciona como que gerido por um automatismo. Reproduz a si mesmo e se subtrai, como acontecia nos mitos, ao próprio controle do homem. A razão tornada mito, ao invés de ser uma ocasião de o homem alcançar liberdade e felicidade, acaba se tornando ela própria uma nova forma de dominação.

Como será possível libertar-se desse círculo diabólico? A solução, muito ligada ainda a uma matriz iluminista, consiste em exercitar sempre de novo, mesmo contra os resultados iluministas, a razão crítica do Iluminismo. Como se pode ver — e essa é uma característica positiva da posição frankfurtiana —, não se pode presumir a existência de alguma força absolutamente positiva, mas sempre apenas uma capacidade crítica. A premissa de uma razão que contenha em si o positivo tem na verdade apenas dois resultados possíveis: aquele, já asseverado por Hegel, de colocar como objetivo central uma totalidade que não tarda a mostrar ser intolerante, ou aquele de reduzir-se à *razão instrumental*, que serve apenas para identificar meios em vista de fins que fogem ao seu controle (está implícita aqui a crítica à sociedade, mesmo a democrática, na qual os indivíduos exercitam apenas a liberdade de escolher como viver seu próprio destino, mas não têm mais a faculdade de definir os fins universais). A motivação teórica proposta aqui é de reivindicar o caráter objetivo da razão, sua capacidade de buscar verdades universais e imutáveis, a tensão legítima a uma totalidade de sentido, mas com a cláusula anti-hegeliana de pensar essa *totalidade na forma de não identidade*. Contra Hegel, há que se asseverar o fato de que "o inteiro é o não verdadeiro" e manter firme a força crítica da filosofia como denúncia de "tudo aquilo que mutila o homem, impedindo seu desenvolvimento". É preciso recordar também, como faz Adorno justo em seus estudos sobre Hegel, que "a luz, que revela em todos os seus momentos o inteiro como o não verdadeiro, nada mais é que a utopia, a utopia da verdade inteira, a única que ainda valeria a pena realizar".

Por fim, é legítimo lembrar ainda como expoente da Escola de Frankfurt Jürgen Habermas (1929), mesmo que como representante de uma geração subsequente. O modelo dessa escola é ampliado por ele, e também por Karl Otto Apel (1922), que lecionou por longo tempo em Frankfurt, em termos de *racionalidade comunicativa*. Justo essa linguisticidade fundamental da experiência humana é o que constitui um recurso a ser buscado. Dando seguimento explícito a temáticas da Escola de Frankfurt, o recurso à razão se conjuga com um projeto de *emancipação*, que é o conteúdo ainda não realizado da modernidade. O recurso comunicativo não tem caráter privado ou consciencialista, mas forma a base de um projeto efetivo de convivência democrática. Em suas obras derradeiras (onde encontramos um diálogo célebre que teve com Joseph Ratzinger, ainda cardeal), partindo de uma perspectiva laica, Habermas iniciou um diálogo com a tradição religiosa, reconhecendo que na linguagem da religião estão presentes recursos comunicativos preciosos.

4. Uma outra filosofia da história. Benjamin

Ele também participante do clima intelectual que se formou em torno da Escola de Frankfurt e que teve prosseguimento no tempo do exílio, Benjamin[4] se constitui numa figura singular e única de pensador, cuja importância só foi reconhecida plenamente depois da morte trágica, que se deu provavelmente por suicídio para tentar fugir do nazismo, em sua fase de expansão na França, onde ele se refugiara. Vamos encontrar traços de seu pensamento em Bloch e nos membros da Escola de Frankfurt, apesar da marginalidade e da precariedade de sua situação, que para viver o forçava a uma atividade publicitária intensa e dispersa. Apesar dessa ampla consonância, há traços de sua filosofia que revelam uma originalidade específica. Vamos deter-nos para analisar um pouco esses traços.

---

4. Walter Benjamin (1892-1940) tirou a própria vida na fronteira franco-espanhola, sem esperança de poder chegar aos Estados Unidos da América. Obras: *A obra de arte na época da sua reprodutibilidade técnica, Teses de filosofia da história, Passagens*.

O escrito mais célebre de Benjamin são as breves e programáticas *Teses de filosofia da história*. Seu *alvo polêmico* é a *concepção historicista* e ainda a tradução política desse posicionamento, assim como se dera com a *socialdemocracia* de sua época, devedora de uma visão da história que, esperando uma vitória da revolução, pressurosamente considerada ineludível, acabava por acomodar-se a um avançar progressivo da própria história, que a deixava à mercê dos vencedores. Trata-se ao contrário de romper com essa concepção continuísta e de instaurar como autenticamente revolucionários todos os momentos de *interrupção*. O moderno, ademais, nos tem deixado cada vez mais receptivos às características de descontinuidade, de fragmentariedade e de instantaneidade. Em vez de deixar que se dissolvam na marginalidade, é preciso apoiar-se neles e apreender como no instante (na *Jetztzeit*, segundo a expressão benjaminiana que fala, pois, de tempo-agora) se pode anunciar uma inversão tão radical que poderá interromper aquela cadeia de ruínas formadoras da história. "A consciência de romper o *continuum* da história é própria das classes revolucionárias no átimo de sua ação. A grande revolução introduziu um novo calendário. O dia em que se iniciou um calendário serve como acelerador histórico. E no fundo é sempre o mesmo dia que retorna nos dias festivos, que são os dias de memória".

Mas nem por isso Benjamin, agudo observador da modernidade em todas as suas facetas, pensa que o moderno, por si, representaria a salvação. As contínuas interrupções a que somos expostos nessa época têm o caráter dramático de um choque. A própria possibilidade de uma experiência, como acúmulo progressivo e crescente (*Erfahrung*) de experiências pontuais vividas (*Erlebnisse*) já quase se esgotou totalmente. O moderno, em resumo, como afirma Benjamin é "um inferno". Mas, justo por causa da interrupção da continuidade da tradição, um inferno que nos aponta uma via para uma possível salvação. O moderno nos torna sensíveis ao caráter sempre perigoso de cada instante, mas por isso também sempre prenhe de promessas. Cada instante particular pode ser realmente a pequena porta através da qual se anuncia o Messias.

Para dar sustentação a essas convicções, é necessário naturalmente tocar também outros elementos estranhos à tradição marxista, aos quais Benjamin continua a se sentir ligado pelas consequências políticas que eles podem oferecer. A teologia, figurada nas *Teses* como um anão corcunda, que deve ser mantido escondido, mas que guia os movimentos do materialismo histórico, oferece um socorro decisivo, uma vez que nos traços do messianismo e do misticismo judaico (que Benjamin conheceu sobretudo através do amigo Gershom Scholem, 1897-1982), ela nos leva a pensar a história a partir de um momento de irrupção e de interrupção salvífica, a saber, o momento do aparecimento do Messias.

A herança mais preciosa de Benjamin, junto com as incomparáveis análises literárias de Goethe, Proust, Kafka, Leskov e com ensaios filosófico-literários, como aquele dedicado a Berlim entre 1900 e 2000 (*Infância berlinense*), é uma análise da história inovadora, fundada sobre o *paradigma da descontinuidade*, oposto àquele historicismo da continuidade. Nesse contexto a própria revolução é pensada mais como um freio de emergência que interrompe a corrida, do que como um impulso adiante que conduz a história à sua realização. E o momento salvífico se identifica com a imagem dialética que, de forma instantânea, fixa os opostos que atravessam a história, resgatando-os. Nesse contexto, o tema da memória, analisada por Benjamin fazendo referência ao uso que dela faz Bergson, Proust e Freud, se estiliza como uma memória capaz de, pela dialética, "salvar" o inteiro, precisamente na forma de instante, que esse assume historicamente: aquele instante, como disse ele, que não é o sono nem a vigília, mas a passagem entre um e outro, o momento em que um se reverte no outro, mas assim também o mantém. E suas análises micrológicas da Paris do século XIX, como para qualquer colecionista, são o ir procurar as mudanças ali no momento em que são produzidas. Ali onde, fugazmente, o mundo antigo e um mundo novo se encontram e se desfazem um no outro.

A *tradição*, no sentido verdadeiro do termo, é precisamente a capacidade de custodiar essas passagens, essas descontinuidades que inervam a história. Ela, porém, não é uma forma da continuidade, mas uma forma da descontinuidade.

Para além da crise: a linguagem como horizonte

1. Esclarecer plenamente a si e ao próprio tempo

Nascido em Viena no ano de 1889, Ludwig Wittgenstein viveu uma vida sempre no limiar da crise depressiva e na contínua busca de um empenho existencial sensato e correto. Foi assim um estudioso esporádico de aeronáutica, matemática, lógica (junto a Russell) e depois voluntário durante a Primeira Guerra Mundial (na qual foi prisioneiro na Itália por quase um ano). Tendo retornado à pátria e renunciado à herança riquíssima de seu pai, vai lecionar no ensino fundamental, em seguida pede demissão e se retira a um mosteiro onde exerce a atividade de jardineiro para poder sobreviver; acompanha o projeto arquitetônico para a casa da irmã, para só depois doutorar-se em filosofia em Cambridge. Viaja muito entre a Áustria, a Noruega, a União Soviética, que ele ama por causa de Tolstói e Dostoiévski. Retorna à Inglaterra, para suceder em Cambridge a Georg Edward Moore (1873-1958) na cátedra de filosofia. Durante a Segunda Guerra Mundial, volta a ser voluntário como ajudante num laboratório farmacêutico. Morre finalmente em Cambridge no ano de 1951[1].

Os dados biográficos, mesmo que breves, que nos detivemos a apresentar aqui, fugindo dos padrões gerais, servem de indicação daquilo que queremos designar como crise e que se refere tanto à existência do homem quanto ao tempo histórico. Nascido no final do século XIX, Wittgenstein atravessou todas as mais graves crises do século XX. Em seus escritos não se pode en-

---
1. Obras: *Tractatus logico-philosophicus, Investigações filosóficas*.

contrar nenhum traço dessas crises. As inúmeras notas de diário que ele nos legou falam, porém, numa outra linguagem, apontam para "o desejo muito intenso de assumir para si uma tarefa difícil e de fazer algo de diferente do puro trabalho intelectual"; atestam a consciência de estar atravessando uma época de decadência; confirma o desejo, fundamentado eticamente, de "se haver consigo mesmo", de "alcançar clareza e verdade" sobre sua própria vida; revelam acentos kierkegaardianos que as obras impressas não deixariam supor.

O problema que se coloca ao intérprete é, pois, de como aproveitar esses testemunhos autobiográficos e como conciliá-los com os trabalhos dedicados ao público. Um problema que vai se tornar ainda mais complexo, considerando-se que também nesses escritos públicos podemos reencontrar uma profunda cisão, visto que as *Investigações filosóficas*, publicadas postumamente no ano de 1953, contradizem o que fora defendido no célebre *Tractatus logico-Philosophicus* de 1922. Sem apresentar a esta como a única solução do enigma, escolhemos como caminho de pensar a sua filosofia (ou suas filosofias) como uma tentativa de esclarecer plenamente essa crise, pessoal e coletiva. Com essa referência à crise, compreendida como um momento culminante de um processo no qual está em questão seu resultado, estamos em condições de reencontrar proximidade com uma filosofia coetânea como o existencialismo, muito embora esse tenha características totalmente distintas e parta de categorias muito diferentes.

Em Wittgenstein, através de uma viragem que vai encontrar um amplo seguimento no século XX, a chave do retorno parece ser a linguagem. É ali que se exercita e se mede a filosofia.

2. Wittgenstein. O *Tractatus*

Comentando o *Tractatus*, Wittgenstein afirma que ele se compõe de duas partes: o que foi escrito e o que não foi escrito, e observa que "justo esta última é a parte importante", acrescentando depois que "a intenção do livro é ética". Nessa "luta com a linguagem", que é uma tarefa própria da filosofia, o objetivo prioritário é "delimitar o impensável por meio do que pode ser pensado". O que é dizível alcança sua própria clareza através do plano de fundo da delimitação do que é indizível, como mostra a última proposição do *Tractatus*, que diz: "Sobre aquilo que não se pode falar, deve-se calar". Isso não significa que o indizível não exista. Antes, "isso existe seguramente. Se mostra, é o místico", onde místico deve ser compreendido etimologicamente como "aquilo que cala".

É graças a essa moldura, que lança luz e determina kantianamente os confins daquilo que posso saber, que é possível encarar a crise. É preciso aprender uma filosofia que não tenha como finalidade construir uma teoria que gere um incremento de saber, mas apenas de elucidar o que encontra e que já existe. E o que ela encontra é a *linguagem*. Nessa tarefa, quase que ascética, que retira tudo que é supérfluo e ilusório, também a existência entra em equilíbrio.

O *Tractatus* está subdividido em sete proposições fundamentais, que internamente se articulam em enunciados e subenunciados específicos, hierarquicamente organizados e formulados de forma incisiva e com grande sobriedade. As duas primeiras proposições dizem respeito ao mundo e seus constitutivos: "1. O mundo é tudo aquilo que acontece; 2. O que acontece, o fato, é o subsistir de estados de coisas". Note-se nessas proposições as expressões *fato* (*Tatsache*) e *estado de coisas* (*Sachverhalt*). Elas sugerem que aquilo a que nos referimos não são objetos nem sensações elementares, mas acontecimentos (fatos) e nexos de objetos (estados de coisas), que encontram expressão em proposições elementares. Essas proposições podem ser consideradas simples em referência ao nível de análise que lhes diz respeito. Muito embora, do ponto de vista químico ou físico, uma cadeira por exemplo possa ser considerada muito complexa, do ponto de vista da descrição de uma sala, ela pode ser tratada como um objeto simples.

A proposição 3 diz: "O pensamento é a proposição munida de sentido". *O pensamento é como um espelho do mundo, que reproduz sua estrutura lógica em forma de linguagem.* Os nomes que intervêm na proposição têm um significado, mas precisa ser explicitado, enquanto na proposição a relação entre seus componentes exibe de imediato a própria estrutura lógica. Ora, pensar significa fazer para si uma imagem de um estado de coisas, sendo que por imagem não se compreende uma cópia das coisas, mas um esboço que mostre sua moldura lógica. Existe, portanto, uma *correspondência entre pensamento e realidade, mas do modo que uma projeção geométrica traduz em imagens o objeto a que se refere.*

As teses subsequentes, que não vamos comentar aqui para não nos perdermos em detalhes excessivos, dão precisão aos traços fundamentais da proposição. O importante é asseverar que a filosofia, em suas proposições, se choca com a questão da existência ou não dos fatos que ela exibe através da própria análise da linguagem. Essa questão já não diz respeito à própria filosofia, mas às ciências naturais, nas quais, pois, conflui "a totalidade das proposições verdadeiras", ou seja, a totalidade daqueles enunciados nos quais não se dá apenas uma correspondência entre sua forma lógica e aquela do fato ao qual se referem, mas também entre a forma lógica do fato e a realidade. Tampouco a filosofia poderá tornar-se um metadiscurso que questiona sobre a natureza da lógica enquanto tal. Por um lado, na filosofia, como vimos, a proposição representa a realidade, mas sem poder verificar sua existência; por outro, exibe sua estrutura lógica, mas sem poder representá-la, visto que a proposição não pode ter um caráter autorreferencial, ou seja, não vale também como imagem de si mesma: é um espelho, mas não um meta-espelho.

O mundo pode ser vivido (vivemo-lo, fazemos escolhas, temos crenças e fé), mas não pode ser demonstrado a não ser em forma de linguagem, através das imagens elaboradas pelo pensamento. Certamente que isso possui seu significado, e as relações entre as coisas conseguem exibir em suas proposições um sentido (lógico); porém, um sentido global enquanto mundo só poderá ser-lhe atribuído através de formas como aquelas da metafísica que, bem observadas, não têm nenhuma correspondência em qualquer significado. Daqui se deduz o caráter imperativo da proposição 7: "Sobre aquilo que não se pode falar deve-se calar". *O sentido do mundo, porém, fica de fora disso*. E assim é inefável.

3. Wittgenstein. As *Investigações*

A solução do *Tractatus* é admirável, mas causa também repulsa. Ela consegue alcançar perfeitamente seu próprio objetivo de tornar transparente aquilo que pode ser pensado como tal e de proteger como inefável aquilo que não pode ser dito. Mas nesse ponto a filosofia exaure rapidamente sua própria tarefa. Sem se abandonar a aventuras metafísicas e assim nada perdendo de inexprimível, que continua sem ser expresso, ela apresenta um modo suave. Mas ao mesmo tempo tem de confessar, como ocorre no próprio *Tractatus*, que com a solução científica de todas as questões "nossos problemas vitais sequer ainda afloraram". No máximo a filosofia pode servir para alcançar o ponto decisivo dos problemas e das armadilhas que ela própria inventou. *A função mais própria da filosofia é de reconhecer que ela própria é inútil.*

Mas como foi dito, esse mundo suavizado deixa de fora o mais importante. Protege-o ou evita-o? "Quanto mais preciso for nosso exame da linguagem, tanto mais se agrava o conflito entre essa linguagem e a nossa exigência. (A pureza cristalina da lógica não era, portanto, um resultado ao qual eu cheguei, mas uma exigência). Estamos, portanto, num terreno escorregadio, onde não há atrito, onde num certo sentido as condições são ideais, mas que pela mesma razão já não podemos caminhar sobre esse terreno. Mas nós queremos caminhar e temos necessidade de atrito. Vamos retornar, portanto, a um terreno áspero!"

São esses os pressupostos que formam o contexto para a guinada à qual têm como objetivo os últimos escritos de Wittgenstein. A exigência de chegar honestamente a uma solução que nos cure daquelas doenças que estavam na origem de nossa crise e decadência continua em pé. O mau uso da linguagem nos levou a criar vínculos cegos, dos quais é difícil curar-se. Mas é sempre só através da linguagem que podemos nos curar deles (como para a Escola de Frankfurt era o Iluminismo que levava à cura das anomalias criadas por ele próprio). Mas a diferença reside no fato de que agora parece ser oportuno referir-se à linguagem comum e não formalizada, ou seja, às *linguagens comuns*, em vez de supor a linguagem ideal e ascética a que lançara mão o *Tractatus*.

Particularmente é através da noção de *jogo de linguagem* que a concepção logicizante da linguagem é colocada de lado. Passando através de uma fase em que se considerava a linguagem como cálculo e, portanto, também como forma de indicação para entrar em relação com a realidade, Wittgenstein chega a um resultado ainda mais radical: "Falar uma língua é uma forma de vida", é uma atividade que se explica graças a uma multiplicidade de instrumentos e de usos linguísticos (como dar ordens, pedir, perguntar, concordar, traduzir, cantar, fazer conjecturas, contar uma piada etc.).

O jogo de linguagem é um fenômeno originário, algo que recebe a própria explicação do fato de já estar ali, como acontece ademais na nossa vida. Cada jogo tem suas regras, e o significado de um termo não é apenas o ostensivo, de indicar alguma coisa (como se afirmara no *Tractatus*), mas sobretudo aquele que recebe através de seu uso. Em seu conjunto, a linguagem, como mostra uma das inúmeras imagens de Wittgenstein, é como uma caixa de ferramentas onde se encontram instrumentos variados: "Martelo, alicate, serrote, chave de fenda, metro, um tubo de cola, cola, pregos e parafusos. A diferença que se pode ver nesses objetos são as mesmas diferenças entre as funções das palavras". Mas, uma vez tendo-se estabelecido essa diferença, é preciso acrescentar que é só dentro de um jogo linguístico que as palavras, as mesmas palavras, assumem um sentido diferente. No exemplo de Wittgenstein, tudo faz supor que a caixa de ferramentas tenha sido reservada por um trabalhador probo, mas se quem a organizou foi um ladrão, ou um assassino, não adotaria de pronto uma luz distinta, participando de um outro jogo linguístico diferente?

A teoria dos jogos de linguagem não tem como resultado a incomunicabilidade das linguagens. Entre essas existe realmente certo clima familiar que nos permite compreender, pelo menos até certo grau, também aquilo que é dito num jogo diverso. Essas *"semelhanças de família"*, como são chamadas por Wittgenstein, não são uma norma comum rígida que atravessa todas as linguagens, mas algo semelhante ao sobrepor-se de muitas fibras ao longo da formação do fio. "Mas, se alguém dissesse: 'Portanto, há algo de comum a todas essas formações — a saber, a disjunção de todas essas convergências' —, eu responderia: aqui você está se limitando a jogar com uma palavra. Do mesmo modo se poderia dizer: há algo que percorre todo o fio — isto é, o sobrepor-se ininterrupto dessas fibras".

Como se vê, as duas soluções de Wittgenstein não são idênticas, e consequentemente dão lugar a desdobramentos e aprofundamentos que caminham, inclusive, em direções diferentes. Mas seu vínculo comum é o tema da linguagem como horizonte da filosofia. Um legado que irá fecundar nos filósofos posteriores mesmo que de outras escolas, de modo que se poderá falar da guinada linguística como de uma das características da filosofia do século XX.

Para além da crise: o horizonte da existência

1. Existencialismos e filosofia da existência

Nessas filosofias, o tema da existência serve como pedra de toque para julgar e distanciar-se definitivamente das motivações ideais que nutriram os grandes sistemas especulativos do século XIX e dos esforços, julgados inadequados, que a primeira parte do século XX empreendera para superar a crise. Do ponto de vista estritamente filosófico, o existencialismo atesta de modo definitivo a dissolução do hegelianismo e das tentativas de inverter simplesmente os resultados, conservando internamente, porém, suas categorias. A finitude da existência e o caráter dramático de uma condição que se encontra lançada nas questões do existir, sem poder assegurar-se numa ordem superior (ontológica, teológica ou moral que seja) são o ponto de partida de toda forma de existencialismo, mesmo na variedade de resultados que o caracterizam.

O próprio Karl Barth (1886-1968), logo após a Primeira Guerra Mundial, no plano religioso, com seu *Comentário à carta aos Romanos*, apresentou uma descrição provocativa da condição do crente, lançado "entre os tempos": exposto à alternativa absoluta entre tempo e eternidade e à histórica entre o otimismo do século XIX da teologia liberal e a aflição dos tempos atuais. Contemporaneamente Jaspers, justo no escrito *Psicologia das visões de mundo*, que promove sua passagem do ensino da psicologia para o da filosofia, não só se inspira amplamente em Kierkegaard, como já fizera Barth, mas antecipando passos propriamente existencialistas, sublinha a impossibilidade de uma compreensão a não ser que ela esteja concretamente situada numa vivência determinada.

Essa vivência determinada é a existência, em sua especificada individual, em sua precariedade e finitude. É a partir desse horizonte que se desenvolvem todas as filosofias do existencialismo. Os resultados vão ser múltiplos e diversificados, de modo que sob o mesmo título de existencialismo ocorreram inúmeras disputas. Sartre, um dos representantes máximos do existencialismo francês, apresentou uma definição eficaz do mesmo, mas de modo a ser refutado por muitos daqueles que hoje chamamos de existencialistas: o existencialismo é a afirmação do fato de que a *existência precede a essência*. Mas essa definição, sobre cuja base Sartre irá desenvolver uma reivindicação do caráter humanista do existencialismo, uma recusa da metafísica e em geral das prescrições de caráter universal, culminando num ateísmo explícito, não descreve tanto os princípios filosóficos do existencialismo (e realmente Heidegger irá reagir logo com sua *Carta sobre o Humanismo*), mas um certo *clima cultural*, que pertence mais tipicamente à França, difundindo-se como uma moda atingindo até o nível de revistas ilustradas. A justa ênfase sobre o primado da existência, em referência à generalidade dos autores dessa corrente, não poderá ser direcionada pura e simplesmente rumo a uma eliminação da essência. Pelo contrário, para compreender o caráter dramático apresentado pelo existencialismo, é fundamental evidenciar que a existência não é interrogada como um átomo fechado em si mesmo, mas *como uma relação (com o mundo, com os outros seres humanos, com o próprio ser) que a constitui sem poder ser para ele um fundamento pacífico* (tecnicamente, caracteriza-se essa situação falando de coincidência de autorrelação e heterorrelação). A finitude do finito adota os traços existenciais da dramaticidade porque essa está em relação problemática com um infinito que se evade; a própria relação dos indivíduos finitos entre si não é uma relação pacífica e assegurada, mas continuamente exposta à inautenticidade e ao uso instrumental recíproco. Em suma, a existência contém uma profundidade que a coloca continuamente em relação com o outro (seja este o homem, o mundo, ou o ser), que não está assegurada de antemão, mas que precisa ser questionada de maneira cuidadosa.

São três as áreas culturais prioritárias de difusão do existencialismo: França, Rússia (entre outros sobretudo por parte de exilados na França) e Alemanha. Na França, além do nome de Sartre, já mencionado e que por longo período irá manter uma liderança intelectual reconhecida, conjugando inicialmente uma matriz fenomenológica com o existencialismo, buscando posteriormente uma mescla com o marxismo que também tinha como função justificar seu engajamento político de esquerda, podemos lembrar sobretudo Gabriel Marcel (1889-1973), que é o expoente máximo de um existencialismo de inspiração religiosa. Tanto Sartre, Gabriel Marcel, quanto autores como Albert Camus (1923-1960), estendendo seus escritos também ao romance e ao teatro, contribuíram assim para uma sensibilização mais ampla para as temáticas existencialistas[1].

À área cultural russa, representada como dissemos prevalentemente de filósofos que viviam exilados em Paris, pertencem Nicolaj Berdjaev (1874-1948) e Lev Šestov (1866-1938). Aproveitando para enriquecer temas que foram abordados por autores como Fiodor Dostoiévski (1821-1881), voltam o existencialismo numa direção explicitamente religiosa, na qual descobrem uma possibilidade preciosa para superar o racionalismo abstrato, dando resposta aos enigmas da existência.

Na Alemanha são dois os autores de maior destaque: Heidegger, a quem vamos analisar em seguida, e Jaspers[2]. Este teve muita convivência com Heidegger, com quem chegou a pensar em empreender um trabalho filosófico comum, para depois afastar-se dele, quando da colaboração deste com o nazismo. Foi, portanto, o testemunho de Jaspers que exerceu uma função importante, depois da guerra, para que Heidegger fosse suspenso da atividade de ensino. Aquilo de que justamente ele o acusava é de jamais ter-se pronunciado para refutar seu próprio passado. Mais tarde, reconhecendo sua grandeza intelectual, Jaspers se expressou a favor da readmissão de Heidegger para as atividades de ensino. Mas a amizade com Heidegger quase que já fazia parte de um dos inúmeros encontros perdidos que marcavam as pessoas dessa geração em torno a Heidegger (penso particularmente na relação com o poeta Paul Celan, 1920-1970).

---

1. Jean-Paul Sartre (1905-1980) foi filósofo, romancista, ativista político. Participou do movimento de resistência, tomou partido contra as intervenções soviéticas na Hungria e na Tchecoslováquia, contra De Gaulle, lutou pela liberdade de autonomia dos argelinos. Foi presidente do Tribunal Russell contra os crimes de guerra dos Estados Unidos no Vietnã, recusou a indicação ao Prêmio Nobel de literatura. A seu entorno floresceu a chamada Escola de Paris, onde se encontravam filósofos e escritores como Merleau-Ponty, Simone de Beauvoir, Camus, artistas como Juliette Greco, diretores como Godard ou Truffaut. Ainda nos dias de hoje, no café Les deux Magots e no de Flore, no bairro parisiense de Saint-Germain-des-Prés, se recorda a presença daquele formidável grupo de intelectuais que contribui para tornar a França da época um palco de propostas e debates. Obras filosóficas: *O ser e o nada, Crítica à razão dialética*.

2. Karl Jaspers (1883-1969) chegou à filosofia a partir dos estudos científicos e da psiquiatria. Professor de filosofia em Heidelberg, foi aposentado precocemente por recusar-se a deixar a mulher, de origem judaica. Depois da guerra, foi convidado a colaborar com os americanos na reconstrução da universidade, mas no ano de 1948 abandonou a Alemanha, insatisfeito com a direção que tomara a política institucional a respeito do ensino, aceitando uma cátedra que lhe fora oferecida em Basileia. Obras: *Filosofia, Razão e existência, A fé filosófica*.

A filosofia de Jaspers, que amadureceu a partir de estudos de psicologia e de psiquiatria, volta-se na direção de uma definição da razão como faculdade da totalidade, que impulsiona o homem para uma atividade incessante de clarificação, que coloca a existência em relação com uma *ulterioridade englobante*, a qual, porém, está em constante evasão. Desse modo, a existência, que é estruturalmente um *nexo de autorrelação e de heterorrelação*, de singularidade irredutível e de comunicação com os outros, de historicidade concreta e específica e de abertura indefinida à transcendência, se descobre numa relação com algo que a constitui sem poder abrangê-la.

2. Heidegger. Fenomenologia e existencialismo

Heidegger[3] inicia sua carreira acadêmica nos passos da fenomenologia de Husserl, de quem foi aluno e depois sucessor em Friburgo. Muitos elementos de sua obra mais conhecida, *Ser e tempo*, publicada no ano de 1927, mantêm um traçado fenomenológico claro (a obra contém em evidência em sua primeira edição uma dedicatória a Husserl). Ademais, o próprio mestre, buscando de algum modo subtrair-se de riscos idealistas, buscou sempre mais intensamente atingir uma descrição concreta do sujeito transcendental. Ora, era justamente isso que, em plena correspondência com instâncias difusas do tempo, sensíveis ao tema da concretude histórica da existência e de seu caráter dramático, a Heidegger parecia ser o ponto de partida ineludível de uma pesquisa filosófica.

A questão própria de toda filosofia, também comum à fenomenologia, diz respeito ao sentido do ser. Mas a repetição — repetição que é necessária, visto que a própria questão acabou sendo esquecida — dessa questão de caráter ontológico encontra sua raiz a partir daquele único ser que se coloca essa questão, o homem. Assim, ela requer antes de tudo uma *análise da existência do homem*. Essa simples consideração traz consigo inúmeras consequências. Uma consideração atenta irá descobrir imediatamente duas dessas consequências. Entre o homem e as coisas parece haver uma diferença insuperável. À primeira vista, as coisas parecem dever ser vistas como objetos, como simples presenças. O homem, ao contrário, é um sujeito que age no mundo, que implica em si passado, presente e futuro, que se projeta

---

3. Martin Heidegger (1889-1976). Sucedeu a Husserl na cátedra de Friburgo, universidade da qual, como veremos, por breve tempo acaba sendo o reitor. Obras: *Ser e tempo, O que é a metafísica, Sendas perdidas*. Elementos sobre sua biografia podem ser vistos na exposição que dele vamos fazer.

para além de si para intervir em e modificar o mundo. *O homem não é simples presença, mas projeto.* E tudo isso não nos esclarece apenas com relação ao homem, mas nos diz também que o conceito tradicional de ser, compreendido como simples presença, como uma espécie de objetividade suprema, não nos oferece realmente uma resposta adequada ao problema. *Nem sequer o ser, pois, poderá ser definido em termos de objetividade e de simples presença.*

Com o procedimento característico de Heidegger, que alcança novas conquistas através daquilo que parece ser um passo atrás, ele observa então que aquilo que se disse não se aplica nem sequer para as coisas. Se é verdade que elas, justo por aquela história de inércia que as caracteriza, parecem se fazer presentes apenas para estar à disposição de qualquer um, para serem instrumentos, não é menos verdadeiro que um instrumento só tem valor dentro de uma perspectiva, ou seja, de um conjunto de coisas (o que Heidegger chama de mundo) e em vista de uma meta, determinada pelo homem. Tampouco o ser das coisas é uma presença puramente inerte; também os entes intramundanos chegam à essência graças ao homem, a um homem não compreendido abstratamente, mas sempre situado e determinado, àquele ente que assim Heidegger chama de *ser-aí* (*Dasein*), porque tem um modo de ser que é sempre aqui, agora.

Muito do que se diz, apesar das diferenças de linguagem (que nem por isso são um dado banal, privado de significação), poderia ter sido escrito até por Husserl e, em todo caso, ser descoberto mediante um uso acurado do método fenomenológico. Mas o próprio Husserl adverte que a cisão entre ele e seu discípulo estava aumentando, e os anos sucessivos vão registrar essa verdade através da sentença husserliana que acusa Heidegger de antropologismo.

3. Heidegger. Temporalidade e finitude do *Dasein*

É provavelmente na concentração no *Dasein* que se evidencia a distância da fenomenologia, emergindo de modo mais vigoroso os traços propriamente existencialistas de Heidegger. Apesar da linguagem aparentemente ascética, que lança mão de termos como ente finito e *Dasein*, o ser-aí de que fala Heidegger não é uma consciência transcendental, muito menos um espectador desinteressado do mundo, que fez *epoché* do mundo. É um ente lançado na existência e que enquanto tal também projeta. É um ente que, ao projetar, coloca a si mesmo em risco. Mas é precisamente o fato de lançar-se para o futuro que lhe permite abrir o horizonte do mundo. Ora, se são muitas as possibilidades que se lhe abrem e de que pode se ocupar, há uma só que é autêntica, isto é, que diz verdadeiramente respeito ao que é o homem: a morte. Com isso Heidegger não quer sugerir um caminho ou um discurso edificante. Bem ao contrário, *as considerações heideggerianas sobre a morte são a reivindicação mais sóbria, típica da filosofia da modernidade, da rigorosa finitude da existência*. O homem é finito porque morre. Mas o que se quer dizer com isso não é a morte factual, aquela morte que, sendo sempre minha, como tudo que diz respeito ao *Dasein*, sequer poderia jamais ser pronunciada, uma vez que, como já asseverara Epicuro, quando a morte é, eu já não sou. A morte de que se fala é *a possibilidade da morte*, aquela única possibilidade que se mantém sempre igual para o ente finito e que ao mesmo tempo desmascara o caráter ilusório de todas as outras possibilidades. Essas podem de fato realizar-se, deixando assim de serem possibilidades, e o *Dasein* pode fazer a experiência de sua realização. Mas não é assim com a morte, que, por assim dizer, continua sendo a condição a partir da qual penso o existente. Existir para a morte, antecipando-a no viver, significa então assumir até o fim e radicalmente a historicidade e temporalidade do viver.

Assim se revela uma determinação ulterior do ser, aquela pela qual a questão do sentido do ser, colocada pelo ente finito, revela a dimensão da *temporalidade que constitui o ser*. Note-se aqui a novidade introduzida por Heidegger: não é a existência finita do homem que abre e articula a temporalidade, como se poderia crer na linha de Agostinho, não é nem sequer o viver autenticamente, graças à decisão antecipadora, o que funda o tempo. Deve-se falar, antes, de modo inverso: é o tempo que torna possível a existência finita tanto onde essa vive autenticamente, quanto onde ela se deixa tomar pelos modos inautênticos do tempo. Assim, o tempo assume um espectro ontológico bem mais amplo, apesar do caráter incompleto da obra (que previa um segundo volume), e se mostra como o *sentido do ser*.

Em *Ser e tempo* pode-se perceber, assim, todos os elementos que compõem a filosofia de Heidegger: a origem fenomenológica, a novidade existencialista e os desdobramentos ontológicos, sobre o que ainda vamos nos deter.

4. Heidegger e o nazismo

Antes de entrarmos no tema, vamos nos deter ainda num aspecto que deu muito o que discutir aos admiradores de Heidegger. No ano de 1933, Heidegger aceita a unânime designação dos colegas para reitor da Universidade de Friburgo, e em seu discurso de posse prevê um programa de reforma da universidade, amplamente inspirado no nazismo. Foi só dez meses depois de sua nomeação que ele se demitiu, depois de ter ativamente se empenhado em consonância com os princípios do nazismo no governo, mas em alguns pontos também depois de ter tomado distância do mesmo. As razões de sua demissão não foram totalmente esclarecidas. Heidegger afirmou não ter querido submeter-se a interferências políticas, mas verificou-se também que em virtude de embates internos com o partido ele percebeu poder atingir aquilo que era sua intenção derradeira, ou seja, assumir o posto cultural de frente do movimento. Essa tomada de posição explícita a favor do nazismo aparece ainda na falta de pronunciamentos de repulsa ao mesmo após a guerra, quando ele foi suspenso do ensino e depois reabilitado. Isso pesa como uma sombra sobre sua figura, de tal modo que a publicação de escritos inéditos começa a evidenciar traços permanentes de antissemitismo.

Como quer que se queira julgar o caso, o que fica para nós é que os desdobramentos da filosofia de Heidegger, sobre o que vamos ainda abordar, se encontram objetivamente em consonância com o espírito geral do nazismo, que se compreendia como um neopaganismo moderno, capaz de dar início a uma nova humanidade de forma anticristã. Como veremos, também Heidegger comunga desse plano de fundo, talvez sem ter total consciência das consequências prático-políticas de tal visão. Daqui se depreende sua proximidade com o que ele chamou de "uma verdade e grandeza íntima do movimento" nazista.

5. Heidegger. Ser e verdade

A viragem (*Kehre*) heideggeriana, como veremos, já tem suas raízes em *Ser e tempo*, e é confirmada nos escritos não publicados dos anos de 1930, mas se torna explícita para o público com a publicação da *Carta sobre o Humanismo* no ano de 1947. Esse escrito, que lhe foi solicitado justo no período em que estava às voltas com as questões pessoais que o afastavam do ensino, apresenta uma volta de 180 graus do centro de suas pesquisas, que, inicialmente focada no *Dasein*, concentra-se agora diretamente no *tema do ser* e dele parte.

Um episódio referido por Luigi Pareyson a respeito de seu encontro com Heidegger no ano de 1937 nos fornece alguma ideia ulterior para compreender o sentido desses desdobramentos. Interrogado pelo jovem hóspede italiano a respeito de sua relação com Jaspers, Heidegger dá uma resposta aparentemente enigmática. A diferença entre ele e Jaspers (então amigos e ambos vistos como exponentes de uma filosofia da existência) residiria no fato de que, para ler os escritos de Jaspers, não seria necessário conhecer a filosofia antiga, enquanto o seria para ler os seus próprios.

Mas nessa resposta, cortês e tendencialmente elusiva, evidencia-se um núcleo essencial. O existencialismo de Heidegger não é um novo estágio do caminho da humanidade, mas a ocasião a partir da qual, através de um radical passo atrás, pode-se recuperar aquela relação com o ser e seu sentido que a história do pensamento, em seus desdobramentos metafísicos, condenou ao esquecimento. Nesse caminho, os filósofos gregos, e particularmente os pré-socráticos, vão assumindo uma importância sempre maior, e a linguagem, sobretudo a linguagem poética (Hölderlin, Trakl), assume uma função decisiva. Essa viragem que mira para trás, e até a uma época remotíssima, pode ser lida como um comportamento reacionário. Na realidade, é o indício de uma consciência percebida historicamente, colocando Heidegger em diálogo, mesmo que tácito, com outras filosofias coetâneas. O risco do existencialismo, na versão que tomou por exemplo em Sartre, é de enfatizar liberdade e escolha do indivíduo, mas de deparar-se depois diante do caráter imutável das estruturas políticas e culturais da sociedade. Ademais, a Escola de Frankfurt tenta chamar a atenção precisamente para esse aspecto da impermeabilidade do sistema que acaba por se impor como um novo totalitarismo. E com Wittgenstein vimos como a linguagem constitui um mundo, o mundo no qual me encontro. Poderíamos dizer, inclusive, que o próprio percurso trilhado, partindo-se do *Dasein* — compreendido como aquele ente que coloca a questão do ser —, nos obriga a um seguimento ulterior. É preciso, enfim, *interrogar-se mais profundamente sobre o próprio ser, justo como condição para salvar a consistência do existente* (sem desembocar em resultados meramente antropológicos, que realmente sempre se mantiveram estranhos a Heidegger, apesar das suspeitas de Husserl).

Já vimos como a história do pensamento se confronta com uma compreensão do ser como *simples-presença*. Seria muito banal querer considerar esse resultado como um mero erro de prospectiva. Na verdade, isso constitui um *esquecimento do ser* verdadeiro e próprio, uma errância que é parte da história do ser. Se, como sustenta Heidegger, o ser é *Ereignis*, acontecimento apropriador, esse *acontecer do ser tem sua história própria*. A própria *técnica*, que constitui uma espécie de arcabouço (*Gestell*) que rege e controla o mundo moderno, não é resultado de uma decisão humana mas uma *etapa da história do ser*. Nessa história, o ser deve ser compreendido como uma luz, que se torna visível não diretamente, mas iluminando outra coisa. Assim, aparecem os entes, o mundo, a história, mas a luz que os faz aparecer é esquecida. É preciso inverter aquele caminho que Platão implantou firmemente na história do Ocidente, reduzindo o ser e o bem a valores, a objetos (e enfim, agora, a produtos da técnica), e pensar o ser como um dar-se, um acontecer, no interior do qual, como uma clareira, o ente tem consistência. O ser não é o ente (diferença ontológica), mas não se dá ser sem ente, nem ente sem ser. A *verdade*, então, já não é compreendida como correspondência, mas, etimologicamente, como *desvelamento* (*alétheia*: não velamento). E o manifestar-se do ser é compreendido como forma suprema de liberdade. Na linguagem, o ser chega a nós na forma de um velamento que mesmo assim ilumina. Daqui se deduz a importância de um caminho nosso de retorno à linguagem para acolher a palavra em sua primeira aparição, ali onde ela está mais próxima do ser.

O existencialismo, exatamente ao contrário do que pensava Sartre, continua ancorado, assim, em uma ontologia (compreendida em oposição à metafísica tradicional) que mostra que a finitude do ente não pode ser pensada adequadamente a não ser no horizonte do ser, no horizonte de sua verdade e liberdade.

Por diversas décadas e em muitas perspectivas, Heidegger tem influenciado o cenário cultural mundial (influenciando inclusive a filosofia japonesa). Às vezes é visto como fenomenólogo, às vezes como existencialista. A sua filosofia do ser deu novo impulso à pesquisa ontológica, permitindo também aplicações no campo da teologia, mas serviu também para abordagens completamente diversas como o estruturalismo. Estimulou a releitura de autores gregos mais antigos e a reinterpretação de um Kant enterrado no esquema neokantiano, que colocava como fundamento de seu pensamento sobretudo o esquematismo gnosiológico. Deu vazão ao avanço da hermenêutica, sobre o que vamos nos deter no próximo capítulo. Por ora, parece que sua influência esteja sofrendo um contragolpe, e sua filosofia está ameaçada de ser eliminada sob as acusações de colaboracionismo com o nazismo. Se aplica a ele a frase pronunciada por ele próprio: "Quem pensa grande, também erra grandemente".

Direções e temas da filosofia contemporânea

1. Um mapeamento

Quanto mais vamos nos aproximando do presente, tanto mais a exposição da filosofia deixa de ser história e relato para tornar-se empenho feito em primeira pessoa do singular. Tampouco temos a figura ascética e neutra do historiador da filosofia, a não ser com base no pressuposto de que aquilo a que ele se refere é um objeto destituído de vida, cujo interesse é apenas antiquário. A despeito de todas as crises por que passou e da inutilidade, sobretudo imediata, de suas teorias, a filosofia demonstra ainda uma grande vivacidade e vitalidade, que entrelaça as escolas e multiplica as propostas, visto que parece uma tarefa árdua unificá-las.

Mas também nesse caso vamos tentar unificar as visões, visto que uma história só pode ser contada com base em um processo de coleta que identifique elementos de unidade. Nesse caso, advertindo que as observações deste capítulo não têm a intenção de constituir uma apresentação, sequer resumida e esquemática, das filosofias contemporâneas de maior importância, mas simplesmente apresentar uma primeira orientação e um mapeamento que remeta à leitura direta dos próprios autores. Assim, de certo modo, cada um de nós torna-se participante daquele processo coletivo de pensamento que continua sendo o grande ideal da filosofia.

Três me parecem ser as direções mais importantes na atual situação da filosofia. Podem ser classificadas sob o nome de filosofia analítica, fenomenologia e hermenêutica. A cada uma delas vou dedicar um tópico de nossas análises, para depois concluir este longo relato global indicando aquilo que me parece ser o problema cultural mais urgente hoje e esclarecendo as razões por que vejo na versão hermenêutica as promessas mais apropriadas para dar resposta a essas questões.

2. O rigor argumentativo da filosofia analítica

Como se tem observado de diversos pontos de vista, se a filosofia analítica se caracteriza mais pelo *estilo*, que é comum aos diversos autores, do que pelos conteúdos unitários de pensamento, torna-se imprescindível apresentar alguns traços essenciais desse estilo antes de enumerarmos os diversos posicionamentos. A filosofia analítica concebe o empenho filosófico como um trabalho de *análise que se exerce em conteúdos específicos, que podem ser expressos na linguagem segundo regras formais evidentes e suscetíveis de formulação em teses que podem ser controladas pela razão*. Postula-se, assim, um cuidado especial pela clareza e pelo rigor argumentativo. Os filósofos analíticos privilegiam, então, a análise relativa ao sistema, atuam prevalentemente em conteúdos que, formulados pela linguagem, prestam atenção à lógica da argumentação, respeitando um critério racional de verificação das teses enunciadas. É por essas razões que refutam a metafísica, demonstram pouco interesse pela história (mesmo para a história da filosofia) e pelos temas do sujeito, da finitude ou da temporalidade, que são bastante difundidos nas filosofias contemporâneas, como vimos.

Sem querer traçar aqui uma história da filosofia analítica, podemos recordar as diversas denominações ou destaques que foram se sucedendo dentro dessa direção de pensamento: neopositivismo, neoempirismo, ou então, positivismo ou empirismo lógico, operacionismo, falsificacionismo, semiótica, ascensão semântica, recuperação do mental, fundação de uma linguagem unificada das ciências e teoria sistemática da linguagem. Esse elenco já nos permite ver as diversidades internas da escola, sem, contudo, esgotar o quadro de variantes. Mas, comentando esse quadro, podemos evidenciar a variedade de interesses a que nos referimos quando falamos genericamente de filosofia analítica (que se mistura via de regra com outras correntes, de diversas nomenclaturas, pertencentes à filosofia da ciência, da linguagem, da epistemologia etc.). Mas é necessário mencionar, mais uma vez, que há três elementos, mesmo que apresentem soluções distintas, que justificam essa denominação geral: o caráter analítico (e não sistemático, nem dialético)[1] do método adotado, o enraizamento na linguagem e a ambição de apresentar soluções definitivas, com argumentação lógica e clareza de exposição.

Vamos explicitar, então, as nomenclaturas supracitadas. Ainda antes de Wittgenstein, o chamado Círculo de Viena, do qual recordamos pelo menos Rudolf Carnap (1891-1970) e Moritz Schlick (1882-1936), criou um projeto cultural que buscava *retomar o positivismo*, por sua base científica, e *o empirismo* típico da tradição anglo-saxã, por sua referência à experiência, fornecendo-lhe uma base lógica rigorosa, através da análise linguística. O objetivo explícito é o de alcançar uma língua exata, depurada das imprecisões da linguagem comum, a ser utilizada como elemento de unificação do saber científico. Contextualmente, atribui-se à filosofia a mera tarefa de clarificação das proposições científicas, com uma refutação explícita da metafísica. Só proposições dotadas de um conteúdo empírico estão sujeitas a uma possível verificação e são só essas, portanto, que podem ser declaradas verdadeiras ou falsas. Não se trata, pois, tanto de resolver os problemas filosóficos tradicionais, mas sim de dissolver sua rigidez (e nisso com bastante proximidade ao primeiro Wittgenstein). A *concepção científica do mundo*, que é o objetivo explícito de Carnap (é como vemos no próprio título de uma de suas obras) se nutre da convicção de que o trabalho filosófico é uma tarefa coletiva de clarificação fundamentado num método de análise lógica. Para esta, *"não existe nenhum enigma insolúvel.* O esclarecimento dos problemas filosóficos tradicionais nos leva em parte a desmascará-los como pseudoproblemas e em parte a transformá-los em problemas empíricos e, assim, sujeitos ao juízo da ciência experimental".

Apesar da matriz comum neoempirista, evidenciada na seguinte declaração: "Não existe antagonismo entre lógica e experiência. Não é só o lógico que pode atualmente ser um empirista; ele deve ser tal se quiser compreender o que faz", a teoria unificada de Schlick adota conotações que o distinguem claramente de Carnap. Ele desloca o significado de um enunciado de sua correspondência com um dado físico ao método de sua verificação, mesmo que ali o mostrar ostensivo, ou seja, a indicação do objeto correspondente, e, portanto, a referência à experiência, detenha a primazia, pelo menos nos casos mais simples[2].

---

1. Na década de 1960 explodiu na Alemanha um debate em que foram precisamente esses os termos de contraposição entre as escolas.
2. Em referência ao tema do significado, a contribuição originária mais célebre é a de Gottlob Frege (1848-1925), o qual, num escrito breve mas que se tornou muito célebre (*Sentido e denotação*),

Como já deixam entrever as denominações que podem ser reduzidas a essa perspectiva, o objetivo é religar-se a tradições mais antigas como o empirismo ou o positivismo, atribuindo, porém, à dimensão lógica e lógico-formal uma função decisiva na análise e na construção de uma linguagem correspondente. No *operacionismo* de Percy Williams Bridgman (1882-1961), o neopositivismo se mistura com influências de matriz pragmática, atribuindo às operações físicas, que são feitas para observar um fenômeno, a função principal na determinação do significado dos conceitos científicos.

Justo a questão da referência à experiência, comum a todas essas formulações, colocava em primeiro plano o tema de uma possível *verificação* da verdade de uma proposição. Em torno a esse tema, vamos encontrar uma sucessão rápida de opções que vão desde a visão clássica sobre a verificação empírica, àquela que se contenta com a coerência do enunciado em relação ao sistema linguístico de referência, para chegar àquela, defendida por Karl Popper (1901-1994), do chamado *princípio de falseabilidade*, hipótese segundo a qual a demarcação das fronteiras que dividem ciência e não ciência se dá pela capacidade de uma teoria científica apontar experiências em condições de desmentir a própria teoria, em caso negativo.

Até este ponto, o debate concentrava-se numa análise das proposições científicas. Também em virtude da chegada de Hitler ao poder, que levou muitos autores a buscar exílio, a discussão se desenvolveu prevalentemente na Inglaterra (a Universidade de Oxford e a de Cambridge tornaram-se os lugares de maior prestígio) e nos Estados Unidos da América, e foi se desvinculando aos poucos da referência empírica para se concentrar exclusivamente na linguagem enquanto tal. Assim, com Charles W. Morris (1901-1979), surge uma atenção especial pela dimensão sígnica da linguagem que vai se chamar *semiótica*. Uma vez definida a linguagem como um sistema de signos, ele distingue entre a pragmática, que se ocupa da relação dos signos com o comportamento do sujeito que deles se utiliza, a semântica, que estuda a

---

distinguia entre sentido, que é o modo em que se conhece um objeto (por exemplo, uma imagem ou o nome que lhe é atribuído ou o sinal com que se a representa), e denotação ou significado, que é o próprio objeto que é designado pelo sentido. John Austin (1911-1960) propõe uma importante ampliação dessa concepção puramente descritiva, mostrando que na linguagem não está em questão apenas um problema de verdade ou falsidade, mas um problema de felicidade ou infelicidade. Como se vê em expressões do tipo "prometo" ou "declaro aberta a sessão" ou "eu te batizo", a linguagem produz coisas com as palavras (o título de sua obra mais célebre, publicada postumamente, é *Quando dizer é fazer*). Esses enunciados, chamados de enunciados performativos, são chamados de felizes quanto atingem seu objetivo. John Searle (1932), que foi aluno de Austin, desenvolveu amplamente essas premissas.

relação entre o signo e a coisa significada, e a sintática, que diz respeito à relação dos signos entre si. O acento que Morris coloca na atenção pela dimensão sígnica da linguagem, também em virtude da tentativa de conciliar os ensinos do Círculo de Viena com o pragmatismo americano, instaura um campo de pesquisas que irá se fundir com a formulação estruturalista (cf. p. 309ss.) e prenuncia diversas ampliações importantes dessa metodologia, aplicável não apenas no âmbito da estética e nas ciências da comunicação, mas também no âmbito da medicina, e como método para estudar o modo cultural de questionar os signos provenientes do universo físico da natureza.

Em plena correspondência também com a viragem wittgensteiniana em direção à linguagem comum e a partir da distinção morrisiana supracitada, vai surgindo, assim, uma nova fase das pesquisas, chamada de "ascensão semântica", visto querer isolar a dimensão semântica da linguagem e concentrar-se no tema do significado dos termos que ocorrem na linguagem comum.

Uma contribuição muito relevante nessa direção foi-nos dado pela chamada *linguística gerativa* de Noam Chomsky (1928), que afirma poder fixar com base em procedimentos algorítmicos os caráteres das diversas gramáticas das línguas naturais, chegando a defender que a possibilidade "gerativa" de produzir enunciados realmente novos é própria da competência comunicativa de qualquer pessoa falante. A partir de sua perspectiva, Willard Van Orman Quine (1908-2000) colocou em evidência os limites do pressuposto empirista que via na referência à experiência a possibilidade de verificar seu significado. A ideia de um significado que possa traduzir de maneira correta ou incorreta um determinado fato da experiência deve ser substituída pela ideia de uma tradução melhor ou pior, ou seja, de sua maior ou menor capacidade de correlacionar-se com outros e sucessivos enunciados a ela conexos. Mas nem por isso esse processo vai desembocar num relativismo, visto que a imagem científica do mundo resguarda uma coerência e elasticidade suficiente para poder corrigir-se, sem precisar ser desmentida em sua inteireza.

Os desdobramentos mais recentes da filosofia analítica se caracterizam por uma atenção à *filosofia da mente,* ou seja, pelo interesse numa ampla gama de questões que dizem respeito ao mental, isto é, ao modo como questões como conhecer ou querer através da atividade cerebral se interligam com a dimensão mais propriamente corpórea. As soluções que se abrem obviamente são muito diversificadas e vão desde o reconhecimento de uma especificidade própria do mental à sua redução à relação fisiológica, o cérebro. É evidente a interligação de uma corrente como essa com outras disciplinas, como a neurobiologia e a neurofisiologia, as quais, graças aos moderníssimos instrumentos de pesquisa, parecem poder oferecer elementos empíricos relevantes para a discussão teórica e sistemática da linguagem e dos atos de conhecimento, e por fim dos atos valorativos e volitivos.

O panorama que tentamos delinear evidencia igualmente uma imanente ambivalência presente nele. À medida que compreende ser a forma adequada de fazer filosofia, a filosofia analítica acaba por promover uma dramática restrição dos conteúdos filosóficos, reduzindo a força de uma disciplina mais que milenar a esclarecimentos, no fundo adotada sem um senso crítico, dos conteúdos reconhecidos pela ciência. Na medida em que ela faz prevalecer o rigor lógico e argumentativo, obrigando a que se expliquem as referências com base nas quais se formula uma tese filosófica, ela presta um serviço precioso, que a obriga ao mesmo tempo a colocar-se em relação com outras disciplinas e com outros modos de compreender, não permitindo que se compreenda como uma forma substitutiva e superior.

3. A fenomenologia francesa: heresia e inversão

Os desdobramentos contemporâneos mais interessantes da fenomenologia se deram no âmbito francês. Seguindo o rumo proposto pela historiografia nos últimos vinte anos[3], vamos expor esses desdobramentos orientados pela ideia de que ali esteja em curso um desdobramento herege, ou seja, um prosseguimento que busca afastar-se dos princípios cardeais da filosofia de Husserl, produzindo, assim, uma inversão de muitos de seus resultados. Poderemos tentar explicar essa aparente incongruência com a distinção entre a fenomenologia como ciência de rigor, como fora compreendida por Husserl, que não encontrou prosseguimento, e a fenomenologia como método, que se revela por seu turno muito viva e ainda atual nos dias de hoje.

Maurice Merleau-Ponty (1908-1961), juntamente com Sartre, com quem até um certo período manteve vínculos de colaboração e de amizade, foi um dos primeiros autores a apelar para o pensamento de Husserl. Ao mesmo tempo, também foi um dos primeiros a deixar claro sua discordância com Husserl em certos pontos. Mantendo a exigência fenomenológica de retornar às coisas elas mesmas, é preciso, porém, abandonar a pretensão de uma des-

---

3. POMA, I. *Le eresie della fenomenologia*. Napoli: Esi, 1996; CANULLO, C. *La fenomenologia rovesciata*. Torino: Rosenberg & Sellier, 2004.

crição pura e de uma ciência rigorosa, e mais precisamente renunciar ao postulado husserliano da redução e da *epoché*. Como escreve ele na *Fenomenologia da percepção*, "o maior ensinamento da redução é a impossibilidade de uma redução completa". Com a determinação desse tema, Husserl na verdade deixou de herança um elemento preciosíssimo não pensado, ao qual deve-se retornar sempre de novo. Mas não seguindo a convicção husserliana de que seria possível uma suspensão do juízo que nos desvencilhe do pertencimento ao mundo, mas tendo ciência dessa impossibilidade, uma consciência de onde se deve partir e que para o pensamento acaba se tornando um desafio precioso. Na realidade, "somos total e inteiramente relação com o mundo". Essa pertença impossibilita de uma vez por todas aquela transparência que era o coração da ideia husserliana de uma ciência de rigor, encaminhando-se na direção de um vocabulário descritivo extremamente distante daquele do filósofo alemão. Merleau-Ponty não se exime de revelar a ambiguidade imanente a um pensamento que se move a partir dessa pertença e de sublinhar por diversas vezes como o mundo ao qual pertenço é o mesmo que continua fugindo de mim.

Daqui se depreende a nova reproposição temática do tema da *epoché*, da suspensão. Ela é impossível, mas continua sendo necessária. "Reter é manter à distância", escreve Merleau-Ponty: a pertença não deve ser, portanto, cumplicidade. A dimensão reflexiva, que husserlianamente não consegue alcançar a fundo um saber desinteressado, se apresenta sempre de novo como garantia do método fenomenológico e, tendo abandonado a premissa da contemplação, adota o aspecto de uma interrupção e de um tomar distância. O mundo ao qual pertenço, assim, me é restituído por diversas vezes, sempre interrompidas e sempre de novo iniciadas, quase que em estratos, nos diversos níveis que o constituem. E a fenomenologia é o lugar teórico no qual nos tornamos conscientes desse nascimento do mundo, que se manifesta nos múltiplos estratos que o constituem. Daqui, vemos retornar com surpresa o antigo tema da admiração.

Também Emmanuel Levinas (1906-1995), nascido na Lituânia, mas por adoção francês, dá seus primeiros passos na esteira de Husserl, de quem nos deixou essa descrição: "Esse homem, de traços bastante graves mas afável, de postura exterior impecável, mas que não se importava com o externo, distante mas não altivo, e quase um pouco incerto de suas certezas, evidenciava a fisionomia de sua obra, rica de rigor e, no entanto, aberta, audaz, sempre pronta a recomeçar como uma revolução permanente...". Mas a sequência da citação já deixa entrever alguma insatisfação: "...ligada a formas que, na época, queríamos que fossem menos clássicas, menos didáticas, e a uma linguagem que preferíamos mais dramática e menos monótona. Obra cujos acentos verdadeiramente novos só ressoavam apenas para ouvidos afinados e exercitados, sempre obrigados e estar atentos para percebê-los". Depois de Husserl, no cenário vai aparecer Heidegger, que "é o discípulo mais original, cujo nome é hoje a glória da Alemanha. De uma potência intelectual excepcional, seu ensino e suas obras oferecem a melhor prova da fecundidade do método fenomenológico".

Mas a guinada que Levinas dá na fenomenologia irá colocá-lo logo num nível bem diferente daquele desses autores junto aos quais ele se formou, mas dos quais teve de se afastar para pensar por si próprio. Tomando como base também a tradição bíblica judaica, onde ele se reconhece, Levinas opõe às ontologias tradicionais *uma ética que tem o valor de uma filosofia primeira, de uma metafísica*. A ontologia pensou a relação entre o ente e o ser na forma de uma totalidade e de uma inclusão (e os totalitarismos da história são uma confirmação trágica disso); a *metafísica* nos conservou o desejo pelo invisível, pelo outro, por um *infinito* que não pode ser fechado numa totalidade; mas a *ética* é o lugar concreto que se confronta com uma alteridade que não se afasta para um outro mundo, mas abre espaço para um rosto e um rosto que desestrutura a existência, o lugar onde o infinito irrompe no finito, o mais se reencontra no menos.

A ética é o encontro com outros (Autrui), com rosto (*visage*) que tem a aparência desarmada dos refutados da Bíblia (o pobre, o órfão, a viúva), mas que ao mesmo tempo comanda, ordena (não me mate!). Respeito a esse outro, que é um outro absoluto, que não pode ser ignorado nem reduzido a objeto, que é absolutamente o primeiro da relação, a subjetividade se redefine como capacidade de resposta (respons-abilidade). Diante do outro, o mestre, o sujeito assume, então, a forma de acusativo e não mais de nominativo, como mostra também a língua (eis-me). O sujeito sujeita-se. É através do sacrifício que o sujeito se aproxima do infinito. Mas isso significa que, ao contrário daquilo a que estávamos habituados, o sujeito não deve ser pensado em termos ontológicos, nem sequer heideggerianamente como lugar onde se manifesta a diferença ontológica, mas em termos éticos: "Ser eu significa não poder subtrair-se à responsabilidade".

Mas também a posição original de Levinas, que opõe o desejo — compreendido como desejo puro, desejo ético e metafísico de infinito, que não tem nada a ver com alguma carência — à necessidade, condicionada pela necessidade de encontrar uma satisfação, leva aos mesmos resultados. O outro é encontrado precisamente partindo da base do desejo de infinito estruturalmente voltado à alteridade. É precisamente isso que conduz um sujeito que não tem em mira, como o faria com o desejo, a satisfação mas a responsabilidade ética.

A prosa de Levinas, enigmática e sugestiva, conserva todos os traços típicos da pesquisa fenomenológica, mas, como se pode ver, se afasta de inúmeras teses fundamentais dessa corrente filosófica. Antes de tudo, assistimos a uma destituição do sujeito, que já não tem o caráter de uma consciência constitutiva; em segundo lugar, a intencionalidade como tensão para a apreensão daquilo que deve ser pensado é substituída por termos como convocação ou comando, que têm um teor explicitamente ético-religioso; em terceiro lugar, o primado do paradigma cognitivo é substituído por aquele do paradigma ético. Como ele escreve em *Autrement qu'être*, "comunicar-se é certamente abrir-se, mas a abertura não é total se tem em mira um simples reconhecer. Ela é total não porque se abre ao 'espetáculo' ou ao reconhecimento do outro, mas porque se torna responsabilidade por ele. Que a ênfase da abertura seja a responsabilidade até o nível da substituição — o *para o outro* do desvelamento, da mostração do outro, se torna o *para o outro* da responsabilidade — é *a tese da presente obra*".

Mas, com essas considerações, não se deve pensar que Levinas queira rejeitar os resultados gnosiológicos e ontológicos tradicionais da filosofia, com base num apelo edificante ao primado da ética, e tampouco que ele redescubra na ética a oportunidade de alcançar uma experiência da diferença pura, renovando, assim, como sugeriu Derrida, o sonho jamais realizado do empirismo. Parece-me que se deve afirmar, antes, que ele conduz a fenomenologia a uma espécie de aprofundamento para além de si mesma, que a leva na direção de algo que — a saber, a ética — o pensamento não constitui, mas que por assim dizer, já está ali mesmo antes de ser encontrado, um traço que, sempre exposto ao risco da mal-entendido, torna possível uma inversão do saber e do fenômeno[4].

A inversão da fenomenologia fica clara em Michel Henry (1922-2002), e isso em referência a três temas: a passividade, o sentir e a imanência. Como

---

4. É o que me parece sugerir FERRETTI, G. *La filosofia di Levinas. Alterità e trascendenza*. Torino: Rosenberg & Sellier, 1996, p. 251-254.

ele escreve, "a inversão da fenomenologia se transcreve assim: não é o pensamento que nos dá acesso à vida, mas é a vida que permite que o pensamento tenha acesso a si mesmo". Como em Merleau-Ponty, não só se abandona aqui o tema da redução, mas se derruba também a intencionalidade da consciência. É a vida e só ela que dá acesso à vida. A consciência mantém espaço, mas, em vez de ser intencionalidade, torna-se "impressionalidade". *A consciência é um movimento em que a vida sente a si mesma*; não é atividade mas *passividade originária* e tampouco é intencionalidade, que conhece e intui, mas "afetividade originária e pura"; não é esforço, mas *páthos*. Ademais, como ele observou em *A essência da manifestação*, "a fenomenologia é aquilo que nos dá acesso ao fenômeno compreendido em sua realidade..., mas a via de acesso ao fenômeno é o próprio fenômeno. A fenomenologia nos é proposta como um meio, o meio para nos aproximarmos da essência concreta e verdadeira, da essência da presença". Essa se encontra, pois, emaranhada na identidade de seu fim (o fenômeno) e do meio com o qual se há de alcançar o mesmo, que é novamente o próprio fenômeno.

A isso se volta o interesse acentuado de Henry pelos temas que se referem ao corpo e à carne, e a fusão, teoricamente argumentada, que ele vê em temas como pensar e sentir. Se recordarmos o ideal ascético de uma transparência pura do conhecimento que dominava o pensar de Husserl, iremos perceber nessa mistura ciente, que vê o surgimento do pensar de um sentir mais originário, que constitui sua estrutura originária, uma urgência no cenário filosófico dos temas da vida e da corporeidade.

Na mesma linha daquilo que falamos e mantendo a estrutura da inversão, que continua a motivar-se na base de uma aplicação rigorosa da fenomenologia como método, Henry substitui a imanência pela transcendência. *"A imanência é a essência da transcendência"*, visto que é na imanência que se manifesta a afecção, e que essa manifestação determinada se constitui como a única revelação possível da transcendência. Atenuando o caráter paradoxal das expressões, podemos perceber aqui, em detalhes, paralelismos significativos com o cristianismo, ao qual as últimas obras de Henry dedicaram uma atenção sempre mais marcante.

A relevância da temática religiosa não é menos importante para Marion[5]. O seu pensamento, atualmente em plena evolução, prospecta uma fenome-

---

5. Jean-Luc Marion (1946). Acádemico da França, professor na Sorbonne e em Chicago e um dos mais importantes intérpretes de Descartes. Obras: *Étant Donné. Essai d'une Phénoménologie de la donation, Le Phénomène érotique*.

nologia que pode configurar-se como filosofia primeira sem ser uma metafísica, porque é capaz de anunciar os próprios princípios, sem precisar recorrer ao ser ou ao fundamento. Nesse processo, é central o reconhecimento, não empírico, mas alcançado através de uma operação fenomenológica de redução, que o *dar-se do fenômeno é um doar-se* e que a fenomenalidade do dom também abre caminho na direção de objetos que não existem. Isso pode ser ilustrado no fenômeno da paternidade: o pai, o doador, doa, mas mantém uma relação que é apenas simbólica; o filho, donatário, está obviamente ausente no momento da procriação e o próprio dom está ausente, porque a vida que se doa não é algo que pertença a ninguém.

Mais uma vez assistimos a um aprofundamento da fenomenologia, que leva até um horizonte que não tem a frieza suave da ontologia husserliana, mas leva em consideração também a superabundância, como se dá no que Marion chama de *fenômeno saturado*, ou seja, um fenômeno marcado pelo ser, imprevisível segundo a quantidade, insuportável segundo a qualidade, absoluto segundo a relação, não visionável segundo a modalidade. Portanto, um fenômeno que se dá aparecendo por si e que é irredutível ao eu que o olha.

Num de seus escritos mais recentes, *Le Phénomène érotique* [O fenômeno erótico], uma meditação que retoma a intenção já cartesiana de uma nova criação do saber, desmembrando-a em seis momentos segundo o modelo bíblico dos seis dias da criação, Marion propõe uma reflexão sobre o tema do amor que num processo de ascensão, parte do caráter físico do *éros* até atingir a Deus.

4. A hermenêutica como filosofia

A questão da interpretação é tão antiga quanto a filosofia e até mais antiga. Cada vez que nos deparamos com o problema de compreender o que disse alguém, ou o que significa um texto, nos deparamos com o problema da interpretação. Particularmente necessitados de interpretação foram considerados os textos jurídicos e religiosos, ou seja, textos dos quais se reconhecia a autoridade e que se tentava interpretar com recursos metodológicos que foram se tornando cada vez mais refinados. O mesmo aconteceu no âmbito literário, onde se aplicou o mesmo procedimento. Também aqui vale observar que, no ato em que é exercida, a hermenêutica sempre pressupunha a autoridade do texto.

A partir do romantismo começou a tomar forma uma consciência cada vez mais aguda da distância insuperável entre o intérprete e o objeto da compreensão buscada. É típico do moderno e ainda mais da modernidade considerar que a relação com a tradição foi interrompida e não pode ser facilmente recuperada.

Dessas considerações, podem-se depreender dois elementos. A hermenêutica compreende a si mesma como a arte de compreender algo a) dotado de importância intrínseca, b) cuja compreensão imediata é no mínimo difícil. Se desdobrarmos essa consideração usando termos filosóficos mais exigentes, poderemos compreender que a hermenêutica é uma tentativa a) de compreensão da verdade b) a partir da consciência da nossa distância em relação a ela. Compreendida desse modo, porém, a hermenêutica já não é um método e muito menos uma técnica, mas torna-se um comportamento filosófico fundamental, que, especialmente na modernidade, parece ser a única via adequada de acesso à verdade numa época em que se perdeu a pertença imediata à mesma.

Tendo definido assim as características gerais da hermenêutica, que representam uma espécie de filosofia primeira na era da modernidade, resta-nos ainda abordar o conteúdo das propostas dos maiores autores dessa corrente.

Já como aluno de Heidegger, Georg Gadamer (1900-2002), em seu *Verdade e método*, do ano de 1960, fixou muitos dos pontos decisivos da hermenêutica. O primeiro já pode ser reconhecido no título da obra, lido de forma disjuntiva, ou seja, como oposição entre verdade (que é uma questão própria da filosofia) e método (que, enquanto forma de conhecimento científico, tem uma validez apenas limitada). O método supõe uma exterioridade do objeto a que se indaga, que permite fixar seu conteúdo de maneira "objetiva". A experiência fundamental da hermenêutica, ao contrário, é que compreender uma obra significa ao mesmo tempo torná-la própria e deixar-se interrogar por ela.

Atendo-se à grande tradição humanista, Gadamer evidencia como a hermenêutica não se apresenta apenas o problema do sentido da obra que se está examinando, mas por assim dizer também o problema do sentido desse sentido, ou seja, de sua pretensão de verdade. Desse modo, porém, a hermenêutica parece poder questionar todo o espectro das ciências do espírito, de diltheyana memória, e mais especificamente incorpora uma maneira de indagar a consciência histórica como um lugar onde o espírito reconhece a si mesmo. É nisso que se fundamenta a compreensão histórica, a qual, apesar da distância temporal, é sempre reconhecimento de uma congenialidade também com aquilo que se manifestou no passado.

Gadamer assevera três princípios em especial. Contra o ideal iluminista que tem em vista libertar-se dos preconceitos, ele opera uma reabilitação dos mesmos, mostrando como não pode existir nenhuma possibilidade de uma relação com a tradição sem preconceitos. Para compreendê-la nós lançamos mão de esquemas irrefletidos (pré-conceitos) que são o caminho de acesso para a mesma. Mas isso não impede, de outro lado, que através de um aprofundamento analítico se coloque em discussão e se modifique essa *pré-compreensão* global (necessária, mas não necessariamente adequada). Nesse sentido, como segundo elemento, a *distância histórica*, ao invés de ser um obstáculo, pode tornar-se uma ocasião privilegiada, porque nos estratos de compreensão que foram se sucedendo no tempo foram emergindo novas e enriquecedoras perspectivas de significado. Torna-se possível, assim, fazer uma *fusão de horizontes*, como terceiro elemento, entre o horizonte cultural do intérprete e aquele da época interpretada, assim como reconhecer ao mesmo tempo a alteridade dos horizontes e a continuidade da tradição.

Ciente da viragem linguística do século anterior, Gadamer lhe propõem por seu turno uma variante ontológica. Sua célebre frase afirmando que "o ser que pode ser compreendido é linguagem" não é interpretada, via de regra, de maneira redutiva como uma restrição do ser à linguagem, mas ontologicamente (e com ecos platônico-neoplatônicos) como *linguística do ser*, como capacidade do ser de representar-se em forma de palavra.

Jürgen Habermas disse, com bastante razão, que a filosofia de Gadamer seria uma forma de "urbanização da província heideggeriana". Nutrido pelo Humanismo e apaixonado por Platão, tendo grande estima igualmente por Hegel, Gadamer depura o heideggerianismo de suas asperezas e radicalizações. Nele a distância e a diversidade não aparecem como sendo um drama, mas como uma oportunidade. A história não conhece propriamente interrupções, mas retomadas, e a hermenêutica se configura como o lugar de uma mediação possível e de um diálogo ininterrupto. A própria impossibilidade de alcançar uma compreensão derradeira e definitiva não tem caráter cético, mas é indício de uma superabundância da verdade. Seu discurso elegante, sua leitura fascinante dos grandes autores da filosofia, sua conversação afável representavam um índice e um exercício de um modo de diálogo que, no querer prolongar-se indefinidamente, via a presença operativa da verdade.

A filosofia de Paul Ricoeur (1913-2005) apresenta um percurso bem mais elaborado. Proveniente da filosofia, ele construiu seu pensamento explorando progressivamente diversos âmbitos (da culpa à linguagem, do tempo ao sujeito) e estabelecendo um confronto firme com as grandes filosofias (desde Aristóteles, passando por Agostinho e chegando a Kant) e com o desafio contemporâneo das filosofias analíticas. Em seu pensamento, ele sempre privilegiou a *via longa*, o *détour* que passa pelo confronto paciente com os outros, e enfim, na medida do possível, sua integração. A sua hermenêutica não é uma compreensão que se opõe ao explicitar, segundo a oposição dos termos que se tornou clássica, mas um compreender que se nutre preliminarmente do explicitar.

Como é impossível abordarmos um material tão vasto e variegado, vamos nos concentrar no *O si mesmo como um outro* (*Soi-mème comme un outre*), que foi lançado no ano de 1990, que constitui talvez a obra teoricamente mais relevante de Ricoeur. Também aqui, como dizíamos, os confrontos são restritos e o andamento é lento, antes de alcançar o último capítulo, que culmina, também com bastante cautela, no esboço de uma ontologia, como vem preanunciado no título: "Rumo a qual ontologia?"

Frequentador dos círculos do personalismo francês e colaborador da revista *Esprit*, Ricoeur retoma o tema cartesiano do sujeito, que acabou "rompido" pela tradição que encontrou em Nietzsche a verdadeira realização anticartesiana, através de um deslocamento terminológico que recorre a um questionamento mais prudente em relação ao si mesmo, que vem evocada no próprio título. Isso significa sair da imediaticidade do sujeito que coloca o eu como fundamento e garantia da verdade para "ressaltar o primado da mediação reflexiva". De algum modo, podemos dizer, se dá ali a passagem da certeza presunçosa do "eu sou" para a questão, bem mais problemática, do "quem sou eu".

Mas o avanço do questionamento em relação ao eu, que na língua francesa se dá através da fórmula atributiva "soi-même", que se perdeu em algumas línguas, por exemplo, leva a interrogar-se a respeito de quais seriam as formas dessa mesmidade. Há duas possibilidades: uma mesmidade que tem o caráter de *idem*, de uma identidade sempre igual que permanece imutável no tempo, e aquela de um *ipse*, onde a identidade se constitui pela capacidade de um reconhecimento e de uma reapropriação narrativa de si mesmo, que toma sobre si não só o passado, mas também o futuro, como se manifesta no fenômeno da promessa.

Essa duplicação da identidade entre o *idem* e o *ipse* torna-se prerrogativa para a abertura ao outro, para uma dialética entre o si mesmo e o outro que é constitutiva da pessoa. "A ipseidade do si mesmo — escreve Ricoeur — implica a alteridade num nível tão íntimo que uma não pode ser pensada sem a outra".

Depreende-se daqui uma ampla gama de reflexões éticas que se desenvolvem a partir de uma adesão fundamental ao princípio aristotélico segundo o qual se pode compreender por ética "a perspectiva do 'bem viver' com e para o outro, dentro de instituições justas", despojado, porém, de qualquer ambição de uma fundamentação derradeira e voltado para um saber prático como capacidade de assumir uma responsabilidade no presente, um presente não pontual, mas que implica também passado e futuro.

O esboço de uma ontologia, com a qual se conclui o ensaio, antecipa resultados que vão retornar na última obra de Ricoeur, *Percurso do reconhecimento*, onde ele atribui à categoria hegeliana do reconhecimento[6] uma função tanto ativa — o reconhecer — quanto passiva — o ser reconhecido — que evidencia plenamente e justifica a implicação indissolúvel de identidade e alteridade.

Bem mais que a de Gadamer, a obra de Ricoeur privilegia a função de mediação da hermenêutica; mas Ricoeur, em vez de, por assim dizer, estabelecer-se nela, como acontece com Gadamer, que se imagina estar dentro de uma tradição jamais interrompida, conquista-a com um percurso longo e acidentado.

Como antífrase, pode-se citar uma corrente como o estruturalismo, que teve um período de florescimento. Em lugar de um processo de compreensão, que evolve o observador, o estruturalismo assevera um princípio de explicação, que busca identificar no fenômeno observado os aspectos de interdependência, graças aos quais esses podem ser considerados como pertencentes a uma estrutura. Por *estrutura* podemos compreender *um sistema de transformações capazes de autorregular-se*. O estruturalismo denota inspirações vindas das análises linguísticas de Ferdinand de Saussure (1857-1913), que privilegiara, em vez do estudo diacrônico, ou seja, evolutivo, das línguas, o estudo sincrônico, ou seja, a explicação de um fato linguístico que se dá posicionando-o no contexto representado pela totalidade estruturada dos outros dados linguísticos. A aplicação desse método à psicologia (Jean Piaget,

---

6. Apesar de Ricoeur ter manifestado a necessidade de abandonar "o canteiro hegeliano".

1896-1980, e depois, pelo menos em certos aspectos, também Jacques Lacan, 1901-1981), à antropologia (Claude Lévi-Strauss, 1908-2009), à análise do texto literário (Roland Barthes, 1915-1980) contribui para a divulgação dessa perspectiva que se configura como uma proposta verdadeira e própria ao generalizar o método, de tal modo a transformá-lo em explicação, fundamentada cientificamente, da realidade. Michel Foucault (1926-1984), que ocupou a cátedra de história dos sistemas de pensamento no Collège de France, lança mão do método estruturalista para alcançar um conhecimento cientificamente rigoroso daquelas estruturas epistemológicas, como ele vai chamá-las, que presidem os mecanismos de transformação histórica e social. É nesse caminho que se chega ao que é visto como *arqueologia do saber*, ou seja, um saber que chega a estruturas não imediatamente reconhecíveis, mas que fundamentam uma organização histórica determinada, compondo sua estrutura regulatória.

A análise estruturalista, também ela assemelhada à hermenêutica pelo fato de abordar um problema de interpretação, contrariamente a esta, busca atingir o fundamento de um conhecimento estável e objetivo que se concretiza na individuação de uma estrutura. Com um posicionamento oposto ao da hermenêutica, o estruturalismo se configura, porém, como um anti-historicismo e um anti-Humanismo. Mas não se pode negar que as fronteiras entre as duas correntes não tenham certa maleabilidade (que também não causa espanto em virtude da contiguidade do problema que elas abordam). Deparamo-nos, assim, com aspectos e passagens de filósofos estruturalistas em que se podem encontrar elementos de proximidade. Isso pode ser percebido especialmente em autores como Jacques Derrida (1930-2004), onde se abordam temas como a *desconstrução* e da *différance* que, mesmo tendo sido tomados de Heidegger e de sua diferença ontológica, levam a terrenos dos quais se ocupa também a hermenêutica. Poderíamos dizer que em Derrida o tema de uma diferença irredutível, mas não pensada na forma de uma alteridade transcendente, leva a uma filosofia como pensamento não tanto da diferença, mas *através da* diferença, uma filosofia que procura e indica os traços, mas que proíbe de reconduzi-los a qualquer origem ou fundamento. Um pensamento que se compreende cientemente como algo de muito próximo à *Verwindung* heideggeriana, a utilização-transformação-dissolução parasitária daquilo que nos legou o pensamento do passado, também o grande pensamento metafísico.

Retomando agora a exposição dos autores da hermenêutica, chegamos a um autor italiano, muito reconhecido na Itália, mas ainda pouco conhecido no exterior, chamado Luigi Pareyson (1918-1991). Aqui a hermenêutica não nasce da fenomenologia mas diretamente do existencialismo (de Jaspers e de Heidegger). Ela se desenvolve a partir do contexto de um personalismo ontológico, formulando-se primordialmente numa estética, concebida em oposição a Croce. É central nele a noção de *formatividade*, ou seja, daquela operação universalmente humana na qual se dá uma coincidência entre produção e invenção, onde, como na obra de arte, a produção é ao mesmo tempo invenção das regras para o produzir. A criatividade artística é um ato interpretativo, pois não se limita a seguir na esteira de um paradigma, mas inaugurando o modo apropriado de fazer. No momento em que tem êxito, "isto é, no momento em que a obra foi feita como podia e devia ter sido feita", ela atinge "uma plenitude que é ao mesmo tempo a realização de sua formação", algo ao qual nada se pode acrescentar nem tirar.

A obra de arte é "um mundo", no sentido de que ela é um modo personalíssimo de interpretar *o* mundo. Mas também a fruição da obra requer um ato de interpretação, que coloca em jogo a pessoa do intérprete, pressupõe congenialidade de sua parte, sem, no entanto, produzir um subjetivismo. Realmente, "na interpretação existe um critério seguro de verdade e uma norma claríssima, e é a própria obra, a qual, como exige a compreensão, se subtrai assim a quem, mais preocupado consigo mesmo do que com a verdade, se sobrepõe arbitrariamente a ela".

Essas citações retiradas de diversos escritos sobre estética são anteriores ao *Verdade e interpretação*, de 1971, e mostram como a teoria hermenêutica de Pareyson já estava bem formulada antes desse escrito, precedendo inclusive a formulação de *Verdade e método* de Gadamer.

Com a obra de 1971, o horizonte de questionamento se amplia abrangendo a situação histórica, fazendo da interpretação a forma historicamente situada de acesso à verdade e de expressão da mesma. Num quiasmo que invoca como testemunha o intérprete, chamando-o à responsabilidade, Pareyson afirma peremptoriamente que, a respeito *"da verdade, o que existe é apenas interpretação* e que *não existe interpretação a não ser da verdade"*. No *pensamento revelador*, o dizer, o revelar e o exprimir encontram-se em harmonia, e a verdade constitui não tanto seu objeto mas sua origem. Acontece assim que, enquanto se diz o tempo e a história, se revela a verdade, sem que se esgote o dizer sobre ela, visto que ela é inexaurível. No *pensamento expressivo*, ao contrário, não se dá essa harmonia, e o pensamento, que busca dizer a história sem nenhuma referência à verdade, acaba nada revelando, nem sequer do próprio tempo. Não é nada mais que ideologia, um pensamento sem verdade, que produz uma ação sem verdade. Em suma, o pensamento revelador expressa também o próprio tempo, enquanto à ideologia puramente expressiva se evade inclusive a possibilidade de ser seu espelho.

Na base dessa visão, que aborda detalhadamente os modos de interpretação, que jamais adota o caráter de desmistificação ou de demitologização, justificando a pluralidade das filosofias como formulações diversificadas de uma mesma verdade, vamos encontrar a ideia de uma "solidariedade originária de pessoa e verdade". Nesse *personalismo ontológico*, que enraíza a pessoa na verdade e no ser, se faz presente a justificação de uma visão positiva da filosofia como possibilidade de elevar-se ao verdadeiro e uma reivindicação radical e confiante de sua função. As diversas interpretações devem ser entendidas como expressões pessoais históricas daquele vínculo emergente com a verdade que é próprio da pessoa. É só uma negação dessa solidariedade originária que poderá produzir o erro, assumindo, assim, o caráter da mistificação e da traição.

Em *Ontologia della libertà* [Ontologia da liberdade], publicada como obra póstuma no ano de 1995, Pareyson aborda abertamente a questão do mal, acentuando sua visão trágica da existência. A luminosidade confiante, embora submetida a empenhos éticos rigorosos, é substituída por uma reconstrução da vida mais dolorosa. À filosofia é atribuída uma tarefa de ser hermenêutica da religião, que ali é o lugar de um dar-se originário da verdade, mesmo que em forma de mito. A ontologia esboçada até então ganha precisão de modo sempre mais límpido como adendo à liberdade, ou seja, não como uma estrutura *a priori*, mas como uma realidade que é como é a partir de um gesto liberador e criador de Deus. Assim, a liberdade se abre para o nada, para o mal e para o sofrimento que marca a existência humana. A liberdade de Deus coloca o ser (eis a razão do tema ontologia da liberdade) vencendo a possibilidade do mal. A realidade à qual Deus dá o ser criando contém, pois, sempre essa possibilidade originária: que o homem desperte com as consequências catastróficas que marcam esse mundo, tão originariamente próximo de Deus e tão historicamente distante dele.

A filosofia de Pareyson nas três fases que delineamos brevemente parte de uma descoberta da interpretação como obra atuante na estética, avança, pois, com uma descrição detalhada das condições que tornam a interpretação necessária e possível, culminando numa proposta interpretativa que vê no legado da religião uma grande fecundidade veritativa.

5. A questão das diferenças

O leitor deve ter percebido neste último capítulo o acúmulo de tantos nomes, às vezes até um tanto enfadonho para quem lê, e sempre problemático para quem escreve. Apesar dessa multidão de referências, que não ocorreu tanto assim nos capítulos precedentes, muitos nomes que teriam o mesmo direito de serem aqui recordados foram deixados de lado por uma simples razão de espaço[7]. Pode-se reconhecer aqui o embaraço por um presente rico, mas que ainda não se sedimentou como aconteceu com os clássicos, onde um nome se sobrepõe a todos os demais, de modo que fazendo referência a este se supõe estar fazendo referência a uma época. Um erro certamente, e uma injustiça, mas tanto um quanto outro codificados de modo a não mais parecerem tais. E, ademais, uma tradição, aquele fio condutor do qual todos nós temos necessidade, se constrói mais a partir de esquecimentos do que sobre lembranças, ou melhor, em cima de lembranças que produziram esquecimentos. A contemporaneidade, ao contrário, nos lembra como a vida, e consequentemente também a história, é um horizonte sempre em movimento, incerto e precário, antes de ganhar nos relatos subsequentes certa estabilidade.

Dentro desse horizonte, ao final de uma longa caminhada, que reduziu em uma brevidade um percurso enorme, sejam-me permitidas duas conside-

---

7. Façamos uma exceção, apontando aqui ainda um autor, Hanna Arendt (1906-1975). Discípula de Heidegger, com quem também teve uma relação amorosa contestada, judia, que teve de emigrar para a América do Norte para fugir do nazismo, é autora de um livro chamado *Eichmann em Jerusalém*, cujo subtítulo é "Um relato sobre a banalidade do mal", que através da crônica do processo do nazista Eichmann mostra como um mal enorme como aquele do holocausto poderia ser perpetrado por pequenos burgueses, burocratas do horror. Pesquisadora do totalitarismo, ela apresentou talvez sua contribuição máxima com uma teoria da vida ativa, que, retomando cientemente fórmulas desatualizadas da filosofia grega, apresenta uma descrição de uma condição humana capaz de fazer surgir através de uma ação, que não é apenas trabalho mas força criativa, um espaço público no qual o agir, e o agir intencional, torna-se uma maneira coletiva de dar vida a uma comunidade. Dar vida significa fazer nascer, de modo que através de uma completa inversão do pensamento de Heidegger, o tema do nascimento, de uma filosofia que pense o nascimento, irá substituir, segundo ela, o ser para a morte heideggeriano.

Decidi recordá-la aqui não só por causa do valor intrínseco de suas propostas filosóficas, mas também porque sua vida de mulher e de hebreia engloba simbolicamente todas as questões históricas e culturais do século passado: em Berlim frequentou as aulas de um célebre teólogo católico, Romano Guardini; conheceu um outro teólogo, desta vez protestante, como foi Rudolf Bultmann; doutorou-se com Jaspers, amou a Heidegger em relação a quem, ela uma hebreia reconheceu, mesmo depois de seu discurso como reitor, de ser-lhe devedora de todas as suas ideias filosóficas; foi esposa de um grande escritor alemão, Günther Anders; em sua fuga para a América, levou consigo o manuscrito das *Teses de filosofia da história* de Benjamin; tornou-se americana e escreveu em inglês, mesmo continuando a considerar o alemão como sua língua materna. Em sua labuta, de algum modo, encontram-se traços de todo aquele panorama que de certo modo buscamos descrever.

rações mais pessoais (na verdade, quando se relata uma história, mesmo dos outros, tudo é pessoal, mas agora o autor sai do anonimato de sua função e fala em primeira pessoa). A primeira tem a ver com as escolhas feitas neste último capítulo. Não é uma questão pacífica afirmar que no pensamento contemporâneo três sejam as correntes mais relevantes, e sejam precisamente as três que foram abordadas aqui. Ainda menos pacífico é pensar que essas, apesar dos contrastes que as separam, sobretudo no que diz respeito à relação entre analíticos e continentais (fenomenologia e hermenêutica) exprimam todas três instâncias indispensáveis (e essenciais) da filosofia.

Que a filosofia seja um trabalho da razão, que, aplicando as regras da lógica, elabora argumentações claras, como defende vigorosamente a filosofia analítica, é um princípio que ninguém deveria questionar. Por mais aberta que seja a arte, e seja sensível aos temas do sentimento, a filosofia *iuxta propria principia*, continua sendo uma luta com o conceito, tentativa de iluminar a realidade com a razão. Salvo a cláusula adicional, que para tanto não pode facilitar-se a tarefa, de modo a considerar seu objeto apenas aquilo que pode ser perfeitamente dito dentro desses parâmetros da racionalidade. Assim, talvez seja justamente esse o desafio que torna a filosofia fascinante (e naturalmente a expõe ao perigo de fracassar), ou seja, pensar aquilo que ao pensamento euclidiano, para retomar uma expressão de Dostoiévski cara a Pareyson, se evade daquela outra dimensão que, naquele sistema, que é o nosso, não pode ser dito perfeitamente.

É daqui que nasce o grande e produtivo esforço da fenomenologia, que busca dar voz ao próprio fenômeno (e não falar do e sobre o fenômeno). Quando ela, desde o princípio, procurou retornar às coisas elas mesmas, não perseguia um realismo banal, que transforma o fato positivisticamente em critério de verdade, mas procurou provocar a realidade a se manifestar em todas as suas características. Agora já não é mais possível fazer filosofia sem nos sentirmos desafiados por um olhar de questionamento que exige contemplar o fundamento e os subfundamentos que compõem a realidade, não a olhar para além ou atrás da realidade, mas a olhar a realidade em todos os seus múltiplos estratos.

Desse modo, como nos ensinou a hermenêutica, não estamos buscando uma objetividade impessoal, pois o sujeito que olha é também o sujeito que modifica aquilo que contempla e porque, por outro lado, não há nenhuma possibilidade de olhar que coloque entre parênteses essa perspectiva que modifica. Mas, mais que isso, e é precisamente essa a razão pela qual, considerando a possibilidade e a oportunidade de certa convergência dessas três posições, afirmo que se deve atribuir um primado à hermenêutica. Nela, de fato, nos tornamos cientes de que aquilo que se busca derradeiramente não existe no sentido de que não é encontrado imediatamente, e, quando é encontrado, ele continua a evadir-se, sem deixar-se exaurir. O objeto sobre o qual fala a interpretação é o ausente, mas aquele ausente do qual aquilo que está presente é sua testemunha.

Há ainda uma segunda consideração, mais ligada às questões históricas do presente, que me leva a pensar o primado da hermenêutica. Será que nosso tempo não está caracterizado por uma explosão das diferenças, difícil de compreender e de controlar? Isso se dá em todos os âmbitos, desde a reivindicação de identidade sexual múltipla, reprimida por certo tempo, até a presença de inúmeras e diversificadas formas religiosas, acompanhadas também de uma difusa indiferença religiosa, do sofrimento dramático de povos inteiros, com suas diversas línguas, costumes, culturas que buscam resgatar na decadência das tradições, costumes e comportamentos que funcionavam como normas, substituídas agora por escolhas individuais consideradas já quase como indiscutíveis. Tudo vai se habituando à diversidade. Mas a diversidade é difícil de ser controlada e em muitos casos coloca a identidade em crise, de modo a provocar reações defensivas. Assim, no terreno político e social, vão nascendo formas de integrismo reacionário que nada mais fazem senão apresentar um lenitivo ilusório e temporário. Essas desnudam, porém, a fraqueza da solução que nossa sociedade apresentara primordialmente, a proposta de uma globalização, que, sem mexer em muitos níveis de diversidade, através do mercado e o consumo vai unificando e criando uma uniformidade rasa que ultrapassa as diferenças (como mostra a universalidade do consumo), permitindo que se encontrem em todo lugar sinais de pertencimento.

O problema de como compor identidade e diversidade me parece que continua sem solução. Com relação a isso, me parece ser um argumento muito débil apelar simplesmente para a tolerância, é ilusório recorrer a uma ética da comunicação, se torna falaz querer impor um único modelo de racionalidade, e igualmente se torna inadequado querer fazer uma pura análise descritiva dos diversos fenômenos. A hermenêutica, que também tem a função de responder ao problema da compatibilidade entre unidade e pluralidade das filosofias, detém os instrumentos conceituais para enfrentar com sucesso esses desafios. Apenas que deve procurar ultrapassar uma descrição das condições de possibilidade do interpretar, ousando aproximar-se de uma interpretação concreta. Não deve ser apenas um método que se opõe a outros métodos, mas ter a coragem de fazer um relato próprio capaz de reunir aquilo que nos legou a tradição, mas também de inová-lo, iluminando-o com outras perspectivas.

Assim, se quisermos levar a sério aquilo que nos propõe o presente, aproveitando tudo quanto nos sugere sugestivamente um autor contemporâneo como Enrico Guglielminetti[8], temos de reconhecer que, aos problemas não resolvidos aqui apresentados, se acresce ainda um outro, de igual gravidade: a aparente saturação dos espaços. Estamos numa sociedade que, ao mesmo tempo, dispõe de muito e jamais o suficiente, uma sociedade desafiada pela questão dos refugiados, que parecem ser muitos para poderem ser acolhidos. O diferente que avança até tornar-se muito coloca em risco a derrocada de construções milenares, incapazes de acolher porque prisioneiras de uma lógica da contradição que exclui, perdeu toda e qualquer capacidade de multiplicar os espaços. Também em relação a isso a hermenêutica poderia nos ajudar, visto que ela nos habitua a pensar que as múltiplas interpretações jamais são demasiadas, e que elas são compatíveis enquanto não ocuparem concorrencialmente o mesmo território, mas abrem horizontes e fronteiras jamais imaginados, e uma vez descobertas podem orientar-nos no âmbito da práxis, por exemplo, com uma política capaz de criar práticas antes inimagináveis: políticas de inclusão em vez de políticas de exclusão. Mas, se repararmos bem, isso só se torna possível na esteira daquele repensar a ontologia, possibilitada pela hermenêutica.

Medir-nos com os grandes relatos da tradição e da contemporaneidade, talvez, não tenha sido um exercício inútil. Em certo sentido, podemos considerar esse exercício uma condição preliminar ou, pelo menos, uma facilitação oportuna. Como já observavam os medievais, estamos em condições de ousar um olhar que questione mais amplamente, até porque nascemos sustentados nos ombros de gigantes.

---

8. GUGLIELMINETTI, E. *Troppo. Saggio filosofico, teologico, politico*. Milano: Mursia, 2015.

Índice onomástico

A

Abelardo, P. 75, 76, 96
Adorno, Th. W. 166, 269, 272, 273, 275
Agostinho 58, 62, 63, 65-73, 75, 77, 81, 115, 119, 215, 290, 308
Alarico 73
Alberti, L. B. 102
Alberto Magno 82, 103
Alembert, J. d' 169, 170
Alexandre Magno 47, 56, 142
Alighieri, D. 34, 40, 112
Ambrósio de Milão 65
Anaxágoras 16
Anaximandro 14
Anaxímenes 13, 14
Anders, G. 313
Andrônico de Rodes 36
Anselmo de Aosta 75, 76, 186
Apel, K.-O. 275
Arendt, H. 313
Ariès, Ph. 241
Arístocles (Platão) 20
Aristóteles 13, 16, 33-48, 51, 53, 57, 70, 78, 79, 81, 82, 87, 95, 96, 102, 113, 188, 202, 214, 219, 261, 308
Austin, J. 298
Averróis 78, 81, 87
Avicebron 78
Avicena 78, 83

B

Babeuf, Fr.-N. 175
Bacon, Fr. 112, 113, 128, 145, 146
Barth, K. 285
Barthes, R. 310
Basílio 65
Bauer, B. 227
Beauvoir, S. de 287
Beccaria, C. 167
Benjamin, W. 247, 269, 275-277, 313
Bentham, J. 244
Berdjaev, N. 287
Bergson, H. 244, 253-259, 263, 277
Berkeley, G. 151, 157-159
Bloch, E. 228, 269, 271-273, 275
Boaventura 76, 78
Bodin, J. 112
Boécio, S. 78
Bonaparte, N. 203, 204
Bonnard, P. 258
Boutroux, É. 254
Brahe, T. 114
Brecht, B. 207
Brentano, F. 260
Bridgman, P. W. 298
Bruno, G. 113
Bultmann, R. 313
Burkhardt, J. 100

C

Calvino, J. 108, 109
Campanella, T. 112, 113
Camus, A. 287
Canullo, C. 300
Carlos II 151
Carnap, R. 297
Carnéades 54, 56

Catarina da Rússia 169
Cavendish, W. 128
Celan, P. 287
Chamfort, N. 175
Charron, P. 130
Chomsky, N. 299
Ciancio, C. 9, 133
Cícero 56, 65, 68
Clemente de Alexandria 65
Comte, A. 239-242
Condillac, É. Bonnot de 169
Condorcet, J.-A.-N. Caritat de 174, 175
Cosme II dos Médici 113
Crísipo de Solos 51
Cristina da Suécia 114
Croce, B. 266, 267, 311
Cromwell, O. 129
Cusa, N. de 103, 104

D

D'Annunzio, G. 11
Damásio, A. 123
Darwin, Ch. 243, 244
Debussy, Cl. 258
De Gaulle, Ch. 287
Deleuze, G. 139
Demócrito 16, 50
Derrida, J. 303, 310
Descartes, R. 99, 114, 125, 127, 128, 130-132, 134-136, 138, 139, 142, 144-146, 152, 155, 165, 168, 177, 178, 183, 194, 197, 202, 209, 236, 304
Dewey, J. 262, 263
Diderot, D. 169
Dilthey, W. 264, 265
Diógenes da Selêucia 51
Diógenes de Enoanda 48
Diógenes Laércio 52
Dione (amigo de Platão) 20
Dionísio, o Velho 20
Dostoiévski, F. 279, 287, 314
Duns Scotus 89-94, 99, 106
Durkheim, É. 242, 243, 264

E

Eichmann, A. 313
Einstein, A. 122, 258
Empédocles 16
Engels, F. 229, 240

Epicuro 48-50, 290
Erasmo de Roterdã 105, 109
Erígena, J. E. 75
Espinosa, B. 59, 127, 133-141, 143, 144, 203
Eudoxo 27

F

Ferretti, G. 9, 303
Feuerbach, L. 224-230, 236, 272
Fichte, J. G. 178, 201-203, 205-208, 266
Ficino, M. 103
Fídias 16
Filipe II 34
Filodemo 48
Foucault, M. 48, 310
Frederico II 168, 169
Frege, G. 297
Freud, S. 258, 277
Fulberto 76

G

Gadamer, G. 265, 306, 307, 309, 311
Galilei, G. 113
Gassendi, P. 114, 119, 128
Genovesi, A. 167
Genserico 65
Gentile, G. 266, 267
Gilson, É. 75, 76, 91
Gioberti, V. 246
Godard, J.-L. 287
Goethe, J. W. 198, 210, 277
Górgias 18, 22, 23, 27
Greco, J. 287
Gregório de Nissa 65
Gregório Nazianzeno 65
Grócio, H. 112, 145
Guardini, R. 313
Guglielminetti, E. 316
Guilherme de Ockham 94-99, 103, 106, 152, 155
Guilherme de Orange 151
Guilherme II 156

H

Habermas, J. 275, 307
Harnack, A. von 66
Hegel, G. W. F. 99, 139, 166, 178, 201, 205-217, 219-228, 230-232, 234, 245-248, 264-266, 269, 274, 275, 307

Heidegger, M. 286-293, 302, 306, 310, 311, 313
Heloísa 76
Helvétius, C.-A. 169
Henry, M. 254, 303, 304
Heráclito 14, 15
Hipócrates de Cós 27
Hipócrates de Quios 16
Hitler, A. 298
Hobbes, Th. 114, 119, 127-129, 138, 146, 156, 172
Holbach, P. H. de 169
Hölderlin, F. 205, 207, 292
Homero 27
Horkheimer, M. 166, 269, 272, 273
Huizinga, J. 100
Hume, D. 55, 151, 158-163, 166, 167, 170, 180, 191, 244
Husserl, E. 256, 258-261, 288, 289, 292, 300, 301, 304
Hutchinson, J. 162, 167

I

Isócrates 27

J

Jaime II 156
James, H. 263
James, W. 256, 262, 263
Jaspers, K. 21, 285, 287, 288, 291, 311, 313
João Paulo II 90
Joyce, J. 270
Júlio César 140

K

Kafka, F. 270, 277
Kant, I. 76, 77, 154, 159, 166, 167, 171, 177-194, 197, 198, 200-203, 208, 213-215, 219, 221, 246, 251, 261, 267, 293, 308
Kepler, J. 114
Kierkegaard, S. 119, 222, 224, 233, 234, 236, 237, 246, 253, 285
Kleist, H. von 198, 200
Krebs, N., ver Cusa, N. de
Krug, T. 221, 222, 232

L

Lacan, J. 28, 310

Lamarck, J.-B. de 243
La Mettrie, J. O. de 169
Leibniz, G. W. 127, 139-144, 179, 180
Leopoldo da Áustria 139
Leskov, N. S. 277
Lessing, G. E. 231
Levinas, E. 121, 301-303
Lévi-Strauss, Cl. 310
Lévy-Bruhl, L. 243
Locke, J. 143, 151-159, 162, 172
Löwith, K. 245
Lucrécio 48, 50
Ludovico, o Bávaro 95
Lukács, G. 269-271
Lutero, M. 105, 106, 109

M

Mach, E. 263
Maimônides 78
Mani 68
Manzoni, A. 54
Maquiavel, N. 111
Marcel, G. 258, 287
Marco Aurélio 56, 68
Marcuse, H. 273
Marion, J.-L. 304, 305
Maritain, J. 173
Marsílio de Pádua 98
Marx, K. 222, 224, 229-234, 236, 240, 245, 247, 269, 270, 272
Maurício de Nassau 114
Meinecke, F. 264
Mendelssohn, M. 231
Merleau-Ponty, M. 287, 300, 301, 304
Michelangelo 267
Miguel de Cesena 98
Mirabeau, H. G. 175
Moltmann, J. 271
Mônica (mãe de Agostinho) 68
Montaigne, M. de 130
Montesquieu, Ch. de 169
Moore, G. E. 279
Morandi, G. 259
More, T. 112
Morris, Ch. W. 298
Mussolini, B. 266

N

Newton, I. 144, 159, 179, 180

Nietzsche, Fr. 53, 132, 245-253, 269, 308

O

Olsen, R. 234
Orígenes 65
Overbeck, F. 249

P

Pareyson, L. 291, 311, 312, 314
Parmênides 14-16, 20, 28, 30, 31, 36, 37, 57, 60
Pascal, B. 114, 127, 129-134, 140
Pastore, A. 9
Pedro Hispano 96
Pedro, o Grande 139
Peirce, Ch. S. 262
Péricles 16, 17, 19
Piaget, J. 309
Pico della Mirandola, G. 103
Pirro de Élis 54
Pitágoras 14, 27
Platão 15, 16, 19-36, 39, 42, 48, 51, 57, 59, 60, 62, 78, 83, 95, 96, 103, 145, 185, 204, 208, 250, 251, 293, 307
Plauto 129, 146
Plotino 57-64, 66, 75, 103, 206
Policleto 16
Poma, I. 300
Popper, K. 26, 298
Porfírio 57
Proclo 226
Protágoras 17, 18, 20
Proust, M. 257, 258, 270, 277
Putnam, H. 263

Q

Quine, W. Van Orman 299

R

Rafael 22, 33
Ranke, L. von 247, 264
Ratzinger, J. 275
Rawls, J. 172
Ricoeur, P. 308, 309
Rivarol, A. 175
Rorty, R. 263
Rosa, G. 10
Rosmini Serbati, A. 246
Rousseau, J.-J. 159, 162, 166, 170-174, 191

Russell, B. 279, 287

S

Sartre, J.-P. 286, 287, 292, 293, 300
Saussure, F. de 309
Scheler, M. 261
Schelling, F. W. J. 205-209, 224, 225, 234
Schiller, F. 188, 198-200
Schlegel, A. W. 204
Schleiermacher, F. D. E. 203, 204, 228
Schlick, M. 297
Schmidt, J. L. 229
Scholem, G. 277
Schopenhauer, A. 248
Searle, J. 298
Sêneca 56
Šestov, L. 287
Sexto Empírico 54, 55
Shaftesbury, A. 162, 167
Sieyès, E. J. 175
Siger de Brabante 87
Simmel, G. 264
Sócrates 15, 18-26, 28-33, 36-38, 40, 45, 49, 66, 72, 96
Sófocles 16
Spencer, H. 243, 244
Spengler, O. 264
Stirner, *ver* Schmidt, J. L.
Strauss, D. F. 227
Stuart Mill, J. 244

T

Tácito 145
Tales 13
Tasso, T. 149
Teilhard de Chardin, P. 258
Telésio, B. 113
Terêncio 146
Tolstói, L. 279
Tomás de Aquino 79, 81-85, 87, 89-92, 94, 95
Trabant, J. 145
Trakl, G. 292
Troeltsch, E. 107, 264
Truffaut, F. 287
Tucídides 16

V

Vettori, F. 112

Vico, G. 127, 144-149, 178, 246
Voltaire 141, 168-170

W

Wagner, R. 247, 248
Weber, M. 108, 243, 264
Wittgenstein, L. 279, 280, 282-284, 292, 297
Wolff, Chr. 167, 178, 179

X

Xântipe 38, 40

Z

Zenão de Chipre 50, 51
Zenão de Eleia 16, 38

Edições Loyola

editoração impressão acabamento

Rua 1822 nº 341 – Ipiranga
04216-000 São Paulo, SP
T 55 11 3385 8500/8501, 2063 4275
www.loyola.com.br